新世纪高职高专
会计与电算化会计类课程规划教材

税费核算与申报

SHUIFEI HESUAN YU SHENBAO

新世纪高职高专教材编审委员会 组编

主 编 刘秀荣 赵咏梅

副主编 陈丽莉 张卫东

芦晓莉 王 萍

 大连理工大学出版社

DALIAN UNIVERSITY OF TECHNOLOGY PRESS

图书在版编目(CIP)数据

税费核算与申报 / 刘秀荣,赵咏梅主编. — 大连:
大连理工大学出版社,2013.2(2014.5 重印)
　新世纪高职高专会计与电算化会计类课程规划教材
　ISBN 978-7-5611-7450-0

　Ⅰ. ①税… Ⅱ. ①刘… ②赵… Ⅲ. ①税费—计算—
高等职业教育—教材②纳税—税收管理—中国—高等职业
教育—教材 Ⅳ. ①F810.423②F812.42

中国版本图书馆 CIP 数据核字(2012)第 273631 号

大连理工大学出版社出版
地址:大连市软件园路 80 号　邮政编码:116023
发行:0411-84708842　邮购:0411-84703636　传真:0411-84701466
E-mail:dutp@dutp.cn　URL:http://www.dutp.cn
大连理工印刷有限公司印刷　　大连理工大学出版社发行

幅面尺寸:185mm×260mm　　印张:21　　字数:485 千字
印数:3001～6000
2013 年 2 月第 1 版　　2014 年 5 月第 2 次印刷

责任编辑:巩玉芳　　　　　　　　责任校对:白　雪
封面设计:张　莹

ISBN 978-7-5611-7450-0　　　　　　定　价:42.00 元

我们已经进入了一个新的充满机遇与挑战的时代,我们已经跨入了 21 世纪的门槛。

20 世纪与 21 世纪之交的中国,高等教育体制正经历着一场缓慢而深刻的革命,我们正在对传统的普通高等教育的培养目标与社会发展的现实需要不相适应的现状作历史性的反思与变革的尝试。

20 世纪最后的几年里,高等职业教育的迅速崛起,是影响高等教育体制变革的一件大事。在短短的几年时间里,普通中专教育、普通高专教育全面转轨,以高等职业教育为主导的各种形式的培养应用型人才的教育发展到与普通高等教育等量齐观的地步,其来势之迅猛,发人深思。

无论是正在缓慢变革着的普通高等教育,还是迅速推进着的培养应用型人才的高职教育,都向我们提出了一个同样的严肃问题:中国的高等教育为谁服务,是为教育发展自身,还是为包括教育在内的大千社会? 答案肯定而且唯一,那就是教育也置身其中的现实社会。

由此又引发出高等教育的目的问题。既然教育必须服务于社会,它就必须按照不同领域的社会需要来完成自己的教育过程。换言之,教育资源必须按照社会划分的各个专业(行业)领域(岗位群)的需要实施配置,这就是我们长期以来明乎其理而疏于力行的学以致用问题,这就是我们长期以来未能给予足够关注的教育目的问题。

如所周知,整个社会由其发展所需要的不同部门构成,包括公共管理部门如国家机构、基础建设部门如教育研究机构和各种实业部门如工业部门、商业部门,等等。每一个部门又可作更为具体的划分,直至同它所需要的各种专门人才相对应。教育如果不能按照实际需要完成各种专门人才培养的目标,就不能很好地完成社会分工所赋予它的使命,而教育作为社会分工的一种独立存在就应受到质疑(在市场经济条件下尤其如此)。可以断言,按照社会的各种不同需要培养各种直接有用人才,是教育体制变革的终极目的。

随着教育体制变革的进一步深入,高等院校的设置是否会同社会对人才类型的不同需要一一对应,我们姑且不论。但高等教育走应用型人才培养的道路和走研究型(也是一种特殊应用)人才培养的道路,学生们根据自己的偏好各取所需,始终是一个理性运行的社会状态下高等教育正常发展的途径。

高等职业教育的崛起,既是高等教育体制变革的结果,也是高等教育体制变革的一个阶段性表征。它的进一步发展,必将极大地推进中国教育体制变革的进程。作为一种应用型人才培养的教育,它从专科层次起步,进而应用本科教育、应用硕士教育、应用博士教育……当应用型人才培养的渠道贯通之时,也许就是我们迎接中国教育体制变革的成功之日。从这一意义上说,高等职业教育的崛起,正是在为必然会取得最后成功的教育体制变革奠基。

高等职业教育还刚刚开始自己发展道路的探索过程,它要全面达到应用型人才培养的正常理性发展状态,直至可以和现存的(同时也正处在变革分化过程中的)研究型人才培养的教育并驾齐驱,还需要假以时日;还需要政府教育主管部门的大力推进,需要人才需求市场的进一步完善发育,尤其需要高职教学单位及其直接相关部门肯于做长期的坚忍不拔的努力。新世纪高职高专教材编审委员会就是由全国100余所高职高专院校和出版单位组成的旨在以推动高职高专教材建设来推进高等职业教育这一变革过程的联盟共同体。

在宏观层面上,这个联盟始终会以推动高职高专教材的特色建设为己任,始终会从高职高专教学单位实际教学需要出发,以其对高职教育发展的前瞻性的总体把握,以其纵览全国高职高专教材市场需求的广阔视野,以其创新的理念与创新的运作模式,通过不断深化的教材建设过程,总结高职高专教学成果,探索高职高专教材建设规律。

在微观层面上,我们将充分依托众多高职高专院校联盟的互补优势和丰裕的人才资源优势,从每一个专业领域、每一种教材入手,突破传统的片面追求理论体系严整性的意识限制,努力凸现高职教育职业能力培养的本质特征,在不断构建特色教材建设体系的过程中,逐步形成自己的品牌优势。

新世纪高职高专教材编审委员会在推进高职高专教材建设事业的过程中,始终得到了各级教育主管部门以及各相关院校相关部门的热忱支持和积极参与,对此我们谨致深深谢意,也希望一切关注、参与高职教育发展的同道朋友,在共同推动高职教育发展、进而推动高等教育体制变革的进程中,和我们携手并肩,共同担负起这一具有开拓性挑战意义的历史重任。

新世纪高职高专教材编审委员会
2001 年 8 月 18 日

前 言

　　《税费核算与申报》是新世纪高职高专教材编审委员会组编的会计与电算化会计类课程规划教材之一。

　　本教材是在国家提出大力发展职业教育、推进高等职业教育改革创新、引领职业教育科学发展的大背景下进行开发与编写的。职业教育人才培养目标是以能力本位为核心,培养高素质高级技能型专门人才。本教材以岗位职业能力为课程开发中心,教学内容以"必需、够用"为原则,实用性强,打破了传统的教材体例。

　　本教材主要介绍了税务登记事项的办理及工作流程,一般纳税人资格认定与发票的领购及管理,增值税、消费税、营业税、企业所得税、个人所得税及其他税种的法理知识应用、应纳税额的计算、税务事项的会计处理,纳税申报表的填写以及网上纳税申报操作流程。教材的编写及内容设计特色如下:

　　1. 通过对中小企业税务岗位职责及岗位资格要求调研,组织教学内容。2012 年 10 月,济南职业学院的"财务管理专业工学结合系列课程群"被评为山东省省级精品课程,"税费核算与申报"课程是五门专业核心课程之一,本教材被选为省级精品课程的配套教材。该教材的设计与开发体现了以能力为本位的教育课程开发模式。教材编写团队对具有代表性的工业、商业、金融业、会计管理咨询等行业进行市场调研,制作了税务岗位职责、人员素质及岗位资格要求调研分析问卷。通过问卷调查反馈,明确了涉税会计的岗位职责、职业能力要求及工作内容。在此基础上,组织行业专家、教学开发专家及教师研讨确定典型工作项目,将企业所有税务工作划分为九个项目,将每个项目根据内容的复杂程度划分为若干个教学任务及子任务。

　　2. 编写体例新颖。模拟企业典型的税务经济业务,将企业所有税务工作划分为 32 个教学任务,并对每个教学任务的内容按照"知识目标→技能目标→任务描述→任务导入→知识链接→任务实施→任务拓展"的结构进行编排。

　　3. 教学内容实用、丰富。在教学子任务中导入的教学任务都是来源于企业的典型案例或者教师精心提炼的问题,易于学生理解和掌握。在知识链接环节,加入了做中学、技能训练等环节,加强对操作技能的训练。在任务实施环节,尤其是纳税申报部分,详细地介绍了纳税申报的操作步骤及流程,通过实训技能

新世纪

练习,使学生更有能力和信心完成企业的纳税申报业务。为了拓宽知识面,在任务拓展环节,对一些教学内容的知识点或难点给予了图表性的总结,还根据学生的不同需求扩充了教学内容以外的延伸知识,包括目前的税收改革趋势及税收筹划等内容。

4. 内容最新,适用面广。本教材依据国家最新颁布和修订的税收相关法规及会计准则的规定,对增值税、消费税、营业税、企业所得税、个人所得税以及车船税的内容做了及时更新。本教材适用于高职高专会计专业及相关财经类专业的学生使用,还可以作为会计从业资格考试以及初级会计专业技术资格考试的辅助教材。本教材在选取教学内容时充分考虑了资格考试对税法知识的要求,在知识链接环节安排了足够的理论知识,在技能训练环节设置了相应的测试题型,以满足学生的不同层次需求。

5. 配套资料丰富。为方便教师教学与学生自学,教材配有多媒体教学课件、税收法规汇编、纳税申报表格大全及教学案例等辅助资料。

本教材由济南职业学院刘秀荣担任第一主编,东营职业学院赵咏梅担任第二主编,济南职业学院的陈丽莉、张卫东、芦晓莉和济南工程职业技术学院的王萍担任副主编,参与编写的还有山东省鲁信投资控股集团有限公司高级会计师赵子坤。全书由刘秀荣进行审核及总纂。各部分编写分工如下:项目一和项目二由刘秀荣编写,项目三由张卫东和赵子坤编写,项目四由王萍编写,项目五由张卫东编写,项目六由芦晓莉和赵咏梅编写,项目七由陈丽莉编写,项目八由赵咏梅和陈丽莉编写,项目九由芦晓莉编写。

本教材适用于高职高专、成人教育等院校的会计专业及相关财经类专业的学生使用,也可以作为会计从业资格考试以及初级会计专业技术资格考试的辅助教材,还可作为企业财务人员、税务人员及财经类教师的参考用书。

本教材在开发、编写及出版过程中,得到了大连理工大学出版社、济南市中国税局与地税局、济南依诚信事务所有限公司、厦门网中网软件有限公司、山东鲁能中天电子有限公司及贝因美股份有限公司济南分公司等单位的大力支持,在此深表感谢。

由于编者水平有限,书中难免会有疏漏和错误之处,恳请广大读者给予批评指正。

编　者

2013 年 2 月

所有意见和建议请发往:dutpgz@163.com

欢迎访问教材服务网站:http://www.dutpbook.com

联系电话:0411-84707492　84706671

目 录

项目一

办理税务事项

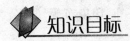 知识目标

1. 了解常见的税务登记类型;

2. 掌握办理开业、变更及注销税务登记事项的业务流程;

3. 了解增值税一般纳税人资格认定的划分依据、认定标准、业务范围、时限要求及应提供的资料;

4. 掌握增值税一般纳税人申请认定表的填写方法;

5. 了解发票的领购资格认定、领购发票及开具发票的相关规定。

技能目标

1. 通过学习开业、变更及注销税务登记事项的相关知识,练习税务登记的操作流程,掌握为纳税人办理相关税务登记事项的业务;

2. 通过税务登记业务实训,培养学生的社交、沟通能力;

3. 能够办理增值税一般纳税人资格认定业务及其相关业务;

4. 能够领购增值税专用发票和普通发票,并按税务发票的管理规定保管好未使用的空白发票,对已使用的发票装订成册入档保管。

任务一 税务登记

● 任务描述

税务登记是指税务机关根据税法规定,对纳税人的生产、经营活动进行登记管理的一项法定制度,也是纳税人依法履行纳税义务的法定手续。

税务登记包括开业税务登记(又称为设立登记)、变更税务登记、停业税务登记、复业税务登记、注销税务登记和外出经营活动税务登记。

子任务一 办理开业税务登记

任务导入

厦门东方纺织有限公司是由厦门东方投资有限公司和香港明丽纺织有限公司合资设立的中外合资企业,经厦门市外管局"厦外字001234号"批文批准设立,2011年3月1日取得厦门市工商管理局颁发"厦合字第20111234号"营业执照,生产经营期限从2011年3月1日到2031年2月28日。该公司主要生产棉纱、棉布、涤纶坯布、印染布等。该公司执行企业会计制度。企业详细资料如下:

注册资本:人民币1 000万元,其中厦门东方投资有限公司占70%、香港明丽纺织有限公司占30%

纳税人识别号:350203409371234

组织机构代码:607991234

注册地址:厦门东方路1号

邮编:361000

联系电话:80341234

法定代表人:王坤(身份证号350409196308071234)

财务负责人:周红(身份证号350202197603081234)

办税员:刘华(身份证号350202198209081234)

任务:2011年3月5日,公司要求办税员刘华去办理开业税务登记,请问刘华应如何办理呢?

知识链接

开业税务登记(又称为设立登记),是税收征收管理的首要环节,是税务机关对纳税人的基本情况及生产经营项目进行登记管理的一项基本制度,也是纳税人已经纳入税务机关监督管理的一项证明。根据法律法规规定,具有应税收入、应税财产或应税行为的各类纳税人都应依照有关规定办理开业税务登记。

在办理开业税务登记的过程中,根据纳税人的不同分为单位纳税人、个体经营者、临时经营者和扣缴义务人四种形式的开业税务登记,以下以具有代表性的单位纳税人为例,介绍开业税务登记的内容。

一、办理开业税务登记流程(图 1-1)

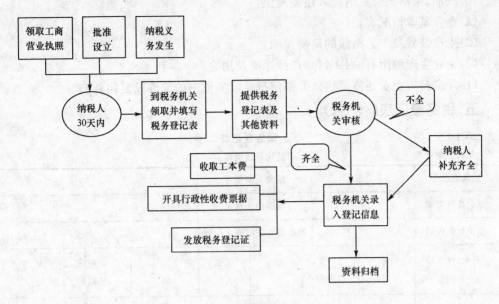

图 1-1 开业税务登记流程

二、办理时限

从事生产、经营的纳税人应当自领取营业执照,或者自有关部门批准设立之日起30 日内,或者自纳税义务发生之日起 30 日内,到税务机关领取税务登记表,填写完整后提交税务机关,办理开业税务登记。

三、办理地点

在当地政务服务中心国税局、地税局窗口办理或属地主管税务机关办税服务厅办理。

四、纳税人应提供的资料

1.工商营业执照或其他核准执业证件原件及复印件。

2.注册地址及生产、经营地址证明(产权证、租赁协议)原件及其复印件。如为自有房产,应提供产权证或买卖契约等合法的产权证明原件及其复印件;如为租赁的场所,应提供租赁协议原件及其复印件,若出租人为自然人的,还需提供产权证的复印件;如生产、经营地址与注册地址不一致,应分别提供相应证明。

3.验资报告或评估报告原件及其复印件。

4.组织机构代码证副本原件及其复印件。

5.有关合同、章程、协议书的复印件。

6.法定代表人(负责人)居民身份证、护照或其他证明身份的合法证件原件及其复印件。

7.纳税人跨县(市)设立的分支机构办理税务登记时,还需提供总机构的税务登记证(国税、地税)副本复印件。

8.改组改制企业还需提供有关改组改制的批文原件及其复印件。

9. 房屋产权证、土地使用证、机动车行驶证等证件的复印件。

10. 汽油、柴油消费税纳税人还需提供:

(1)企业基本情况表;

(2)生产装置及工艺路线的简要说明;

(3)企业生产的所有油品名称、产品标准及用途。

11. 外商投资企业还需提供商务部门批复设立证书的原件及复印件。

五、税务登记表(表1-1)

表1-1　　　　　　　　　　　　**税务登记表**

填表日期:　　　　　　　　　　　(适用单位纳税人)

纳税人名称		纳税人识别号		
登记注册类型		批准设立机关		
组织机构代码		批准设立证明或文件号		
开业(设立)日期		生产经营期限	证照名称	证照号码
注册地址		邮政编码	联系电话	
生产经营地址		邮政编码	联系电话	
核算方式	请选择对应项目打"√" □独立核算 □非独立核算	从业人数	＿＿＿＿其中外籍人数＿＿＿＿	
单位性质	请选择对应项目打"√" □企业　□事业单位　□社会团体　□民办非企业单位　□其他			
网站网址		国标行业	□□□□□□□	
适用会计制度	请选择对应项目打"√" □企业会计制度　□小企业会计制度　□金融企业会计制度 □行政事业单位会计制度			
经营范围:				

请将法定代表人(负责人)身份证件复印件粘贴在此处

（续表）

联系人	项目 内容	姓名	身份证件		固定电话	移动电话	电子邮箱
			种类	号码			
法定代表人(负责人)							
财务负责人							
办税人							

税务代理人名称		纳税人识别号		联系电话	电子邮箱

注册资本或投资总额	币种	金额	币种	金额	币种	金额

投资方名称	投资方 经济性质	投资 比例	证件种类	证件号码	国籍或地址

自然人投资比例		外资投资比例		国有投资比例	

分支机构名称	注册地址	纳税人识别号

总机构名称		纳税人识别号	
注册地址		经营范围	
法定代表人姓名		联系电话	注册地址及邮政编码

代扣代缴、代 收代缴税款 业务情况	代扣代缴、代收代缴税款业务内容	代扣代缴、代收代缴税种

附报资料：

经办人签章：	法定代表人(负责人)签章：	纳税人公章：
___年___月___日	___年___月___日	___年___月___日

（续表）

以下由税务机关填写：

纳税人所处街乡			隶属关系	
国税主管税务局		国税主管税务所（科）		是否属于国税、地税共管户
地税主管税务局		地税主管税务所（科）		
经办人（签章）： 国税经办人：_____ 地税经办人：_____		国家税务登记机关 （税务登记专用章）：	地方税务登记机关 （税务登记专用章）：
受理日期： ___年___月___日		核准日期： ___年___月___日 国税主管税务机关：	核准日期： ___年___月___日 地税主管税务机关：
国税核发《税务登记证副本》数量： 本 发证日期：___年___月___日				
地税核发《税务登记证副本》数量： 本 发证日期：___年___月___日				

任务实施

步骤一：办税员刘华提交税务登记申请报告书。

步骤二：领取并填写税务登记表（表1-2）。

表1-2　　　　　　　　　　　　**税务登记表**

填表日期：　　　　　　　　　　　（适用单位纳税人）

纳税人名称	厦门东方纺织有限公司	纳税人识别号		
登记注册类型	中外合资	批准设立机关	厦门市外管局	
组织机构代码	607991234	批准设立证明或文件号	厦外字001234号	
开业（设立）日期	2011年3月1日	生产经营期限	2011年3月1日到2031年2月28日	证照名称 工商营业执照 证照号码 厦合字第20111234号
注册地址	厦门东方路1号	邮政编码	361000	联系电话 80341234
生产经营地址	厦门东方路1号	邮政编码	361000	联系电话 80341234
核算方式	请选择对应项目打"√" ☑独立核算 □非独立核算	从业人数	___350___其中外籍人数_____	
单位性质	请选择对应项目打"√"　☑企业　□事业单位　□社会团体　□民办非企业单位　□其他			
网站网址		国标行业	□□□□□□	
适用会计制度	请选择对应项目打"√" ☑企业会计制度　□小企业会计制度　□金融企业会计制度 □行政事业单位会计制度			
经营范围： 生产棉纱、棉坯布、涤纶布、印染布等	请将法定代表人（负责人）身份证复印件粘贴在此处			

（续表）

联系人 项目内容	姓名	身份证件		固定电话	移动电话	电子邮箱
		种类	号码			
法定代表人（负责人）	王坤	身份证	350409196308071234			
财务负责人	周红	身份证	350202197603081234			
办税人	刘华	身份证	350202198209081234			

税务代理人名称	纳税人识别号		联系电话	电子邮箱

注册资本或投资总额	币种	金额	币种	金额	币种	金额
10 000 000.00 元	人民币	10 000 000.00 元				

投资方名称	投资方经济性质	投资比例	证件种类	证件号码	国籍或地址
厦门东方投资有限公司	有限公司	70%			
香港明丽纺织有限公司	有限公司	30%			

自然人投资比例		外资投资比例		国有投资比例	
分支机构名称		注册地址		纳税人识别号	

总机构名称		纳税人识别号	
注册地址		经营范围	
法定代表人姓名	联系电话		注册地址及邮政编码

代扣代缴、代收代缴税款业务情况	代扣代缴、代收代缴税款业务内容	代扣代缴、代收代缴税种

附报资料：

经办人签章：刘华	法定代表人（负责人）签章：王坤	纳税人公章：
2011 年 03 月 05 日	2011 年 03 月 05 日	___年___月___日

（续表）

以下由税务机关填写：

纳税人所处街乡			隶属关系	
国税主管税务局		国税主管税务所（科）	是否属于国税、地税共管户	
地税主管税务局		地税主管税务所（科）		
经办人（签章）： 国税经办人：_____ 地税经办人：_____	国家税务登记机关 （税务登记专用章）：		地方税务登记机关 （税务登记专用章）：	
受理日期： ____年___月___日	核准日期： ____年___月___日 国税主管税务机关：		核准日期： ____年___月___日 地税主管税务机关：	
国税核发《税务登记证副本》数量：　本　发证日期：____年___月___日				
地税核发《税务登记证副本》数量：　本　发证日期：____年___月___日				

步骤三：由法定代表人在税务登记表上签字，并请公章保管员盖章；提供所需资料的复印件，在复印件上注明"与原件相符"字样并加盖公章。

步骤四：办税员刘华携带税务登记表，房屋、土地、车船情况登记表以及税务机关要求提供的各种原件及复印件去所属辖区国税局办税大厅申请办理开业税务登记。

步骤五：税务机关审核无误，发放税务登记证。

子任务二　办理变更税务登记

任务导入

2012年1月10日，厦门东方纺织有限公司（税号350203409371234）董事会作出增资决议，注册资本由人民币1 000万元增加到人民币2 000万元，增资后，厦门东方投资有限公司占70%、香港明丽纺织有限公司占30%。该决议已获得厦门市外管局"厦增字20121234号"批文批准，并于2012年2月8日取得变更后的营业执照。

任务：请问办税员刘华应如何办理变更税务登记？

知识链接

纳税人税务登记内容发生变化的，应当向原税务登记机关申请办理变更税务登记。

一、办理变更税务登记流程(图 1-2)

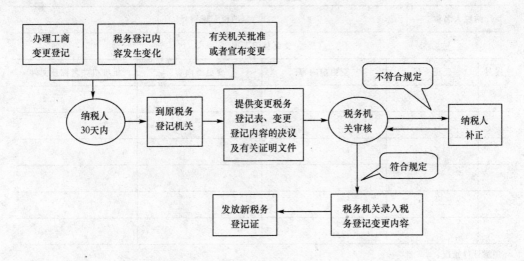

图 1-2 变更税务登记流程

二、办理时限

纳税人已在工商行政管理机关办理变更登记的,应当自办理工商变更登记之日起30 日内向原税务登记机关申报办理变更税务登记;

纳税人按照规定不需要在工商行政管理机关办理变更登记,或者其变更登记的内容与工商登记内容无关的,应当自税务登记内容实际发生变化之日起 30 日内,或者自有关机关批准或者宣布变更之日起 30 日内,向原税务登记机关申报办理变更税务登记。

三、纳税人应提供的资料

1.变更税务登记表。

2.工商营业执照及工商变更登记表复印件。

3.纳税人变更登记内容的决议及有关证明文件。

4.主管地税机关发放的原税务登记证件(税务登记证正、副本和税务登记表等)。

5.组织机构代码证(副本)原件(涉及变动的提供)。

6.业主或法定代表人身份证件的原件及复印件(涉及变动的提供)。

7.场地使用证明:自有房屋的提供房屋产权证;租赁房屋的提供租房协议和出租方的房屋产权证复印件,出租方无房屋产权证的需提供情况说明;无偿使用的提供无偿使用证明(地址)(涉及变动的提供)。

8.主管地税机关需要的其他资料。

四、变更税务登记表(表 1-3)

表 1-3   **变更税务登记表**

纳税人名称		纳税人识别号	

变更登记事项

序号	变更项目	变更前内容	变更后内容	批准机关名称及文件

送缴证件情况:

纳税人:

经办人: 法定代表人(负责人):   纳税人(签章)
  年 月 日   年 月 日   年 月 日

经办税务机关审核意见:

经办人: 负责人: 税务机关(签章)
  年 月 日   年 月 日   年 月 日

变更税务登记表填写说明:

一、本表适用于各类纳税人变更税务登记填用。

二、变更项目:填需要变更的税务登记项目。

三、变更前内容:填变更税务登记前的登记内容。

四、变更后内容:填变更的登记内容。

五、批准机关名称及文件:凡需要经过批准才能变更的项目须填写此项。

六、本表一式二份,地税机关一份,纳税人一份。

‖任务实施

步骤一:办税员刘华提交变更税务登记申请报告书。

步骤二:领取并填写变更税务登记表(表 1-4)。

表 1-4　　　　　　　　　　　变更税务登记表

纳税人名称	厦门东方纺织有限公司	纳税人识别号	350203409371234

变更登记事项

序号	变更项目	变更前内容	变更后内容	批准机关名称及文件
1	注册资本	人民币 1 000 万元	人民币 2 000 万元	厦门市外管局"厦增字 2012123 号"

送缴证件情况：

税务登记证

纳税人

经办人：刘华	法定代表人（负责人）：王坤	纳税人（签章）
2012 年 01 月 10 日	2012 年 01 月 10 日	年　月　日

经办税务机关审核意见：

经办人：	负责人：	税务机关（签章）
年　月　日	年　月　日	年　月　日

　　步骤三：由法定代表人在变更税务登记表上签字，并请公章保管员盖章；提供所需资料的复印件，在复印件上注明"与原件相符"字样并加盖公章。

　　步骤四：办税员刘华携带变更税务登记表以及税务机关要求提供的其他资料去原税务登记机关申报办理变更税务登记。

　　步骤五：税务机关审核无误，发放新税务登记证。

子任务三　办理注销税务登记

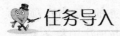 任务导入

　　2012 年 8 月，厦门东方纺织有限公司（税号 350203409371234）的注册地址由厦门东方路 1 号变更为厦门翔安高新技术开发区 1 号，主管税务机关由湖里国税局变更为翔安国税局。

　　任务：请问办税员刘华应如何办理注销税务登记？

知识链接

一、办理注销税务登记流程(图 1-3)

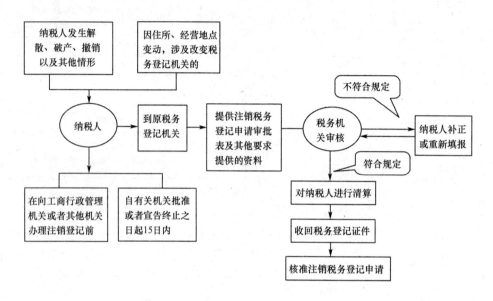

图 1-3 注销税务登记流程

二、办理时限

纳税人发生解散、破产、撤销以及其他情形,依法终止纳税义务的,应当在向工商行政管理机关或者其他机关办理注销登记前,持有关证件向原税务登记机关申报办理注销税务登记;

按照规定不需要在工商行政管理机关或者其他机关办理注销登记的,应当自有关机关批准或者宣告终止之日起 15 日内,持有关证件向原税务登记机关申报办理注销税务登记;

纳税人因住所、经营地点变动,涉及改变税务登记机关的,应当在向工商行政管理机关或者其他机关申请办理变更、注销登记前,或者住所、经营地点变动前,持有关证件和资料,向原税务登记机关申报办理注销税务登记;

纳税人被工商行政管理机关吊销营业执照或者被其他机关予以撤销登记的,应当自营业执照被吊销或者被撤销登记之日起 15 日内,向原税务登记机关申报办理注销税务登记;

境外企业在中国境内承包建筑、安装、装配、勘探工程和提供劳务的,应当在项目完工、离开中国前 15 日内,持有关证件和资料,向原税务登记机关申报办理注销税务登记。

三、纳税人应提供的资料

1.注销税务登记申请审批表。

2.税务登记证正、副本。

3.上级主管部门批复文件或董事会决议及复印件。

4.工商营业执照被吊销的应提交工商行政管理部门发出的吊销决定及复印件。

四、注销税务登记申请审批表（表1-5）

表1-5 注销税务登记申请审批表

纳税人名称		纳税人识别号	
注销原因			
附送资料			

纳税人

经办人：　　　　　　　　　法定代表人（负责人）：　　　　　　税务机关（签章）
　　年　月　日　　　　　　　　　年　月　日　　　　　　　　　　年　月　日

以下由税务机关填写

受理时间	经办人：　年　月　日		负责人：　年　月　日	
清缴税款、滞纳金、罚款情况	经办人：　年　月　日		负责人：　年　月　日	
缴销发票情况	经办人：　年　月　日		负责人：　年　月　日	
税务检查意见	经办人：　年　月　日		负责人：　年　月　日	
收缴税务证件情况	种类	税务登记证正本	税务登记证副本	临时税务登记证正本	临时税务登记证副本
	收缴数量				
	经办人：　年　月　日		负责人：　年　月　日	
批准意见	部门负责人：　　　　　　　　　　　　税务机关（签章） 　　年　月　日　　　　　　　　　　　　　年　月　日			

注销税务登记申请审批表使用说明：

1.本表依据《征管法实施细则》第十五条设置。

2.适用范围：纳税人发生解散、破产、撤销、被吊销营业执照及其他情形而依法终止纳税义务，或者因住所、经营地点变动而涉及改变税务登记机关的，向原税务登记机关申报办理注销税务登记时使用。

3.填表说明：(1)附送资料：填写附报的有关注销的文件和证明资料；(2)清缴税款、滞纳金、罚款情况：填写纳税人应纳税款、滞纳金、罚款缴纳情况；(3)缴销发票情况：纳税人发票领购簿及发票缴销情况；(4)税务检查意见：检查人员对需要清查的纳税人，在纳税人缴清查补的税款、滞纳金、罚款后签署意见；(5)收缴税务证件情况：在相应的栏内填写收缴数量并签字确认，收缴的证件如果为"临时税务登记证"，添加"临时"字样。

4.本表为A4型竖式，一式二份，税务机关一份，纳税人一份。

任务实施

步骤一：办税员刘华提出注销税务登记申请并提供资料。

步骤二：领取并填写注销税务登记申请审批表（表1-6）。

表 1-6　　　　　　　　　　　　　　**注销税务登记申请审批表**

纳税人名称	厦门东方纺织有限公司	纳税人识别号	350203409371234
注销原因	注册地址变更,导致主管税务机关变更		
附送资料	《税务登记证》正本	《税务登记证》副本	
	董事会决议及复印件		

纳税人

经办人:刘华　　　　　　　　　　法定代表人(负责人):王坤　　　　　　税务机关(签章)
2012 年 08 月 10 日　　　　　　　　2012 年 08 月 10 日　　　　　　　　　　年　月　日

以下由税务机关填写

受理时间	经办人:　年　月　日	负责人:　年　月　日		
清缴税款、滞纳金、罚款情况	经办人:　年　月　日	负责人:　年　月　日		
缴销发票情况	经办人:　年　月　日	负责人:　年　月　日		
税务检查意见	经办人:　年　月　日	负责人:　年　月　日		
收缴税务证件情况	种类	税务登记证正本	税务登记证副本	临时税务登记证正本	临时税务登记证副本
	收缴数量				
	经办人:　年　月　日	负责人:　年　月　日		
批准意见	部门负责人:　　　　　　税务机关(签章) 　年　月　日　　　　　　　　　　　　　　年　月　日			

步骤三:刘华携带注销税务登记申请审批表以及税务机关要求提供的其他资料去原税务登记机关申报办理注销税务登记。

步骤四:原税务机关审核资料无误后,对纳税人未办结的涉税事项进行实地清算,收回税务登记证件。

步骤五:办税员刘华领取税务事项通知书,注销税务登记完毕。

步骤六:办税员刘华去翔安国税局重新办理税务登记。

任务拓展

（一）办理停业登记流程（图 1-4）

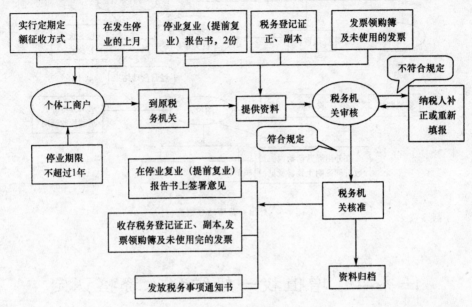

图 1-4 停业登记流程

（二）办理复业登记流程（图 1-5）

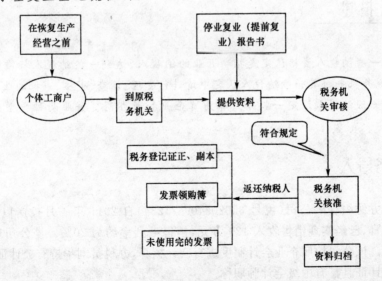

图 1-5 复业登记流程

（三）办理外出经营活动登记流程（图 1-6）

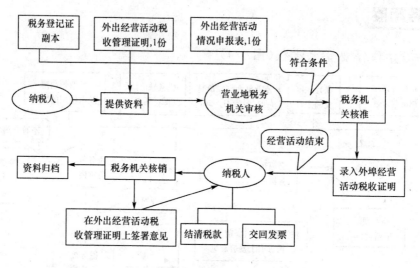

图 1-6　外出经营活动登记流程

任务二　增值税一般纳税人资格认定

●任务描述

　　增值税一般纳税人资格认定是指新开业的纳税人、达到一般纳税人标准的小规模纳税人，主管税务机关对其一般纳税人认定申请进行受理、调查、审核、审批的业务。

　　增值税一般纳税人认定一般分为非商贸企业和新办商贸企业两种类型的资格认定业务。

任务导入

　　厦门东方纺织有限公司（税号 350203409371234）自 2011 年 4 月投产以来，到 2011年 12 月 31 日，已经实现销售收入 120 万元，销售毛利率约为 20％。该公司现有固定资产 580 万元。该公司按照企业会计制度进行会计核算，办税员刘华持有会计证，财务经理周红持有会计证且具有中级会计师职称。

　　任务：2012 年 1 月 16 日，该公司按税法规定申请增值税一般纳税人资格，请问应如何办理增值税一般纳税人资格认定？

知识链接

一、增值税纳税人的相关法律规定

我国现行的《中华人民共和国增值税暂行条例》(以下简称《增值税暂行条例》)将纳税人按其经营规模大小及会计核算是否健全划分为增值税小规模纳税人(以下简称小规模纳税人)和增值税一般纳税人(以下简称一般纳税人)两类。

（一）小规模纳税人的认定标准

小规模纳税人是指年应征增值税销售额(以下简称年应税销售额)在规定标准以下，并且会计核算不健全，不能按规定报送有关税务资料的增值税纳税人。

根据《中华人民共和国增值税暂行条例实施细则》(以下简称《增值税暂行条例实施细则》)的规定，凡符合下列条件的可视为小规模纳税人：

1. 从事货物生产或提供应税劳务的纳税人以及以从事货物生产或提供应税劳务为主并兼营货物批发或零售的纳税人，年应税销售额在 50 万元(含)以下的。

2. 其他纳税人，年应税销售额在 80 万元(含)以下的。

以从事货物生产或提供应税劳务为主，是指纳税人本年的货物生产或者提供应税劳务的销售额占年应税销售额的比重在 50% 以上。

年应税销售额超过小规模纳税人标准的其他个人按小规模纳税人纳税，非企业性单位、不经常发生增值税应税行为的企业，可选择按小规模纳税人纳税。

对小规模纳税人的确认，由主管税务机关依税法规定的标准认定。

（二）一般纳税人的认定标准

一般纳税人是指年应税销售额超过《增值税暂行条例实施细则》规定的小规模纳税人标准的企业和企业性单位(以下简称企业)。

年应税销售额未超过财政部、国家税务总局规定的小规模纳税人标准以及新开业的纳税人，可以向主管税务机关申请一般纳税人资格认定。

对提出申请并且同时符合下列条件的纳税人，主管税务机关应当为其办理一般纳税人资格认定：

1. 有固定的生产经营场所；

2. 能够按照国家统一的会计制度规定设置账簿，根据合法、有效凭证核算，能够提供准确税务资料。

下列纳税人不办理一般纳税人资格认定：

1. 个体工商户以外的其他个人；

2. 选择按照小规模纳税人纳税的非企业性单位；

3. 选择按照小规模纳税人纳税的不经常发生应税行为的企业。

（三）一般纳税人的认定办法

一般纳税人须向税务机关办理认定手续，以取得法定资格。根据《增值税一般纳税人申请认定办法》的规定，凡一般纳税人均应依照《增值税一般纳税人申请认定办法》向其企业所在地主管税务机关申请办理一般纳税人认定手续。一般纳税人总分支机构不在同一县（市）的,应分别向其机构所在地主管税务机关申请办理一般纳税人认定手续。

纳税人自认定机关将其认定为一般纳税人的次月起(新开业纳税人自认定机关将其认定为一般纳税人的当月起),按照税法的有关规定计算应纳税额,并按照规定领购、使用增值税专用发票。

除国家税务总局另有规定外,纳税人一经认定为一般纳税人后,不得转为小规模纳税人。

二、办理(非商贸企业)一般纳税人资格认定的程序

（一）办理（非商贸企业）一般纳税人资格认定流程（图 1-7）

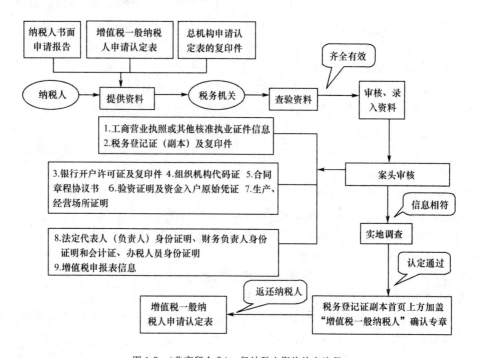

图 1-7 （非商贸企业）一般纳税人资格认定流程

（二）纳税人办理时限要求

1.新开业的符合一般纳税人条件的企业,应在办理税务登记的同时申请办理一般纳税人认定手续。

2.已开业的小规模企业,其年应税销售额达到一般纳税人标准的,应在次年1月底以前申请办理一般纳税人认定手续。

（三）纳税人应提供的资料

1.纳税人应提供书面申请报告。

2.分支机构需提供总机构所在地主管税务机关批准其总机构为一般纳税人的证明(总机构增值税一般纳税人申请认定表的复印件)。

3.纳税人应填写增值税一般纳税人申请认定表,一式二份。

（四）增值税一般纳税人申请认定表（表 1-7）

表 1-7　　　　　　　　　**增值税一般纳税人申请认定表**

纳税人识别号：☐☐☐☐☐☐☐☐☐☐☐☐☐☐☐☐☐☐☐☐

纳税人名称：　　　　　　　　　　　　　　　　　　　　　年　月　日

联系电话			企业类别	
年度实际销售额或年度预计销售额	生产货物的销售额			
	加工、修理修配的销售额			
	批发、零售的销售额			
	应税销售额合计			
	固定资产规模			
会计财务核算状况	专业财务人员人数			
	设置账簿种类			
	能否准确核算进项税额、销项税额			
申请核发税务登记证副本数量			经批准核发数量	
管理环节意见：			县（市）区级税务机关意见：	
负责人：			主管局长：	
经办人：				
（公章）　　年　月　日			（公章）　　年　月　日	

期限：　　年　月　日至　年　月　日

注：

1.纳税人在办理开业税务登记时，可以按预计销售额填写，经主管税务机关审核后，暂认定为增值税一般纳税人，享有增值税一般纳税人的所有权利与义务。一个会计年度结束后，纳税人根据实际经营情况据实填写本表，交主管税务机关重新审核认定增值税一般纳税人；

2.企业类别：填工业、商业；

3.本表一式二份，纳税人填报后，经税务机关审核后，一份交纳税人，一份主管税务机关留存；

4.本表为 A4 竖式。

任务实施

步骤一：向所属国税局提出书面申请，并提供相应资料及证件。

步骤二：领取并填写增值税一般纳税人申请认定表（表1-8）。

表 1-8　　　　　　　　　　增值税一般纳税人申请认定表

纳税人识别号：| 3 | 5 | 0 | 2 | 0 | 3 | 4 | 0 | 9 | 3 | 7 | 1 | 2 | 3 | 4 | | | |

纳税人名称：厦门东方纺织有限公司　　　　　　　　　　2012 年 01 月 16 日

联系电话	80341234		企业类别	工业
年度实际销售额或年度预计销售额	生产货物的销售额		120 万元	
	加工、修理修配的销售额			
	批发、零售的销售额			
	应税销售额合计		120 万元	
	固定资产规模		580 万元	
会计财务核算状况	专业财务人员人数		4	
	设置账簿种类		日记账、明细账、总分类账	
	能否准确核算进项税额、销项税额		能	
申请核发税务登记证副本数量		1	经批准核发数量	1

管理环节意见：	县(市)区级税务机关意见：
负责人： 经办人：刘华 （公章） 　年　月　日	主管局长： （公章） 　年　月　日

期限：　年　月　日至　年　月　日

步骤三：领取相关资料。

办税员刘华应将上述所有证件交主管税务机关审批，符合条件的，税务机关会在税务登记证副本上加盖"增值税一般纳税人"条形章，并退回一份增值税一般纳税人申请表。

任务拓展

新办商贸企业申请认定一般纳税人办理流程如图 1-8 所示。

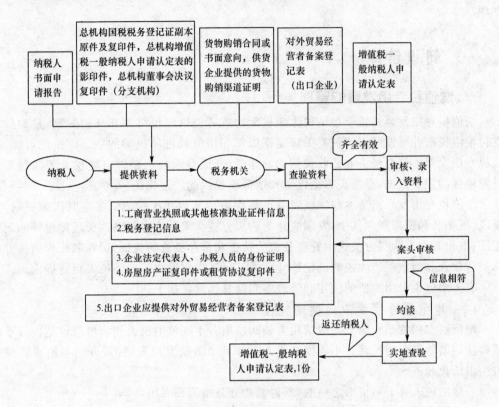

图 1-8 新办商贸企业申请认定一般纳税人办理流程

任务三 发票业务

●任务描述

发票是指一切单位和个人在购销商品、提供劳务或服务以及从事其他经营活动时提供给对方的收付款的书面证明,是财务收支的法定凭证,是会计核算的原始依据,也是审计机关、税务机关执法检查的重要依据。

发票按品种不同分为增值税专用发票、普通发票和订购发票;按版面不同分为手写版发票、电脑版发票及定额版发票。

任务导入

　　厦门东方纺织有限公司因业务需要,初次购买增值税专用发票,办税员刘华应如何办理?

知 识 链 接

一、增值税专用发票的管理

　　增值税专用发票是指一般纳税人销售货物或者提供应税劳务开具的发票,是购买方支付增值税额并可按照增值税有关规定据以抵扣增值税进项税额的凭证。由此可见,增值税专用发票不仅是经济业务收付款的原始凭证,而且是兼记销售方纳税义务和购买方进项税额的主要依据,是购买方据以抵扣增值税税款的法定凭证。

　　增值税专用发票由基本联次或者基本联次附加其他联次构成。基本联次为三联:发票联、抵扣联和记账联。其中,发票联作为购买方核算采购成本和增值税进项税额的记账凭证;抵扣联作为购买方报送主管税务机关认证和留存备查的凭证;记账联作为销售方核算销售收入和增值税销项税额的记账凭证。其他联次用途由一般纳税人自行确定。

　　有关增值税专用发票的使用和管理等问题具体规定如下。

　　(一)增值税专用发票的领购范围

　　增值税专用发票只限于一般纳税人领购使用。小规模纳税人和非增值税纳税人不得领购使用增值税专用发票。小规模纳税人需开具增值税专用发票的,可向当地主管税务机关申请代开。

　　一般纳税人有下列情形之一的,不得领购开具增值税专用发票:

　　1.会计核算不健全,不能向税务机关准确提供增值税销项税额、进项税额、应纳税额数据及其他有关增值税税务资料的。

　　2.有《中华人民共和国税收征收管理法》(以下简称《税收征管法》)规定的税收违法行为,拒不接受税务机关处理的。

　　3.有下列行为之一,经税务机关责令限期改正而仍未改正的:虚开增值税专用发票;私自印制增值税专用发票;向税务机关以外的单位和个人买取增值税专用发票;借用他人增值税专用发票;未按规定开具增值税专用发票;未按规定保管增值税专用发票和专用设备;未按规定申请办理防伪税控系统变更发行;未按规定接受税务机关检查。

　　为了加强增值税专用发票的管理,有以上情形之一的一般纳税人,如已领购增值税专用发票,税务机关应暂扣其结存的增值税专用发票和 IC 卡。

　　(二)增值税专用发票的开具范围

　　一般纳税人销售货物或者提供应税劳务,应向购买方开具增值税专用发票。

　　一般纳税人有下列销售情形的,不得开具增值税专用发票:

　　1.商业企业一般纳税人零售的烟、酒、食品、服装、鞋帽(不包括劳保专用部分)、化妆品等消费品。

2.销售免税货物,法律、法规及国家税务总局另有规定的除外。

3.销售自己使用过的不得抵扣且未抵扣进项税额的固定资产。

4.2008年12月31日以前未纳入扩大增值税抵扣范围试点的纳税人,销售自己使用过的2008年12月31日以前购进或者自制的固定资产。

5.2008年12月31日以前已纳入扩大增值税抵扣范围试点的纳税人,销售自己使用过的在本地区扩大增值税抵扣范围试点以前购进或者自制的固定资产。

6.销售旧货。

（三）增值税专用发票的开具要求

1.项目齐全,与实际交易相符;

2.字迹清楚,不得压线、错格;

3.发票联和抵扣联加盖财务专用章或者发票专用章;

4.按照增值税纳税义务的发生时间开具增值税专用发票。

开具的增值税专用发票有不符合上述要求的,不得作为扣税凭证,购买方有权拒收。

一般纳税人销售货物或者提供应税劳务可以汇总开具增值税专用发票。汇总开具增值税专用发票的,同时使用防伪税控系统开具销售货物或者提供应税劳务清单,并加盖财务专用章或者发票专用章。

（四）红字增值税专用发票的开具

一般纳税人开具增值税专用发票后,发生销货退回或销货折让、开票有误等情形但不符合作废条件的,应按规定开具红字增值税专用发票。

纳税人销售货物并向购买方开具增值税专用发票后,由于购买方在一定时期内累计购买货物达到一定数量,或者由于市场价格下降等原因,销售方给予购买方相应的价格优惠或补偿等折扣、折让行为,销售方可按现行的有关规定开具红字增值税专用发票。

红字增值税专用发票的开具,应视不同情况分别按以下办法处理:

1.一般纳税人取得增值税专用发票后,发生销货退回、开票有误等情形但不符合作废条件的,或者因销货部分退回及发生销售折让的,购买方应向主管税务机关填报开具红字增值税专用发票申请单(以下简称申请单)。主管税务机关对申请单审核后,出具开具红字增值税专用发票通知单(以下简称通知单)。

购买方必须暂依通知单所列增值税税额从当期进项税额中转出,即冲减进项税额。未抵扣进项税额的可列入当期进项税额,待取得销售方开具的红字增值税专用发票后,与留存的通知单一并作为记账凭证。

销售方凭购买方提供的通知单开具红字增值税专用发票,在防伪税控系统中以销项负数开具。

2.因增值税专用发票抵扣联、发票联均无法认证的,或购买方所购货物不属于增值税扣税项目范围、取得的增值税专用发票未经认证的,由购买方填报申请单,并在申请单上填写具体原因以及相对应蓝字增值税专用发票的信息,主管税务机关审核后出具通知单。购买方不作进项税额转出处理。

开具红字增值税专用发票的相应的通知单应按月依次装订成册,并比照增值税专用发票保管规定管理。红字增值税专用发票应与通知单一一对应。

二、发票领购程序

(一)已办理税务登记的纳税人领购发票流程(图1-9)

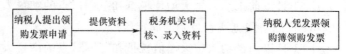

图1-9 已办理税务登记的纳税人领购发票流程

(二)纳税人应提供的资料

1.发票领购簿。

2.税控IC卡(一般纳税人使用)。

3.财务专用章或发票专用章。

4.已用发票存根(初次购买除外、购税控发票携带已开具的最后一张记账联)。

任务实施

步骤一:企业先申请安装防伪税控系统,因为是初次领购,办税员刘华可同时办理发票领购资格确认手续及发票最高开票限额申请。

步骤二:填写相关表格并盖好章。

步骤三:将上述所有证件和表格等相关资料交税务机关审核,税务机关审核批准后,发给发票领购簿。

步骤四:经办人凭发票领购簿购买发票。

技能训练

某生产企业资料如下:

张强出资人民币70万元,吴华出资人民币50万元,共同设立一家儿童服装生产企业,于2011年3月6日向青岛市工商行政管理局领取了营业执照。营业执照有关注册事项包括以下内容。注册号:37678954321234;公司名称:青岛小天才制衣有限公司;注册地址:青岛市崂山区山海路1号;法定代表人:张强;注册资本:人民币120万元;公司类型:有限责任公司;经营范围:各式男女童装的生产与销售;成立日期:2011年3月6日;营业期限:2011年3月6日至2021年3月6日;职工人数:50人;该公司组织机构代码证号码为:25467987-1;法定代表人张强的身份证号码:370212197210161234;出资人吴华的身份证号码:370212197406181234。该公司邮政编码:266100;电话号码:0532-87651234。会计专业毕业的崔茜茜作为该公司的财务负责人负责税务方面的工作,崔茜茜的身份证号码为:370212198502191234。

任务一:2011年3月10日,崔茜茜应如何办理开业税务登记?

任务二:假设青岛小天才制衣有限公司经过两年运营后,即2013年3月10日将注册资本从120万元增加到200万元,法定代表人由张强变为吴华,崔茜茜应如何办理变更税务登记?

任务三:2011年3月10日,青岛小天才制衣有限公司崔茜茜在办理税务登记的同时申请办理一般纳税人的认定,崔茜茜应如何办理?

项目二

增值税核算与申报

知识目标

1. 了解增值税的类型、特点,熟悉并掌握增值税的征税范围、税率的规定;
2. 掌握一般纳税人和小规模纳税人应纳税额的计算方法;
3. 掌握一般纳税人和小规模纳税人在会计账户设置以及账务处理等方面的差异;
4. 掌握增值税纳税申报表的填制方法,熟悉网上报税操作流程。

技能目标

1. 根据增值税的基本知识,能识别哪些业务需缴纳增值税;
2. 能够每月及时认证增值税专用发票、运费发票抵扣联,按月将增值税专用发票、运费发票抵扣联按顺序逐笔统计并装订成册;
3. 每月根据退货明细编制退货,销售方、购头方盖完章后,去税务局办理《开具红字增值税专用发票通知单》,开具红字增值税专用发票;
4. 能够熟练正确地计算增值税的销项税额、进项税额和应纳税额,并进行账务处理;
5. 能够为企业每月按时抄报税,按时填制申报表,办理国税申报业务。

任务一　计算增值税税额

任务描述

增值税是指对在我国境内销售货物,提供加工、修理修配劳务以及进口货物的单位和个人,以其增值额为课税对象征收的一种税。

增值税是以增值额为课税对象征收的一种流转税。增值税一般有三种类型:

1. 消费型增值税

这种类型的增值税,允许将纳税期内购置的用于生产应税产品的全部固定资产价款在纳税期内一次全部扣除之后纳税。西方国家多采用这种类型的增值税。

2.收入型增值税

这种类型的增值税,不允许将当期购入的固定资产价款一次全部扣除,只允许扣除固定资产当期折旧部分的价值。

3.生产型增值税

这种类型的增值税,不允许扣除任何固定资产的价款,只允许扣除生产资料中属于流动资产的部分。一些经济不发达的国家选择这种类型的增值税。

我国在 2009 年以前的增值税基本上相当于生产型增值税,固定资产的价值不在扣除的范围之内。从 2009 年 1 月 1 日开始,实行的是消费型增值税。

子任务一　了解增值税

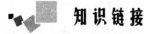

任务导入

1.厦门某商业集团从事多种经营,下设食用植物油生产厂、汽车修理厂、典当行以及饭店。

(1)请问上述各企业是否应该缴纳增值税?

(2)如需缴纳,那么适用的税率是多少?

2.某汽车厂生产出最新型号的汽车,不含税销售单价为 60 000 元/辆,2009 年 12 月 21 日发货给外省的分支机构 100 辆汽车用于销售,则该业务是否计算销项税?为什么?

3.某电视机厂销售电视机 100 台,单价 2 800 元,该厂不独立核算的车队负责送货并收取运输装卸费 2 000 元,该项行为属于混合销售行为还是兼营非应税劳务行为?应该缴纳增值税还是营业税?

知识链接

一、增值税的征税范围

(一)征税范围的一般规定

现行《增值税暂行条例》明确规定,在中华人民共和国境内销售货物或者提供加工、修理修配劳务以及进口货物,均应缴纳增值税,属于增值税征税范围。

1.应税货物

应税货物,是指土地、房屋和其他建筑物等不动产之外的有形动产,即包括不动产之外的所有用于销售的产品、商品,以及电力、热力和气体。企业单位和个人凡在我国境内销售货物,即销售货物的起运地或所在地在中国境内,都视作有偿转让货物的销售行为,则该货物属于增值税的征税范围。

2.应税劳务

纳入增值税范围的劳务是指加工、修理修配劳务。

加工,是指受托方加工货物,即由委托方提供原料及主要材料,受托方按照委托方的要求制造货物并收取加工费的业务。经加工形成的货物,其所有权仍归委托方。修理修配,是指受托方对损伤或丧失功能的货物进行修复,使其恢复原状和功能的业务。

单位和个人凡在我国境内提供上述劳务,即应税劳务的发生地在我国境内,则不论受托方是以货币形式收取加工费,还是从委托方取得货物或其他经济利益,都视作有偿销售行为,应对其征收增值税。但是,单位或个体经营者聘用的员工为本单位或雇主提供的加工、修理修配劳务,不在征税之列。

3. 进口货物

进口货物,是指经过关境进入我国境内的货物。我国税法规定,凡进入我国国境或关境的货物,在报关进口环节,除了依法缴纳关税之外,还必须缴纳增值税。

(二) 征税范围的特殊规定

1. 货物期货(包括商品期货和贵金属期货),应当征收增值税,在期货的实物交割环节纳税。

2. 银行销售金银的业务,应当征收增值税。

3. 典当业的死当物品销售业务以及寄售商店代销的寄售物品(包括居民个人寄售的物品在内)应当征收增值税。

4. 集邮商品(如邮票、小型张、小本票、明信片、首日封、邮折、集邮簿、邮盘、邮票目录、护邮袋、贴片及其他集邮商品)的生产、调拨以及邮政部门以外的单位和个人销售的集邮商品,均征增值税。

(三) 征税范围的特殊行为

1. 视同销售行为

(1) 将货物交付其他单位或者个人代销;

(2) 销售代销货物;

(3) 设有两个以上机构并实行统一核算的纳税人,将货物从一个机构移送至其他机构用于销售,但相关机构设在同一县(市)的除外;

(4) 将自产或委托加工的货物用于非增值税应税项目;

(5) 将自产或委托加工的货物用于集体福利或个人消费;

(6) 将自产、委托加工或购买的货物作为投资,提供给其他单位或个体工商户;

(7) 将自产、委托加工或购买的货物分配给股东或投资者;

(8) 将自产、委托加工或购买的货物无偿赠送给其他单位或者个人。

上述八种行为确定为视同销售货物行为,均要征收增值税。其确定的目的有两个:一是保证增值税税款抵扣制度的实施,不致因发生上述行为而造成税款抵扣环节的中断;二是避免因发生上述行为而造成货物销售税收负担不平衡的矛盾,防止逃避纳税。

【技能训练 2-1】 某生产厂商为了奖励某冠军队,决定给每位队员赠送一台电视机,共赠送了 30 台,当月该厂家同类电视机不含税销售价为 7 000 元/台,则该业务是否计算销项税? 为什么?

2. 混合销售行为

一项销售行为如果既涉及增值税应税货物又涉及非应税劳务,则为混合销售行为。混合销售行为的特点是:销售货物与提供非应税劳务是由同一纳税人实现的,价款是同时从一个购买方取得的。

例如,某计算机公司向 A 单位销售计算机并负责安装调试,根据合同规定,销售计算机的货款及安装调试的劳务款由 A 单位一并支付。在这项业务中既存在销售货物又存在提供非应税劳务,属于混合销售行为。

对混合销售行为的税务处理方法是:从事货物的生产、批发或零售的企业、企业性单位及个体经营者以及以从事货物的生产、批发或零售为主并兼营非应税劳务的企业、企业性单位及个体经营者的混合销售行为,视为销售货物,应当征收增值税;其他单位和个人的混合销售行为,视为销售非应税劳务,不征收增值税。

注意:从事运输业务的单位和个人,发生销售货物并负责运输所售货物的混合销售行为,应当征收增值税;电信单位自己销售无线寻呼机、移动电话,并为客户提供有关的电信劳务服务的,属于混合销售行为,应当征收营业税。

【技能训练 2-2】 请判断下列行为是否属于混合销售行为,并确定应如何缴税。

A. 贸易公司销售货物同时负责安装

B. 百货商店销售商品同时负责运输

C. 建筑公司提供建筑业劳务的同时销售自产货物并实行分别核算

D. 餐饮公司提供餐饮服务的同时销售酒水

3. 兼营非应税劳务行为

兼营非应税劳务行为是指增值税纳税人在从事应税货物销售或提供应税劳务的同时,还从事非应税劳务(即营业税规定的各项劳务),且从事的非应税劳务与某一项销售货物或提供应税劳务并无直接的联系和从属关系。根据《增值税暂行条例实施细则》的规定,纳税人兼营非应税劳务的,应分别核算货物或应税劳务和非应税劳务的销售额,对货物和应税劳务的销售额按各自适用的税率征收增值税,对非应税劳务的销售额(即营业额)按适用的税率征收营业税。如果不分别核算或者不能准确核算货物或应税劳务和非应税劳务销售额的,其非应税劳务应与货物或应税劳务一并征收增值税。

【技能训练 2-3】 某装修装饰公司既销售各种装修材料,又提供家庭装修劳务,且二者没有从属关系。2012 年 2 月该公司销售货物取得不含税销售额 2.5 万元,提供装修劳务取得营业收入 2 万元。那么该公司发生的行为属于混合销售行为还是兼营非应税劳务行为? 该如何进行税务处理?

二、增值税的税率与征收率

按照增值税规范化的原则,我国增值税采取了基本税率再加一档低税率的模式,此外,还有对出口货物实施的零税率。小规模纳税人适用征收率。

(一)基本税率

增值税一般纳税人销售或者进口货物,提供加工、修理修配劳务,除另有规定外,税率一律为 17%,这就是通常所说的基本税率。

(二)低税率

增值税一般纳税人销售或者进口下列货物,按低税率计征增值税,低税率为 13%。

1. 农业产品,是指种植业、养殖业、林业、牧业、水产业生产的各种植物、动物的初级产品。

2.生活必需品,包括食用植物油、自来水、暖气、冷气、热水、煤气、石油液化气、天然气、沼气、居民用煤炭制品、食用盐、二甲醚。

3.图书、报纸、杂志;音像制品;电子出版物。

4.饲料、化肥、农药、农膜、农机。

5.国务院规定的其他货物。

(三)零税率

纳税人出口货物,税率为零。但是国务院另有规定的除外。

(四)征收率

考虑到小规模纳税人经营规模小,且会计核算不健全,难以按上述两档税率计税和使用增值税专用发票抵扣进项税额,因此实行按销售额与征收率计算应纳税额的简易办法,不准许抵扣进项税额,也不允许使用增值税专用发票。

1.小规模纳税人征收率的规定

(1)小规模纳税人的征收率为3%,征收率的调整由国务院决定。

(2)小规模纳税人(除其他个人外)销售自己使用过的固定资产,减按2%征收率征收增值税。只能够开具普通发票,不得由税务机关代开增值税专用发票。

(3)小规模纳税人销售自己使用过的除固定资产以外的物品,应按3%的征收率征收增值税。

2.一般纳税人按照简易办法征收增值税的征收率规定

(1)销售自产的下列货物,可选择按照简易办法依照6%征收率计算缴纳增值税:

①县级及县级以下小型水力发电单位生产的电力;

②建筑用和生产建筑材料所用的砂、土、石料;

③以自己采掘的砂、土、石料或其他矿物连续生产的砖瓦、石灰(不含黏土实心砖、瓦);

④用微生物、微生物代谢产物、动物毒素、人或动物的血液或组织制成的生物制品;

⑤自来水。对属于一般纳税人的自来水公司销售自来水按简易办法依照6%征收率征收增值税,不得抵扣其购进自来水取得增值税扣税凭证上注明的增值税税款;

⑥商品混凝土(仅限于以水泥为原料生产的水泥混凝土)。

一般纳税人选择简易办法计算缴纳增值税后,36个月内不得变更。可自行开具增值税专用发票。

(2)销售货物属于下列情形之一的,暂按简易办法依照4%征收率计算缴纳增值税:

①寄售商店代销寄售物品(包括居民个人寄售的物品在内);

②典当业销售死当物品;

③经国务院或国务院授权机关批准的免税商店零售的免税品。

上述销售货物行为,可自行开具增值税专用发票。

(3)销售自己使用过的物品,可按下列办法计算缴纳增值税:

①销售自己使用过的按规定不得抵扣进项税额的固定资产,按简易办法依照4%征收率减半征收增值税;

②销售自己使用过的其他固定资产,按相关规定执行;

③销售自己使用过的除固定资产以外的物品,应当按照适用税率征收增值税。

按简易办法依照 4% 征收率减半征收增值税的,应开具普通发票,不得开具增值税专用发票。

3. 纳税人销售旧货适用征收率的规定

纳税人销售旧货,按照简易办法依照 4% 征收率减半征收增值税。所称旧货,是指进入二次流通的具有部分使用价值的货物(含旧汽车、旧摩托车和旧游艇),但不包括自己使用过的物品。

纳税人销售旧货,应开具普通发票,不得自行开具或者由税务机关代开增值税专用发票。

三、增值税减免税项目

增值税具有链条机制的特点,即上一环节销售时向下一环节收取的税金是下一环节的进项税额,下一环节计算增值税时可以将进项税额从其销项税额中扣除。这样,一环套一环,环环相扣,形成了增值税特有的链条机制。因此,增值税的这种内在机制是排斥免税的。但为了体现产业政策,我国增值税法律制度规定了增值税减免的几种形式:

(一)直接免税

享受直接免税的主要有:

1. 农业生产者销售的自产农业产品;

2. 避孕药品和用具;

3. 向社会收购的古旧图书;

4. 直接用于科学研究、科学实验和教学的进口仪器、设备;

5. 外国政府、国际组织无偿援助的进口物资和设备;

6. 由残疾人组织直接进口供残疾人专用的物品;

7. 销售其他个人自己使用过的物品。

(二)起征点

对未达到起征点的纳税人实行免税;超过起征点的全额征税。根据《增值税暂行条例》的规定,增值税起征点的适用范围限于个人。对增值税起征点的幅度规定如下:

1. 销售货物的,为月销售额 5 000～20 000 元;

2. 销售应税劳务的,为月销售额 5 000～20 000 元;

3. 按次纳税的,为每次(日)销售额 300～500 元。

上述所称销售额,是指小规模纳税人的销售额。

省、自治区、直辖市财政厅(局)和国家税务局应在规定的幅度内,根据实际情况确定本地区适用的起征点,并报财政部、国家税务总局备案。

▐▐ 任务实施

任务解析:

1. 该商业集团缴纳增值税及适用税率情况如下:

(1)食用植物油生产厂、汽车修理厂销售产品、提供服务时以及典当行在销售死当物品业务时,应缴纳增值税,典当行的其余业务及饭店经营业务应缴纳营业税。

（2）食用植物油生产厂销售食用植物油的增值税税率为 13％，汽车修理厂的增值税税率为 17％，典当行销售死当物品的增值税税率为 4％。

2.该汽车厂将汽车发货给外省的分支机构，税法规定属于视同销售行为，因此该业务应该计算销项税额。

3.该行为属于混合销售行为，应该合并缴纳增值税。

▌**任务拓展**

混合销售行为及兼营非应税劳务行为的异同点

混合销售行为的特点是：销售货物与提供非应税劳务是由同一纳税人实现，价款是同时从一个购买方取得的。

兼营非应税劳务行为的特点是：纳税人在经营应税货物销售或提供增值税应税劳务的同时，又提供营业税应税劳务，但是销售货物或应税劳务不同时发生在同一购买者身上，且从事的劳务与某一项销售货物或加工、修理修配劳务并无直接的联系和从属关系。

二者的相同点是：两种行为的经营范围都有销售货物和提供劳务这两类经营项目。

二者的区别是：混合销售行为强调的是在同一销售行为中存在两类经营项目的混合，销售货款及劳务价款是同时从一个购买方取得的；兼营非应税劳务行为强调的是在同一纳税人的经营活动中存在着两类经营项目，但是这两类经营项目不在同一销售行为中发生，即销售货物和应税劳务不是同时发生在同一购买者身上。

子任务二　计算一般纳税人增值税税额

一般纳税人增值税税额的计算采用扣税法，即凭扣税凭证从当期销项税额中减去当期进项税额，其余额为应纳税额。一般纳税人增值税税额的计算公式为

$$应纳税额＝当期销项税额－当期进项税额$$

销项税额是指纳税人销售货物或者提供应税劳务，按照销售额或应税劳务收入和规定的税率计算并向购买方收取的增值税税额。销项税额的计算公式为

$$销项税额＝销售额×适用税率$$

需要强调的是，增值税是价外税，公式中的"销售额"必须是不包括收取的销项税额的销售额。

情境一　计算一般销售业务的销项税额

一般纳税人在销售货物或提供应税劳务时，为了吸引顾客可以采取多样化的销售方式，如一般销售、折扣销售、以旧换新以及还本销售等多种销售方式，其中，一般销售最为常见。计算一般销售业务的销项税额的重点是确定销售额，主要从以下两方面掌握这项内容：一是对销售额即收取的全部价款及价外费用这一含义的理解及运用；二是根据所开发票的类型确定销售额。销售发票一般可开具增值税专用发票和普通发票两种，如果是增值税专用发票，则销售额是不含税销售额，可以直接使用；如果是普通发票，应将含税销售额换算为不含税销售额。

任务导入

厦门东方纺织有限公司(增值税一般纳税人)主要生产棉纱、棉布、涤纶坯布、印染布等,2011年7月发生如下业务:

(1)7月7日,向厦门明丽服装有限公司销售棉坯布12 000米,不含税售价为240 000元,款未收。

厦门东方纺织有限公司的开票资料:

纳税人识别号:350203409371234

地址、电话:厦门东方路1号 80341234

开户行及账号:工行东方支行 1801234

厦门明丽服装有限公司的开票资料:

纳税人识别号:350207650021234

地址、电话:厦门工业路1号 80231234

开户行及账号:中行工业支行 14001234

请根据上述资料,以"王强"的名义开具增值税专用发票。增值税专用发票格式见表2-1。

表 2-1   厦门增值税专用发票

2100061234   No.00503220

记 账 联   开票日期: 年   月   日

购货单位	名 称: 纳税人识别号: 地址、电话: 开户行及账号:					密码区			
货物或应税劳务名称	规格型号	单 位	数 量	单 价	金 额	税率	税额
合　计							
价税合计(大写)			(小写)				
销售单位	名 称: 纳税人识别号: 地址、电话: 开户行及账号:					备注		

收款人: 复核: 开票人: 销货单位(章):

(2)7月30日,向厦门群惠劳保用品厂销售涤纶布1 000米,开具普通发票,价税合计35 000元,货款用银行存款收讫。请根据上述资料,开具普通发票。普通发票格式见表2-2。

表 2-2　　　　　　　　　　**厦门市货物销售统一发票**

存根联

发票代码:136000611234

发票号码:00361234

客户名称:　　　　　　　　　　　　　　　　　　　　　　　　　年　月　日

品　名	规　格	单　位	数　量	单　价	金　额						
					万	千	百	十	元	角	分

合计人民币(大写):　　　　万 仟 佰 拾 元 角 分

开票单位:(盖章有效)　　　　　　　　开票人:　　　　　　　　　　收款人:

知识链接

正确计算应纳增值税税额,需要首先准确核算作为增值税计税依据的销售额。销售额是指纳税人销售货物或者提供应税劳务向购买方(承受应税劳务也视为购买方)收取的全部价款和价外费用。

价外费用是指价外向购买方收取的手续费、补贴、基金、集资费、返还利润、奖励费、违约金(延期付款利息)、滞纳金、赔偿金、包装费、包装物租金、储备费、优质费、运输装卸费、代收款项、代垫款项及其他各种性质的价外收费。但下列几项不包括在内:

(1)向购买方收取的销项税额;

(2)受托加工应征消费税的消费品所代收代缴的消费税;

(3)同时符合以下条件的代垫运费:①承运者的运费发票开具给购买方的;②纳税人将该项发票转交给购买方的.

(4)销售货物的同时因代办保险等而向购买方收取的保险费,以及向购买方收取的代购买方缴纳的车辆购置税、车辆牌照费。

凡随同销售货物或提供应税劳务向购买方收取的价外费用,无论其会计制度如何核算,均应并入销售额计算应纳税额。

一般纳税人销售货物或者应税劳务取得的含税销售额在计算销项税额时,必须将其换算为不含税的销售额。不含税销售额的计算公式为

不含税销售额＝含税销售额÷(1＋增值税税率)

【做中学 2-1】　某钢厂属于增值税一般纳税人,2012 年 4 月销售 A 类钢材开具的增值税专用发票上注明的价款为 1 000 万元,税额 170 万元;销售 B 类钢材开具了普通发票取得价税合计销售额 23.4 万元,计算该钢厂 4 月份的增值税的销项税额。

销项税额＝[1 000＋23.4÷(1＋17%)]×17%＝173.4(万元)

任务实施

(1)7 月 7 日,开具增值税专用发票(表 2-3)。

表 2-3　　　　　　　　　　　**厦门增值税专用发票**

2100061234　　　　　　　　　记账联　　　　　　　No.00503220

开票日期：2011 年 07 月 07 日

购货单位	名　　称：厦门明丽服装有限公司 纳税人识别号：350207650021234 地址、电话：厦门工业路 1 号　80231234 开户行及账号：中行工业支行 14001234	密码区	

货物或应税劳务名称	规格型号	单位	数量	单价	金　额	税　率	税　额
棉坯布		米	12 000	20.00	240 000.00	17%	40 800.00
合　计					240 000.00		40 800.00

价税合计(大写)	贰拾捌万零捌佰元整	(小写)￥280 800.00

销售单位	名　　称：厦门东方纺织有限公司 纳税人识别号：350203409371234 地址、电话：厦门东方路 1 号　80341234 开户行及账号：工行东方支行　1801234	备注	

收款人：　　　复核：　　　开票人：王强　　　销货单位(章)：

(2)7 月 30 日，开具普通发票(表 2-4)。

表 2-4　　　　　　　　**厦门市货物销售统一发票**

存根联

发票代码：136000611234

发票号码：00361234

2011 年 07 月 30 日

客户名称：厦门群惠劳保用品厂

品　名	规格	单位	数量	单价	金　额						
					万	千	百	十	元	角	分
涤纶布		米	1 000	35.00	3	5	0	0	0	0	0
合计人民币(大写)：叁万伍仟零佰零拾零元零角零分					3	5	0	0	0	0	0

开票单位：(盖章有效)　　　　　开票人：　　　　　收款人：

【技能训练 2-4】

(1)填制增值税专用发票实训

7 月 16 日，厦门东方纺织有限公司销售给厦门鹭发有限公司涤纶布 10 000 米，价税合计 362 700 元，款项用银行存款收讫。

厦门鹭发有限公司开票资料如下：

纳税人识别号：350206777601234

地址、电话：厦门海岸路 1 号 80391234

开户行及账号：中行厦门分行营业部 1301234

请根据上述资料，开具增值税专用发票。

(2)填制普通发票实训

7 月 23 日，厦门东方纺织有限公司向厦门明丽服装有限公司销售印染布 9 000 米，价税合计 368 550 元，款项未收。

请根据上述资料，开具普通发票。

任务拓展

税务机关核定销售额的规定

纳税人销售货物或应税劳务的价格明显偏低且无正当理由的，或是纳税人发生了视同销售货物的行为而无销售额的，主管税务机关有权核定其销售额。其确定顺序及方法为：

第一，按纳税人最近时期同类货物的平均销售价格确定；

第二，按其他纳税人最近时期同类货物的平均销售价格确定；

第三，按组成计税价格确定。组成计税价格的计算公式为

$$组成计税价格＝成本×(1＋成本利润率)$$

或 $$组成计税价格＝成本×(1＋成本利润率)＋消费税税额$$

或 $$组成计税价格＝成本×(1＋成本利润率)÷(1－消费税税率)$$

公式中的成本，销售自产货物的为实际生产成本，销售外购货物的为实际采购成本。公式中的成本利润率由国家税务总局确定，一般为 10%。但属于从价定率征收消费税的货物，其组成计税价格公式中的成本利润率为《消费税若干具体问题的规定》中所规定的成本利润率。

【做中学 2-2】 某针织厂（一般纳税人）将自产的针织内衣作为福利发给本厂职工，共发放 A 型内衣 100 件，销售价每件 15 元（不含税）；发放 B 型内衣 200 件，无销售价，已知制作 B 型内衣的总成本为 36 000 元。则 A 型、B 型内衣计税销售额为多少？

A 型内衣计税销售额＝100×15＝1 500(元)

B 型内衣计税销售额＝36 000×(1＋10%)＝39 600(元)

【技能训练 2-5】 某企业为增值税一般纳税人，2012 年 5 月生产加工一批新产品共 450 件，每件成本价为 380 元（无同类产品市场价格），全部售给本企业职工，取得不含税销售额 171 000 元。试确定其销售额。

情境二 计算特殊销售业务的销项税额

纳税人在销售货物时经常以各种优惠条件吸引购买者，从而达到增加销售额的目的。比如，为了鼓励购买方购买较多的货物而给予的折扣销售，为了较早收回货款而给予的销售折扣，以及实物折扣、销售折让、以旧换新、以物易物等销售方式。采用这些销售方式能够激

发购买方的购买欲望,这也是商家乐此不疲地推出各种促销模式的诱因。在学习这部分内容时,主要掌握销售额的确定方法,销售额乘以适用税率即可求得销项税额。

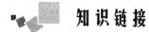任务导入

　　1.甲企业销售给乙公司 2 000 台空调,每台不含税价格为 2 000 元。由于乙公司购买数量多,甲企业按原价的八折优惠销售,并提供 1/10、n/20 的销售折扣。乙公司于 10 日内付款。请计算甲企业此项业务的销售额是多少?

　　2.某涂料厂(一般纳税人)于 2012 年 1 月向某建材公司销售甲种涂料 200 桶,出厂不含税价格为每桶 80 元。同时,收取包装物押金 4 680 元(每个包装物的押金为 23.4 元),已单独设账核算。同年 2 月,因上年销售涂料时出借的包装物 100 个无法收回,故没收上年收取的包装物押金 2 340 元。请问该涂料厂应如何进行税务处理?

　　3.某商场采取以旧换新方式向消费者销售 100 台液晶电视机,每台零售价 5 850 元,从消费者手里收购旧型号电视机,每台折价 500 元。请计算其销项税额。

　　4.A 企业生产销售甲产品,每件制造成本 2 000 元,市场上同类商品售价为 2 500 元/件。2012 年 5 月采用还本销售方式销售甲产品 100 件,售价为 2 800 元/件,5 年后全额一次还本,增值税税率为 17%,请计算其销项税额(售价均为不含税价格)。

知识链接

一、以折扣方式销售货物

　　纳税人销售过程中的折扣是指销售方根据购买方购买数量和货款支付时间给予购买方的一种价格优惠,主要包括折扣销售、销售折扣、销售折让等形式。

　　折扣销售,又称商业折扣或者价格折扣,是指销售方在销售货物或应税劳务时,因购买方购货数量较大等原因而给予购买方的价格优惠(如购买 10 件,销售价格折扣 10%,购买 50 件,折扣 20% 等)。由于折扣是在实现销售时同时发生的,因此,税法规定,如果销售额和折扣额是在同一张发票上分别注明的,可按折扣后的余额作为销售额计算增值税;如果将折扣额另开发票,不论其在财务上如何处理,均不得从销售额中减除折扣额。折扣销售仅限于货物价格的折扣,如果销售方将自产、委托加工和购买的货物用于实物折扣,则该实物款额不得从货物销售额中减除,应按"视同销售货物"计征增值税。

　　销售折扣,又称现金折扣,是指销售方在销售货物或应税劳务后,为了鼓励购买方及早偿还货款而协议许诺给予购买方的一种折扣优待。例如,10 天内付款,货款折扣 2%;20 天内付款,货款折扣 1%;30 天内则全价付款。销售折扣发生在销货之后,是一种融资性质的理财费用,因此,销售折扣不得从销售额中减除。

　　销售折让,是指货物销售后,由于其品种、质量不符合合同要求等原因,购买方未予退货,但销售方需给予购买方的一种价格折让。因为销售折让是由于货物的品种和质量引起的销售额的减少,因此,税法规定,对销售折让可按折让后的货款确定销售额。

【技能训练 2-6】 某企业产品价目表列明:甲产品的销售价格(不含增值税)每件200元,购买200件以上,可获得5%的商业折扣;购买400件以上,可获得10%的商业折扣。该企业对外销售甲产品350件,规定对方付款条件为 2/10,1/20,n/30,购货单位已于9天内付款。适用的增值税税率为17%,则该企业应如何计算销售额(假定计算现金折扣时不考虑增值税)?

二、以旧换新方式销售货物

以旧换新是指纳税人在销售自己的货物时,有偿收回旧货物的行为。税法规定,采取以旧换新方式销售货物的,应按新货物的同期销售价格确定销售额,不得扣减旧货物的收购价格。

【技能训练 2-7】 某商场采取以旧换新方式销售电视机,每台零售价 3 000 元,本月售出电视机 200 台,共收回 200 台旧电视机,每台旧电视机折价 300 元,该业务计算增值税的销售额为多少?

三、还本销售方式销售货物

还本销售是指纳税人在销售货物后,到一定期限由销售方一次或分次退还给购买方全部或部分价款的一种销售方式。税法规定纳税人采取还本销售货物的,其销售额就是货物的销售价格,不得从销售额中减除还本支出。

四、以物易物方式销售货物

以物易物是一种较为特殊的购销活动,是指购销双方不是以货币结算,而是以同等价款的货物相互结算,实现货物购销的一种方式。税法规定,以物易物双方都应作购销业务处理,以各自发出的货物核算销售额并计算销项税额,以各自收到的货物按规定核算购货额并计算进项税额。应注意的是:在以物易物活动中,应分别开具合法的票据,如收到的货物不能取得相应的增值税专用发票或其他合法票据的,不能抵扣进项税额。

五、包装物押金

对包装物押金是否计入销售额的问题,税法有明确的规定,纳税人销售货物时另收取包装物押金,目的是促使购买方及早退回包装物以便周转使用。根据税法规定,纳税人为销售货物而出租出借包装物收取的押金,单独记账核算的,时间在 1 年以内又未过期的,不并入销售额征税;但对因逾期未收回包装物不再退还的押金,应按所包装货物的适用税率计算销项税额。这其中,"逾期"是指按合同约定实际逾期或以 1 年为期限,对收取 1 年以上的押金,无论是否退还,均并入销售额征税。当然,在将包装物押金并入销售额征税时,需要先将该押金换算为不含税价格,再并入销售额征税。对于个别包装物周转使用期限较长的,报经税务机关确定后,可适当放宽逾期期限。另外,包装物押金不应混同于包装物租金,包装物租金在销货时作为价外费用并入销售额计算销项税额。国家税务总局国税发[1995]192 号文件规定,从 1995 年 6 月 1 日起,对销售除啤酒、黄酒外的其他酒类产品收取的包装物押金,无论是否返还以及会计上如何核算,均应并入当期销售额征税。对销售啤酒、黄酒所收取的押金,按上述一般押金的规定处理。

【技能训练 2-8】 某酒厂(一般纳税人)本月销售散装白酒 20 吨,出厂价格为

3 000 元/吨,销售额 60 000 元。同时收取包装物押金 3 510 元,已单独设账核算。请计算其销项税额。

任务实施

任务解析:

1.甲企业的销售额＝2 000×2 000×0.8＝3 200 000(元)

销售折扣发生在销售以后,税法规定销售折扣不得从销售额中减除。

2.1 月份销项税额＝200×80×17％＝2 720(元)

2 月份销项税额＝2 340÷(1＋17％)×17％＝340(元)

3.税法规定,采取以旧换新方式销售货物的,应按新货物的同期销售价格确定销售额,不得扣减旧货物的收购价格。

销项税额＝100×5 850÷(1＋17％)×17％＝85 000(元)

4.税法规定,还本销售的销售额就是货物的销售价格,不得从销售额中减除还本支出。

销项税额＝2 800×100×17％＝47 600(元)

情境三   计算一般纳税人增值税进项税额

任务导入

某生产企业为增值税一般纳税人,适用增值税税率17％,5月份发生有关生产经营业务如下:

1.购进货物取得增值税专用发票,注明支付的货款为 60 万元、进项税额为 10.2 万元;另外支付购货的运输费用为 6 万元,已取得运输公司开具的普通发票。

2.向农业生产者购进免税农产品一批,支付收购价 30 万元,支付给运输单位运费 5 万元,已取得相关的合法票据。本月下旬将购进的农产品的 20％用于本企业职工福利(以上相关票据均符合税法的规定并通过认证)。

3.向小规模纳税人购进粮食一批,支付价款 30 万元,取得普通发票,货物验收入库。

任务:请计算以上 3 笔业务的进项税额。

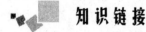 知识链接

一、进项税额的概念

增值税进项税额,是指纳税人购进货物或接受应税劳务所支付或负担的增值税税额。进项税额是与销项税额相对应的概念,一项销售业务中,销售方收取的销项税额就是购买方支付的进项税额。增值税的应纳税额是销项税额减去进项税额的差额,所以进项税额的多少直接关系到纳税人的纳税金额。

需要注意的是,并不是纳税人支付的所有进项税额都可以从销项税额中抵扣。税法对不能抵扣进项税额的项目作了严格的规定,如果违反税法规定,随意抵扣进项税额,将以偷税行为论处。

二、准予从销项税额中抵扣的进项税额

增值税实行发票扣税法,根据税法规定,准予从销项税额中抵扣的进项税额仅限于下列凭证上注明的增值税税额:

1. 从销售方取得的增值税专用发票上注明的增值税税额。按照税法规定,自 2003 年 3 月 1 日起,增值税一般纳税人取得防伪税控系统开具的增值税专用发票,抵扣的进项税额按以下规定处理:①增值税一般纳税人申请抵扣的防伪税控系统开具的增值税专用发票,必须自该专用发票开具之日起 90 日内到税务机关认证,否则不予抵扣进项税额。②增值税一般纳税人认证通过的防伪税控系统开具的增值税专用发票,应在认证通过的当月按照增值税有关规定核算当期进项税额并申报抵扣,否则不予抵扣进项税额。

2. 从海关取得的完税凭证上注明的增值税税额。增值税一般纳税人进口货物,取得的 2004 年 2 月 1 日以后开具的海关完税凭证,应当在开具之日起 90 天后的第一个纳税申报期结束以前向主管税务机关申报抵扣,逾期不得抵扣进项税额。

3. 购进农产品进项税额的确定与抵扣。除取得增值税专用发票或者海关进口增值税专用缴款书外,按照农产品收购发票或者销售发票上注明的农产品买价和 13% 的扣除率计算进项税额,计算公式为

$$准予抵扣的进项税额 = 买价 \times 扣除率$$

这里所称的买价还包括按规定缴纳的烟叶税。烟叶税,开征时间是 2006 年 4 月 28 日;纳税人是收购烟叶的单位;烟叶是指晾晒烟叶、烤烟叶;税率是 20%;

$$应纳税额 = 烟叶收购金额 \times 税率$$

【技能训练 2-9】 某生产性企业为增值税一般纳税人,2011 年 3 月发生如下两笔业务:①销售本企业产品一批,取得含税货款 117 万元;②外购免税农产品一批,支付价款 20 万元。请计算该企业 2011 年 3 月应纳的增值税额。

4. 运输费用进项税额的确定与抵扣。增值税一般纳税人外购或销售货物以及在生产经营中所支付的运输费用(代垫运费除外),根据运费结算单据(普通发票)所列运费金额按照 7% 的扣除率计算进项税额准予扣除。

准予计算进项税额抵扣的货物运费金额是指在运输单位开具的货票上注明的运费和建设基金,随同运费支付的装卸费、保险费等其他杂费不得计算抵扣进项税额。

纳税人取得运输发票后,应当自开票之日起 90 天内向主管国家税务局申报抵扣,超过 90 天的不得予以抵扣。

【技能训练 2-10】 某单位销售货物支付发货运费等费用 15 万元,运输单位开具的货票上注明运费 13 万元,建设基金 0.5 万元,装卸费 0.5 万元,保险费 1 万元。请计算其准予抵扣的进项税额。

三、不得从销项税额中抵扣的进项税额

按《增值税暂行条例》规定,下列项目的进项税额不得在销项税额中抵扣:

1. 纳税人购进货物或者应税劳务,未按照规定取得并保存增值税扣税凭证,或者增值税扣税凭证上未按照规定注明增值税税额及其他有关事项的,其进项税额不得从销项税额中抵扣。

2. 用于非应税项目的购进货物或者应税劳务。非应税项目是指提供非应税劳务(即营业税条例规定的属于交通运输业、建筑业、金融保险业、邮电通信业、文化体育业、娱乐业、服务业税目征收范围的劳务)、转让无形资产和销售不动产等。

3. 用于免税项目的购进货物或者应税劳务。免税项目主要包括:农业生产者销售的自产农业产品;避孕药品和用具;古旧图书;直接用于科学研究、科学试验和教学的进口仪器、设备等。凡是税法规定为免税项目的,对用于免税项目的购进货物或者应税劳务的进项税额都不能抵扣。

4. 用于集体福利或者个人消费的购进货物或者应税劳务。集体福利或者个人消费是指企业内部设置的供职工使用的食堂、浴室、理发室、宿舍、幼儿园等福利设施及其设备、物品等,或者以福利、奖励、津贴等形式发放给职工个人的物品。

5. 非正常损失的购进货物或者应税劳务及非正常损失的在产品、产成品所耗用的购进货物或者应税劳务。所谓非正常损失,是指因管理不善造成货物被盗窃、丢失、霉烂变质的损失。

6. 纳税人购进自用应征消费税的汽车、游艇、摩托车。

7. 购进以上货物的运输费用和销售免税货物的运输费用。

8. 增值税一般纳税人采取邮寄方式销售、购买货物所支付的邮寄费,不允许计算进项税额抵扣。

【技能训练 2-11】 某果酱厂某月外购水果 10 000 千克,取得的增值税专用发票上注明的外购金额和增值税税额分别为 10 000 元和 1 300 元。在运输途中因管理不善腐烂 1 000 千克。水果运回后,用于发放职工福利 1 000 千克,其余全部加工成果酱 400 千克(20 千克水果加工成 1 千克果酱)。其中 350 千克果酱全部销售,单价 20 元;50 千克果酱因管理不善被盗。试确定当月该厂允许抵扣的进项税额。

9. 一般纳税人兼营免税项目或者非增值税应税劳务而无法划分不得抵扣的进项税额的,按下列公式计算:

不得抵扣的进项税额＝当月无法划分的全部进项税额×当月免税项目销售额与非增值税应税劳务营业额合计÷当月全部销售额、营业额合计

【技能训练 2-12】 某制药厂为增值税一般纳税人,2012 年 6 月份销售抗生素 234 万元(含税,税率 17%),销售免税药品 100 万元,当月购入生产用原料一批,所取得增值税专用发票上注明的税款为 13.6 万元;抗生素药品与免税药品无法划分耗料情况。该厂当月准予抵扣的进项税额是多少?

任务实施

任务解析:

1. 进项税额＝10.2＋6×7%＝10.62(万元)

2. 进项税额＝(30×13％＋5×7％)×(1－20％)＝3.4(万元)

3. 购进农产品进项税额的确定与抵扣,除取得增值税专用发票或者海关进口增值税专用缴款书外,按照农产品收购发票或者销售发票上注明的农产品买价和13％的扣除率计算进项税额。因此该项业务的进项税额＝30×13％＝3.9(万元)。

||任务拓展

进口货物应纳税额的计算

进口货物按照组成计税价格和规定的税率,计算进口环节应纳增值税税额,不得抵扣任何税税额。进口货物的增值税由海关代征。组成计税价格和应纳税额的计算公式为

组成计税价格＝关税完税价格＋关税

属于征收消费税的进口货物,还需在组成计税价格中加上消费税。其计算公式为

组成计税价格＝关税完税价格＋关税＋消费税

或　　　　　组成计税价格＝(关税完税价格＋关税)÷(1－消费税税率)

应纳税额＝组成计税价格×增值税税率

【做中学 2-3】 某公司于2012年1月进口货物一批,经海关审定的关税完税价格为60万元。货物报关后,公司按规定缴纳了进口环节的增值税并取得了海关开具的完税凭证。假定该批进口货物在国内全部销售,取得不含税销售额80万元。若货物进口关税税率为10％,增值税税率为17％,计算该批货物在进口环节、国内销售环节分别应缴纳的增值税税额。

应缴纳进口关税税额＝60×10％＝6(万元)

进口环节应缴纳增值税的组成计税价格＝60＋6＝66(万元)

进口环节应缴纳的增值税税额＝66×17％＝11.22(万元)

国内销售环节的销项税额＝80×17％＝13.6(万元)

国内销售环节应缴纳的增值税税额＝13.6－11.22＝2.38(万元)

情境四　计算一般纳税人增值税应纳税额

任务导入

某企业为增值税一般纳税人,在2011年5月发生如下购销业务:

(1)采购生产原料聚乙烯,取得的增值税专用发票上注明价款为120万元;

(2)采购生产用燃料液化煤气,取得的增值税专用发票上注明价款为75万元;

(3)购买钢材用于基建工程,取得的增值税专用发票注明价款为30万元;

(4)支付运输单位运费,取得的发票注明运费18万元,装卸费2万元,保险费2万元;

(5)销售产品农用薄膜,开出的增值税专用发票上注明价款180万元;

(6)销售产品塑料制品,开出的增值税专用发票上注明价款230万元。

任务:有关发票均在当月通过了认证,请计算该企业当期应纳增值税税额。

◆◆◆ 知识链接

在计算出销项税额和进项税额后就可以得出实际应纳税额。纳税人销售货物或提供应税劳务,其应纳税额为当期销项税额抵扣当期进项税额后的余额,基本计算公式为

$$应纳税额＝当期销项税额－当期进项税额$$

由于增值税实行购进扣税法,有时企业当期购进的货物很多,在计算应纳税额时会出现当期销项税额不足抵扣当期进项税额的情况。根据税法规定,当期进项税额不足抵扣的部分可以结转下期继续抵扣。

一、销项税额计入"当期"的时间界定

销售货物或者提供应税劳务的纳税义务发生时间,按销售结算方式的不同可具体分为以下几种情况:

1. 采取直接收款方式销售货物,不论货物是否发出,均为收到销售款或者取得索取销售款凭据的当天;

2. 采取托收承付和委托银行收款方式销售货物,为发出货物并办妥托收手续的当天;

3. 采取赊销和分期收款方式销售货物,为书面合同约定的收款日期的当天,无书面合同的或者书面合同没有约定收款日期的,为货物发出的当天;

4. 采取预收货款方式销售货物,为货物发出的当天,但生产销售生产工期超过 12 个月的大型机械设备、船舶、飞机等货物,为收到预收款或者书面合同约定的收款日期的当天;

5. 委托其他纳税人代销货物,为收到代销单位的代销清单或者收到全部或部分货款的当天。未收到代销清单及货款的,为发出代销货物满 180 天的当天;

6. 销售应税劳务,为提供劳务的同时收讫销售款或者取得索取销售款凭据的当天;

7. 纳税人发生视同销售货物行为,为货物移送的当天;

8. 进口货物,为报关进口的当天。

上述有关纳税义务发生时间的规定,明确了企业在计算应纳税额时对"当期销项税额"的时间限定,是增值税计税和征收管理中重要的规定。

【技能训练 2-13】 某工业企业为增值税一般纳税人,适用增值税税率 17%,2011 年 10 月发生如下经济业务:委托他人代销货物一批,价款 50 万元,尚未收到代销清单;收到上月代销清单一份,价款 40 万元,开出增值税专用发票;采取托收承付方式销售一批货物,价款 15 万元,已办妥托收手续,货已发出并开具增值税专用发票,本月尚未收到货款;以预收款方式销售一批货物,货款 50 万元已通过银行收取,购销双方约定,下月 15 日发货;当期可抵扣的进项税额为 16 万元。

请计算该企业当期准予抵扣的进项税额、当期销项税额、当期应纳税额。

二、销货退回或折让的税务处理

纳税人在货物购销活动中,因货物质量、规格等原因常会发生销货退回或销售折让的

情况。由于销货退回或折让不仅涉及销货价款或折让价款的退回,还涉及增值税的退回,因此,销售方和购买方应相应地对当期的销项税额或进项税额进行调整。税法规定,一般纳税人因销货退回或折让而退还给购买方的增值税税额,应从发生销货退回或折让当期的销项税额中扣减;因进货退出或折让而收回的增值税税额,应从发生进货退出或折让当期的进项税额中扣减。对于纳税人进货退出或折让而不扣减当期进项税额,造成不纳税或少纳税的,都将被认定为是偷税行为,并按偷税予以处罚。

【技能训练 2-14】 某商场 7 月份发生销项税额 5 万元,进项税额 3 万元。当月因质量问题,顾客退回 4 月份零售的空调,退款 5.85 万元。该商场与厂方联系,将此空调退回厂家,并提供了税务局开具的退货证明单,收回退货款及税金 4.68 万元。请计算其 7 月份应纳增值税税额。

任务实施

任务解析:

(1)采购生产原料聚乙烯取得的增值税专用发票可以直接抵扣,进项税额=120×17%=20.4(万元)。

(2)采购生产用燃料液化煤气取得的增值税专用发票可以直接抵扣,但液化煤气的税率为 13%,进项税额=75×13%=9.75(万元)。

(3)购买钢材用于基建工程属于非应税项目,不允许抵扣进项税额。

(4)支付运费取得的发票可按运费金额的 7%计算进项税额,但装卸费、保险费不得计算在内。因此,进项税额=18×7%=1.26(万元)。

(5)销售产品农用薄膜的税率为 13%,销项税额=180×13%=23.4(万元)。

(6)销售产品塑料制品的税率为 17%,销项税额=230×17%=39.1(万元)。

该企业当期应纳增值税税额=(23.4+39.1)-(20.4+9.75+1.26)=31.09(万元)

子任务三　计算小规模纳税人增值税税额

任务导入

某小型工业企业是小规模纳税人,2011 年 5 月发生如下业务:

(1)2 日,购买原材料,取得的增值税专用发票注明材料价款为 3 000 元,增值税为 510 元,已付款并验收入库。

(2)10 日,购入包装物一批,普通发票上注明货款 2 000 元,已付款并验收入库。

(3)13 日,销售一批产品给利达工厂,取得产品销售收入 30 900 元,货款未收到。

(4)25 日,接受外单位委托加工产品一批,收取加工费 2 000 元,以银行存款结算。

任务:请计算该工业企业 5 月份应纳增值税税额。

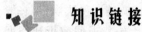 **知识链接**

一、应纳税额的计算公式

小规模纳税人销售货物或者应税劳务,按照销售额和《增值税暂行条例》规定的征收率(2008 年 12 月 31 日前为 6％或 4％,2009 年 1 月 1 日起为 3％)计算应纳税额,不得抵扣进项税额。应纳税额的计算公式为

$$应纳税额＝销售额×征收率$$

这里需要解释的是,小规模纳税人取得的销售额与前述的一般纳税人取得的销售额所包含的内容是一致的,都是销售货物或提供应税劳务向购买方收取的全部价款和价外费用,但是不包括收取的增值税税额;另外,小规模纳税人实行的是简易征税办法,因此不得抵扣进项税额。

二、含税销售额的换算

由于小规模纳税人在销售货物或应税劳务时,一般情况下只能开具普通发票,取得的销售收入均为含税销售额。为了符合增值税作为价外税的要求,小规模纳税人在计算应纳税额时,必须将含税销售额换算为不含税销售额后才能计算应纳税额。小规模纳税人不含税销售额的换算公式为

$$不含税销售额＝含税销售额÷(1＋征收率)$$

【做中学 2-4】　某小型加工厂为小规模纳税人,2012 年 4 月,取得产品销售收入 6.18 万元。请计算该加工厂 2012 年 4 月应缴纳的增值税税额。

把含税销售额换算成不含税销售额,则

不含税销售额＝6.18÷(1＋3％)＝6 (万元)

当月应缴纳增值税税额＝6×3％＝0.18(万元)

任务实施

任务解析:

(1)该工业企业是小规模纳税人,不允许抵扣进项税额,第一笔和第二笔业务不能计算抵扣增值税。

(2)该工业企业应纳增值税税额＝(30 900＋2 000)÷(1＋3％)×3％＝958.25(元)。

任务拓展

一般纳税人和小规模纳税人的区别

1.使用发票不同。小规模纳税人销售货物只能使用普通发票,不能使用增值税专用发票,购买货物与一般纳税人相同,可以收普通发票也能收增值税专用发票。二者收取增值税专用发票后的账务处理不同,一般纳税人按价款部分计入成本,税款部分计入"应交

税费——应交增值税（进项税额）"账户；小规模纳税人则按全额计入成本。

2.应交税费的计算方法不同。一般纳税人按"税款抵扣制"计算税额，即按销项税额减进项税额后的余额交税；小规模纳税人按销售收入除以（1＋适用税率）后的金额再乘以税率计算税额。

3.税率不同。一般纳税人分为零税率、13％税率、17％税率；小规模纳税人的征收率基本规定为3％。

子任务四　计算固定资产业务应纳增值税税额

任务导入

某企业为增值税一般纳税人，2011年9月发生以下购销业务：

（1）6日，销售一台2008年购入的加工用车床，开出普通发票上注明售价50 000元，该车床销售净值为85 000元；另销售一台2009年购入的车床，开出增值税专用发票上注明售价70 000元，账面净值为90 000元。

（2）10日，购进一台加工用车床，增值税专用发票上注明的价款为100 000元，增值税税额为17 000元。

（3）15日，销售2009年购入的自用小轿车一辆，开具普通发票，价税合计为60 000元。

（4）25日，购买办公用小轿车一辆，取得的增值税专用发票上注明不含税金额为180 000元。

任务：分析并计算以上各项业务的销项税额或进项税额。

知识链接

从2009年1月1日起，我国全面实施增值税转型改革，即从生产型增值税转为消费型增值税。

一、固定资产的抵扣范围及时限

自2009年1月1日起，增值税一般纳税人（以下简称纳税人）购进（包括接受捐赠、实物投资，下同）或者自制（包括改建、安装，下同）固定资产发生的进项税额，可根据《增值税暂行条例》和《增值税暂行条例实施细则》的有关规定，凭增值税专用发票、海关进口增值税专用缴款书和运输费用结算单据（以下简称增值税扣税凭证）从销项税额中抵扣，其进项税额应当计入"应交税费——应交增值税（进项税额）"科目。

固定资产，是指使用期限超过12个月的机器、机械、运输工具以及其他与生产经营有关的设备、工具、器具等。不包括既用于增值税应税项目（不含免征增值税项目）也用于非增值税应税项目、免征增值税（以下简称免税）项目、集体福利或者个人消费的固定资产。

纳税人允许抵扣的固定资产进项税额，是指纳税人2009年1月1日以后（含1月1日，下同）实际发生，并取得2009年1月1日以后开具的增值税扣税凭证上注明的或者依据增值税扣税凭证计算的增值税税额。

东北老工业基地、中部六省老工业基地城市、内蒙古自治区东部地区已纳入扩大增值税抵扣范围试点的纳税人,2009 年 1 月 1 日以后发生的固定资产进项税额,不再采取退税方式,其 2008 年 12 月 31 日以前(含 12 月 31 日,下同)发生的待抵扣固定资产进项税额期末余额,应于 2009 年 1 月份一次性转入"应交税费——应交增值税(进项税额)"科目。

二、纳税人销售自己使用过的固定资产

已使用过的固定资产,是指纳税人根据财务会计制度已经计提折旧的固定资产。

1. 销售自己使用过的 2009 年 1 月 1 日以后购进或者自制的固定资产,按照适用税率征收增值税;

2. 2008 年 12 月 31 日以前未纳入扩大增值税抵扣范围试点的纳税人,销售自己使用过的 2008 年 12 月 31 日以前购进或者自制的固定资产,按照 4% 征收率减半征收增值税;

3. 2008 年 12 月 31 日以前已纳入扩大增值税抵扣范围试点的纳税人,销售自己使用过的在本地区扩大增值税抵扣范围试点以前购进或者自制的固定资产,按照 4% 征收率减半征收增值税;销售自己使用过的在本地区扩大增值税抵扣范围试点以后购进或者自制的固定资产,按照适用税率征收增值税。

三、纳税人已抵扣进项税额的固定资产用于不得从销项税额中抵扣进项税额项目的规定

纳税人已抵扣进项税额的固定资产用于不得从销项税额中抵扣进项税额项目的,应在当月按下列公式计算不得抵扣的进项税额:

$$不得抵扣的进项税额 = 固定资产净值 \times 适用税率$$

所称固定资产净值,是指纳税人按照财务会计制度计提折旧后计算的固定资产净值。

注:第四条规定,固定资产视同销售行为,对已使用过的固定资产无法确定销售额的,以固定资产净值为销售额。

任务实施

任务解析:

该企业 2011 年 9 月增值税应纳税额计算如下:

(1)9 月 6 日,因 2009 年以前购入的固定资产不允许抵扣进项税额,则销售 2008 年购入的车床时,销项税额 $= 50\,000 \times 4\% \div (1 + 4\%) \times 50\% = 961.54$(元)。

2009 年以后购入的与生产经营有关的固定资产可以抵扣进项税额,则销售 2009 年购入的车床时,销项税额 $= 70\,000 \times 17\% = 11\,900$(元)。

(2)9 月 10 日,购入加工用车床准予抵扣增值税,进项税额为 17 000 元。

(3)9 月 15 日,因纳税人 2009 年购入自用的应征消费税的小汽车时不允许抵扣增值税,则销售时销项税额 $= 60\,000 \times 4\% \div (1 + 4\%) \times 50\% = 1\,153.85$(元)。

(4)9 月 25 日,纳税人购入办公用的应征消费税的小汽车不允许抵扣增值税。

子任务五 计算出口货物退免税

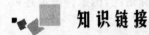 **任务导入**

某自营出口生产企业是增值税一般纳税人,2012 年 8 月有关经营业务为:购原材料一批,取得的增值税专用发票注明价款为 400 万元,外购货物准予抵扣进项税额为 68 万元,货已验收入库。当月进料加工免税进口料件的组成计税价格为 200 万元。上期期末留抵税款 6 万元。本月内销货物不含税销售额 200 万元。税款 34 万元存入银行。本月出口货物销售额折合人民币 400 万元。

任务:假设出口货物的征税率为 17%,退税率为 13%,试计算该企业当期免抵退税额。

知识链接

一、出口货物退(免)税基本政策

世界各国为了鼓励本国货物出口,在遵循 WTO 基本规则的前提下,一般都采取优惠的税收政策。有的国家采取对该货物出口前所包含的税金在出口后予以退还的政策(即出口退税),有的国家采取对出口的货物在出口前即予以免税的政策。我国则根据本国的实际情况,采取出口退税与免税相结合的政策。鉴于我国的出口体制尚不成熟,拥有出口经营权的企业还限于少部分经国家批准的企业,并且我国生产的某些货物如稀有金属等还不能满足国内的需要,因此,对某些非生产性企业和国家紧缺的货物则采取限制从事出口业务或为限制该货物出口而不予出口退(免)税。目前,我国的出口货物税收政策分为以下三种形式:

(一)出口免税并退税

出口免税是指对货物在出口销售环节不征增值税、消费税,这是把货物出口环节与出口前的销售环节都同样视为一个征税环节;出口退税是指对货物在出口前实际承担的税收负担,按规定的退税率计算后予以退还。

(二)出口免税不退税

出口免税与"(一)出口免税并退税"中所述含义相同。出口不退税是指适用这个政策的出口货物因在前一道生产、销售环节或进口环节是免税的,因此,出口时该货物的价格中本身就不含税,也无须退税。

(三)出口不免税也不退税

出口不免税是指对国家限制或禁止出口的某些货物的出口环节视同内销环节,照常征税;出口不退税是指对这些货物的出口不退还出口前其所负担的税款。适用这个政策的主要是税法列举限制或禁止出口的货物,如天然牛黄、麝香等。

二、出口货物退(免)税的适用范围

(一)退(免)税的出口货物应具备的条件

根据《出口货物退(免)税管理办法》的规定,可以退(免)税的出口货物一般应具备以

下四个条件：

1.必须是属于增值税、消费税征税范围的货物；

2.必须是报关离境的货物；

3.必须是在财务上作销售处理的货物；

4.出口货物必须结汇。

（二）下列企业出口满足上述四个条件的货物，除另有规定外，给予免税并退税

1.生产企业自营出口或委托外贸企业代理出口的自产货物；

2.有出口经营权的外贸企业收购后直接出口或委托其他外贸企业代理出口的货物；

3.特定出口的货物。在出口货物中，有一些虽然不同时具备上述四个条件，但由于这些货物销售方式、消费环节、结算办法的特殊性，以及国际间的特殊情况，国家特准退还或免征其增值税和消费税。

（三）下列企业出口的货物，除另有规定外，给予免税，但不予退税

1.属于生产企业的小规模纳税人自营出口或委托外贸企业代理出口的自产货物；

2.外贸企业从小规模纳税人购进并持普通发票的货物出口，免税但不予退税。但对出口的抽纱、工艺品、香料油、山货、草柳竹藤制品、渔网渔具、松香、五倍子、生漆、鬃尾、山羊皮、纸制品等，考虑到这些产品大多由小规模纳税人生产、加工、采购，并且其出口比重较大的特殊因素，特准予退税；

3.外贸企业直接购进国家规定的免税货物（包括免税农产品）出口的，免税但不予退税。

（四）除经批准属于进料加工复出口贸易以外，下列出口货物不免税也不退税

1.国家计划外出口的原油；

2.援外出口货物；

3.国家禁止出口的货物，包括天然牛黄、麝香、铜及铜基合金、白银等。

三、出口货物的退税率

出口货物的退税率，是出口货物的实际退税额与退税计税依据的比例。根据《财政部、国家税务总局关于调整出口货物退税率的通知》（财税〔2003〕222号）、《财政部、国家税务总局关于调整出口货物退税率的补充通知》（财税〔2003〕238号）的规定，现行出口货物的增值税退税率有17%、16%、15%、13%、9%、5%、3%等几档。我国出口货物消费税的退税率与消费税的征税率一致。

四、出口货物退税的计算

出口货物只有在适用既免税又退税的政策时，才会涉及如何计算退税的问题。我国《出口货物退（免）税管理办法》规定了两种退税计算办法：第一种办法是"免、抵、退"办法，主要适用于自营和委托出口自产货物的生产企业；第二种办法是"先征后退"办法，目前主要用于收购货物出口的外（工）贸企业。

（一）"免、抵、退"的计算方法

按照《财政部、国家税务总局关于进一步推进出口货物实行免抵退税办法的通知》（财

税〔2002〕7 号)的规定:自 2002 年 1 月 1 日起,生产企业自营或委托外贸企业代理出口自产货物,除另有规定外,增值税一律实行免、抵、退税管理办法。

实行免、抵、退税管理办法的免税,是指对生产企业出口的自产货物,免征本企业生产销售环节的增值税;抵税是指生产企业出口自产货物所耗用的原材料、零部件、燃料、动力等所含的应予退还的进项税额,抵顶内销货物的应纳税额;退税是指生产企业出口的自产货物在当月内应抵顶的进项税额大于应纳税额时,对未抵顶完的部分予以退税。具体计算方法与计算公式为(公式中的价格均为人民币):

1. 当期应纳税额的计算

当期应纳税额＝当期内销货物的销项税额－(当期进项税额－当期免抵退税不得免征和抵扣税额)－上期留抵税额

其中当期免抵退税不得免征和抵扣税额＝出口货物离岸价×(出口货物征税率－出口货物退税率)－免抵退税不得免征和抵扣税额抵减额

出口货物离岸价以出口发票计算的离岸价为准。出口发票不能如实反映实际离岸价的,企业必须按照实际离岸价向主管税务机关申报,同时主管税务机关有权依照《中华人民共和国税收征收管理法》、《中华人民共和国增值税暂行条例》等有关规定予以核定。

免抵退税不得免征和抵扣税额抵减额＝免税购进原材料价格×(出口货物征税率－出口货物退税率)

免税购进原材料包括从国内购进免税原材料和进料加工免税进口料件,其中进料加工免税进口料件的价格为组成计税价格。

进料加工免税进口料件的组成计税价格＝货物到岸价＋海关实征关税和消费税

如果当期没有免税购进原材料价格,前述公式中的免抵退税不得免征和抵扣税额抵减额以及后面公式中的免抵退税额抵减额就不用计算。

2. 免抵退税额的计算

免抵退税额＝出口货物离岸价×出口货物退税率－免抵退税额抵减额

其中　　　　免抵退税额抵减额＝免税购进原材料价格×出口货物退税率

3. 当期应退税额和免抵税额的计算

(1)如当期期末留抵税额≤当期免抵退税额,则

当期应退税额＝当期期末留抵税额

当期免抵税额＝当期免抵退税额－当期应退税额

(2)如当期期末留抵税额＞当期免抵退税额,则

当期应退税额＝当期免抵退税额

当期免抵税额＝0

当期期末留抵税额根据当期增值税纳税申报表中"期末留抵税额"确定。

【做中学 2-5】 某自营出口的生产企业为增值税一般纳税人,2012 年 6 月的有关经营业务如下:购进原材料一批,取得的增值税专用发票注明价款为 400 万元,外购货物准予抵扣的进项税额为 68 万元。上月月末留抵税额为 5 万元;本月内销货物不含税销售额 200 万元、税款 34 万元存入银行;本月出口货物的销售额折合人民币 400 万元。试计算该企业当期的免抵退税额。出口货物的征税率为 17%,退税率为 13%。

(1)当期免抵退税不得免征和抵扣税额=400×(17%−13%)=16(万元)

(2)当期应纳税额=34−(68−16)−5=−23(万元)

(3)出口货物免抵退税额=400×13%=52(万元)

(4)按规定,如当期期末留抵税额≤当期免抵退税额:

该企业当期应退税额=当期期末留抵税额=23 万元

该企业当期免抵税额=当期免抵退税额−当期应退税额=52−23=29(万元)

(二)"先征后退"的计算方法

1.外贸企业以及实行外贸企业财务制度的工贸企业收购货物出口,其出口销售环节的增值税免征;其收购货物的成本部分,因外贸企业在支付收购货款的同时也支付了生产经营该类货物的企业已纳的增值税税款,因此,在货物出口后按收购成本与退税率计算退税额退还给外贸企业,征、退税之差计入企业成本。外贸企业出口货物增值税的应退税额应依据购进出口货物增值税专用发票上所注明的买价和退税率计算,其计算公式为

应退税额=外贸企业收购货物不含增值税的购进金额×退税率

【做中学 2-6】 某进出口公司 2012 年 3 月向法国出口服装一批,进货增值税专用发票列明计税金额 60 万元,退税率 13%,则

该公司的应退税额=60×13%=7.8（万元）

2.外贸企业收购小规模纳税人货物出口增值税的退税规定为:凡从小规模纳税人购进持普通发票特准退税的抽纱、工艺品等 12 类出口货物,同样实行销售出口货物的收入免税并退还出口货物进项税额的办法。由于小规模纳税人使用的是普通发票,必须将合并定价的销售额先换算成不含税价格,然后据以计算出口货物的应退税额。其计算公式为

应退税额=[普通发票所列(含增值税)的销售额]÷(1+征收率)×退税率

对出口企业购进小规模纳税人特准的 12 类货物出口,提供的普通发票应符合《中华人民共和国发票管理办法》的有关使用规定,否则不予办理退税。

【做中学 2-7】 某进出口公司 2012 年 4 月从某小规模纳税人购进生漆一批全部出口,普通发票注明金额 84.8 万元(退税率 6%);从另一小规模纳税人购进工艺品一批全部出口,取得税务机关代开的增值税专用发票,发票注明金额 60 万元(退税率 6%),则

该公司的应退税额=84.8÷(1+6%)×6%+60×6%=8.4(万元)

3.外贸企业委托生产企业加工出口货物的退税规定为:外贸企业委托生产企业加工收回后报关出口的货物,按购进国内原辅材料的增值税专用发票上注明的购进金额,依原辅材料的退税率计算原辅材料应退税额。支付的加工费,凭受托方开具货物的退税率计

算加工费的应退税额。

【做中学 2-8】　某进出口公司 2012 年 6 月购进丝绸一批,委托一家加工厂加工成服装出口,取得的丝绸增值税专用发票注明计税金额 100 万元(退税率 13%);取得的服装加工费发票注明计税金额 20 万元(退税率 17%),则

该企业的应退税额＝100×13%＋20×17%＝16.4(万元)

任务实施

任务解析:

(1)免抵退税不得免征和抵扣税额抵减额＝200×(17%－13%)＝8(万元)

(2)免抵退税不得免征和抵扣税额＝400×(17%－13%)－8＝8(万元)

(3)当期应纳税额＝34－(68－8)－6＝－32(万元)

(4)免抵退税额抵减额＝200×13%＝26(万元)

(5)出口货物免抵退税额＝400×13%－26＝26(万元)

(6)按规定,如当期期末留抵税额＞当期免抵退税额:

该企业当期应退税额＝当期免抵退税额＝26 万元

该企业当期免抵税额＝当期免抵退税额－当期应退税额＝26－26＝0(万元)

(7)8 月期末留抵结转下期继续抵扣税额＝32－26＝6(万元)

任务二　进行增值税会计业务处理

任务描述

增值税的一般纳税人和小规模纳税人在会计账户的设置以及账务处理等方面都有较大的差异。一般纳税人需要设置"应交税费——应交增值税"和"应交税费——未交增值税"两个账户,在"应交税费——应交增值税"账户下还要设置三级明细账户,记录、核算增值税的税款抵扣及缴纳情况。小规模纳税人不允许进行税款抵扣,因此只设置"应交税费——应交增值税"账户核算增值税的税款发生及缴纳情况。

子任务一　进行一般纳税人增值税会计业务处理

任务导入

某工厂属于增值税一般纳税人,销售产品税率均为 17%,8 月份发生如下业务:

(1)2 日,向本市新华工厂购进甲材料 6 000 千克,单价 5 元/千克,增值税进项税额

5 100 元,材料入库,发票收到并开出转账支票支付。

(2)3 日,购进乙材料 2 000 千克,单价 6 元/千克,现金支付运杂费 1 400 元(其中运输发票上列明的运费为 1 000 元),增值税进项税额 2 040 元,已开出银行承兑汇票,材料验收入库。

(3)5 日,开出转账支票预付本市新华工厂购买甲材料货款 30 000 元。8 日,收到预购的甲材料 7 600 千克入库,发票所列价款为 35 000 元,增值税进项税额 5 950 元,当天开出转账支票补付新华工厂余额 10 950 元。

(4)10 日,销售甲产品给某大商场,开具增值税专用发票,取得不含税销售额 800 000 元。

(5)15 日,销售乙产品,开具普通发票,取得含税销售额 292 500 元。

任务:请做出该纳税人的会计处理。

知识链接

一、账户设置

(一)"应交税费——应交增值税"账户

对于一般纳税人应纳的增值税,在"应交税费"账户下设置"应交增值税"明细账户进行核算,该明细账户专门用来核算纳税人当期发生的增值税的计提缴纳情况,并应分别设置"进项税额"、"已交税金"、"减免税款"、"出口抵减内销产品应纳税额"、"转出未交增值税"、"销项税额"、"出口退税"、"进项税额转出"、"转出多交增值税"等 9 个三级明细账户。其账户格式如表 2-5 所示。

表 2-5   应交税费——应交增值税

略	借方					贷方					借或贷	余额
	合计	进项税额	已交税金	减免税款	出口抵减内销产品应纳税额	转出未交增值税	合计	销项税额	出口退税	进项税额转出	转出多交增值税	

在"应交税费——应交增值税"二级账户下,各明细项目所记录的内容如下:

"进项税额"项目,记录企业购入货物、接受应税劳务而支付的并准予从销项税额中抵扣的增值税税额;若发生购货退回或者折让,应以红字记入,以示冲销的进项税额。

"已交税金"项目,记录企业本期应交而实际已缴的增值税税额。企业已缴纳的增值税税额,用蓝字登记;退回多缴的增值税税额用红字登记。

"减免税款"项目,记录企业按规定直接减免的、准予从销项税额中抵扣的增值税税额。按规定,直接减免的增值税用蓝字登记,应冲销增值税直接减免的用红字登记。

"出口抵减内销产品应纳税额"项目,记录内资企业及 1993 年 12 月 31 日以后批准设立的外商投资企业直接出口或者委托外贸企业代理出口的货物,按规定的退税率计算的出口货物的进项税额抵减内销产品的应纳税额。

"转出未交增值税"项目,记录企业月末转入"应交税费——未交增值税"的本月应缴未缴增值税税额。作此转账后,"应交税费——应交增值税"的期末余额不再包括当期应缴未缴增值税税额。

"销项税额"项目,记录企业销售货物、提供应税劳务所收取的增值税税额。若发生销货退回或者折让,应以红字记入。

"出口退税"项目,记录企业出口适用零税率的货物,向海关办理报关出口手续后,凭出口报关单等有关单据,根据国家的出口退税政策,向主管出口退税的税务机关申报办理出口退税而收到退回的税款。若办理退税后,又发生退货或者退关而补缴已退税款,则用红字记入。

"进项税额转出"项目,记录企业已抵扣进项税额的货物,在发生非正常损失或改变用途时,不得从销项税额中抵扣而应按规定转出的进项税额。

"转出多交增值税"项目,记录企业月末转入"应交税费——未交增值税"的本月多缴增值税税额。作此转账后,"应交税费——应交增值税"期末余额不会包含当期多缴增值税税额。

(二)"应交税费——未交增值税"账户

为了分别反映企业欠缴增值税税款和待抵扣增值税情况,企业应在"应交税费"账户下设置"未交增值税"明细账户,核算一般纳税人月终时转入的应缴未缴增值税税额,转入多缴的增值税也在本明细账户核算。

"应交税费——未交增值税"账户的借方发生额,反映企业上缴以前月份未缴增值税税额和月末自"应交税费——应交增值税"账户转入的当月多缴的增值税税额。

"应交税费——未交增值税"账户的贷方发生额,反映企业月末自"应交税费——应交增值税"账户转入的当月未缴的增值税税额。

"应交税费——未交增值税"账户的期末余额如在借方表示企业多缴的增值税税额,如在贷方表示企业未缴的增值税税额。

月份终了,企业应将当月发生的应缴增值税自"应交税费——应交增值税(转出未交增值税)"账户转入"应交税费——未交增值税"明细账户。

月份终了,企业将本月多缴的增值税自"应交税费——应交增值税(转出多交增值税)"账户转入"应交税费——未交增值税"明细账户。

企业当月上缴上月应缴未缴的增值税时,借记"应交税费——未交增值税"账户,贷记"银行存款"账户。

二、一般纳税人进项税额的会计核算

(一)国内购进货物

一般纳税人在国内采购货物时,应根据增值税专用发票上注明的价款和税额记账。借记"在途物资"、"原材料"、"库存商品"、"应交税费——应交增值税(进项税额)"等账户,按应付或实际支付的金额贷记"银行存款"、"应付账款"、"应付票据"等账户。购入物资发生的退货,作相反会计处理。

注意:企业采购货物所支付的运费,允许按运费结算单据注明的运费金额的7%作为进项税额处理。按运费的 7%，借记"应交税费——应交增值税（进项税额）"账户，按运费的 93%，借记"在途物资"、"原材料"等账户。

【做中学 2-9】　某企业是增值税一般纳税人，某日购进一批材料，增值税专用发票上注明的价款为 20 000 元，增值税 3 400 元，材料当天即验收入库，货款尚未支付。用现金支付运费 1 200 元，取得运费发票。根据上述资料计算如下：

运费可抵扣进项税额＝1 200×7%＝84（元）

全部可抵扣进项税额＝84＋3 400＝3 484（元）

应计入材料成本的运费＝1 200－84＝1 116（元）

材料入账成本＝1 116＋20 000＝21 116（元）

会计处理如下：

借：原材料　　　　　　　　　　　　　　　　　　　　　　21 116

　　应交税费——应交增值税（进项税额）　　　　　　　　3 484

　　贷：应付账款　　　　　　　　　　　　　　　　　　　　23 400

　　　　库存现金　　　　　　　　　　　　　　　　　　　　1 200

【做中学 2-10】　天华工厂 9 月 6 日收到银行转来的购买光明工厂丙材料的托收承付结算凭证及发票，数量为 5 000 千克，单价为 11 元/千克，进项税额为 9 350 元，支付运杂费 650 元，其中运费发票金额为 500 元，应抵扣的运费进项税额为 35 元，采用验单付款。请作出验单付款后的会计分录。

可以抵扣的进项税额＝9 350＋35＝9 385（元）

借：在途物资（光明工厂）　　　　　　　　　　　　　　　55 615

　　应交税费——应交增值税（进项税额）　　　　　　　　9 385

　　贷：银行存款　　　　　　　（5 000×11＋9 350＋650）65 000

按现行税法规定，工业企业购进货物并取得防伪税控增值税专用发票后，如果在到主管税务机关进行认证之前入账，其"进项税额"还不能确认是否符合抵扣条件，此时企业可增设"待抵扣税金"账户过渡。

【做中学 2-11】　在到主管税务机关进行认证之前入账，其会计处理如下：

（1）借：在途物资（光明工厂）　　　　　　　　　　　　55 615

　　　　待抵扣税金——待抵扣增值税　　　　　　　　　　9 385

　　　　贷：银行存款　　　　　　　　　　　　　　　　　65 000

（2）材料验收入库时

借：原材料——丙材料　　　　　　　　　　　　　　　　　55 615

　　贷：在途物资（光明工厂）　　　　　　　　　　　　　55 615

（3）企业在 90 天之内到主管税务机关进行认证并获得认证后

借：应交税费——应交增值税（进项税额）　　　　　　　　9 385

　　贷：待抵扣税金——待抵扣增值税　　　　　　　　　　9 385

（4）如果企业在 90 天之内到主管税务机关进行认证但未获得认证，或者超过 90 天未到税务机关进行认证

借:原材料——丙材料 9 385

  贷:待抵扣税金——待抵扣增值税 9 385

（二）进口货物

按海关提供的完税凭证上注明的增值税,借记"应交税费——应交增值税（进项税额）"账户,按进口货物的实际采购成本加上进口支付的关税和消费税,借记"在途物资"、"原材料"、"库存商品"等账户,按应付或实际支付的金额贷记"银行存款"、"应付账款"、"应付票据"等账户。

$$进项税额＝组成计税价格×增值税税率$$

$$＝（关税完税价格＋关税＋消费税）×增值税税率$$

【做中学 2-12】 某商业企业由国外进口 A 商品一批,完税价格 400 000 美元,采取汇付结算方式,关税税率为 20%,增值税税率为 17%,另外支付国内运杂费 2 400 元（其中:运费 2 000 元,杂费 400 元,可抵扣进项税额 140 元）。该企业开出人民币转账支票 3 200 000 元,从银行购入 400 000 美元,转入美元存款账户。当日外汇牌价 1∶8.00。

（1）买入外汇时

借:银行存款——美元户 （USD400 000×8）3 200 000

  贷:银行存款——人民币户 3 200 000

（2）支付货款时

借:材料采购 3 200 000

  贷:银行存款——美元户 （USD400 000×8）3 200 000

（3）支付进口关税和增值税时

应缴纳关税税额＝3 200 000×20%＝640 000（元）

应缴纳增值税税额＝（3 200 000＋640 000）×17%＝652 800（元）

借:材料采购 640 000

  应交税费——应交增值税（进项税额） 652 800

  贷:银行存款 1 292 800

（4）支付国内运杂费时

借:材料采购 2 260

  应交税费——应交增值税（进项税额） 140

  贷:银行存款 2 400

（5）结转商品采购成本时

借:库存商品——A 商品 3 842 260

  贷:材料采购 3 842 260

（三）接受应税劳务

接受应税劳务时,按专用发票上注明的增值税,借记"应交税费——应交增值税（进项税额）"账户,按专用发票上记载的应当计入加工、修理修配等货物、劳务成本的金额,借记"生产成本"、"制造费用"、"委托加工物资"、"管理费用"等账户,按应付或实际支付的金额贷记"银行存款"、"应付账款"、"应付票据"等账户。

【做中学 2-13】 某企业是增值税一般纳税人,4月委托某家具厂加工包装箱。2日发出原木 100 立方米,成本 42 000 元,26 日包装箱加工完毕,结算加工费 8 000 元,并取得了对方填开的增值税专用发票,增值税专用发票上注明进项税额为 1 360 元。双方商定 1 个月后付款。当天包装箱运回入库,结算运送原木及包装箱的运费共计 400 元(取得了承运部门填开的运费发票),以现金支付。根据以上资料,企业的会计处理如下:

(1)发出原木时

借:委托加工物资——包装箱 42 000
　贷:原材料——原木 42 000

(2)结算加工费时,凭增值税专用发票作会计分录

借:委托加工物资——包装箱 8 000
　应交税费——应交增值税(进项税额) 1 360
　贷:应付账款——家具厂 9 360

(3)支付运费时

借:委托加工物资——包装箱 372
　应交税费——应交增值税(进项税额) 28
　贷:库存现金 400

(4)包装箱运回入库时

委托加工物资的成本=主要材料成本+加工费+运费
　　　　　　　　=42 000+8 000+372=50 372(元)

借:周转材料——包装箱 50 372
　贷:委托加工物资——包装箱 50 372

【做中学 2-14】 某制造业企业进行运输车辆维修,以转账支票支付汽车修理厂修理费,取得对方开具的增值税专用发票,内列修理费 82 000 元,增值税税额 13 940 元。会计处理如下:

借:管理费用 82 000
　应交税费——应交增值税(进项税额) 13 940
　贷:银行存款 95 940

(四)购入免税农产品

购入免税农产品,按购入农产品的买价和规定的扣除率(目前为 13%)计算的进项税额,借记"应交税费——应交增值税(进项税额)"账户;按买价减去进项税额后的差额,借记"在途物资"、"原材料"、"库存商品"等账户;按应付或实际支付的金额,贷记"银行存款"、"应付账款"等账户。

【做中学 2-15】 甲公司向农业生产者收购免税农产品,实际支付的买价为 15 000 元,收购的农产品已经验收入库,款项已经支付。假定公司采用实际成本进行日常材料核算,则甲公司的会计处理如下:

进项税额=15 000×13%=1 950(元)

借:原材料 13 050
　应交税费——应交增值税(进项税额) 1 950
　贷:银行存款 15 000

（五）接受投资者投入货物

企业接受投资者投入货物时,按投资双方确定的价值,借记"原材料"、"库存商品"等账户;按增值税专用发票上注明的增值税税额,借记"应交税费——应交增值税(进项税额)"账户;按其在注册资本中所占的份额,贷记"实收资本"或"股本"账户;按其差额,贷记"资本公积"账户。

【做中学 2-16】　东方公司 2012 年 2 月 18 日接受安信公司投入的原材料,投资协议确认的投资者投入原材料价值为 2 000 000 元,增值税专用发票上注明的增值税税额为 340 000 元,假定投资协议约定的价值是公允的。东方公司的协议出资额为 1 600 000 元,该批原材料已验收入库。会计处理如下:

借:原材料	2 000 000
应交税费——应交增值税(进项税额)	340 000
贷:实收资本	1 600 000
资本公积——资本溢价	740 000

（六）接受捐赠货物

企业接受捐赠货物应按照增值税专用发票上注明的增值税税额,借记"应交税费——应交增值税(进项税额)"账户;按照确认的捐赠货物的价值,借记"原材料"、"库存商品"、"固定资产"等账户;按照接受捐赠的非货币性资产的公允价值,贷记"营业外收入"账户。

【做中学 2-17】　2012 年 5 月 A 企业接受 B 企业捐赠的设备一台,收到的增值税专用发票上注明的设备价款为 100 000 元,税额 17 000 元,则 A 企业的会计处理如下:

借:固定资产	100 000
应交税费——应交增值税(进项税额)	17 000
贷:营业外收入	11 7000

三、一般纳税人进项税额转出的会计核算

（一）用于非应税项目、免税项目、集体福利、个人消费的购进货物或应税劳务

一般情况下,购进应税货物支付的进项税额要作为销项税额的抵扣项目,但如果将应税货物改变用途用于非应税项目、免税项目、集体福利、个人消费等就必须将进项税额转出,借记"在建工程"、"应付职工薪酬"等账户,贷记"应交税费——应交增值税(进项税额转出)"等账户。

【做中学 2-18】　甲公司为生产产品购买 500 000 元的原材料,形成 85 000 元的进项税额,因为工程需要将这批原材料用于工程建设,则会计处理如下:

借:在建工程	585 000
贷:原材料	500 000
应交税费——应交增值税(进项税额转出)	85 000

【做中学 2-19】　某企业年终表彰职工,以转账方式购进表彰用品一批,取得增值税专用发票,内列货款 8 000 元,增值税税额 1 360 元,款项由工会经费和职工福利费各出资 50%。会计处理如下:

```
借:管理费用——工会经费                              4 680
        ——职工福利费                              4 680
    贷:银行存款                                            9 360
```

（二）非正常损失的在产品、产成品所用购进货物或应税劳务

按税法规定,非正常损失的在产品、产成品所耗用的购进货物或应税劳务的进项税额不得从销项税额中抵扣。发生非正常损失时,按照非正常损失的在产品、产成品的实际成本和负担的进项税额的合计数,借记"待处理财产损溢——待处理流动资产损溢"账户;按照实际损失的在产品、产成品成本,贷记"生产成本"、"库存商品"等账户;按照计算应该转出的进项税额,贷记"应交税费——应交增值税(进项税额转出)"账户。

【做中学 2-20】　某企业 8 月份由于仓库倒塌毁损产品一批,已知损失产品账面价值为 80 000 元,当期总的生产成本为 420 000 元,其中耗用外购材料、低值易耗品等价值为 300 000 元,外购货物均适用 17%的税率。则

$$损失产品成本中所耗外购货物的购进额=300\ 000\times(80\ 000\div420\ 000)$$
$$=57\ 143(元)$$

应转出进项税额＝57 143×17%＝9 714.31(元)

会计处理如下:

```
借:待处理财产损溢——待处理流动资产损溢           89 714.31
    贷:库存商品                                          80 000.00
        应交税费——应交增值税(进项税额转出)          9 714.31
```

四、一般纳税人销项税额的会计核算

（一）常见销售业务的会计核算

一般情况下,企业销售货物或提供应税劳务等业务,应根据增值税专用发票注明的价款和税额记账。借记"银行存款"、"应收账款"、"应收票据"等账户,贷记"主营业务收入"、"其他业务收入"、"应交税费——应交增值税(销项税额)"等账户。如果企业采用价税合并定价销售时,应将价税分离后,再进行账务处理。

【做中学 2-21】　一般销售业务:A 企业于 4 月 20 日向 B 企业销售商品一批,该批商品成本为 60 000 元,增值税专用发票上注明售价 100 000 元,增值税税额 17 000 元,当天就办好了托收承付手续。假定该销售商品收入符合收入确认条件,则 A 企业会计处理如下:

```
借:应收账款——B 企业                              117 000
    贷:主营业务收入                                      100 000
        应交税费——应交增值税(销项税额)              17 000
借:主营业务成本                                    60 000
    贷:库存商品                                          60 000
```

【做中学 2-22】　混合销售业务:某企业本期销售自产设备并负责上门安装,对外开具增值税专用发票,内列设备价款 290 000 元,增值税税额 49 300 元,设备安装费 25 000 元,增值税税额 4 250 元,价款总计 368 550 元,款项收到存入银行。会计处理如下:

```
借:银行存款                                        368 550
```

贷:主营业务收入	290 000
其他业务收入	25 000
应交税费——应交增值税(销项税额)	53 550

【做中学 2-23】　以旧换新业务:某商场在促销月活动中,推出以旧换新销售冰箱业务,某日共销售冰箱 200 台,每台正常对外销售的含税价格为 3 276 元,采取以旧换新方式回收一台旧冰箱抵付货款 1 000 元后,每台冰箱的实收价款为 2 276 元。则

不含税收入＝3 276÷(1＋17%)×200＝560 000(元)

销项税额＝560 000×17%＝95 200(元)

会计处理如下:

借:银行存款	455 200
原材料	200 000
贷:主营业务收入	560 000
应交税费——应交增值税(销项税额)	95 200

【做中学 2-24】　采用收取手续费结算方式委托代销业务:某制造公司委托代理商销售自产产品一批,账面成本为 90 000 元,产品适用增值税税率为 17%,代理合同约定该批产品的售价只能按委托方的要求统一按 140 400 元出售,公司按照含税售价的 6% 支付代理手续费。代理商已将代销货物销售出去并且向委托方开出代销清单,代理商已经结清与委托方的相应款项,取得委托方开具的增值税专用发票。

委托方的会计处理如下:

(1)发出代销货物时

|借:发出商品|90 000|
|　贷:库存商品|90 000|

(2)收到代销清单时

借:银行存款	131 976
销售费用	8 424
贷:主营业务收入	120 000
应交税费——应交增值税(销项税额)	20 400

同时,

|借:主营业务成本|90 000|
|　贷:发出商品|90 000|

代理商的会计处理如下:

(1)收到代销货物时

|借:受托代销商品|120 000|
|　贷:受托代销商品款|120 000|

(2)销售代销货物后

借:银行存款	140 400
贷:应付账款	120 000
应交税费——应交增值税(销项税额)	20 400

（3）向委托方开出代销清单并收到委托方开具的增值税专用发票时

借：应交税费——应交增值税（进项税额）　　　　　　20 400

　　贷：应付账款　　　　　　　　　　　　　　　　　　　　20 400

借：受托代销商品款　　　　　　　　　　　　　　　120 000

　　贷：受托代销商品　　　　　　　　　　　　　　　　　120 000

（4）支付货款并计算代销手续费时

借：应付账款　　　　　　　　　　　　　　　　　　140 400

　　贷：银行存款　　　　　　　　　　　　　　　　　　　131 976

　　　　其他业务收入　　　　　　　　　　　　　　　　　　8 424

【做中学 2-25】　销售自己使用过的固定资产业务：某公司 2011 年 7 月出售 2008 年购入的机床一台，原值 300 000 元，已提折旧 20 000 元，支付清理费用 5 000 元，售价 200 000 元（含税），上述款项均已支付或收取。会计处理如下：

（1）注销固定资产时

借：固定资产清理　　　　　　　　　　　　　　　　280 000

　　累计折旧　　　　　　　　　　　　　　　　　　　20 000

　　贷：固定资产　　　　　　　　　　　　　　　　　　　300 000

（2）支付清理费用时

借：固定资产清理　　　　　　　　　　　　　　　　　5 000

　　贷：银行存款　　　　　　　　　　　　　　　　　　　　5 000

（3）收到价款时

销项税额＝200 000÷（1＋4％）×4％×50％＝3 846.15（元）

借：银行存款　　　　　　　　　　　　　　　　　200 000.00

　　贷：固定资产清理　　　　　　　　　　　　　　　　196 153.85

　　　　应交税费——应交增值税（销项税额）　　　　　　3 846.15

（4）结转清理固定资产净损失时

借：营业外支出　　　　　　　　　　　　　　　　　88 846.15

　　贷：固定资产清理　　　　　　　　　　　　　　　　　88 846.15

（二）视同销售货物的会计核算

视同销售行为在会计处理上，应当区分其是否形成会计销售并进行不同的处理。对于形成会计销售的行为，能同时满足收入确认的五个条件，就应该确认收入，如将货物交付他人代销，销售代销货物，将应税货物发放给职工做实物工资、对外投资、向投资者分配股利等，应当确认其销售收入。对于不形成会计销售的行为，不能同时满足收入确认的五个条件，就不能确认收入，一般按成本转账，不作销售处理，如将应税货物用于非应税项目、免税项目、集体福利、个人消费及无偿赠送他人等。注意，视同销售行为不论其是否形成会计销售，都应按规定的计税价格计算应纳的增值税。

【做中学 2-26】　甲公司自行生产一批产品，产品的成本为 6 000 元，计税价格为 10 000 元，假定该产品的增值税税率为 17％。甲公司的会计处理如下：

(1)若企业将这批产品用于在建工程

借:在建工程　　　　　　　　　　　　　　　　　　7 700
　　贷:库存商品　　　　　　　　　　　　　　　　　　　　6 000
　　　　应交税费——应交增值税(销项税额)　　　　　　　1 700

(2)若企业将这批产品用于投资

借:长期股权投资　　　　　　　　　　　　　　　　11 700
　　贷:主营业务收入　　　　　　　　　　　　　　　　　10 000
　　　　应交税费——应交增值税(销项税额)　　　　　　　1 700

借:主营业务成本　　　　　　　　　　　　　　　　　6 000
　　贷:库存商品　　　　　　　　　　　　　　　　　　　　6 000

(3)若企业将这批产品用于对外捐赠

借:营业外支出　　　　　　　　　　　　　　　　　　7 700
　　贷:库存商品　　　　　　　　　　　　　　　　　　　　6 000
　　　　应交税费——应交增值税(销项税额)　　　　　　　1 700

(4)若企业将这批产品用于发放职工福利

借:应付职工薪酬　　　　　　　　　　　　　　　　　7 700
　　贷:库存商品　　　　　　　　　　　　　　　　　　　　6 000
　　　　应交税费——应交增值税(销项税额)　　　　　　　1 700

(5)若企业将这批产品用于广告宣传

借:销售费用　　　　　　　　　　　　　　　　　　　7 700
　　贷:库存商品　　　　　　　　　　　　　　　　　　　　6 000
　　　　应交税费——应交增值税(销项税额)　　　　　　　1 700

(三)包装物销售、出租及没收逾期未退还包装物的押金的会计核算

1.随同产品销售并单独计价的包装物

借:银行存款(或应收账款)
　　贷:其他业务收入——包装物销售
　　　　应交税费——应交增值税(销项税额)
借:其他业务成本
　　贷:周转材料(或包装物)

2.随同产品销售不单独计价的包装物

由于包装物的价格含在产品的价格中,因此包装物不用单独作会计处理,只需结转包装物成本。

借:销售费用
　　贷:周转材料(或包装物)

3.收取包装物租金

包装物租金属于价外费用,应缴纳增值税。注意,包装物租金应作为含税收入。租金收入计入"其他业务收入"账户,成本转入"其他业务成本"账户。

【做中学 2-27】 某工厂采用银行汇票结算方式,销售给东平机械厂甲产品 400 件,单价 400 元/件,增值税税额 27 200 元(400×400×17%),出租包装物 400 个,承租期为 2 个月,共计租金 4 680 元,一次性收取包装物押金 23 400 元,总计结算金额 215 280 元。

包装物租金应计销项税额＝4 680÷(1＋17%)×17%＝680(元)

借:银行存款   215 280
  贷:主营业务收入   160 000
    其他业务收入   4 000
    应交税费——应交增值税(销项税额)   27 880
    其他应付款   23 400

4. 包装物押金

(1)销售酒类产品之外的货物而收取的押金

销售酒类产品之外的货物而收取的押金,应计入"其他应付款"账户。当包装物逾期未收回时,没收押金,按适用税率计算销项税额。"逾期"以一年为限,收取的押金超过一年时,无论是否退还,均应并入销售额计税。对个别周转使用期较长的包装物,经税务机关批准后,可适当放宽逾期期限。

(2)销售酒类产品而收取的押金

销售酒类产品而收取的押金,分为两种情况:一是啤酒、黄酒,其计税要求与会计处理方法同上;二是其他酒类,对这类货物销售时收取的包装物押金,无论将来押金是否返还、是否按时返还以及财务会计如何核算,均应并入当期销售额计税。

【做中学 2-28】 某企业销售甲产品 100 件,成本价 350 元/件,售价 500 元/件,共收取包装物押金 9 360 元,包装物成本价为 70 元/件。该产品是征收消费税产品,税率为 10%。

(1)销售产品时

借:银行存款   67 860
  贷:主营业务收入   50 000
    应交税费——应交增值税(销项税额)   8 500
    其他应付款   9 360

(2)计提消费税时

借:营业税金及附加   (50 000×10%)5 000
  贷:应交税费——应交消费税   5 000

(3)没收逾期未退包装物押金时

借:其他应付款   9 360
  贷:其他业务收入   8 000
    应交税费——应交增值税(销项税额)   1 360
借:营业税金及附加   (8 000×10%)800
  贷:应交税费——应交消费税   800

（4）如果当初收取的是随同产品出售而加收的押金，则会计处理如下

借：其他应付款　　　　　　　　　　　　　　　　　　　　9 360

　贷：营业外收入　　　　　　　　　　　　　　　　　　　　　　　7 200

　　　应交税费——应交增值税（销项税额）　　　　　　　　　　　1 360

　　　　　　——应交消费税　　　　　　　　　　　　　　　　　　　800

五、增值税出口退税的会计核算

（一）外贸企业出口退税的会计核算

外贸企业出口退税，在货物出口后按照收购金额和退税率计算退税额，征、退税之差计入企业成本。按规定计算出当期应退税额时，借记"应收出口退税"账户，贷记"应交税费——应交增值税（出口退税）"账户。计算不予退还的增值税税额时，借记"主营业务成本"账户，贷记"应交税费——应交增值税（进项税额转出）"账户，实际收到退回的税款，借记"银行存款"账户，贷记"应收出口退税"账户。

【做中学 2-29】　省外贸公司有进出口经营权，本期该公司从 H 电器公司购进一批电视机用于出口，取得增值税专用发票，内列电视机货款 100 万元，增值税税额 17 万元，款项以银行汇票支付。该批电视机本期全部出口，离岸价为 15 万美元，当日市场汇率为 1 美元＝8.2 元人民币，申请退税的单证齐全，家电的退税率为 13％。

申报出口退税时，会计处理如下：

应退增值税税额＝1 000 000×13％＝130 000（元）

出口货物不予退还的税额＝1 000 000×（17％－13％）＝40 000（元）

借：应收出口退税　　　　　　　　　　　　　　　　　130 000

　贷：应交税费——应交增值税（出口退税）　　　　　　　　　130 000

借：主营业务成本　　　　　　　　　　　　　　　　　　40 000

　贷：应交税费——应交增值税（进项税额转出）　　　　　　　　40 000

收到退税款时，会计处理如下：

借：银行存款　　　　　　　　　　　　　　　　　　　130 000

　贷：应收出口退税　　　　　　　　　　　　　　　　　　　130 000

（二）生产企业出口退税的会计核算

生产企业直接出口和委托外贸企业代理出口的货物，在出口环节免征增值税，并按照规定的退税率计算出口货物的当期免抵退不得免抵税额（进项税额转出）、当期免抵退税额（出口退税）、当期免抵税额（出口抵减内销产品应纳税额），然后根据公式计算出实际退税额。企业按照规定的退税率计算出口货物的当期免抵退不得免抵税额，借记"主营业务成本"账户，贷记"应交税费——应交增值税（进项税额转出）"账户；按照计算的当期免抵税额，借记"应交税费——应交增值税（出口抵减内销产品应纳税额）"账户，贷记"应交税费——应交增值税（出口退税）"账户；按照未抵顶完的税额，借记"应收出口退税"账户，贷记"应交税费——应交增值税（出口退税）"账户。收到退回的税款时，借记"银行存款"账户，贷记"应收出口退税"账户。

【做中学 2-30】　某企业为有进出口经营权的生产企业，本期内销产品不含税价款为

2 400 000元,出口销售产品折合人民币4 600 000元,本期购入货物进项税额为280 000元,期初未缴增值税借方余额为120 000元,企业适用的增值税税率为17%,出口退税率为13%,申请退税单证齐全。

会计处理如下:

内销产品销项税额=2 400 000×17%=408 000(元)

当期免抵退不得免抵税额=4 600 000×(17%-13%)=184 000(元)

当期应纳税额=408 000-(280 000-184 000)-120 000=192 000(元)

当期免抵退税额=4 600 000×13%=598 000(元)

当期免抵税额=当期免抵退税额=598 000(元)

(1)结转当期免抵退不得免抵税额时

借:主营业务成本　　　　　　　　　　　　　　　　184 000

　　贷:应交税费——应交增值税(进项税额转出)　　　　184 000

(2)结转当期免抵税额时

借:应交税费——应交增值税(出口抵减内销产品应纳税额)　598 000

　　贷:应交税费——应交增值税(出口退税)　　　　　　598 000

(3)上缴税款时

借:应交税费——应交增值税(已交税金)　　　　　　192 000

　　贷:银行存款　　　　　　　　　　　　　　　　　192 000

【做中学 2-31】　某企业为有进出口经营权的生产企业,本期内销产品不含税价款为20 000 000元,出口销售产品折合人民币10 000 000元,本期购入货物进项税额为2 500 000元,期初未缴增值税借方余额为1 400 000元,企业适用的增值税税率为17%,出口退税率为13%,申请退税单证齐全。

会计处理如下:

内销产品销项税额=20 000 000×17%=3 400 000(元)

当期免抵退不得免抵税额=10 000 000×(17%-13%)=400 000(元)

当期应纳税额=3 400 000-(2 500 000-400 000)-1 400 000=-100 000(元)

当期免抵退税额=10 000 000×13%=1 300 000(元)

当期期末留抵税额100 000元小于当期免抵退税额1 300 000元,则

当期免抵税额=1 300 000-100 000=1 200 000(元)

当期应退税额=100 000(元)

(1)结转当期不予免抵税额时

借:主营业务成本　　　　　　　　　　　　　　　　400 000

　　贷:应交税费——应交增值税(进项税额转出)　　　　400 000

(2)申报退税时

借:应交税费——应交增值税(出口抵减内销产品应纳税额)1 200 000

　　应收出口退税　　　　　　　　　　　　　　　　100 000

　　贷:应交税费——应交增值税(出口退税)　　　　　　1 300 000

（3）收到退税款时

借:银行存款   100 000

 贷:应收出口退税   100 000

六、缴纳增值税的会计核算

对于企业预缴、上缴当月应纳税额的会计处理,借记"应交税费——应交增值税(已交税金)"账户,贷记"银行存款"账户。

月份终了时,将当月欠缴税款从"应交税费——应交增值税(转出未交增值税)"账户转入"应交税费——未交增值税"账户。因此,如果是缴纳以前月份欠缴税款应借记"应交税费——未交增值税"账户,贷记"银行存款"账户。

【做中学 2-32】 某企业 2012 年 10 月末"应交税费——应交增值税"明细账户各栏目资料如下:进项税额 200 000 元,销项税额 300 000 元,进项税额转出 6 000 元。

月末,企业应做如下会计处理:

借:应交税费——应交增值税(转出未交增值税)   106 000

 贷:应交税费——未交增值税   106 000

11 月初,缴纳 10 月份增值税时,编制会计分录如下:

借:应交税费——未交增值税   106 000

 贷:银行存款   106 000

▍任务实施

任务解析:

该工厂 8 月份会计业务处理如下:

8 月 2 日

借:材料采购——甲材料   30 000

 应交税费——应交增值税(进项税额)   5 100

  贷:银行存款   35 100

8 月 3 日

借:材料采购——乙材料   13 330

 应交税费——应交增值税(进项税额) (2 040+1 000×7%)2 110

  贷:应付票据——银行承兑汇票   14 040

   库存现金   1 400

8 月 5 日

借:预付账款   30 000

 贷:银行存款   30 000

8 月 8 日

借:材料采购——甲材料   35 000

 应交税费——应交增值税(进项税额)   5 950

```
    贷:预付账款                                    40 950
借:预付账款                      10 950
    贷:银行存款                                    10 950
8 月 10 日
借:银行存款                      936 000
    贷:主营业务收入                                800 000
      应交税费——应交增值税(销项税额)              136 000
8 月 15 日
借:应收账款                      292 500
    贷:主营业务收入                                250 000
      应交税费——应交增值税(销项税额)              42 500
```

子任务二　进行小规模纳税人增值税会计业务处理

任务导入

华泰工厂是小规模纳税人,5月份发生如下业务:

(1)5 日,购入原材料钢材一批,增值税专用发票上注明:材料价款 9 000 元,增值税 1 530 元,已付款并验收入库。

(2)10 日购入包装物一批,普通发票上注明货款 3 000 元,已付款并验收入库。

(3)15 日,销售一批产品给华达工厂,取得产品销售收入 20 600 元,货款未收到。

(4)20 日,接受外单位委托加工产品一批,收取加工费 15 450 元,以银行存款结算。

任务:请作出该纳税人 5 月份的会计处理。

知识链接

小规模纳税人增值税的核算,通过在"应交税费"账户下设置"应交增值税"明细账户进行,不需要设置有关的专栏。

当小规模纳税人销售货物或提供应税劳务时,大部分只能开普通发票,反映的销售额为含税销售额,在会计处理时应换算为不含税销售额,按实现的不含税销售额和规定征收率计算收取的增值税税额,借记"应收账款"、"银行存款"、"应收票据"等账户,按实现的销售收入,贷记"主营业务收入"、"其他业务收入"等账户,按应纳的增值税税额,贷记"应交税费——应交增值税"账户。

小规模纳税人购进货物或接受应税劳务时,支付的增值税税额直接计入货物及劳务的成本,借记"材料采购"、"原材料"、"库存商品"、"周转材料"、"固定资产"、"在建工程"等账户,贷记"银行存款"、"其他货币资金"、"应付账款"等账户。

小规模纳税人上缴的增值税,借记"应交税费——应交增值税"账户,贷记"银行存款"账户。收到退回多缴的增值税,作相反的会计分录。

【做中学 2-33】 某工业企业为小规模纳税人,适用的增值税税率为 3%。该企业 3 月购入原材料,增值税发票上记载的原材料成本为 500 000 元,支付的增值税为 85 000 元,企业已开出并承兑商业汇票,材料尚未收到。本月销售货物价款 800 000 元,货款暂欠。货物成本为 500 000 元。有关会计处理如下:

(1)购入材料

借:在途物资 585 000.00

　　贷:应付票据 585 000.00

(2)销售货物

不含税价格＝800 000÷(1＋3%)＝776 699.03(元)

应缴纳增值税税额＝776 699.03×3%＝23 300.97(元)

借:应收账款 800 000.00

　　贷:主营业务收入 776 699.03

　　　　应交税费——应交增值税 23 300.97

借:主营业务成本 500 000.00

　　贷:库存商品 500 000.00

(3)下月月初缴纳增值税

借:应交税费——应交增值税 23 300.97

　　贷:银行存款 23 300.97

任务实施

任务解析:

华泰工厂是小规模纳税人,5 月份发生业务的会计处理如下:

(1)借:材料采购 10 530

　　　贷:银行存款 10 530

(2)借:周转材料 3 000

　　　贷:银行存款 3 000

(3)借:应收账款 20 600

　　　贷:主营业务收入 20 000

　　　　　应交税费——应交增值税 600

(4)借:银行存款 15 450

　　　贷:其他业务收入 15 000

　　　　　应交税费——应交增值税 450

任务三　申报及缴纳增值税

●任务描述

增值税纳税人按照规定的时间到主管税务机关通过网上申报系统进行纳税申报。小规模纳税人的纳税申报流程较简单。一般纳税人需要通过认证、抄税、网上报税、送交申报资料、银行划转税款及打印缴款书等步骤完成网上申报。

子任务一　申报及缴纳一般纳税人增值税

任务导入

资料:厦门东方纺织有限公司是由厦门东方投资有限公司和香港明丽纺织有限公司共同设立的合资企业,经厦门市外管局"厦外字009123号"批文批准设立,2011年3月1日取得厦门市工商管理局颁发的"厦合字第20111234号"营业执照,该公司注册资本为人民币1 000万元,其中厦门东方投资有限公司占70%、香港明丽纺织有限公司占30%。该公司的机构代码为607991234,生产经营期限从2011年3月1日到2030年2月28日。该公司注册地址为厦门东方路1号,邮编361000,联系电话80341234。公司法定代表人为王坤（身份证号：350409196308071234）,财务负责人为周红（身份证号：350202197603081234）,办税员刘华（身份证号：350202198209081234）。该公司主要生产棉纱、棉布、涤纶布、印染布等。该公司现有员工350人,没有外籍人员。该公司执行《企业会计制度》。

该公司2011年6月留抵税额为10 000元,7月发生如下业务:

1.7月2日,向厦门化工厂购进染料,价款30 000元,增值税专用发票注明增值税税额为5 100元,款项用银行存款支付。

2.7月5日,向厦门红旗塑胶有限公司购进塑料桶500个,增值税专用发票上注明价款15 000元,税额2 550元,款项未付。

3.7月7日,向厦门明丽服装有限公司销售棉坯布12 000米,不含税售价为240 000元,税率为17%,开具增值税专用发票,款项未收。

4.7月9日,收到从新疆天山棉麻公司购进的棉花113吨,不含税单价为3 000元/吨,取得增值税专用发票,税率为13%,货款上月已支付。

5.7月13日,用银行存款支付上述棉花运杂费50 000元整,其中运输费45 000元,保险费3 000元,装卸费2 000元,取得运输发票。

6.7月16日,销售给厦门鹭发有限公司涤纶布10 000米,价税合计362 700元,税率为17%,开具增值税专用发票,款项用银行存款收讫。

7. 7月23日，向厦门明丽服装有限公司销售印染布9 000米，价税合计368 550元，税率为17%，开具增值税专用发票，款项未收。

8. 7月28日，向厦门群力机械有限公司购买气流纺纱机一台，价税合计58 500元，税率为17%，取得增值税专用发票，款项用银行存款支付。

9. 7月30日，向厦门群惠劳保用品厂销售涤纶布1 000米，开具普通发票，价税合计35 000元，税率为17%，货款用银行存款收讫。

10. 7月31日，对仓库盘点时发现，因仓库漏雨，棉花被淋湿，损失1吨左右，原材料成本3 000元/吨，责任暂未查明。

任务：请作出上述业务的会计处理，登记明细账并填制增值税纳税申报表及附表。

知识链接

一、增值税的纳税期限

在明确了增值税纳税义务发生时间之后，还需要掌握具体纳税期限，以保证按期缴纳税款。根据条例规定，增值税的纳税期限分别为1日、3日、5日、10日、15日、1个月或者1个季度。纳税人的具体纳税期限，由主管税务机关根据纳税人应纳税额的大小分别核定；不能按照固定期限纳税的，可以按次纳税。

纳税人以1个月或1个季度为一期纳税的，自期满之日起15日内申报纳税；以1日、3日、5日、10日或者15日为一期纳税的，自期满之日起5日内预缴税款，于次月1日起15日内申报纳税并结清上月应纳税款。

以1个季度为纳税期限的规定仅适用于小规模纳税人。小规模纳税人的具体纳税期限，由主管税务机关根据其应纳税额的大小分别核定。

纳税人进口货物，应当自海关填发税款缴纳书之日起15日内缴纳税款。

二、增值税的纳税地点

为了保证纳税人按期申报纳税，根据企业跨地区经营和搞活商品流通的特点及不同情况，税法还具体规定了增值税的纳税地点：

1. 固定业户（指增值税一般纳税人）应当向其机构所在地的主管税务机关申报纳税。总机构和分支机构不在同一县（市）的，应当分别向各自所在地的主管税务机关申报纳税；经国务院财政、税务主管部门或者其授权的财政、税务机关批准，可以由总机构汇总向总机构所在地的主管税务机关申报纳税。

2. 固定业户到外县（市）销售货物或者应税劳务，应当向其机构所在地的主管税务机关申请开具外出经营活动税收管理证明，并向其机构所在地的主管税务机关申报纳税；未开具证明的，应当向销售地或者劳务发生地的主管税务机关申报纳税；未向销售地或者劳务发生地的主管税务机关申报纳税的，由其机构所在地的主管税务机关补征税款。

3. 固定业户临时到外省、市销售货物的，必须向经营地税务机关出示外出经营活动税收管理证明回原地纳税，需要向购买方开具增值税专用发票的，亦回原地补开。

4.非固定业户销售货物或者应税劳务,应当向销售地或者劳务发生地的主管税务机关申报纳税;未向销售地或者劳务发生地的主管税务机关申报纳税的,由其机构所在地或者居住地的主管税务机关补征税款。

5.进口货物,应当向报关地海关申报纳税。

扣缴义务人应当向其机构所在地或者居住地的主管税务机关申报缴纳其扣缴的税款。

三、一般纳税人的纳税申报流程

（一）认证（进项税额计算及审核）

认证时办税人员在上月月末将企业收到的增值税专用发票抵扣联在网上或到主管税务机关进行审核、确认,以检验这些增值税专用发票的真伪。对于认证不符及密文有误的抵扣联,税务机关暂不予抵扣,并当场扣留做调查处理。未经认证的,不得申报抵扣。

（二）抄税（销项税额的计算）

抄税是指在每月月初的1～10日内,纳税人在自己防伪税控开票的计算机上将上月（申报月）的开票情况读入IC卡中,同时打印当月月份防伪税控开具发票汇总表及其明细表。其中包括:增值税专用发票汇总表、增值税专用发票明细表、普通发票汇总表、普通发票明细表、作废发票汇总表和作废发票明细表。

（三）网上报税（网上填写纳税申报表及财务报表）

报税员在月初15日前登录国税局网上报税系统,将申报月（上月）的进项税额、销项税额明细资料录入增值税纳税申报表及增值税纳税申报表附列资料中,录入完毕经审核无误后可直接打印纸质申报表及财务报表资料（留存送税务机关）,然后通过网络传输给税务机关。另外,在完成会计报表编制工作后,还要将企业申报月的资产负债表、利润表、现金流量表录入报税系统对应的财务报表中。

填写增值税纳税申报表一般按照以下顺序进行:固定资产进项税额抵扣情况表;增值税纳税申报表附列资料（表二）;增值税纳税申报表附列资料（表一）;增值税纳税申报表。

（四）送交申报资料

办税员在每月15日前（遇节假日顺延）,将IC卡及上述准备好的纸质报税资料送税务机关报税窗口,窗口受理的税务人员在对企业申报情况进行比对、审核无误后,还要将记录在IC卡中企业本月通过防伪税控系统开具的所有增值税专用发票开票信息,通过专门的设备读取并复制到增值税征管信息系统中。

报送资料如下:

1.增值税纳税申报表及增值税纳税申报表附列资料（表一）、（表二）

2.税控IC卡（使用小容量税控IC卡的企业还需要持有报税数据软盘）

3.防伪税控开具发票汇总表及明细表

4.加盖开户银行"转讫"或"现金转讫"章的《中华人民共和国税收通用缴款书》（适用于未实行税库银联网的纳税人）

5.增值税运输发票抵扣清单

6.海关完税凭证抵扣清单

（五）银行划转税款

申报完毕后（实行税库银联网的纳税人）,银行将从企业税款专户中划转税款。

（六）打印缴款书

每月 15 日以后办税员到银行打印税收缴款书。

任务实施

任务解析：

步骤一：分析计算各项业务涉及的增值税，作出会计分录（记账凭证略）。

1. 借：原材料——染料   30 000.00
    应交税费——应交增值税（进项税额）   5 100.00
   贷：银行存款   35 100.00

2. 借：周转材料——低值易耗品   15 000.00
    应交税费——应交增值税（进项税额）   2 550.00
   贷：应付账款——厦门红旗塑胶有限公司   17 550.00

3. 借：应收账款——厦门明丽服装有限公司   280 800.00
   贷：主营业务收入   240 000.00
     应交税费——应交增值税（销项税额）   40 800.00

4. 借：原材料——棉花   339 000.00
    应交税费——应交增值税（进项税额）   44 070.00
   贷：预付账款——新疆天山棉麻公司   383 070.00

5. 借：原材料——棉花   46 850.00
    应交税费——应交增值税（进项税额）   3 150.00
   贷：银行存款   50 000.00

6. 借：银行存款   362 700.00
   贷：主营业务收入   310 000.00
     应交税费——应交增值税（销项税额）   52 700.00

7. 借：应收账款——厦门明丽服装有限公司   368 550.00
   贷：主营业务收入   315 000.00
     应交税费——应交增值税（销项税额）   53 550.00

8. 借：固定资产   50 000.00
    应交税费——应交增值税（进项税额）   8 500.00
   贷：银行存款   58 500.00

9. 借：银行存款   35 000.00
   贷：主营业务收入   29 914.53
     应交税费——应交增值税（销项税额）   5 085.47

10. 借：待处理财产损溢——待处理流动资产损溢   3 390.00
   贷：原材料——棉花   3 000.00
     应交税费——应交增值税（进项税额转出）   390.00

步骤二：将上述会计分录记入"应交税费——应交增值税"明细账中，如表 2-6。

表2-6

"应交税费——应交增值税"明细账

单位:元

2011年 月	日	凭证字号	摘要	借方 合计	借方 进项税额	借方 已交税金减免税款	借方 出口抵减内销产品应纳税额	借方 转出未交增值税	贷方 合计	贷方 销项税额	贷方 出口退税	贷方 进项税额转出	贷方 转出多交增值税	借或贷	余额
7	1		期初余额											借	10 000.00
7	2	记1	购进材料	5 100.00	5 100.00									借	15 100.00
7	5	记2	购低值易耗品	2 550.00	2 550.00									借	17 650.00
7	7	记3	销售产品						40 800.00	40 800.00				贷	23 150.00
7	9	记4	购进材料	44 070.00	44 070.00									借	20 920.00
7	13	记5	购进材料	3 150.00	3 150.00									借	24 070.00
7	16	记6	销售产品						52 700.00	52 700.00				贷	28 630.00
7	23	记7	销售产品						53 550.00	53 550.00				贷	82 180.00
7	28	记8	购进固定资产	8 500.00	8 500.00									贷	73 680.00
7	30	记9	销售产品						5 085.47	5 085.47				贷	78 765.47
7	31	记10	盘亏原材料						390.00			390.00		贷	79 155.47
7	31	记11	转出未交增值税	79 155.47				79 155.47						平	0.00
7	31		本月合计	142 525.47	63 370.00			79 155.47	152 525.47	152 135.47		390.00		平	0.00

步骤三:根据已登记的"应交税费——应交增值税"明细账各栏目汇总计算"进项税额"、"销项税额"、"进项税额转出"等各栏目金额,填入应交增值税计算表中,如表 2-7,并作结转会计分录。

表 2-7　　　　　　　　　　　　　应交增值税计算表

2011 年 7 月 31 日　　　　　　　　　　　　　　单位:元

期初留抵	本月销项税额	本月进项税额	本月进项税额转出	本月应交增值税税额
10 000.00	152 135.47	63 370.00	390.00	79 155.47

应纳增值税税额=本期销项税额-本期进项税额-上期留抵税额

$\qquad$ =152 135.47-(63 370.00-390.00)-10 000.00

$\qquad$ =79 155.47(元)

借:应交税费——应交增值税(转出未交增值税)　　　　79 155.47

$\quad$ 贷:应交税费——未交增值税　　　　　　　　　　　　　　79 155.47

步骤四:将步骤三中的增值税结转会计分录登入"应交税费——应交增值税"明细账中的对应明细栏目,并登记"应交税费——未交增值税"明细账,如表 2-8。

表 2-8　　　　　　　　　　"应交税费——未交增值税"明细账　　　　　　　　单位:元

2011 年		凭证字号	摘要	借方	贷方	借或贷	余额
月	日						
7	31	记 11	转出未交增值税		79 155.47	贷	79 155.47

步骤五:结账并作会计报表。

步骤六:认证。

步骤七:抄税。

步骤八:网上报税。

(1)填列固定资产进项税额抵扣情况表(表 2-9)

表 2-9　　　　　　　　　　　　固定资产进项税额抵扣情况表

纳税人识别号:350203409371234　　　　　　　纳税人名称(公章):厦门东方纺织有限公司

填表日期:2011 年 08 月 07 日　　　　　　　　金额单位:元至角分

项　目	当期申报抵扣的固定资产进项税额	当期申报抵扣的固定资产进项税额累计
增值税专用发票	8 500.00	8 500.00
海关进口增值税专用缴款书		
合　计	8 500.00	8 500.00

（2）填列增值税纳税申报表附列资料（表二）（表2-10）

表 2-10　　　　　增值税纳税申报表附列资料（表二）

（本期进项税额明细）

税款所属时间：2011 年 7 月

纳税人名称：（公章）厦门东方纺织有限公司　填表日期：2011 年 08 月 07 日　　　金额单位：元至角分

一、申报抵扣的进项税额

项　目	栏次	份数	金额	税额
（一）认证相符的防伪税控增值税专用发票	1	4	434 000.00	60 220.00
其中：本期认证相符且本期申报抵扣	2	4	434 000.00	60 220.00
前期认证相符且本期申报抵扣	3			
（二）非防伪税控增值税专用发票及其他扣税凭证	4	1	50 000.00	3 150.00
其中：海关进口增值税专用缴款书	5			
农产品收购发票或者销售发票	6			
废旧物资发票	7			
运输费用结算单据	8	1	50 000.00	3 150.00
6％征收率	9			
4％征收率	10			
（三）外贸企业进项税额抵扣证明	11			
当期申报抵扣进项税额合计	12	5	484 000.00	63 370.00

二、进项税额转出额

项　目	栏次	税　额
本期进项税额转出额	13	390.00
其中：免税货物用	14	
非应税项目用、集体福利、个人消费	15	
非正常损失	16	390.00
按简易征收办法征税货物用	17	
免抵退税办法出口货物不得抵扣进项税额	18	
纳税检查调减进项税额	19	
未经认证已抵扣的进项税额	20	
红字专用发票通知单注明的进项税额	21	

三、待抵扣进项税额

项　目	栏次	份数	金额	税额
（一）认证相符的防伪税控增值税专用发票	22			
期初已认证相符但未申报抵扣	23			
本期已认证相符且本期未申报抵扣	24			
期末已认证相符但未申报抵扣	25			
其中：按照税法规定不允许抵扣	26			
（二）非防伪税控增值税专用发票及其他扣税凭证	27			
其中：海关进口增值税专用缴款书	28			
农产品收购发票或者销售发票	29			
废旧物资发票	30			
运输费用结算单据	31			
6％征收率	32			
4％征收率	33			
	34			

（续表）

四、其 他

项 目	栏次	份数	金额	税额
本期认证相符的全部防伪税控增值税专用发票	35	4	434 000.00	60 220.00
期初已征税款挂账额	36			
期初已征税款余额	37			
代扣代缴税额	38			

注：第1栏＝第2栏＋第3栏＝第23栏＋第35栏－第25栏；

第2栏＝第35栏－第24栏；

第3栏＝第23栏＋第24栏－第25栏；

第4栏等于第5栏至第10栏之和；

第12栏＝第1栏＋第4栏＋第11栏；

第13栏等于第14栏至第21栏之和；

第27栏等于第28栏至第34栏之和。

增值税纳税申报表附列资料（表二）填表说明

（一）本表"税款所属时间"是指纳税人申报的增值税应纳税额的所属时间,应填写具体的起止年、月。

（二）本表"填表日期"指纳税人填写本表的具体日期。

（三）本表"纳税人名称"栏,应加盖纳税人单位公章。

（四）本表"一、申报抵扣的进项税额"部分各栏数据,分别填写纳税人按税法规定符合抵扣条件,在本期申报抵扣的进项税额情况。

1.第1栏"（一）认证相符的防伪税控增值税专用发票",填写本期申报抵扣的认证相符的防伪税控增值税专用发票情况,包括认证相符的红字防伪税控增值税专用发票,应等于第2栏"本期认证相符且本期申报抵扣"与第3栏"前期认证相符且本期申报抵扣"数据之和。

2.第2栏"本期认证相符且本期申报抵扣",填写本期认证相符本期申报抵扣的防伪税控增值税专用发票情况,应与第35栏"本期认证相符的全部防伪税控增值税专用发票"减第24栏"本期已认证相符且本期未申报抵扣"后的数据相等。

3.第3栏"前期认证相符且本期申报抵扣",填写前期认证相符本期申报抵扣的防伪税控增值税专用发票情况,应与第23栏"期初已认证相符但未申报抵扣"加第24栏"本期已认证相符且本期未申报抵扣"减第25栏"期末已认证相符但未申报抵扣"后的数据相等。

4.第4栏"非防伪税控增值税专用发票及其他扣税凭证",填写本期申报抵扣的非防伪税控增值税专用发票及其他扣税凭证情况,应等于第5栏至第10栏之和。

5.第12栏"当期申报抵扣进项税额合计"应等于第1栏、第4栏、第11栏之和。

（五）本表"二、进项税额转出额"部分填写纳税人已经抵扣但按税法规定应作进项税额转出的明细情况,但不包括销售折扣、折让、销货退回等应负数冲减当期进项税额的情况。

第13栏"本期进项税额转出额"应等于第14栏至第21栏之和。

（六）本表"三、待抵扣进项税额"部分各栏数据,分别填写纳税人已经取得,但按税法规定不符合抵扣条件,暂不予在本期申报抵扣的进项税额情况及按照税法规定不允许抵扣的进项税额情况。

1.第23栏"期初已认证相符但未申报抵扣",填写前期认证相符,但按照税法规定,暂不予抵扣,结存至本期的防伪税控增值税专用发票,应与上期"期末已认证相符但未申报抵扣"栏数据相等。

2.第24栏"本期已认证相符且本期未申报抵扣",填写本期认证相符,但因按照税法规定暂不予抵扣及按税法规定不允许抵扣,而未申报抵扣的防伪税控增值税专用发票。包括商业企业购进物未付款;工业企业购进货物未入库;购进固定资产;外贸企业购进供出口的货物;因退货将抵扣联退还销货方等。

3.第25栏"期末已认证相符但未申报抵扣",填写截至本期期末,按照税法规定仍暂不予抵扣及按照税法规定不允许抵扣且已认证相符的防伪税控增值税专用发票情况。

4.第26栏"其中：按照税法规定不允许抵扣",填写期末已认证相符但未申报抵扣的防伪税控增值税专用发票中,按照税法规定不允许抵扣,而只能作为出口退税凭证或应列入成本、资产等项目的防伪税控增值税专用发票。包括外贸出口企业用于出口而采购货物的防伪税控增值税专用发票;纳税人购买固定资产的防伪税控增值税专用发票;因退货将抵扣联退还销售方的防伪税控增值税专用发票等。

（七）本表"四、其他"栏中"本期认证相符的全部防伪税控增值税专用发票"项指标,应与防伪税控认证子系统中的本期全部认证相符的防伪税控增值税专用发票数据相同。"代扣代缴税额"项指标,填写纳税人根据《中华人民共和国增值税暂行条例实施细则》第三十四条的规定扣缴的增值税税额。

(3)填列增值税纳税申报表附列资料(表一)(表2-11)

表 2-11

增值税纳税申报表附列资料(表一)

(本期销售情况明细)

纳税人名称:(公章)厦门东方纺织有限公司　填表日期:2011 年 08 月 07 日　金额单位:元至角分

税款所属时间:2011 年 7 月

一、按适用税率征收增值税货物及劳务的销售额和销项税额明细

项目	栏次	应税货物						应税劳务			小　计		
		17%税率			13%税率								
		份数	销售额	销项税额	份数	销售额	销项税额	份数	销售额	销项税额	份数	销售额	销项税额
防伪税控系统开具的增值税专用发票	1	3	865 000.00	147 050.00							3	865 000.00	147 050.00
非防伪税控系统开具的增值税专用发票	2	—	—	—							—	—	—
开具普通发票	3	1	29 914.53	5 085.47							—	29 914.53	5 085.47
未开具发票	4	—	—	—							—	—	—
小　计	5=1+2+3+4	—	894 914.53	152 135.47							—	894 914.53	152 135.47
纳税检查调整	6												
合　计	7=5+6	—	894 914.53	152 135.47							—	894 914.53	152 135.47

二、简易征收办法征收增值税货物的销售额和应纳税额明细

项目	栏次	6%征收率			4%征收率			3%征收率			小　计		
		份数	销售额	应纳税额	份数	销售额	应纳税额	份数	销售额	应纳税额	份数	销售额	应纳税额
防伪税控系统开具的增值税专用发票	8												
非防伪税控系统开具的增值税专用发票	9												
开具普通发票	10												
未开具发票	11												
小　计	12=8+9+10+11												
纳税检查调整	13												
合　计	14=12+13												

（续表）

三、免征增值税货物及劳务销售额明细

项目	栏次	免税货物			免税劳务			小计		
		份数	销售额	税额	份数	销售额	税额	份数	销售额	税额
防伪税控系统开具的增值税专用发票	15				一	一				
开具普通发票	16	一		一	一	一	一			一
未开具发票	17	一		一	一	一	一			一
合计	18=15+16+17									

增值税纳税申报表附列资料（表一）填表说明

（一）本表"税款所属时间"是指纳税人申报的增值税应纳税额的所属时间，应填写具体的起止年、月。

（二）本表"填表日期"指纳税人填写本表的具体日期。

（三）本表"纳税人名称"栏，应加盖纳税人单位公章。

（四）本表"一、按适用税率征收增值税货物及劳务的销售额和销项税额"中"开具的增值税专用发票"、"非防伪税控系统开具的增值税专用发票"、"开具普通发票"、"未开具发票"各栏数据均包括增值税货物的销售额和出口货物免税、退办法出口执行免、抵、退办法的销售额的销项税额，但不包括免税货物及劳务的销售额，适用零税率货物及劳务的销售额和销项税额或应纳税额。

（五）本表"一、按适用税率征收增值税货物及劳务的销售额和销项税额"和"二、简易征收办法征收增值税货物的销售额"的销售额、应税劳务的销售额，财政、审计部门检查计算调整并应补缴的销售额、销项税额。

（六）本表"三、免征增值税货物及劳务销售额明细"部分中"防伪税控系统开具的增值税专用发票"栏数据，填写本期因销售免税货物而使用防伪税控系统开具的增值税专用发票的份数、销售额和销项税额。填写纳税人本期销售免税货物的份数、销售额和销项税额，包括国有粮食收储企业销售的免税粮食、政府储备食用植物油等。

（4）根据上述三个附表的相关数据填列增值税纳税申报表（表 2-12）。

表 2-12　　　　　　　　　　　　　**增值税纳税申报表**

（适用于增值税一般纳税人）

根据《中华人民共和国增值税暂行条例》第二十二条和第二十三条的规定制定本表。纳税人不论有无销售额，均应按主管税务机关核定的纳税期限按期填报本表，并于次月一日起十日内，向当地税务机关申报。

税款所属时间：自 2011 年 07 月 01 日至 2011 年 07 月 31 日　　　　　　　填表日期：2011 年 08 月 07 日

纳税人识别号：350203409371234　　所属行业：其他制造业　　　　　　　金额单位：元至角分

纳税人名称	厦门东方纺织有限公司	法定代表人姓名	王坤	注册地址	厦门东方路 10 号	营业地址	厦门东方路1 号
开户银行及账号	工行东方支行 1801234	企业登记注册类型		中外合资企业		电话号码	80341234

项　目	栏　次	一般货物及劳务		即征即退货物及劳务	
		本月数	本年累计	本月数	本年累计
销售额 （一）按适用税率征税货物及劳务销售额	1	894 914.53			
其中：应税货物销售额	2	894 914.53			
应税劳务销售额	3				
纳税检查调整的销售额	4				
（二）按简易征收办法征税货物销售额	5				
其中：纳税检查调整的销售额	6				
（三）免、抵、退办法出口货物销售额	7			—	—
（四）免税货物及劳务销售额	8			—	—
其中：免税货物销售额	9			—	—
免税劳务销售额	10			—	—
税款计算 销项税额	11	152 135.47			
进项税额	12	63 370.00			
上期留抵税额	13	10 000.00	—		—
进项税额转出	14	390.00			
免、抵、退货物应退税额	15				
按适用税率计算的纳税检查应补缴税额	16				
应抵扣税额合计	17＝12＋13－14－15＋16	72 980.00	—		—
实际抵扣税额	18（如 17＜11，则为 17，否则为 11）	72 980.00			
按适用税率计算的应纳税额	19＝11－18	79 155.47			
期末留抵税额	20＝17－18				
按简易征收办法计算的应纳税额	21				
按简易征收办法计算的纳税检查应补缴税额	22				
应纳税额减征额	23				
应纳税额合计	24＝19＋21－23	79 155.47			

(续表)

税款缴纳	期初未缴税额(多缴为负数)	25			
	实收出口开具专用缴款书退税额	26		—	—
	本期已缴税额	27＝28＋29＋30＋31			
	①分次预缴税额	28		—	—
	②出口开具专用缴款书预缴税额	29		—	—
	③本期缴纳上期应纳税额	30		—	—
	④本期缴纳欠缴税额	31			
	期末未缴税额(多缴为负数)	32＝24＋25＋26－27	79 155.47		
	其中:欠缴税额(≥0)	33＝25＋26－27			
	本期应补(退)税额	34＝28－29			
	即征即退实际退税额	35		—	—
	期初未缴查补税额	36			
	本期入库查补税额	37			
	期末未缴查补税额	38＝16＋22＋36－37			

授权人声明	如果你已委托代理人申报,请填写下列资料: 　为代理一切税务事宜,现授权 (地址)　　　　　为本纳税人的代理申报人,任何 与本申报表有关的往来文件,都可寄予此人。	申报人声明	此纳税申报表是根据《中华人民共和国增值税暂行条例》的规定填报的,我相信它是真实的、可靠的、完整的。
	授权人签字:		声明人签字:王坤

以下由税务机关填写:

收到日期:　　　　　　　　　　接收人:　　　　　　　　主管税务机关盖章:

增值税纳税申报表(适用于增值税一般纳税人)填表说明

本申报表适用于增值税一般纳税人填报。增值税一般纳税人销售按简易办法缴纳增值税的货物,也使用本表。

(一)本表"税款所属时间"是指纳税人申报的增值税应纳税额的所属时间,应填写具体的起止年、月、日。

(二)本表"填表日期"指纳税人填写本表的具体日期。

(三)本表"纳税人识别号"栏,填写税务机关为纳税人确定的识别号,即税务登记证号码。

(四)本表"所属行业"栏,按照国民经济行业分类与代码中的最细项(小类)进行填写。

(五)本表"纳税人名称"栏,填写纳税人单位名称全称,不得填写简称。

(六)本表"法定代表人姓名"栏,填写纳税人法定代表人的姓名。

(七)本表"注册地址"栏,填写纳税人税务登记证所注明的详细地址。

(八)本表"营业地址"栏,填写纳税人营业地的详细地址。

(九)本表"开户银行及账号"栏,填写纳税人开户银行的名称和纳税人在该银行的结算账户号码。

(十)本表"企业登记注册类型"栏,按税务登记证填写。

(十一)本表"电话号码"栏,填写纳税人注册地和经营地的电话号码。

(十二)表中"一般货物及劳务"是指享受即征即退的货物及劳务以外的其他货物及劳务。

(十三)表中"即征即退货物及劳务"是指纳税人按照税法规定享受即征即退税收优惠政策的货物及劳务。

(十四)本表第1项"(一)按适用税率征税货物及劳务销售额"栏数据,填写纳税人本期按适用税率缴纳增值税的应税货物和应税劳务的销售额(销货退回的销售额用负数表示)。包括在财务上不作销售但按税法规定应缴纳增值税的视同销售货物和价外费用销售额,外贸企业作价销售进料加工复出口的货物,税务、财政、审计部门检查按适用税率计算调整的销售额。"一般货物及劳务"的"本月数"栏数据与"即征即退货物及劳务"的"本月数"栏数据之和,应等于增值税纳税申报表附列资料(表一)(以下简称附表一)第7栏的"小计"中的"销售额"数。"本年累计"栏数据,应为年度内各月数之和。

(十五)本表第2项"应税货物销售额"栏数据,填写纳税人本期按适用税率缴纳增值税的应税货物的销售额(销货退回的销售额用负数表示)。包括在财务上不作销售但按税法规定应缴纳增值税的视同销售货物和价外费用销售额以及外贸企业作价销售进料加工复出口的货物。"一般货物及劳务"的"本月数"栏数据与"即征即退货物及劳务"的"本月数"栏数据之和,应等于附表一第5栏的"应税货物"中17%税率"销售额"与13%税率"销售额"的合计数。"本年累计"栏数据,应为年度内各月数之和。

(十六)本表第3项"应税劳务销售额"栏数据,填写纳税人本期按适用税率缴纳增值税的应税劳务的销售额。"一般货物及劳务"的"本月数"栏数据与"即征即退货物及劳务"的"本月数"栏数据之和,应等于附表一第5栏的"应税劳务"中的"销售额"数。"本年累计"栏数据,应为年度内各月数之和。

(十七)本表第4项"纳税检查调整的销售额"栏数据,填写纳税人本期因税务、财政、审计部门检查并按适用税率计算调整的应税货物和应税劳务的销售额。但享受即征即退税收优惠政策的货物及劳务经税务稽查发现偷税的,不得填入"即征即退货物及劳务"部分,而应将本部分销售额在"一般货物及劳务"栏中反映。"一般货物及劳务"的"本月数"栏数据与"即征即退货物及劳务"的"本月数"栏数据之和,应等于附表一第6栏的"小计"中的"销售额"数。"本年累计"栏数据,应为年度内各月数之和。

(十八)本表第5项"按简易征收办法征税货物销售额"栏数据,填写纳税人本期按简易征收办法征收增值税货物的销售额(销货退回的销售额用负数表示)。包括税务、财政、审计部门检查并按简易征收办法计算调整的销售额。"一般货物及劳务"的"本月数"栏数据与"即征即退货物及劳务"的"本月数"栏数据之和,应等于附表一第14栏的"小计"中的"销售额"数。"本年累计"栏数据,应为年度内各月数之和。

(十九)本表第6项"其中:纳税检查调整的销售额"栏数据,填写纳税人本期因税务、财政、审计部门检查并按简易征收办法计算调整的销售额,但享受即征即退税收优惠政策的货物及劳务经税务稽查发现偷税的,不得填入"即征即退货物及劳务"部分,而应将本部分销售额在"一般货物及劳务"栏中反映。"一般货物及劳务"的"本月数"栏数据与"即征即退货物及劳务"的"本月数"栏数据之和,应等于附表一第13栏的"小计"中的"销售额"数。"本年累计"栏数据,应为年度内各月数之和。

(二十)本表第7项"免、抵、退办法出口货物销售额"栏数据,填写纳税人本期执行免、抵、退办法出口货物的销售额(销货退回的销售额用负数表示)。"本年累计"栏数据,应为年度内各月数之和。

(二十一)本表第8项"免税货物及劳务销售额"栏数据,填写纳税人本期按照税法规定直接免征增值税的货物及劳务的销售额及适用零税率的货物及劳务的销售额(销货退回的销售额用负数表示),但不包括适用免、抵、退办法出口货物的销售额。"一般货物及劳务"的"本月数"栏数据,应等于附表一第18栏的"小计"中的"销售额"数。"本年累计"栏数据,应为年度内各月数之和。

(二十二)本表第9项"免税货物销售额"栏数据,填写纳税人本期按照税法规定直接免征增值税货物的销售额及适用零税率货物的销售额(销货退回的销售额用负数表示),但不包括适用免、抵、退办法出口货物的销售额。"一般货物及劳务"的"本月数"栏数据,应等于附表一第18栏的"免税货物"中的"销售额"数。"本年累计"栏数据,应为年度内各月数之和。

(二十三)本表第10项"免税劳务销售额"栏数据,填写纳税人本期按照税法规定直接免征增值税劳务的销售额及适用零税率劳务的销售额(销货退回的销售额用负数表示)。"一般货物及劳务"的"本月数"栏数据,应等于附表一第18栏的"免税劳务"中的"销售额"数。"本年累计"栏数据,应为年度内各月数之和。

(二十四)本表第11项"销项税额"栏数据,填写纳税人本期按适用税率计征的销项税额。该数据应与"应交税费——应交增值税"明细科目贷方"销项税额"专栏本期发生数一致。"一般货物及劳务"的"本月数"栏数据与"即征即退货物及劳务"的"本月数"栏数据之和,应等于附表一第7栏的"小计"中的"销项税额"数。"本年累计"栏数据,应为年度内各月数之和。

(二十五)本表第12项"进项税额"栏数据,填写纳税人本期申报抵扣的进项税额。该数据应与"应交税费——应交增值税"明细科目借方"进项税额"专栏本期发生数一致。"一般货物及劳务"的"本月数"栏数据与"即征即退货物及劳务"的"本月数"栏数据之和,应等于增值税纳税申报表附列资料(二)(以下简称附表二)第12栏中的"税额"数。"本年累计"栏数据,应为年度内各月数之和。

(二十六)本表第13项"上期留抵税额"栏数据,为纳税人前一申报期的"期末留抵税额"数,该数据应与"应交税费——应交增值税"明细科目借方月初余额一致。

(二十七)本表第14项"进项税额转出"栏数据,填写纳税人已经抵扣但按税法规定应作进项税额转出的进项税额总数,但不包括销售折扣、折让,销货退回等应负数冲减当期进项税额的数额。该数据应与"应交税费——应交增值税"明细科目贷方"进项税额转出"专栏本期发生数一致。"一般货物及劳务"的"本月数"栏数据与"即征即退货物及劳务"的"本月数"栏数据之和,应等于附表二第13栏中的"税额"数。"本年累计"栏数据,应为年度内各月数之和。

(二十八)本表第15项"免、抵、退货物应退税额"栏数据,填写退税机关按照出口货物免、抵、退办法审批的应退税额。"本年累计"栏数据,应为年度内各月数之和。

(二十九)本表第16项"按适用税率计算的纳税检查应补缴税额"栏数据,填写税务、财政、审计部门检查按适用税率计算的纳税检查应补缴税额。"本年累计"栏数据,应为年度内各月数之和。

(三十)本表第17项"应抵扣税额合计"栏数据,填写纳税人本期应抵扣进项税额的合计数。

(三十一)本表第18项"实际抵扣税额"栏数据,填写纳税人本期实际抵扣的进项税额。"本年累计"栏数据,应为年度内各月数之和。

(三十二)本表第19项"按适用税率计算的应纳税额"栏数据,填写纳税人本期按适用税率计算并应缴纳的增值税税额。"本年累计"栏数据,应为年度内各月数之和。

(三十三)本表第20项"期末留抵税额"栏数据,为纳税人在本期销项税额中尚未抵扣完,留待下期继续抵扣的进项税额。该数据应与"应交税费——应交增值税"明细科目借方月末余额一致。

(三十四)本表第21项"按简易征收办法计算的应纳税额"栏数据,填写纳税人本期按简易征收办法计算并应缴纳的增值税税额,但不包括按简易征收办法计算的纳税检查应补缴税额。"一般货物及劳务"的"本月数"栏数据与"即征即退货物及劳务"的"本月数"栏数据之和,应等于附表一第12栏的"小计"中的"应纳税额"数。"本年累计"栏数据,应为年度内各月数之和。

(三十五)本表第22项"按简易征收办法计算的纳税检查应补缴税额"栏数据,填写纳税人本期因税务、财政、审计部门检查并按简易征收办法计算的纳税检查应补缴税额。"一般货物及劳务"的"本月数"栏数据与"即征即退货物及劳务"的"本月数"栏数据之和,应等于附表一第13栏的"小计"中的"应纳税额"数。"本年累计"栏数据,应为年度内各月数之和。

(三十六)本表第23项"应纳税额减征额"栏数据,填写纳税人本期按照税法规定减征的增值税应纳税额。"本年累计"栏数据,应为年度内各月数之和。

(三十七)本表第24项"应纳税额合计"栏数据,填写纳税人本期应缴增值税的合计数。"本年累计"栏数据,应为年度内各月数之和。

(三十八)本表第25项"期初未缴税额(多缴为负数)"栏数据,为纳税人前一申报期的"期末未缴税额(多缴为负数)"。

(三十九)本表第26项"实收出口开具专用缴款书退税额"栏数据,填写纳税人本期实际收到税务机关退回的、因开具《出口货物收专用缴款书》而多缴的增值税税额。该数据应根据"应交税费——未交增值税"明细科目贷方本期发生额中"收到税务机关退回的多缴增值税款"数据填列。"本年累计"栏数据,为年度内各月数之和。

(四十)本表第27项"本期已缴税额"栏数据,是指纳税人本期实际缴纳的增值税税额,但不包括本期入库的查补税款。"本年累计"栏数据,为年度内各月数之和。

(四十一)本表第28项"①分次预缴税额"栏数据,填写纳税人本期分次预缴的增值税税额。

(四十二)本表第29项"②出口开具专用缴款书预缴税额"栏数据,填写纳税人本期销售出口货物而开具专用缴款书向主管税务机关预缴的增值税税额。

(四十三)本表第30项"③本期缴纳上期应纳税额"栏数据,填写纳税人本期上缴上期应缴未缴的增值税税款,包括缴纳上期按简易征收办法计提的应缴未缴的增值税税额。"本年累计"栏数据,为年度内各月数之和。

(四十四)本表第31项"④本期缴纳欠缴税额"栏数据,填写纳税人本期实际缴纳的增值税欠税税额,但不包括缴纳入库的查补增值税税额。"本年累计"栏数据,为年度内各月数之和。

（四十五）本表第 32 项"期末未交税额（多缴为负数）"栏数据，为纳税人本期期末应缴未缴的增值税税额，但不包括纳税检查应缴未缴的税额。"本年累计"栏与"本月数"栏数据相同。

（四十六）本表第 33 项"其中：欠缴税额（≥0）"栏数据，为纳税人按照税法规定已形成欠税的数额。

（四十七）本表第 34 项"本期应补（退）税额"栏数据，为纳税人本期应纳税额中应补缴或应退回的数额。

（四十八）本表第 35 项"即征即退实际退税额"栏数据，填写纳税人本期因符合增值税即征即退优惠政策规定，而实际收到的税务机关返还的增值税税额。"本年累计"栏数据，为年度内各月数之和。

（四十九）本表第 36 项"期初未缴查补税额"栏数据，为纳税人前一申报期的"期末未缴查补税额"。该数据与本表第 25 项"期初未缴税额（多缴为负数）"栏数据之和，应与"应交税费——未交增值税"明细科目期初余额一致。"本年累计"栏数据应填写纳税人上年度末的"期末未缴查补税额"数。

（五十）本表第 37 项"本期入库查补税额"栏数据，填写纳税人本期因税务、财政、审计部门检查而实际入库的增值税税额，包括：1. 按适用税率计算并实际缴纳的查补增值税税额；2. 按简易征收办法计算并实际缴纳的查补增值税税额。"本年累计"栏数据，为年度内各月数之和。

（五十一）本表第 38 项"期末未缴查补税额"栏数据，为纳税人纳税检查本期期末应缴未缴的增值税税额。该数据与本表第 32 项"期末未缴税额（多缴为负数）"栏数据之和，应与"应交税费——未交增值税"明细科目期初余额一致。"本年累计"栏与"本月数"栏数据相同。

步骤九：提交 IC 卡及纸质申报资料。

在每月 15 日前，将 IC 卡及上述准备好的报税纸质申报资料加盖公章后送税务机关报税窗口。

子任务二　申报及缴纳小规模纳税人增值税

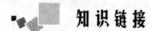 **任务导入**

厦门东方家具厂为小规模纳税人，有关纳税资料如下：

税号：35020000678800011234

地址、电话：厦门东方路 1 号 80121234

开户行及账号：工行东方支行 100001234

2011 年 9 月发生的业务如下：

1. 9 月 5 日，向厦门永峰木材有限公司购进木材一批，取得增值税专用发票，价税合计为 58 500 元，木材已经入库，货款当日用银行存款付讫。

2. 9 月 8 日，向厦门红日油漆商店购进油漆 100 千克，取得的普通发票上注明价款为 2 000 元，款项用银行存款支付。

3. 9 月 10 日，缴纳上月应纳的增值税 10 000 元。

4. 9 月 20 日，销售家具一批给厦门张氏家私有限公司，开具的普通发票上注明价款为 70 000 元。货款已收到。

5. 9 月 25 日，将一批废旧木材卖给废品店，收到现金 1 000 元。

任务：请根据上述业务，编制会计分录并填写增值税纳税申报表。

知识链接

小规模纳税人一般以 1 个月为一个纳税期申报纳税，在 15 日内到主管税务机关纳税

申报,并提交以下纳税申报资料:

　　1.增值税小规模纳税人纳税申报表;

　　2.财务报表。

　　以上纳税申报资料各一式三份。主管税务机关对纳税申报资料的完整性审核后签收,将申报数据输入计算机,在申报表上加盖"征收章",同时将纳税申报资料退还一份给纳税人。

任务实施

任务解析:

步骤一:计算相应的增值税并编制会计分录。(记账凭证略)

1.借:原材料——木材　　　　　　　　　　　58 500.00

　　贷:银行存款　　　　　　　　　　　　　　58 500.00

2.借:原材料——油漆　　　　　　　　　　　2 000.00

　　贷:银行存款　　　　　　　　　　　　　　2 000.00

3.借:应交税费——应交增值税　　　　　　10 000.00

　　贷:银行存款　　　　　　　　　　　　　　10 000.00

4.借:银行存款　　　　　　　　　　　　　　70 000.00

　　贷:主营业务收入　　　　　　　　　　　　67 961.17

　　　　应交税费——应交增值税　　　　　　2 038.83

5.借:库存现金　　　　　　　　　　　　　　1 000.00

　　贷:其他业务收入　　　　　　　　　　　　970.87

　　　　应交税费——应交增值税　　　　　　29.13

步骤二:登记"应交税费——应交增值税"明细账(表2-13)。

表 2-13　　　　　"应交税费——应交增值税"明细账

2011 年		凭证字号	摘要	借方	贷方	借或贷	余额
月	日						
9	01		期初余额			贷	10 000.00
9	10	记3	缴纳上月增值税	10 000.00		平	0.00
9	20	记4	销售家具		2 038.83	贷	2 038.83
9	25	记5	销售废旧木材		29.13	贷	2 067.96
9	30		本月合计	10 000.00	2 067.96	贷	2 067.96

步骤三:填写纳税申报表(表2-14)并进行纳税申报。

表 2-14 　　　　　　　　增值税纳税申报表（适用小规模纳税人）

纳税人识别号：| 3 | 5 | 0 | 2 | 0 | 0 | 0 | 0 | 6 | 7 | 8 | 8 | 0 | 0 | 0 | 1 | 1 | 2 | 3 | 4 |

纳税人名称（公章）：厦门东方家具厂　　　　　　　　　　　　　　　　　　金额单位：元（列至角分）

税款所属期：2011 年 09 月 01 日至 2011 年 09 月 30 日　　　　　　　填表日期：2011 年 10 月 09 日

	项　目	档　次	本期数	本年累计
一、计税依据	（一）应征增值税货物及劳务不含税销售额	1	68 932.04	
	其中：税务机关代开的增值税专用发票不含税销售额	2		
	税控器具开具的普通发票不含税销售额	3	68 932.04	
	（二）销售使用过的应税固定资产不含税销售额	4		
	其中：税控器具开具的普通发票不含税销售额	5		
	（三）免税货物及劳务销售额	6		
	其中：税控器具开具的普通发票销售额	7		
	（四）出口免税货物销售额	8		
	其中：税控器具开具的普通发票销售额	9		
二、税款计算	本期应纳税额	10	2 067.96	
	本期应纳税额减征额	11		
	应纳税额合计	12＝10－11	2 067.96	
	本期预缴税额	13	0	—
	本期应补（退）税额	14＝12－13	2 067.96	—

纳税人或代理人声明：此纳税申报表是根据国家税收法律的规定填报的，我确定它是真实的、可靠的、完整的。	如纳税人填报，由纳税人填写以下各栏：	
	办税人员（签章）：	财务负责人（签章）：
	法定代表人（签章）：	联系电话：
	如委托代理人填报，由代理人填写以下各栏：	
	代理人名称：	经办人（签章）：
	代理人（公章）：	联系电话：

受理人：　　　　　　受理日期：　　年　月　日　　　　受理税务机关（签章）：

本表为 A3 竖式，一式三份，一份纳税人留存，一份主管税务机关留存，一份征收部门留存。

填表说明：

一、本申报表适用于增值税小规模纳税人（以下简称纳税人）填报。纳税人销售使用过的固定资产、销售免税货物或提供免税劳务的，也使用本表。

二、具体项目填写说明：

（一）本表"税款所属期"是指纳税人申报的增值税应纳税额的所属时间，应填写具体的起止年、月、日。

（二）本表"纳税人识别号"栏，填写税务机关为纳税人确定的识别号，即税务登记证号码。

（三）本表"纳税人名称"栏，填写纳税人单位名称全称，不得填写简称。

（四）本表第 1 项"应征增值税货物及劳务不含税销售额"栏数据，填写应征增值税货物及劳务的不含税销售额，不包含销售使用过的固定资产应征增值税的不含税销售额、免税货物及劳务销售额、出口免税货物销售额、稽查查补销售额。

（五）本表第 2 项"税务机关代开的增值税专用发票不含税销售额"栏数据，填写税务机关代开的增值税专用发票的销售额合计。

（六）本表第3项"税控器具开具的普通发票不含税销售额"栏数据,填写税控器具开具的应征增值税货物及劳务的普通发票金额换算的不含税销售额。

（七）本表第4项"销售使用过的应税固定资产不含税销售额"栏数据,填写销售使用过的、固定资产目录中所列的应按照2%征收率征收增值税的应税固定资产的不含税销售额。

（八）本表第5项"税控器具开具的普通发票不含税销售额"栏数据,填写税控器具开具的销售使用过的应税固定资产的普通发票金额换算的不含税销售额。

（九）本表第6项"免税货物及劳务销售额"栏数据,填写销售免征增值税货物及劳务的销售额。

（十）本表第7项"税控器具开具的普通发票销售额"栏数据,填写税控器具开具的销售免征增值税货物及劳务的普通发票金额。

（十一）本表第8项"出口免税货物销售额"栏数据,填写出口免税货物的销售额。

（十二）本表第9项"税控器具开具的普通发票销售额"栏数据,填写税控器具开具的出口免税货物的普通发票金额。

（十三）本表第10项"本期应纳税额"栏数据,填写本期按征收率计算缴纳的应纳税额。

（十四）本表第11项"本期应纳税额减征额"栏数据,填写根据相关的增值税优惠政策计算的应纳税额减征额。

（十五）本表第13项"本期预缴税额"栏数据,填写纳税人本期预缴的增值税税额,但不包括稽查补缴的应纳增值税税额。

技能训练

一、单项选择题

1.依据增值税的有关规定,下列行为中属于增值税征税范围的是（　　）。

A.供电局销售电力产品　　　　　　B.房地产开发公司销售房屋

C.饭店提供餐饮服务　　　　　　　D.房屋中介公司提供中介服务

2.单位或个体经营者的下列业务,应视同销售行为征收增值税的是（　　）。

A.个体商店代销鲜奶　　　　　　　B.电信部门安装电话并提供电话机

C.商场将购买的商品发给职工　　　D.饭店购进啤酒用于餐饮服务

3.2011年3月,A酒厂销售给B副食品公司粮食白酒和啤酒,其中:开具白酒增值税专用发票,收取不含税价款50 000元,另外收取包装物押金3 000元;开具啤酒普通发票,收取价税款合计23 400元,另外收取包装物押金1 500元。B副食品公司按合同约定,于2011年12月将白酒、啤酒包装物全部退还给A酒厂,并取回全部押金。就此项业务,A酒厂2011年3月计算的增值税销项税额应为（　　）元。

A.11 900.00　　B.12 117.95　　C.12 335.90　　D.12 553.85

4.下列项目中,视同销售行为征收增值税的是（　　）。

A.将外购货物用于基建　　　　　　B.将外购货物作为原材料投入生产

C.将外购货物无偿赠送他人　　　　D.将外购货物租赁给他人使用

5.下列各项中,属于增值税征收范围的是（　　）。

A.提供修理劳务　　　　　　　　　B.提供代理服务

C.提供运输劳务　　　　　　　　　D.提供租赁服务

6.依据增值税的有关规定,下列各项中不缴纳增值税的是（　　）。

A.商品期货　　　　　　　　　　　B.寄售业代委托人销售物品

C. 集邮商品的调拨　　　　　　　　D. 邮局发行报刊

7. 2009 年 5 月中旬，某商店（增值税小规模纳税人）购进童装 150 套，"六一"儿童节之前以每套 100 元的含税价格全部零售出去。该商店当月销售这批童装应纳增值税为（　　）。

A. 450 元　　　　B. 436.89 元　　　　C. 463.92 元　　　　D. 600 元

8. 下列各项中，既是增值税法定税率，又是增值税进项税额扣除率的是（　　）。

A. 7%　　　　B. 10%　　　　C. 13%　　　　D. 17%

9. 下列各项中属于增值税兼营行为的有（　　）。

A. 汽车制造厂销售自产汽车并提供汽车租赁服务

B. 饭店提供客房、餐饮服务并设立独立的柜台外销自制的食品

C. 空调厂销售空调并提供安装服务

D. 电脑公司销售自产电脑并提供运输劳务

10. 下列属于增值税混合销售行为的有（　　）。

A. 电信局提供电话安装的同时销售电话

B. 建材企业销售建材的同时也提供装饰装修服务

C. 塑钢门窗商店销售产品并为客户加工与安装

D. 汽车生产企业既生产、销售汽车又提供汽车修理服务

11. 某一般纳税人为生产酒类产品的企业，该企业销售啤酒收取的包装物押金增值税处理正确的是（　　）。

A. 逾期 1 年以上的并入销售额缴纳增值税　　B. 该押金收入为不含税收入

C. 不缴纳增值税　　　　　　　　　　　　　D. 无论是否返还均并入销售额

12. 下列各项外购货物中，准予抵扣进项税额的是（　　）。

A. 用于厂房建设　　　　　　　　　　　　　B. 用于连续生产其他货物

C. 用于非应税项目　　　　　　　　　　　　D. 用于集体福利

13. 增值税一般纳税人发生的下列业务中，应当开具增值税专用发票的是（　　）。

A. 向消费者销售应税货物

B. 向某企业（一般纳税人）销售应税货物

C. 将委托加工的货物用于集体福利

D. 转让无形资产

14. 根据《增值税暂行条例》的规定，采取预收货款方式销售货物，增值税纳税义务的发生时间是（　　）。

A. 销售方收到第一笔货款的当天　　　　　　B. 销售方收到剩余货款的当天

C. 销售方发出货物的当天　　　　　　　　　D. 购买方收到货物的当天

15. 增值税纳税人以 1 个月为一期纳税的，自期满之日起（　　）日内申报纳税。

A. 3　　　　B. 5　　　　C. 10　　　　D. 15

二、多项选择题

1. 对增值税小规模纳税人，下列表述正确的有（　　）。

A. 实行简易征收办法

B.不得自行开具或申请代开增值税专用发票

C.不得抵扣进项税额

D.一经认定为小规模纳税人,不得再转为一般纳税人

E.可设置专职会计人员,也可聘请兼职会计人员

2.纳税人的下列行为,不征收增值税的有(　　　)。

A.个体经营者销售报刊

B.邮政部门销售集邮商品

C.国家体育总局发行体育彩票

D.某运输公司销售货物并负责运输所售货物

3.依据增值税的有关规定,下列混合销售行为中,应征收增值税的有(　　　)。

A.企业生产铝合金门窗并负责安装

B.宾馆提供餐饮服务并销售烟酒饮料

C.电信部门为客户提供电信服务的同时销售电话机

D.批发企业销售货物并送货上门

E.邮政部门提供邮寄服务并销售邮票

4.依据增值税的有关规定,下列各项中应当征收增值税的是(　　　)。

A.将外购的货物用于非应税项目　　　B.将外购的货物用于投资

C.将外购的货物分配给股东　　　　　D.将外购的货物用于集体福利

5.依据增值税的有关规定,下列各项中不属于增值税征收范围的是(　　　)。

A.邮政部门销售集邮商品　　　　　　B.邮政部门发行报刊

C.商场销售金银饰品　　　　　　　　D.缝纫业务

6.依据增值税的有关规定,下列各项中不征收增值税的是(　　　)。

A.电力公司销售电力　　　　　　　　B.销售商品混凝土

C.发行体育彩票　　　　　　　　　　D.融资租赁业务

7.下列各项中,属于增值税纳税义务人的兼营行为的有(　　　)。

A.电梯生产企业销售电梯后为客户提供的安装业务

B.建材商店销售建材的同时,还单独提供装饰装修服务

C.邮政局提供邮政服务的同时销售邮票

D.汽车制造厂既生产销售汽车,又提供汽车美容保养服务

8.企业下列行为中,属于混合销售行为的有(　　　)。

A.某宾馆既经营客房又销售商品

B.某企业既经营餐饮娱乐又经营健身业务

C.某装修公司为装修工程既提供建筑和装修材料又进行装修

D.运输企业销售货物并负责运输该货物

9.向购买方收取的下列税金、费用中,可以并入销售额作为增值税计税依据的是

(　　　)。

A.向购买方收取的手续费　　　　　　B.向购买方收取的消费税

C.向购买方收取的增值税　　　　　　D.向购买方收取的运费

10.企业在商品销售价格之外向购买方收取的下列费用中,应并入销售额缴纳增值税的有( )。

A.销项税额   B.储备费   C.包装费   D.价外基金

11.增值税一般纳税人发生的下列进项税额中,不得从销项税额中抵扣的有( )。

A.用于建造房屋购进物资   B.用于免税项目购进物资

C.用于对外投资购进物资   D.非正常损失的购进物资

12.依据增值税的有关规定,下列各项中,增值税一般纳税人不能开具增值税专用发票的是( )。

A.销售不动产   B.向个人消费者销售应税货物

C.将货物用于集体福利   D.收到代销单位送交的代销货物清单

13.下列各项中,应视同销售货物行为征收增值税的是( )。

A.将委托加工的货物用于非应税项目   B.动力设备的安装

C.销售代销的货物   D.邮政局出售集邮商品

14.下列各项中,应当征收增值税的有( )。

A.医院提供治疗并销售药品   B.邮局提供邮政服务并销售集邮商品

C.商店销售空调并负责安装   D.汽车修理厂修车并提供洗车服务

15.根据《增值税暂行条例》的规定,个人销售额未达到起征点的,免征增值税。有关现行增值税的起征点的规定是( )。

A.销售货物的起征点为月销售额 2 000～5 000 元

B.销售应税劳务的起征点为月销售额 3 000 元

C.按次纳税的起征点为每次(日)销售额 150～200 元

D.按次纳税的起征点为每次(日)销售额 200 元

三、判断题

1.在税款征收中,纳税人发生税法上的混合销售行为,应当征收增值税,不征收营业税。   ( )

2.纳税人为鼓励购买方及早偿还货款,协议许诺给予购买方的现金折扣可以从销售额中减除。   ( )

3.纳税人采取以旧换新方式销售货物的,可以从新货物销售额中减除收购旧货物所支付的金额。   ( )

4.已抵扣进项税额的购进货物,如果作为集体福利发放给职工个人的,发放时应视同销售计算增值税的销项税额。   ( )

5.采用赊销、分期付款结算方式,增值税专用发票填开的时间为货物移送的当天。   ( )

6.已抵扣进项税额的购进货物,如果因自然灾害而造成损失,应将损失货物的进项税额从当期发生的进项税额中扣减。   ( )

7.计算增值税应纳税额时准予计算进项税额抵扣的货物运费金额是指在运输单位为货主开具的发票上注明的运费和政府收取的建设基金。   ( )

8.总分支机构不在同一县(市)的增值税纳税人,经批准,可由总机构向其所在地主管

税务机关统一办理一般纳税人认定手续。   （　　）

9.纳税人取得运输发票后,应当自开票之日起90天内向主管国家税务局申报抵扣,超过90天的不得予以抵扣。   （　　）

四、业务题

1.某商贸公司为增值税一般纳税人,从事商品批发兼营零售业务,所销售的商品增值税税率均为17%;该公司2011年7月初增值税留抵税额为7 280元。当月有关业务如下:

(1)从小规模纳税企业购进一批商品,取得的普通发票注明价款为18.54万元;

(2)购进一批商品,取得的增值税专用发票注明含税价为35.1万元,增值税税率为17%;

(3)购入一辆运输用卡车,取得的增值税专用发票注明增值税税额为2.55万元,已投入运营;

(4)当月批发销售商品一批,开具的增值税专用发票注明不含税销售额为80万元;零售商品取得含税销售额35.1万元;

(5)采用以旧换新方式销售商品500件,实际取得含税销售额15.05万元(已抵旧商品价每件50元);采用折扣方式销售商品一批,不含税销售额20万元,给予折扣10%,开具发票时销售额和折扣额在同一张发票上已分别注明;

(6)当月销售货物共收取客户包装物押金15 000元,且单独记账核算;同时发现2年前收取且单独核算的一笔包装物押金4 680元,已无法收回包装物。当时所包装的货物增值税税率为17%。

企业可抵扣的增值税专用发票在当月均已通过认证。

要求:

(1)计算该商贸公司7月应缴纳的增值税税额;

(2)对以上业务作出相关会计处理。

2.某商贸公司(为一般纳税人)当月发生几笔购销业务:

(1)购入货物取得的增值税专用发票上注明的货价金额是250万元(不含税);同时,支付货物运费,货运发票注明金额是3.2万元;

(2)销售一批货物,增值税专用发票注明价款550万元;另外,用以旧换新方式向消费者个人销售货物90万元(已扣除收购旧货支付的款额10万元);

(3)加工制作了一批广告性质的礼品,分送给客户及购货人,加工单位开具的增值税专用发票上注明的价款为10万元;

(4)当月为公司食堂购进两台大冰柜,取得的增值税专用发票注明的税额为8 500元。

要求:假设上述各项购销货物税率均为17%,请计算该商贸公司当月应纳增值税税额。

3.某企业(一般纳税人)当月发生的几笔购销业务如下:

(1)购入原材料,取得的增值税专用发票注明的价款为10万元;

(2)销售企业生产的应税甲产品,销售额10万元,适用的税率为17%;

(3)购入企业生产所需的配件,取得的增值税专用发票注明的价款为 2.5 万元;

(4)购入企业需要的包装物,取得的增值税专用发票注明的价款为 2 万元;

(5)销售企业生产的应税乙产品,销售额 18 万元,适用的税率为 13%;

(6)企业为了更好地销售产品,购买了一项商标权,价值 3.5 万元;

(7)企业为职工幼儿园购进一批儿童桌、椅、木床,取得的增值税专用发票注明的价款为 1.8 万元;

(8)购进作为生产原料的免税农产品,金额为 2.6 万元。

假设上述各项购入价均不含增值税,并且适用税率为 17%,销售额也不含增值税。

要求:根据上述资料计算该企业当月应纳增值税税额。

4.某市区服装厂(增值税一般纳税人)2011 年 11 月有关业务情况如下:

(1)购进生产用原料,取得的增值税专用发票上注明价款 210 000 元,税款 35 700 元;

(2)购进生产用设备 1 台,支付价税合计 46 800 元,取得增值税专用发票,另支付运费 200 元(已取得运输部门开具的运输发票),该台设备已经投入使用;

(3)接受某单位捐赠的生产用材料一批,取得的增值税专用发票上注明价款为 10 000 元;

(4)以自制服装 100 套向某纺织厂换取布匹一批,服装厂开具的增值税专用发票上注明的销售额为 50 000 元,取得的纺织厂开具的增值税专用发票上注明价款为 40 000 元,税款 6 800 元,其余款以支票结算,材料已验收入库;

(5)发出各式服装委托某商场代销,月末收到商场送来的代销清单,代销服装的零售金额为 81 900 元,服装厂按零售金额的 10%支付给商场代销手续费 8 190 元;

(6)向某百货公司销售服装一批,货已发送,开具的增值税专用发票上注明的销售额为 200 000 元,货款尚未收回;

(7)为某客户加工服装 100 套,双方商定,服装面料由服装厂按客户要求选购,每套服装价格(含税)1 170 元,该厂为加工该批服装从某商场购进面料 300 米并取得增值税专用发票,价款、税款分别为 30 000 元、5 100 元,货款已付,该批服装已于当月加工完成并送交客户,货款已结清;

(8)赠送给某学校运动服 100 套,实际成本 7 000 元,该批运动服无同类产品销售;

(9)上月末抵扣完的进项税额为 18 500 元。

要求:

(1)根据上述材料,计算该厂当月应纳的增值税税额;

(2)对以上业务作出相关会计处理。

5.某进出口公司为一般纳税人,当月进口一批货物,海关审定关税完税价格为 700 万元(人民币),该货物关税税率为 10%,增值税税率为 17%;该公司当月内销货物销售额为 1 800 万元(不含税),适用税率为 17%。请根据上述资料,计算该公司当月进口环节应纳增值税税额和内销环节应纳增值税税额。

6.某商贸有限公司是小规模纳税人,2011 年 6 月份发生如下业务:

(1)3 日,购入甲商品一批,取得的增值税专用发票上注明:材料价款 10 000 元,增值税 1 700 元,已付款并验收入库;

(2)12 日,购入乙商品,普通发票上注明货款 5 000 元,已付款并验收入库;

(3)18日，销售一批商品，取得销售收入51 500元，开具普通发票，货款未收到；

(4)26日，上月销售的甲产品有部分因质量原因退货1 030元，该公司开具红字发票一张，金额1 030元。

要求：

(1)计算该公司6月份应纳增值税税额；

(2)作出以上业务及缴税的会计处理。

7.某自营出口的生产企业为增值税一般纳税人，适用的增值税税率为17%，退税率为15%。2011年11月和12月的生产经营情况如下：

(1)11月份：外购原材料、燃料取得增值税专用发票，注明支付价款850万元，支付增值税税额144.5万元，材料、燃料已验收入库；外购动力取得增值税专用发票，注明支付价款150万元，支付增值税税额25.5万元，其中20%用于企业免税项目；外购80万元原材料委托某公司加工货物，支付加工费取得增值税税专用发票，注明价款30万元、增值税税额5.1万元，支付加工货物的运输费用10万元并取得运输公司开具的普通发票；内销货物取得不含税销售额300万元，支付销售货物运输费用18万元并取得运输公司开具的普通发票；出口销售货物取得销售额500万元。

(2)12月份：免税进口料件一批，支付国外买价300万元，支付运抵我国海关前的运输费、保管费和装卸费共50万元，该料件进口关税税率20%，料件已验收入库；出口货物销售取得销售额600万元；内销货物600件，开具普通发票，取得含税销售额140.4万元；将与内销货物相同的自产货物200件用于本企业集体福利，货物已移送。

以上相关票据均符合税法的规定并通过认证。

要求：

(1)采用"免、抵、退"法计算该企业2011年11月份应纳(或应退)的增值税；

(2)采用"免、抵、退"法计算该企业2011年12月份应纳(或应退)的增值税。

项目三

消费税核算与申报

 知识目标

1. 了解消费税基础知识；
2. 掌握从价定率、从量定额、复合计税三种征收消费税的计算方法；
3. 了解特殊业务类型下的计算消费税的规定；
4. 掌握消费税申报表的填制；
5. 掌握消费税会计处理。

知识目标 技能目标

1. 学会从价定率征收方法下消费税税额的计算；
2. 学会从量定额征收方法下消费税税额的计算；
3. 学会复合计税征收方法下消费税税额的计算；
4. 能够分析计算准予扣除的应税消费品已纳税款；
5. 学会出口应税消费品退(免)税税额计算；
6. 能够办理消费税申报及缴纳；
7. 能够编制消费税会计业务分录。

任务一 计算消费税税额

任务描述

消费税是对在我国境内从事生产、委托加工和进口应税消费品的单位和个人，就其应税消费品的销售额或销售数量，在特定环节征收的一种税。简单地说，消费税是对特定的消费品和消费行为征收的一种税。

消费税与增值税相配套，即在对货物普遍征收增值税的基础上，选择少数消费品再征收一道消费税，形成与增值税交叉征收的双层次调节模式。

子任务一 了解消费税

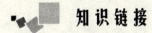任务导入

如果你在内地购买一块零售价为 20 300 元的瑞士手表,进口时关税完税价格为 12 000 元,其中将包括税率为 17% 的增值税 2 950 元、城市维护建设税及教育费附加 295 元,进口时缴纳税率为 20% 的消费税 3 330 元、税率为 11% 的关税 1 320 元,赋税总额 7 895 元。如此一来,税在价格中的比例达到了 39%。①

任务:根据以上资料,请思考,我们日常消费的产品包含的税赋有多少种?税赋在我们消费支出中占比很大吗?

知识链接

一、消费税的特点

(一)征收范围具有选择性

消费税是在对货物普遍征收增值税的基础上,选择少数消费品再征收一道消费税,主要目的是为了调节产品结构,引导消费方向,保证国家财政收入。征税对象为消费品中的特殊消费品、非生活必需品、高能耗消费品和不可再生资源消费品等。我国消费税目前共设置 14 个税目,征收的具体体目采用正列举,征税界限清晰,征税范围是有限的。只有消费税税目税率表上列举的应税消费品才征收消费税,没有列举的则不征收消费税。

(二)征收环节具有单一性

消费税只在生产、委托加工、进口或零售环节 次性征收,而不是在应税消费品生产、流通或消费的每个环节多次征收,是典型的一次课征制。

(三)征收方法具有灵活性

为了适应不同应税消费品的情况,消费税在征收方法上不力求一致,有些产品采取从价定率的方式征收,有些产品则采取从量定额的方式征收。在具体操作上,对一部分价格差异较大且便于按价格核算的应税消费品,依消费品或消费行为的价格实行从价定率征收;对一部分价格差异较小,品种、规格比较单一的大宗应税消费品,依消费品的数量实行从量定额征收。目前,对烟和酒这两类消费品实行既从价定率征收,同时从量定额征收的征收办法。

(四)消费税具有转嫁性

凡列入消费税征税范围的消费品,一般都是高价高税产品。消费品中所含的消费税税款最终会转嫁到消费者身上,由消费者负担。消费税转嫁性的特征,要比其他商品课税形式更为明显。

---

①帅蓉.专家称中国高赋税导致物价偏高间接税无处不在.国际先驱导报,2011-3-17

二、消费税基本法律内容

(一)消费税的纳税人

消费税的纳税人是指在中华人民共和国境内生产、委托加工、进口《中华人民共和国消费税暂行条例》(以下简称《消费税暂行条例》)规定的消费品的单位和个人以及国务院确定的销售《消费税暂行条例》规定的消费品的其他单位和个人。

单位是指国有企业、集体企业、私有企业、股份制企业和其他企业以及行政单位、事业单位、军事单位、社会团体和其他单位,还包括外商投资企业和外国企业。

个人是指个体经营者和其他个人。

(二)消费税的征税范围

消费税应税消费品的范围包括 5 大类 14 种产品。

第一类,过度消费会对健康、社会秩序、生态环境等方面造成危害的特殊消费品,如烟、酒、鞭炮等。

第二类,非生活必需品,如贵重首饰及珠宝玉石、化妆品等。

第三类,高能耗及高档消费品,如小汽车、摩托车等。

第四类,不可再生和替代的稀缺资源消费品,如汽油、柴油等油品。

第五类,具有一定财政意义的产品,如汽车轮胎等。

(三)消费税的税目和税率

消费税共分为 14 个税目,有些税目下还按照消费品的等级或品种设有若干子目。消费税税率采用比例税率和定额税率两种形式。

消费税具体税目税率见表 3-1。

表 3-1　　　　　　　　　　　消费税税目税率(税额)表

税　目	征收范围	计税单位	税率(税额)
一、烟			
1.卷烟			
	(1)每标准条(200 支)对外调拨价在 70 元以上的(含 70 元)	标准箱 (5 万支)	56%;150 元
	(2)每标准条(200 支)对外调拨价在 70 元以下的	标准箱 (5 万支)	36%;150 元
2.雪茄烟			36%
3.烟丝			30%
4.卷烟批发环节			5%
二、酒及酒精			
1.白酒			
定额税率		每斤(500 克) 或 500 毫升	0.50 元
比例税率			20%
2.黄酒		吨	240 元
3.啤酒	(1)每吨出厂价(含包装物及包装物押金)在 3 000 元(含 3 000 元,不含增值税)以上的	吨	250 元
	(2)每吨出厂价(含包装物及包装物押金)在 3 000 元以下的	吨	220 元
	(3)娱乐业和饮食业自制的	吨	250 元

（续表）

税 目	征收范围	计税单位	税率（税额）
4.其他酒			10%
5.酒精			5%
三、化妆品	包括成套化妆品		30%
四、贵重首饰及珠宝玉石	1.金银首饰（含金基银基合金及镶嵌首饰）、铂金首饰、钻石及钻石饰品		5%
	2.其他贵重首饰及珠宝玉石		10%
五、鞭炮、焰火			15%
六、成品油			
1.汽油（无铅）		升	1.0元
汽油（含铅）		升	1.4元
2.柴油		升	0.8元
3.航空煤油		升	0.8元
4.石脑油		升	1.0元
5.溶剂油		升	1.0元
6.润滑油		升	1.0元
7.燃料油		升	0.8元
七、汽车轮胎			3%
八、摩托车			
	气缸容量在250毫升（含）以下的		3%
	气缸容量在250毫升以上的		10%
九、小汽车			
1.乘用车	气缸容量（排气量，下同）在1.0升（含）以下的		1%
	气缸容量在1.0升以上至1.5升（含）的		3%
	气缸容量在1.5升以上至2.0升（含）的		5%
	气缸容量在2.0升以上至2.5升（含）的		9%
	气缸容量在2.5升以上至3.0升（含）的		12%
	气缸容量在3.0升以上至4.0升（含）的		25%
	气缸容量在4.0升以上的		40%
2.中轻型商用客车			5%
十、高尔夫球及球具	包括高尔夫球、高尔夫球杆（包括杆头、杆身和握把）、高尔夫球包（袋）		10%
十一、高档手表	销售价格（不含增值税）每只在10 000元（含）以上的各类手表		20%
十二、游艇	包括艇身长度大于8米（含）小于90米（含），内置发动机，可以在水上移动，一般为私人或团体购置，主要用于水上运动和休闲娱乐等非牟利活动的各类机动艇		10%
十三、木制一次性筷子	包括各种规格的木制一次性筷子。未经打磨、倒角的木制一次性筷子属于本税目征税范围		5%
十四、实木地板	包括各类规格的实木地板、实木指接地板、实木复合地板及用于装饰墙壁、天棚的侧端面为榫、槽的实木装饰板。未经涂饰的素板属于本税目征税范围		5%

如果纳税人兼营不同税率的应税消费品，应当分别核算其销售额或销售数量。未分

别核算销售额和销售数量的,或将不同税率的应税消费品组成成套消费品销售的,从高适用税率。

（四）消费税的纳税环节

1. 生产销售环节

纳税人生产的应税消费品,在出厂销售时纳税。纳税人将自产自用的消费品用于本企业连续生产应税消费品的,该环节不纳税,在生产的产品出厂销售时,于移送使用时纳税;纳税人将自产自用的消费品用于其他方面的,于移送使用时纳税。

2. 委托加工环节

委托加工的应税消费品,在受托方向委托方交货时,由受托方代收代缴税款;委托个体经营者加工的,由委托方收回后缴纳消费税。

3. 进口环节

进口应税消费品,于报关进口时纳税。

4. 零售环节

金银首饰改为零售环节征税。包括金、银和金基、银基合金首饰以及金、银和金基、银基合金的镶嵌首饰。从 2003 年 5 月 1 日起,铂金首饰消费税改为零售环节征税。

不属于上述范围的应征消费税的首饰,如镀金(银)、包金(银)首饰以及镀金(银)、包金(银)的镶嵌首饰,仍在生产销售环节征收消费税。

5. 批发环节

卷烟消费税除生产环节征税外,从 2009 年 5 月 1 日起,增加一道批发环节从价税 5%。

（五）卷烟批发环节征收消费税的规定

自 2009 年 5 月 1 日起,在卷烟批发环节加征一道从价税。

1. 纳税义务人:在我国境内从事卷烟批发业务的单位和个人。

2. 征收范围:纳税人批发销售的所有牌号规格的卷烟。

3. 计税依据:纳税人批发卷烟的销售额(不含增值税)。

4. 纳税人应将卷烟销售额与其他商品销售额分开核算,未分开核算的,一并征收消费税。

5. 适用税率:5%。

6. 纳税人销售给纳税人以外的单位和个人的卷烟于销售时纳税。纳税人之间销售的卷烟不缴纳消费税。

7. 卷烟消费税在生产和批发两个环节征收后,批发企业在计算纳税时不得扣除已含的生产环节的消费税税款。

任务实施

据财政部和国税总局的网站资料显示,目前我国共有 19 个税种,包括增值税、消费税、营业税、企业所得税、个人所得税、资源税等。业内专家评论说,尽管这些名目繁多的税种看似与普通百姓无关,但事实上它们隐在幕后,最终都隐含在商品价格中,由每一位消费者来承担。

任务拓展

消费税与增值税的异同如表 3-2 所示。

表 3-2　　　　　　　　　　　　消费税与增值税的异同

不同	相同
1. 征税的范围不同。消费税征税范围现在是 14 种应税消费品；而增值税征税范围是所有的有形动产和应税劳务	对于既要缴纳增值税也要缴纳消费税的应税消费品，在某一指定的环节两个税同时征收时，两个税的计税依据（销售额）在从价定率征收的情况下一般是相同的
2. 征税环节不同。消费税征税环节是一次性的（单一的）；增值税在货物每一个流转环节都要缴纳	
3. 计税方法不同。消费税是从价征收、从量征收和从价从量征收，是根据应税消费品选择计税方法；增值税是根据纳税人选择计税方法	

子任务二　计算从价定率征收方法下的消费税税额

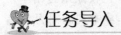 任务导入

某橡胶厂系增值税一般纳税人，8 月销售汽车轮胎取得货款，开具的增值税专用发票上注明价款 200 万元；销售农用拖拉机通用轮胎取得含税收入 100 万元；以成本价转给统一核算的门市部汽车轮胎一批，成本价为 60 万元，门市部当月全部售出，开具的普通发票上注明货款金额 74.88 万元。已知汽车轮胎适用的消费税税率为 3%。

任务：该橡胶厂本月应纳消费税税额为多少万元？

 知识链接

实行从价定率征收方法计算应纳消费税税额，计税依据为应税消费品的销售额，其基本计算公式为

$$应纳消费税税额 = 销售额 \times 比例税率$$

一、生产销售应税消费品的计算

【做中学 3-1】　美馨化妆品厂为增值税一般纳税人，4 月 1 日向某大型商场销售化妆品一批，开具增值税专用发票，取得不含增值税销售额 100 万元，增值税税额 17 万元。4 月 25 日向某单位销售化妆品一批，开具普通发票，取得含增值税销售额 11.7 万元。化妆品适用的消费税税率为 30%，请计算美馨化妆品厂 4 月应缴纳的消费税税额。

应缴纳的消费税税额 = [100 + 11.7 ÷ (1 + 17%)] × 30% = 33（万元）

二、自产自用应税消费品的计算

所谓自产自用，是指纳税人生产应税消费品后，不是用于直接对外销售，而是用于连

续生产应税消费品或用于其他方面。如果纳税人将自产应税消费品用于连续生产应税消费品,不征收消费税;如果纳税人用于其他方面(具体包括将应税消费品用于生产非应税消费品、在建工程、管理部门、对外捐赠、赞助、集资、广告样品、职工福利、奖励、对外投资、对外抵债和非货币性交易等),一律于移送使用时纳税。

纳税人自产自用的应税消费品,用于其他方面的,应按照纳税人同类消费品的平均销售价格计算纳税,若没有同类消费品销售价格则可按组成计税价格计算。

$$组成计税价格 = (成本 + 利润) \div (1 - 消费税税率)$$
$$= [成本 \times (1 + 成本利润率)] \div (1 - 消费税税率)$$
$$应纳税额 = 组成计税价格 \times 适用税率$$

公式中的成本是指应税消费品的产品生产成本,利润是指根据应税消费品的全国平均成本利润率计算的利润。应税消费品全国平均成本利润率为:甲类卷烟10%;乙类卷烟5%;雪茄烟5%;烟丝5%;粮食白酒10%;薯类白酒5%;其他酒5%;酒精5%;化妆品5%;鞭炮、焰火5%;贵重首饰及珠宝玉石6%;汽车轮胎5%;摩托车6%;高尔夫球及球具10%;高档手表20%;游艇10%;木制一次性筷子5%;实木地板5%;乘用车8%;中轻型商用客车5%。

【做中学 3-2】 某化妆品生产企业在妇女节时将本厂自产的新型化妆品赠送给本厂女职工,每人一套,市场上尚无类似产品。该批化妆品成本65 000元,成本利润率为5%,化妆品消费税税率为30%,请计算其应纳税额。

组成计税价格 = 65 000 × (1 + 5%) ÷ (1 − 30%) = 97 500(元)

应纳消费税税额 = 97 500 × 30% = 29 250(元)

应纳增值税税额 = 97 500 × 17% = 16 575(元)

三、委托加工应税消费品的计算

委托加工应税消费品是指由委托方提供原料及主要材料,受托方只收取加工费和代垫部分辅助材料加工的应税消费品。对于由受托方提供原材料生产的应税消费品,或者受托方先将原材料卖给委托方然后再进行加工的应税消费品,或者由受托方以委托方名义购进原材料生产的应税消费品,不论纳税人在财务上如何处理,都不得作为委托加工应税消费品,而应当按照销售自制应税消费品缴纳消费税。

税法规定,委托加工应税消费品业务中,受托方是代收代缴义务人,受托方在收取加工费的同时应代收加工产品的消费税。对纳税人委托个体经营者加工的应税消费品,一律于委托方收回后在委托方所在地缴纳消费税。委托加工的应税消费品,按照受托方同类消费品的销售价格计算纳税。受托方无同类消费品销售价格的,按照组成计税价格计算纳税。

$$组成计税价格 = (材料成本 + 加工费) \div (1 - 消费税税率)$$

【做中学 3-3】 A企业委托B企业加工一批汽车轮胎,原材料成本为100 000元,支付的加工费为26 000元(不含增值税),消费税税率为3%,汽车轮胎加工完毕验收入库。

消费税的组成计税价格 = (100 000 + 26 000) ÷ (1 − 3%) = 129 896.91(元)

(受托方)代收代缴的消费税 = 129 896.91 × 3% = 3 896.91(元)

四、进口应税消费品的计算

进口应税消费品按照组成计税价格计算纳税,计算公式为

组成计税价格＝(关税完税价格＋关税)÷(1－消费税税率)

【做中学 3-4】 某外资企业进口一批汽车轮胎,海关核定的关税完税价格为 600 万元。已知关税税率为 60％,消费税税率为 3％,请计算其应纳消费税税额。

组成计税价格＝(关税完税价格＋关税)÷(1－消费税税率)

＝(600＋600×60％)÷(1－3％)＝989.69(万元)

应纳消费税税额＝组成计税价格×适用税率

＝989.69×3％＝29.69(万元)

任务实施

任务解析:

汽车轮胎适用的消费税税率为从价定率 3％,则

汽车轮胎应纳消费税税额＝200×3％＋74.88÷(1＋17％)×3％＝7.92(万元)

农用拖拉机通用轮胎应纳消费税税额＝100÷(1＋17％)×3％＝2.564 1(万元)

该橡胶厂本月应纳消费税税额＝7.92＋2.564 1＝10.484 1(万元)

子任务三 计算从量定额征收方法下的消费税税额

任务导入

健牌啤酒厂自产啤酒 20 吨赠送给某啤酒节,每吨啤酒成本 1 000 元,无同类产品售价。

任务:计算健牌啤酒厂自产啤酒的消费税及增值税?

知识链接

我国消费税对啤酒、黄酒、汽油、柴油等实行定额税率,采用从量定额的办法征税,其计税依据是纳税人销售应税消费品的数量,基本计算公式为

应纳消费税税额＝销售数量×单位税额

实行从量定额办法计算应纳税额的应税消费品,计量单位的换算标准如下:

1.黄酒 1 吨＝962 升

2.啤酒 1 吨＝988 升

3.汽油 1 吨＝1 388 升

4.柴油 1 吨＝1 176 升

5.航空煤油 1 吨＝1 246 升

6.石脑油 1 吨＝1 385 升

7. 溶剂油 1 吨＝1 282 升

8. 润滑油 1 吨＝1 126 升

9. 燃料油 1 吨＝1 015 升

一、生产销售应税消费品的计算

$$应纳消费税税额＝销售数量×单位税额$$

【做中学 3-5】 某润滑油厂本月销售润滑油 300 吨,每吨润滑油出厂价格为 3 500 元(不含增值税),请计算润滑油厂当月应纳的消费税。

润滑油的计量单位换算标准是 1 吨＝1 126 升,则

本月润滑油销售数量＝300×1 126＝337 800(升)

润滑油单位税额为 1.0 元/升,则

当月应纳消费税税额＝337 800×1.0＝337 800(元)

二、自产自用应税消费品的计算

$$应纳税额＝移送使用数量×单位税额$$

【做中学 3-6】 某公司 5 月份除了销售汽油、柴油外,各种车辆自用无铅汽油 100 吨、柴油 50 吨,请计算该公司自产自用部分应税消费品的应纳消费税税额。

汽油应纳消费税税额＝100×1 388×1.0＝138 800 (元)

柴油应纳消费税税额＝50×1 176×0.8＝47 040(元)

应纳消费税税额合计＝138 800＋47 040＝185 840 (元)

三、委托加工应税消费品的计算

$$应纳消费税税额＝纳税人收回数量×单位税额$$

【做中学 3-7】 某公司提供原材料委托外协单位生产啤酒,5 月份共计收回啤酒 5 吨(每吨出厂价 2 000 元),请计算外协单位应代收代缴的消费税税额。

外协单位应代收代缴的消费税税额＝5×220＝1 100(元)

四、进口应税消费品的计算

$$应纳税额＝进口应税消费品数量×单位税额$$

【做中学 3-8】 某公司从境外进口一批化妆品,经海关核定,关税的完税价格为 54 000 元,进口关税税率为 25％,消费税税率为 30％,请计算其应纳消费税税额。

组成计税价格＝(关税完税价格＋关税)÷(1—消费税税率)

＝(54 000＋54 000×25％)÷(1—30％)＝96 428.57(元)

应纳消费税税额＝组成计税价格×适用税率＝96 428.57×30％＝28 928.57(元)

任务实施

任务解析:

健牌啤酒厂自产啤酒的消费税及增值税应纳税额计算如下:

应纳消费税税额＝20×220＝4 400(元)

应纳增值税税额＝[20×1 000×(1＋10％)＋4 400]×17％＝4 488(元)

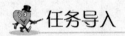

任务拓展

自产自用应税消费品的计税规则如表 3-3 所示。

表 3-3　　　　　　　　　　　　自产自用应税消费品的计税规则

纳税人	行　为	纳税环节	计税依据
生产应税消费品的单位和个人	出厂销售	出厂销售环节	从价定率：销售额
			从量定额：销售数量
			复合计税：销售额、销售数量
	自产自用	用于连续生产应税消费品的，不纳税	不涉及
		用于生产非税消费品；用于在建工程；用于管理部门、非生产机构；用于提供劳务；用于馈赠、赞助、集资、广告、样品、职工福利、奖励等方面的，在移送使用时纳税	从价定率：同类消费品价格或组成计税价格
			从量定额：移送数量
			复合计税：同类产品价格或组成计税价格、移送数量

子任务四　计算复合计税征收方法下的消费税税额

任务导入

皇冠酒业公司的销售业务如下：

(1)向甲企业销售白酒 80 吨，取得不含税销售额 400 万元，并负责运输，收取运费 35 万元、装卸费 1.44 万元、建设基金 1 万元。

(2)销售干红酒 15 吨，取得不含税销售额 150 万元。将 10 吨不同度数的粮食白酒组成礼品盒销售，取得不含税销售额 120 万元。

(3)采用分期收款方式向乙企业销售白酒 16 吨，合同规定不含税销售额共计 80 万元，本月收取 60% 的货款，其余货款于下月 10 日收取。由于本月资金紧张，经协商，本月收取不含税货款 30 万元，皇冠酒业公司按收到的货款开具防伪税控增值税专用发票。

任务：请计算皇冠酒业公司应纳消费税税额和增值税销项税额。

知识链接

卷烟、粮食白酒、薯类白酒实行从价定率和从量定额复合计税办法。

一、生产销售应税消费品的计算

$$应纳消费税税额＝销售额×比例税率＋销售数量×单位税额$$

例如，胜利公司本月生产销售粮食白酒 800 吨，每吨不含税销售额 19 000 元，货物已经发出，款项已经收到，则

应纳消费税税额＝800×19 000×20%＋800×2 000×0.5＝3 840 000(元)

二、自产自用应税消费品的计算

自产自用应税消费品没有销售价格作为参考的,可以用组成计税价格计算消费税从价税部分。计算公式为

应纳消费税税额＝组成计税价格×比例税率＋自产自用数量×单位税额

组成计税价格＝(成本＋利润＋自产自用数量×单位税额)÷(1－比例税率)

三、委托加工应税消费品的计算

委托加工收回的应税消费品没有参考价格时,可以用组成计税价格计算消费税从价税部分。计算公式为

应纳消费税税额＝组成计税价格×比例税率＋委托加工数量×单位税额

组成计税价格＝(材料成本＋加工费＋委托加工数量×单位税额)÷(1－比例税率)

四、进口应税消费品的计算

应纳消费税税额＝组成计税价格×比例税率＋进口数量×单位税额

组成计税价格＝(关税完税价格＋关税＋进口数量×单位税额)÷(1－比例税率)

【做中学 3-9】 某酒厂 2011 年 12 月份生产一种新的粮食白酒,广告样品使用 0.2 吨,已知该种白酒无同类产品出厂价,生产成本每吨 35 000 元,成本利润率为 10%,粮食白酒定额税率为每斤 0.5 元,比例税率为 20%。计算该厂当月应缴纳的消费税税额和增值税税额。

(1)计算该厂当月应缴纳的消费税税额

从量税＝0.2×2 000×0.5＝200(元)

从价税＝[0.2×35 000×(1＋10%)＋200]÷(1－20%)×20%＝1 975(元)

应纳消费税税额＝1 975＋200＝2 175(元)

(2)计算该厂当月应缴纳的增值税税额

应纳增值税税额＝[0.2×35 000×(1＋10%)＋200]÷(1－20%)×17%
　　　　　　　＝1 678.75(元)

任务实施

任务解析:

(1)向甲企业销售白酒

应纳消费税税额＝400×20%＋[(35＋1.44＋1)÷(1＋17%)]×20%＋80×
　　　　　　　2 000×0.5÷10 000
　　　　　　　＝80＋6.4＋8＝94.4(万元)

增值税销项税额＝400×17%＋[(35＋1.44＋1)÷(1＋17%)]×17%
　　　　　　　＝68＋5.44＝73.44(万元)

(2)销售干红酒和粮食白酒

应纳消费税税额＝150×10%＋120×20%＋10×2 000×0.5÷10 000
　　　　　　　＝15＋24＋1＝40(万元)

增值税销项税额＝150×17％＋120×17％＝25.5＋20.4＝45.9（万元）

（3）向乙企业销售白酒

应纳消费税税额＝80×60％×20％＋16×60％×2 000×0.5÷10 000
　　　　　　　＝9.6＋0.96＝10.56（万元）

增值税销项税额＝80×60％×17％＝8.16（万元）

（4）皇冠酒业公司应纳消费税税额＝94.4＋40＋10.56＝144.96（万元）

增值税销项税额＝73.44＋45.9＋8.16＝127.5（万元）

任务拓展

消费税的三种计税公式如表 3-4 所示。

表 3-4　　　　　　　　　　消费税三种计税公式

三种计税方法	计税公式
1. 从价定率计税	应纳消费税税额＝销售额×比例税率 （销售额含消费税、不含增值税）
2. 从量定额计税（啤酒、黄酒、成品油）	应纳消费税税额＝销售数量×单位税额
3. 复合计税（白酒、卷烟）	应纳消费税税额＝销售额×比例税率＋销售数量×单位税额

子任务五　计算准予扣除的应税消费品已纳税款

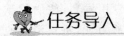 任务导入

某卷烟厂月初库存外购应税烟丝金额 20 万元，当月又外购应税烟丝金额 50 万元（不含增值税），月末库存烟丝金额 10 万元，其余烟丝为当月生产卷烟领用。烟丝适用的消费税税率为 30％。

任务：请计算该卷烟厂当月准许扣除的外购烟丝已缴纳的消费税税额。

 知识链接

为了避免重复征税，根据国家税务总局的有关规定，将外购应税消费品和委托加工收回的应税消费品继续生产应税消费品销售的，可以将外购应税消费品和委托加工收回的应税消费品已缴纳的消费税给予扣除。

一、外购应税消费品已纳税款的扣除

由于某些应税消费品是用外购已缴纳消费税的应税消费品连续生产出来的，在对这些连续生产出来的应税消费品计算征税时，应按当期生产领用数量计算准予扣除外购的应税消费品已纳的消费税税款。扣除范围包括：

1.外购已税烟丝生产的卷烟；

2.外购已税化妆品原料生产的化妆品；

3.外购已税珠宝、玉石原料生产的贵重首饰及珠宝、玉石；

4.外购已税鞭炮、焰火原料生产的鞭炮、焰火；

5.外购已税汽车轮胎(内胎和外胎)原料生产的汽车轮胎；

6.外购已税摩托车零件生产的摩托车(如用外购两轮摩托车改装三轮摩托车)；

7.外购已税杆头、杆身和握把为原料生产的高尔夫球杆；

8.外购已税木制一次性筷子原料生产的木制一次性筷子；

9.外购已税实木地板原料生产的实木地板；

10.外购已税石脑油为原料生产的应税消费品；

11.外购已税润滑油原料生产的润滑油。

上述当期准予扣除的外购应税消费品已纳消费税税款的计算公式为

$$当期准予扣除的外购应税消费品已纳税款＝当期准予扣除的外购应税消费品买价×$$
$$外购应税消费品适用税率$$

$$当期准予扣除的外购应税消费品买价＝期初库存的外购应税消费品的买价＋$$
$$当期购进的应税消费品的买价－$$
$$期末库存的外购应税消费品的买价$$

【做中学 3-10】　甲卷烟厂为增值税一般纳税人,主要生产泰山牌卷烟(不含税调拨价 100 元/标准条)及雪茄烟,2011 年 8 月发生如下业务:

(1)从乙企业购进烟丝,取得增值税专用发票,注明价款 400 万元、增值税 68 万元;从丙供销社(小规模纳税人)购进烟丝,取得税务机关代开的增值税专用发票,注明价款 300 万元;进口一批烟丝,关税完税价格 350 万元,组成计税价格 550 万元,进口消费税 165 万元,进口烟丝的增值税 93.5 万元。

(2)本月外购烟丝发生霉烂,成本 20 万元。

(3)月初库存外购烟丝买价 30 万元,月末库存外购烟丝买价 50 万元。

$$当期准予扣除的外购烟丝已纳税款＝(30＋400＋300＋550－50－20)×30\%$$
$$＝363(万元)$$

外购应税消费品的扣税方法:按当期生产领用部分扣税。可以抵扣的是增值税专用发票上注明的销售额(不包括增值税税额),普通发票不可以抵扣消费税(增值税也不可以);生产领用时要注意,题目中如给出生产销售数量或生产领用数量,二者均不作为可以抵扣的基数,只有生产领用价格才是可以用来计算的。

需要说明的是,纳税人用外购的已税珠宝、玉石原料生产的改在零售环节征收消费税的金银首饰(镶嵌首饰),在计税时一律不得扣除外购珠宝、玉石原料的已纳税款。

对自己不生产应税消费品,而只是购进后再销售应税消费品的工业企业,其销售的化妆品、鞭炮、焰火、珠宝和玉石,凡不能构成最终消费品直接进入消费品市场而需进一步生产加工的,应当征收消费税,同时允许扣除上述外购应税消费品的已纳税款。

允许扣除已纳税款的应税消费品只限于从工业企业购进的应税消费品和进口环节已缴纳消费税的应税消费品,对从境内商业企业购进应税消费品的已纳税款一律不得扣除。

二、委托加工收回的应税消费品已纳税款的扣除

委托加工的应税消费品因为已由受托方代收代缴消费税,因此,委托方收回货物后用于连续生产应税消费品的,其已纳税款准予按照规定从连续生产的应税消费品应纳消费税税额中抵扣。按照国家税务总局的规定,从 1995 年 6 月 1 日起,下列连续生产的应税消费品准予从应纳消费税税额中按当期生产领用数量计算扣除委托加工收回的应税消费品已纳消费税税款:

1. 以委托加工收回的已税烟丝为原料生产的卷烟;
2. 以委托加工收回的已税化妆品原料生产的化妆品;
3. 以委托加工收回的已税珠宝、玉石原料生产的贵重首饰及珠宝、玉石;
4. 以委托加工收回的已税鞭炮、焰火原料生产的鞭炮、焰火;
5. 以委托加工收回的已税汽车轮胎原料生产的汽车轮胎;
6. 以委托加工收回的已税摩托车零件生产的摩托车;
7. 以委托加工收回的已税杆头、杆身和握把为原料生产的高尔夫球杆;
8. 以委托加工收回的已税木制一次性筷子原料生产的木制一次性筷子;
9. 以委托加工收回的已税实木地板原料生产的实木地板;
10. 以委托加工收回的已税石脑油为原料生产的应税消费品;
11. 以委托加工收回的已税润滑油原料生产的润滑油。

上述当期准予扣除的委托加工收回的应税消费品已纳消费税税款的计算公式为

当期准予扣除的委托加工应税消费品已纳税款＝期初库存的委托加工应税消费品已纳税款＋当期收回的委托加工应税消费品已纳税款－期末库存的委托加工应税消费品已纳税款

需要说明的是,纳税人用委托加工收回的已税珠宝、玉石原料生产的改在零售环节征收消费税的金银首饰,在计税时一律不得扣除委托加工收回的珠宝、玉石原料已纳消费税税款。

任务实施

任务解析:
卷烟厂当月准许扣除的外购烟丝已缴纳的消费税税额计算如下:
(1)当期准许扣除的外购烟丝买价＝20＋50－10＝60(万元)
(2)当月准许扣除的外购烟丝已缴纳的消费税税额＝60×30％＝18(万元)

任务拓展

消费税的税收筹划方法

现行消费税是典型的间接税。纳税人可以通过研究政府的税收政策及立法精神,针对自身的经营特点进行有效的税收筹划,在依法纳税的前提下,减轻税收负担。

1.在做投资决策的初期应考虑国家对消费税的改革方向

征收消费税的目的之一是调节收入差距、引导消费方向和保护环境,但我国消费税课税范围还存在"缺位"的问题,例如,在对高档消费品征税方面并未涉及高档家具、电器、古玩字画、装饰材料等;在保护自然生态方面未对毛皮制品、珍禽异兽的消费征收消费税。除此之外,如塑料袋、一次性餐盒、电池及对臭氧层造成破坏的氟利昂等都是不利于人与自然和谐相处的产品。这些存在的问题已经被大家意识到,因此以上所列的项目都有可能要调整为消费税的征收范围。企业在选择投资方向时要考虑国家对消费税的改革方向及发展趋势,这是从源头上节税的一种方法。

2.企业利用独立核算的销售机构节税

消费税是单环节征税,即对生产环节计税,对流通环节和终极消费环节则不计税。因此,生产应税消费品的企业如果以较低的但又不违反公平交易的销售价格将应税消费品销售给独立核算部门则可以降低销售额,以较低的计税依据计算出来的应纳消费税税额也较低;而独立核算的销售部门由于处在销售环节,则不缴纳消费税只缴纳增值税。这样可以起到节税作用。

3.利用纳税临界点节税

纳税临界点就是税法中规定的一定的比例和数额,当销售额或应纳税所得额超过这一比例或数额时就应该依法纳税或按更高的税率纳税,从而使纳税人税负大幅上升;反之,纳税人可以享受优惠,降低税负。利用纳税临界点节税的关键是必须要遵守企业整体收益最大化的原则。也就是说,在筹划纳税方案时,不应过分地强调某一环节收益的增加,而忽略了因该方案的实施所带来的其他费用的增加或收益的减少,使纳税人的绝对收益减少。

(1)利用企业整体收益最大化的原则

以卷烟的消费税临界点为例说明:税法规定,甲类卷烟,每标准条对外调拨价在70元(含70元,不含增值税)以上的,比例税率为56%;乙类卷烟,每标准条对外调拨价在70元以下的,比例税率为36%。

分析一:某卷烟厂每标准条卷烟对外调拨价为68元,现销售一标准箱,其成本为8 500元。企业所得税税率为25%,城建税和教育费附加忽略不计。

则此时企业应缴纳的消费税=150+68×250×36%=6 270(元)

企业税后利润=(68×250-8 500-6 270)×(1-25%)=1 672.5(元)

分析二:若产品供不应求,厂家决定将每标准条卷烟价格提高至76元,其他不变。

此时企业的消费税=150+76×250×56%=10 790(元)

企业税后利润=(76×250-8 500-10 790)×(1-25%)=-217.5(元)

在此例中,每标准条卷烟的价格从68元提高至76元后,从表面上看销售收入增加了2 000元(76×250-68×250),但由于提升后的价格超过了消费税临界点(70元),计算消费税时的税率也随着计税依据的提高而相应地提高,使得卷烟整体税后利润不仅没有上升,反而下降了。这充分说明了纳税临界点对企业成本效益的重要性。

(2)将纳税临界点与设置独立于企业的销售机构结合起来使用

继续用卷烟来举例,如果某卷烟厂的卷烟市场直接售价为每标准条70元,并且不设

置独立于企业的销售机构,那么销售一标准箱卷烟应缴纳的消费税为 150+70×250× 56%=9 950(元);

如果该企业设置独立的销售部门,企业以每标准条 68 元的价格出售给该企业依法设立的独立销售机构(目前普遍设立销售公司),那么销售一标准箱卷烟应缴纳的消费税为 150+68×250×36%=6 270(元)。

这样计算出的应缴纳消费税前后差额=9 950-6 270=3 680(元)

除了卷烟税目,利用纳税临界点节税的方法还可以应用在小汽车、摩托车和啤酒这三个税目中。

4. 兼营多种不同税率的应税消费品时的税收筹划

税法规定,纳税人兼营不同税率的应税消费品,应当分别核算不同税率应税消费品的销售额、销售数量。没有分别核算销售额、销售数量的从高适用税率。此外,对于粮食白酒,除了要征收 20% 的比例税外,还要征收 0.5 元/斤的定额税。因此,当与之相比税率较低的应税消费品与其组成成套消费品销售时,不仅要按 20% 的高税率从价计税,而且还要按 0.5 元/斤的定额税率从量计税。计税方式与白酒类似的还有卷烟。

所以,企业兼营不同税率应税消费品时最好独立核算以降低税负。否则,可以采用变通的方式,即先销售再包装,先将套装消费品分开按品种销售给零售商,分别开具发票,再将消费品重新包装成一套。在账务处理环节对不同产品分别核算销售收入,以降低应税消费品的总体税负,或者将税率相同或相近的消费品组成成套产品销售。

5. 折扣销售和实物折扣的税收筹划

折扣销售的实质是销售方在销售货物或应税劳务时给予购买方的价格优惠,是仅限于货物价格的商业折扣。这种方式往往是相对短期的、有特殊条件的和临时性的。比如批量折扣、一次性清仓折扣等。由于折扣销售在交易成立及实际付款之前予以扣除,因此,对应收账款和营业收入均不产生影响,会计记录只按商业定价扣除商业折扣后的净额处理。此外,税法也规定,企业采用折扣销售方式时,如果销售额和折扣额在同一张发票上分别注明,可按折扣后的余额计算消费税;如果将折扣额另开发票,不论其在财务上如何处理,均不得从销售额中减除折扣,因此就会多缴消费税。

实物折扣是商业折扣的一种,以上税法对折扣销售的规定是从价格折扣的角度来考虑的,没有包括实物折扣。而采取实物折扣的销售方式其实质是将货物无偿赠送他人的行为,按照有关规定应当计算征收消费税。由此可见,如果将实物折扣转化为价格折扣,就可以减少税负,即在销售商品开具发票时按实际给购买方的商品数量填写金额,并在同一张发票上开具实物折扣件数的折扣金额。这样处理后,实物折扣的部分在计税时就可以从销售额中扣减,不需计算消费税。

子任务六 计算出口应税消费品退(免)税税额

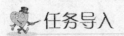
任务导入

华融外贸公司 2012 年 3 月从生产企业购进化妆品一批,取得的增值税专用发票注明价款 25 万元、增值税 4.25 万元,支付收购化妆品的运输费用 3 万元。当月该批化妆品全部出口,取得销售收入 35 万元。假定增值税出口退税率为 15%。

任务:华融外贸公司出口化妆品应退的增值税、消费税分别如何确定?

 ## 知识链接

出口退税是通过退还出口货物的国内已纳税款,使本国产品以不含税成本进入国际市场,与国外产品在同等条件下进行竞争的方法。它是一个国家或地区对已报送离境的出口货物,由税务机关将其在出口前的生产和流通各环节已经缴纳的国内增值税或消费税等间接税税款退还给出口企业的一项税收制度,是一种国际惯例,是国际产品公平竞争的基础。

纳税人出口应税消费品与已纳增值税出口货物一样,国家都是给予退(免)税优惠的。出口应税消费品同时涉及退(免)增值税和消费税,且退(免)消费税与出口货物退(免)增值税在退(免)税范围的限定、退(免)税办理程序、退(免)税审核及管理上都有许多一致的地方。

一、出口退税率的规定

计算出口应税消费品应退消费税的税率或单位税额,依据《消费税暂行条例》所附消费税税目税率(税额)表执行。这是退(免)消费税与退(免)增值税的一个重要区别。当出口的货物是应税消费品时,其退还增值税要按规定的退税率计算,其退还消费税则按该应税消费品所适用的消费税税率计算。企业应将不同消费税税率的出口应税消费品分开核算和申报,凡划分不清适用税率的,一律从低适用税率计算应退消费税税额。

二、出口应税消费品退(免)税政策

出口应税消费品退(免)消费税在政策上分为以下三种情况。

(一)出口免税并退税

适用这个政策的是:有出口经营权的外贸企业购进应税消费品直接出口以及外贸企业受其他外贸企业委托代理出口应税消费品。这里需要重申的是,外贸企业只有受其他外贸企业委托代理出口应税消费品才可办理退(免)税,外贸企业受其他企业(主要是非生产性的商贸企业)委托代理出口应税消费品是不予退(免)税的。这个政策规定与前述出口货物退(免)增值税的政策规定是一致的。

(二)出口免税但不退税

适用这个政策的是:有出口经营权的生产性企业自营出口或生产企业委托外贸企业代理出口自产的应税消费品,依据其实际出口数量免征消费税,不予办理退还消费税。这里,免征消费税是指对生产性企业按其实际出口数量免征生产环节的消费税。不予办理退还消费税,是指因已免征生产环节的消费税,该应税消费品出口时,已不含有消费税,所以也无须再办理退还消费税了。这项政策规定与前述生产性企业自营出口或委托代理出口自产货物退(免)增值税的规定是不一样的。其政策区别的原因是,消费税仅在生产企

业的生产环节征收,生产环节免税,出口的应税消费品就不含有消费税了;而增值税却在货物销售的各个环节征收,生产企业出口货物时,已纳的增值税则需退还。

(三)出口不免税也不退税

适用这个政策的是:除生产企业、外贸企业外的其他企业,具体是指一般商贸企业,这类企业委托外贸企业代理出口应税消费品一律不予退(免)税。

三、出口应税消费品退税额的计算

外贸企业从生产企业购进货物直接出口或受其他外贸企业委托代理出口应税消费品的应退消费税税款,分下列三种情况处理:

1.从价定率计征消费税的,应依照外贸企业从工厂购进货物时征收消费税的价格计算应退消费税税款,其计算公式为

$$应退消费税税额＝出口货物的工厂销售额×税率$$

公式中"出口货物的工厂销售额"不包含增值税,对含增值税的价格应换算为不含增值税的销售额。

【做中学 3-11】 某外贸企业从摩托车厂购进摩托车 200 辆,取得的增值税专用发票注明价款 5 000 元/辆,当月全部出口,离岸价 800 美元/辆(美元汇率为 1:6.30)。

如增值税退税率为 13%,消费税税率为 10%,请计算该外贸企业应退增值税税额和消费税税额。

应退增值税税额＝5 000×200×13%＝130 000(元)

应退消费税税额＝5 000×200×10%＝100 000(元)

2.从量定额计征消费税的,应以货物购进和报关出口的数量计算应退消费税税额,其计算公式为

$$应退消费税税额＝出口数量×单位税额$$

3.复合计税计征消费税的,出口退税也是采用复合计税方法退税,其计算公式为

$$应退消费税税额＝出口数量×定额税率＋出口销售额×比例税率$$

四、出口应税消费品办理退(免)税后的管理

出口的应税消费品办理退税后,发生退关的,或者国外退货进口时予以免税的,报关出口者必须及时向其所在地主管税务机关申报补缴已退的消费税税款。

纳税人直接出口的应税消费品办理免税后发生退关或国外退货,进口时已予以免税的,经所在地主管税务机关批准,可暂不办理补税,待其转为国内销售时,再向其主管税务机关申报补缴消费税。

任务实施

任务解析:

外贸企业从生产企业购进从价定率计征消费税的消费品直接出口,应该依照外贸企业

从工厂购进货物时不含增值税的价格计算应退的消费税税额。华融外贸公司出口化妆品应退的增值税、消费税计算如下：

应退消费税税额＝25×30％＝7.5（万元）

应退增值税税额＝25×15％＝3.75（万元）

任务二　进行消费税会计业务处理

◉任务描述

消费税的纳税人应该按照规定计算、确认、缴纳消费税，并作出正确的会计核算处理。

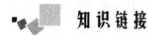 任务导入

恒瑞集团是烟草生产企业，6月2日，从商品流通企业购入烟丝一批，价款为400 000元，增值税专用发票注明增值税税额为68 000元，款项未付。6月13日，恒瑞集团对外销售生产的卷烟80箱（每箱为250条），每条卷烟的价格为90元，共计不含税价款1 800 000元，适用消费税税率56％，出厂时每箱卷烟定额税为150元，货款已收。

任务：作为恒瑞集团的会计，你认为应该如何作出这两笔业务的会计处理？

知识链接

一、消费税的计税凭证

消费税与增值税之间存在着交叉纳税的关系，缴纳消费税的消费品同时要缴纳增值税，而且这两种税都是以含消费税但不含增值税的销售额为计税依据，因此，同一会计凭证可以同时作为这两种税的计税凭证。一般情况下，以销售方开具给购买方的增值税专用发票或普通发票为计税凭证。

二、消费税会计处理设置的账户

（一）"应交税费"账户

消费税纳税义务人通过在"应交税费"账户下设立"应交消费税"明细账户进行消费税核算，其贷方登记纳税人计算出的应纳消费税税额，借方登记已缴纳的消费税税额和待抵扣的消费税税额，贷方余额表示尚未缴纳的消费税税额，借方余额表示多缴的或待抵扣的消费税税额。

（二）"营业税金及附加"账户

由于消费税是价内税，其应纳的消费税已包含在应税消费品的销售收入中，因此需通过损益类账户"营业税金及附加"扣除销售收入中的价内税。该账户属于损益类账户，借

方表示计算的应纳税金及附加,贷方表示期末转入"本年利润"账户的税金及附加,该账户期末结转后无余额。

三、消费税的账务处理

（一）自产应税消费品销售的账务处理

自产应税消费品销售后,纳税人按规定计算出应纳消费税税额,借记"营业税金及附加"账户,贷记"应交税费——应交消费税"账户;实际缴纳时,借记"应交税费——应交消费税"账户,贷记"银行存款"账户。

【做中学 3-12】　胜利公司本月销售不含铅汽油 1 000 吨(每吨 1 388 升),不含税价格为每吨 3 000 元,应纳消费税税额和增值税销项税额计算如下:

应纳消费税税额 = 1 000 × 1 388 × 1.0 = 1 388 000(元)

增值税销项税额 = 3 000 × 1 000 × 17% = 510 000(元)

有关会计处理如下:

借:银行存款　　　　　　　　　　　　　　　　　　　　　3 510 000

　贷:主营业务收入　　　　　　　　　　　　　　　　　　　　3 000 000

　　　应交税费——应交增值税（销项税额）　　　　　　　　　510 000

借:营业税金及附加　　　　　　　　　　　　　　　　　　　1 388 000

　贷:应交税费——应交消费税　　　　　　　　　　　　　　　1 388 000

（二）应税消费品包装物销售及没收逾期包装物押金的账务处理

企业随同产品出售但单独计价的包装物,按规定应纳的消费税,借记"营业税金及附加"账户,贷记"应交税费——应交消费税"账户。

没收应税消费品包装物逾期押金,应计算缴纳消费税和增值税。按没收的押金,借记"其他应付款"账户,按不含增值税的没收押金,贷记"其他业务收入"账户,按押金应纳增值税,贷记"应交税费——应交增值税（销项税额）"账户;按没收押金应纳的消费税,借记"营业税金及附加"账户,贷记"应交税费——应交消费税"账户。

【做中学 3-13】　胜利公司销售化妆品,包装物单独计价,2007 年 8 月销售甲型化妆品 500 000 元,其中包装物价值 50 000 元,包装物成本 20 000 元,款项已通过银行收到。

应纳消费税税额 = 500 000 × 30% = 150 000(元)

应纳增值税税额 = 500 000 × 17% = 85 000(元)

有关会计处理如下:

销售应税消费品时:

借:银行存款　　　　　　　　　　　　　　　　　　　　　585 000

　贷:主营业务收入　　　　　　　　　　　　　　　　　　　　450 000

　　　其他业务收入　　　　　　　　　　　　　　　　　　　　50 000

　　　应交税费——应交增值税（销项税额）　　　　　　　　　85 000

计缴应税消费品及包装物消费税时:

借:营业税金及附加　　　　　　　　　　　　　　　　　　　150 000

　贷:应交税费——应交消费税　　　　　　　　　　　　　　　150 000

结转包装物成本时:

借:其他业务成本	20 000
贷:周转材料——包装物	20 000

【做中学 3-14】 胜利公司生产销售烟丝,包装物出借,包装物成本 5 000 元,收取押金 11 700 元,返还包装物的期限为两个月。两个月后购买方未能返还包装物,则胜利公司计算应纳消费税、增值税及会计处理如下:

应纳增值税税额=11 700÷(1+17%)×17%=1 700(元)

应纳消费税税额=11 700÷(1+17%)×30%=3 000(元)

收到押金时:

借:银行存款	11 700
贷:其他应付款	11 700

没收押金计算增值税、消费税时:

借:其他应付款	11 700
贷:应交税费——应交增值税(销项税额)	1 700
其他业务收入	10 000
借:营业税金及附加	3 000
贷:应交税费——应交消费税	3 000

结转包装物成本时:

借:其他业务成本	5 000
贷:周转材料——包装物	5 000

(三)应税消费品视同销售的账务处理

纳税人将自产应税消费品用于连续生产应税消费品以外的其他方面,必须视同销售计算缴纳增值税和消费税。对按规定计算的应缴纳的消费税,借记"固定资产"、"在建工程"、"营业外支出"、"管理费用"、"应付职工薪酬"、"生产成本"、"销售费用"等账户,贷记"应交税费——应交消费税"账户。

【做中学 3-15】 胜利公司为增值税一般纳税人,将自产汽车一辆用于在建工程,同类汽车价格为 200 000 元,该汽车成本为 150 000 元,适用消费税税率 5%,则胜利公司应交消费税、增值税及会计处理如下:

应纳消费税税额=200 000×5%=10 000(元)

应纳增值税税额=200 000×17%=34 000(元)

借:在建工程	194 000
贷:库存商品	150 000
应交税费——应交消费税	10 000
应交税费——应交增值税(销项税额)	34 000

(四)委托加工应税消费品的账务处理

需要缴纳消费税的委托加工物资,由受托方代收代缴税款。受托方将按照规定计算的应代收代缴税款金额通过"应交税费——应交消费税"账户核算,借记"应收账款"、"银行存款"等账户,贷记"应交税费——应交消费税"账户。

委托方收回委托加工物资后,直接用于销售的,在销售环节不再缴纳消费税,把代收代缴的消费税计入委托加工的应税消费品成本,借记"委托加工物资"、"生产成本"等账户,贷记"应付账款"、"银行存款"等账户;委托加工应税消费品收回后用于连续生产应税消费品的,在委托方生产出应税消费品销售时再度缴纳消费税,为了避免重复征税,原来由受托方代收代缴的消费税可以按税法规定抵扣。委托方应按代收代缴的消费税,借记"应交税费——应交消费税"账户,贷记"应付账款"、"银行存款"账户。

【做中学 3-16】 胜利公司委托光明工厂(均为一般纳税人)加工烟丝,发出材料的实际成本为 4 000 元,加工费 800 元(不含税价),光明工厂同类、同量烟丝的销售收入为8 000 元。胜利公司将烟丝提回后直接销售,已售 7 900 元,烟丝的加工费及光明工厂代缴的消费税均未结算。

根据《消费税暂行条例》的规定,委托加工的应税消费品,应按照受托方同类消费品的销售价格计算纳税;没有同类消费品销售价格的,按照组成计税价格计算纳税。本例中受托方同类、同量烟丝的销售收入为 8 000 元,因此受托方应以 8 000 元为依据计算应代扣代缴烟丝的消费税,烟丝的消费税税率为 30%,受托方应代扣代缴的消费税为 2 400 元(8 000×30%)。

1.胜利公司的会计处理

(1)发出材料

借:委托加工物资　　　　　　　　　　　　　　　　4 000
　　贷:原材料　　　　　　　　　　　　　　　　　　　4 000

(2)提回材料

提回烟丝计算应付的加工费为 800 元,增值税税额＝800×17%＝136(元),应支付的消费税 2 400 元应计入"委托加工物资"。会计分录为:

借:委托加工物资　　　　　　　　　　　　　　　　3 200
　　应交税费——应交增值税(进项税额)　　　　　　　136
　　贷:应付账款　　　　　　　　　　　　　　　　　3 336
借:库存商品——烟丝　　　　　　　　　　　　　　7 200
　　贷:委托加工物资　　　　　　　　　　　　　　　7 200

(3)销售烟丝

借:应收账款　　　　　　　　　　　　　　　　　　9 243
　　贷:主营业务收入　　　　　　　　　　　　　　　7 900
　　　应交税费——应交增值税(销项税额)　　　　　1 343

2.光明工厂的会计处理

(1)收到材料时应作备查记录

(2)交回烟丝计算应收的加工费

借:应收账款——胜利公司　　　　　　　　　　　　3 336

贷:主营业务收入	800
应交税费——应交消费税	2 400
——应交增值税(销项税额)	136

【做中学 3-17】 如果上例中,胜利公司将烟丝提回后投入卷烟生产,生产出的卷烟全部售出,销售收入为 15 000 元,该类卷烟的消费税税率为 40%。销售卷烟的消费税为 6 000 元。光明工厂的会计处理同上例。胜利公司的会计处理如下:

1. 发出材料的处理同上例
2. 计算应付的加工费及消费税

借:委托加工物资	800
应交税费——应交消费税	2 400
——应交增值税(进项税额)	136
贷:应付账款——光明工厂	3 336

3. 烟丝验收入库

借:原材料——烟丝	4 800
贷:委托加工物资	4 800

4. 生产卷烟销售

借:应收账款	17 550
贷:主营业务收入	15 000
应交税费——应交增值税(销项税额)	2 550
借:营业税金及附加	6 000
贷:应交税费——应交消费税	6 000

5. 缴纳消费税

借:应交税费——应交消费税	3 600
贷:银行存款	3 600

但对纳税人委托个体经营者加工的应税消费品,一律于委托方收回后在委托方所在地缴纳消费税。

【技能训练 3-1】 恒利企业将一批原材料委托外单位代加工 H 产品(属于应税消费品),发出原材料计划成本为 100 000 元,成本差异率为 1%。用银行存款支付加工费用 10 000 元,支付应缴纳的消费税 5 842 元,取得增值税专用发票上注明增值税税额 1 700 元。加工完毕验收入库。产品计划成本 115 000 元。

请比较一下恒利企业在以下两种不同情况下的会计核算:

1. H 产品收回后用于连续生产的会计核算处理;
2. H 产品收回后直接用于销售的会计核算处理。

(五)出口产品的账务处理

生产企业直接出口应税消费品或通过外贸企业出口应税消费品,按照规定直接予以免税的,可不计算应缴纳的消费税。出口后如发生退关或退货,经所在地主管税务机关批准,可暂不办理补税,待其转为国内销售时,再计缴消费税。

通过外贸企业出口应税消费品时,如按照规定实行先征后退办法的,由生产企业先缴纳消费税,待外贸企业办理报关后再向税务机关申请退税,所退税款应由外贸企业退还给生产企业,生产企业的会计处理为:计征消费税时,借记"应收账款"账户,贷记"应交税费——应交消费税"账户;缴纳消费税时,借记"应交税费——应交消费税"账户,贷记"银行存款"账户;收到退还的消费税时,借记"银行存款"账户,贷记"应收账款"账户;上述应税消费品发生退关、退货而补缴已退的消费税时,作相反的会计分录。

代理出口应税消费品的外贸企业将应税消费品出口后,收到税务部门退回生产企业缴纳的消费税,借记"银行存款"账户,贷记"应付账款"账户。将此项税金退还生产企业时,借记"应付账款"账户,贷记"银行存款"账户。上述应税消费品发生退关、退货而补缴已退的消费税时,借记"应收账款"账户,贷记"银行存款"账户,收到生产企业退还的税款,作相反的会计分录。

生产企业将应税消费品销售给外贸企业,由外贸企业自营出口的,其缴纳的消费税视同一般销售业务处理。自营出口应税消费品的外贸企业,应在应税消费品报关出口后申请出口退税时,借记"其他应收款"账户,贷记"主营业务成本"账户。实际收到出口应税消费品退回的税金,借记"银行存款"账户,贷记"其他应收款"账户。发生退关或退货而补缴已退的消费税,作相反的会计分录。

(六)缴纳消费税及退税的账务处理

消费税的纳税人向税务机关办理消费税纳税申报后,根据税务机关审核后的应缴消费税税额自行到银行缴纳消费税,借记"应交税费——应交消费税"账户,贷记"银行存款"账户。但报关进口环节缴纳的消费税税额,应计入进口应税消费品的实际成本之中,借记"材料采购"、"原材料"、"库存商品"等账户,贷记"银行存款"等账户。

【做中学 3-18】 胜利公司以转账方式缴纳本月申报的上月应交消费税税额 28 000元。其会计处理应为:

借:应交税费——应交消费税 28 000
  贷:银行存款 28 000

【做中学 3-19】 胜利公司从国外进口一批高档手表,报关进口时以转账支票支付进口关税 60 000 元以及进口消费税税额 90 000 元。其会计处理应为:

借:库存商品 150 000
  贷:银行存款 150 000

任务实施

任务解析:

恒瑞集团购进烟丝和销售卷烟的会计处理应为:

借:原材料 400 000

应交税费——应交增值税(进项税额)	68 000
贷:应付账款	468 000
借:银行存款	2 106 000
贷:主营业务收入	1 800 000
应交税费——应交增值税(销项税额)	306 000

应纳消费税税额＝1 800 000×56％＋80×150＝1 020 000(元)

借:营业税金及附加	1 020 000
贷:应交税费——应交消费税	1 020 000

任务拓展

关于《中华人民共和国消费税暂行条例实施细则》有关条款解释的通知

财法[2012]8 号

《中华人民共和国消费税暂行条例实施细则》(财政部令第 51 号)第七条第二款规定,"委托加工的应税消费品直接出售的,不再缴纳消费税"。现将这一规定的含义解释如下:

委托方将收回的应税消费品,以不高于受托方的计税价格出售的,为直接出售,不再缴纳消费税;委托方以高于受托方的计税价格出售的,不属于直接出售,需按照规定申报缴纳消费税,在计税时准予扣除受托方已代收代缴的消费税。

本规定自 2012 年 9 月 1 日起施行。

任务三　申报及缴纳消费税

任务导入

案例企业的基本情况和当月的消费税业务如下:

企业名称:宏远集团公司

企业性质:国有企业(一般纳税人)

企业法定代表人:蔡大力

企业办税员:陈明远

企业地址及电话:中南市五一路1号　85871234

企业所属行业:工业企业

开户银行及账号:中国建设银行中南市五一路分理处　17652489563214714.1234

纳税人识别号:430104897451234　纳税编码:1621234

该企业主要生产经营酒类。企业消费税按月申报,计算结果取整数。

2012 年 5 月份的消费税纳税申报于 6 月 11 日办理。

5月份共发生如下经济业务：

1.5月销售部门统计,将自己生产的薯类白酒251 709斤,销售给江园等5家商店,不含税出厂价为916 285.62元,价税款均已收到;

2.25日销售给华元酒吧四个品种的果露酒,不含税价款1 105 570.08元,收到2个月期限的商业汇票一张;

3.27日销售部门统计汇总,带包装销售粮食白酒869 605斤,不含税价款8 507 880元,另外收取包装物价款842 597.12元,价税款均已收到。

任务:陈明远应该如何计算当月的消费税并填列酒及酒精消费税纳税申报表?(粮食白酒的比例税率为20%,定额税率为0.5元/斤。)

 知识链接

一、纳税义务发生时间

消费税纳税义务发生时间分为以下几种情况。

1.纳税人销售应税消费品的纳税义务发生时间为:

(1)采用预收货款结算方式销售应税消费品的,纳税义务发生时间为发出应税消费品的当天;

(2)采取赊销和分期收款结算方式销售应税消费品的,纳税义务发生时间为销售合同约定的收款日期的当天。书面合同没有约定收款日期或者无书面合同的,为发出应税消费品的当天;

(3)采取托收承付和委托收款结算方式销售应税消费品的,纳税义务发生时间为发出应税消费品并办妥托收手续的当天;

(4)采取其他结算方式销售应税消费品的,纳税义务发生时间为收讫销售款或取得索取销售款凭据的当天。

2.纳税人自产自用的应税消费品,纳税义务发生时间为消费品移送使用的当天。

3.纳税人委托加工的应税消费品,纳税义务发生时间为纳税人提货的当天。

4.纳税人进口应税消费品的,纳税义务发生时间为报关进口的当天。

二、纳税地点

消费税纳税地点分以下四种情况:

1.纳税人销售应税消费品,以及自产自用应税消费品的,除国家另有规定外,应当向机构所在地或者居住地的主管税务机关申报纳税。纳税人的总机构与分支机构不在同一县(市)的,应在生产应税消费品的分支机构所在地缴纳消费税。但经国家税务总局及所属税务分局批准,纳税人分支机构应纳消费税税款也可由总机构汇总向总机构所在地主管税务机关缴纳。

2.委托加工的应税消费品,除受托方为个人外,由受托方向机构所在地或者居住地的主管税务机关申报、缴纳消费税。

3.进口的应税消费品,由进口人或者代理人向报关地海关申报纳税。

4.纳税人到外县(市)销售或委托外县(市)代销自产应税消费品的,应事先向其所在地主管税务机关提出申请,并于应税消费品销售后,回纳税人核算地缴纳消费税。

三、纳税期限

消费税的纳税期限分别为1日、3日、5日、10日、15日、1个月或1个季度,纳税人的具体纳税期限,由主管税务机关根据纳税人应纳税额的大小分别核定,不能按照固定期限纳税的,可以按次纳税。具体纳税期限如下:

纳税人以1个月或1个季度为一期纳税的,自期满之日起15日内申报纳税。

以1日、3日、5日、10日或15日为一期纳税的,自期满之日起5日内预缴税款,于次月1日起15日内申报纳税并结清上月应纳税款。

纳税人进口应税消费品的,自海关填发进口消费税专用缴款书之日起15日内缴纳税款。

四、消费税的纳税申报

缴纳消费税的纳税人无论有无发生消费税的纳税义务,均应于次月1日至15日内向主管税务机关办理消费税的纳税申报,并填制消费税纳税申报表。为了在全国范围内统一、规范消费税纳税申报资料,加强消费税管理的基础工作,国家税务总局制订了"烟类应税消费品消费税纳税申报表"、"酒及酒精消费税纳税申报表"、"成品油消费税纳税申报表"、"小汽车消费税纳税申报表"、"其他应税消费品消费税纳税申报表",自2008年4月份办理税款所属期为3月份的消费税纳税申报时启用。消费税纳税申报表及填表说明见任务实施部分。

任务实施

任务解析:

步骤一:计算宏远集团公司本月应纳消费税税额。

1.销售薯类白酒应纳消费税:

从量税税额＝251 709×0.5＝125 854.50(元)

从价税税额＝916 285.62×20％＝183 257.12(元)

合计应纳税额＝125 854.50＋183 257.12＝309 111.62(元)

2.销售其他酒应纳消费税税额＝1 105 570.08×10％＝110 557.01(元)

3.销售粮食白酒应纳消费税:

从量税税额＝869 605×0.5＝434 802.50(元)

从价税税额＝8 507 880×20％＋842 597.12×20％＝1 701 576＋168 519.42

　　　　　＝1 870 095.42(元)

合计应纳税额＝434 802.50＋1 870 095.42＝2 304 897.92(元)

宏远集团公司5月份应纳消费税税额＝309 111.62＋110 557.01＋2 304 897.92

$$＝2 724 566.55（元）$$

步骤二：编制会计分录，登记"应交税费——应交消费税"明细账。（略）

步骤三：填列酒及酒精消费税纳税申报表（表3-5）。

为了节约篇幅，本书只填列与本任务有关的表格。

表 3-5　　　　　　　　　　　酒及酒精消费税纳税申报表

税款所属期：2012年5月1日至2012年5月31日

纳税人名称(公章)：宏远集团公司　纳税人识别号： 4 3 0 1 0 4 8 9 7 4 5 1 2 3 4

填表日期：2012年6月11日　　　　　　　　　　　金额单位：元(列至角分)

项目 应税 消费品名称	适用税率		销售数量	销售额	应纳税额
	定额税率	比例税率			
粮食白酒	0.5元/斤	20%	869 605.00	9 350 477.12	2 304 897.92
薯类白酒	0.5元/斤	20%	251 709.00	916 285.62	309 111.62
啤酒	250元/吨	——			
啤酒	220元/吨	——			
黄酒	240元/吨	——			
其他酒	——	10%		1 105 570.08	110 557.01
酒精		5%			
合计	——	——	——		2 724 566.55

声　明

此纳税申报表是根据国家税收法律的规定填报的，我确定它是真实的、可靠的、完整的。

本期准予抵减税额：

本期减(免)税额：

经办人(签章)：陈明远

财务负责人(签章)：蔡大力

联系电话：85871234

期初未缴税额：

本期缴纳前期应纳税额：

(如果你已委托代理人申报，请填写)

授权声明

为代理一切税务事宜，现授权＿＿＿＿＿＿＿

(地址)＿＿＿＿＿＿＿

本期预缴税额：

本期应补(退)税额：2 724 566.55

为本纳税人的代理申报人，任何与本申报表有关的往来文件，都可寄予此人。

期末未缴税额：

授权人签章：

以下由税务机关填写

受理人(签章)：　　　受理日期：　　年　月　日　　受理税务机关(章)：

填表说明

一、本表仅限酒及酒精消费税纳税人使用。

二、本表"销售数量"为《中华人民共和国消费税暂行条例》、《中华人民共和国消费税暂行条例实施细则》及其他法规、规章规定的当期应申报缴纳消费税的酒及酒精销售(不含出口免税)数量。计量单位：粮食白酒和薯类白酒为斤(如果实际销售商品按照体积标注计量单位，应按500毫升为1斤换算)，啤酒、黄酒、其他酒和酒精为吨。

三、本表"销售额"为《中华人民共和国消费税暂行条例》、《中华人民共和国消费税暂行条例实施细则》及其他法规、规章规定的当期应申报缴纳消费税的酒及酒精销售(不含出口免税)收入。

四、根据《中华人民共和国消费税暂行条例》和《财政部 国家税务总局关于调整酒类产品消费税政策的通知》(财税〔2001〕84号)的规定，本表"应纳税额"计算公式如下：

（一）粮食白酒、薯类白酒

应纳税额＝销售数量×定额税率＋销售额×比例税率

（二）啤酒、黄酒

应纳税额＝销售数量×定额税率

（二）其他酒、酒精

应纳税额＝销售额×比例税率

五、本表"本期准予抵减税额"按本表附件一的"本期准予抵减税款合计金额"填写。

六、本表"本期减（免）税额"不含出口退（免）税额。

七、本表"期初未缴税额"填写本期期初累计应缴未缴的消费税税额，多缴为负数。其数值等于上期"期末未缴税额"。

八、本表"本期缴纳前期应纳税额"填写本期实际缴纳入库的前期消费税税额。

九、本表"本期预缴税额"填写纳税申报前已预先缴纳入库的本期消费税税额。

十、本表"本期应补（退）税额"计算公式如下，多缴为负数：

本期应补（退）税额＝应纳税额（合计栏金额）－本期准予抵减税额－本期减（免）税额－本期预缴税额

十一、本表"期末未缴税额"计算公式如下，多缴为负数：

期末未缴税额＝期初未缴税额＋本期应补（退）税额－本期缴纳前期应纳税额

十二、本表为A4竖式，所有数字小数点后保留两位。一式二份，一份纳税人留存，一份税务机关留存。

技能训练

一、单项选择题

1. 根据税法规定，下列说法不正确的是（　　）。

A. 凡是征收消费税的消费品都征收增值税

B. 凡是征收增值税的货物都征收消费税

C. 应税消费品征收增值税的，其税基含有消费税

D. 应税消费品征收消费税的，其税基不含有增值税

2. 下列项目中征收消费税的有（　　）。

A. 进口高档家具　　　　　　B. 商店销售白酒

C. 委托加工烟丝　　　　　　D. 销售房屋

3. 下列纳税人自产自用应税消费品，不需缴纳消费税的有（　　）。

A. 工厂自产轮胎生产农用车　　B. 日化工厂自产化妆品用于广告样品

C. 酿造厂自产酒精勾兑白酒　　D. 汽车制造厂自产汽车赞助汽车拉力赛

4. 外购已税消费品连续生产应税消费品销售时，不能扣除外购已纳消费税的有（　　）。

A. 外购已税汽车轮胎生产的小轿车　B. 外购已税珠宝玉石生产的珠宝玉石

C. 外购已税酒生产的勾兑酒　　　　D. 外购已税两轮摩托车改装的三轮摩托车

5. 根据规定，下列消费品中实行从量定额与从价定率相结合征税办法的是（　　）。

A. 啤酒　　　　　　　　　　B. 粮食白酒

C. 酒糟　　　　　　　　　　D. 葡萄酒

6. 某酒厂为增值税一般纳税人，2012年2月销售粮食白酒3吨，取得不含税收入300 000元，包装物押金23 400元，该企业包装物押金单独记账核算，货物已经发出。该酒厂本月应缴纳消费税（　　）元。

A.64 000   B.64 680   C.67 000   D.67 680

7.我国现行消费税法规定,委托加工的应税消费品仅指(   )。

A.受托方提供原材料生产的应税消费品

B.由受托方先将原材料卖给委托方,然后再接受加工的应税消费品

C.由受托方以委托方名义购进原材料生产的应税消费品

D.由委托方提供原材料和主要材料,受托方只收取加工费和代垫部分辅助材料加工的应税消费品

8.下列各项中,符合消费税法有关"应按当期生产领用数量计算准予扣除外购的应税消费品已纳消费税税款"规定的是(   )。

A.外购已税白酒生产的药酒

B.外购已税化妆品生产的化妆品

C.外购已税白酒生产的巧克力

D.外购已税珠宝玉石生产的金银镶嵌首饰

二、多项选择题

1.根据消费税法现行规定,下列表述正确的有(   )。

A.消费税税收负担具有转嫁性

B.消费税的税率呈现单一税率形式

C.消费品生产企业没有对外销售的应税消费品均不征消费税

D.消费税税目列举的消费品都属消费税的征税范围

E.消费税实行多环节课征制度

2.根据现行消费税政策,下列业务应缴纳消费税的有(   )。

A.汽车厂赞助比赛用雪地车   B.酒厂以福利形式发放给职工白酒

C.化妆品厂无偿发放香水试用   D.金银饰品商店销售白金饰品

E.国内代理商销售进口环节已纳消费税的游艇

3.下列消费品中,实行从价定率和从量定额复合税率计征消费税的消费品有(   )。

A.小汽车   B.卷烟   C.粮食白酒   D.薯类白酒

4.不同应税产品的消费税纳税环节包括(   )。

A.批发环节   B.进口环节

C.零售环节   D.生产销售环节

5.下列消费税应税产品中,实行从量定额征收消费税的有(   )。

A.黄酒   B.啤酒   C.柴油   D.白酒

6.下列说法正确的有(   )。

A.凡是征收消费税的货物都征增值税

B.凡是征收增值税的货物都征消费税

C.应税消费品征收增值税的,其税基含有消费税

D.应税消费品征收消费税的,其税基含有增值税

7.下列各项中,应当征收消费税的有(   )。

A.用于本企业连续生产的应税消费品

B. 用于奖励代理商销售业绩的应税消费品

C. 用于本企业生产性基建工程的应税消费品

D. 用于捐助国家指定的慈善机构的应税消费品

8. 下列外购已税消费品,用于连续生产销售时,消费税准予扣除的有( )。

A. 外购已税珠宝玉石生产的金银首饰

B. 外购已税烟丝生产的卷烟

C. 外购已税鞭炮、焰火生产的鞭炮、焰火

D. 外购已税摩托车生产的摩托车

9. 下列行为中,既缴纳增值税又缴纳消费税的有( )。

A. 酒厂将自产的白酒赠送给协作单位

B. 卷烟厂将自产的烟丝移送用于生产卷烟

C. 日化厂将自产的香水精移送用于生产护肤品

D. 汽车厂将自产的应税小汽车赞助给某艺术节组委会

E. 地板厂将自产的新型实木地板奖励给有突出贡献的职工

10. 某烟酒批发公司 2012 年 1 月批发 A 牌卷烟 5 000 条,开具的增值税专用发票上注明销售额 250 万元;批发 B 牌卷烟 2 000 条,开具的普通发票上注明销售额 88.92 万元;同时零售 B 牌卷烟 300 条,开具普通发票,取得含税收入 20.358 万元;当月允许抵扣的进项税额为 35.598 万元。该烟酒批发公司当月应缴纳的增值税、消费税合计( )万元。

A. 22.78   B. 28.78   C. 39.08   D. 39.95

11. 关于消费税纳税义务发生时间的说法,正确的有( )。

A. 某酒厂销售葡萄酒 20 箱并收取价款 4 800 元,其纳税义务发生时间为收款的当天

B. 某汽车厂自产自用 3 台小汽车,其纳税义务发生时间为移送使用的当天

C. 某烟花企业采用托收承付结算方式销售焰火,其纳税义务发生时间为发出焰火并办妥托收手续的当天

D. 某化妆品厂采用赊销方式销售化妆品,合同约定收款日期为 6 月 30 日,实际收到货款为 7 月 30 日,纳税义务发生时间为 6 月 30 日

E. 某手表厂采取预收货款方式销售高档手表,其纳税义务发生时间为销售合同约定的收款日期的当天

三、计算题

1. 某汽车制造厂(一般纳税人)2011 年 11 月发生以下业务:

(1)外购汽车轮胎已入库,取得的税控专用发票上注明价款 100 万元,增值税 17 万元;

(2)进口汽车发动机一批,关税完税价格 300 万元,进口关税税率假设为 35%,海关已代征进口环节税金,支付运输企业运输费 1 万元(取得运费普通发票),货已入库;

(3)销售小轿车一批,开具的税控专用发票上注明销售额 400 万元,货款尚未收到;

(4)销售小轿车,取得价税合并的价款 234 万元;

(5)应客户要求,用自产小轿车的底盘改装一辆抢险车,取得含税收入 13 万元,另收改装费 2 万元,开具普通发票。

小轿车消费税税率为 5%。

要求:计算该汽车制造厂应纳的消费税和增值税。

2.某白酒生产企业(以下简称甲企业)为增值税一般纳税人,2012年7月发生以下业务:

(1)向某烟酒专卖店销售粮食白酒20吨,开具普通发票,取得含税收入200万元,另收取包装物租金20万元。

(2)提供10万元的原材料委托乙企业加工散装药酒1 000千克,收回时向乙企业支付不含增值税的加工费1万元,乙企业已代收代缴消费税。

(3)委托加工收回后将其中900千克散装药酒继续加工成瓶装药酒1 800瓶,以每瓶不含税售价100元通过非独立核算门市部销售完毕。(说明:药酒的消费税税率为10%,白酒的消费税税率为20%加0.5元/500克。)

要求:根据上述资料,按照下列序号计算回答问题,每问需计算出合计数。

(1)计算本月甲企业向专卖店销售白酒应缴纳的消费税;

(2)计算乙企业已代收代缴的消费税;

(3)计算本月甲企业销售瓶装药酒应缴纳的消费税。

3.某酒厂为增值税一般纳税人,2011年10月份发生下列业务:

(1)销售自制粮食白酒5 000箱,每箱10斤,不含税单价为80元/箱,收取包装物押金70 200元,运输费23 400元;

(2)从A酒厂购进粮食酒精6吨,用于勾兑38度白酒20吨,当月全部出售,取得不含税收入80 000元;

(3)将自产48度粮食白酒10吨,以成本价每吨7 000元分给职工作福利,对外销售不含税单价为每吨9 500元;

(4)委托个体小规模纳税人生产10吨白酒,本厂提供原材料成本3.5万元,支付加工费1 060元(不含税),收回后装瓶出售,取得不含税收入80 000元,销项税额13 600元。

要求:计算该酒厂10月应纳的消费税。

四、业务题

某卷烟厂委托甲厂加工烟丝,卷烟厂和甲厂均为一般纳税人。卷烟厂提供烟叶55 000元,甲厂收取加工费20 000元,增值税3 400元。委托加工的烟丝收回后,一半用于销售,另一半经过进一步加工后作为卷烟对外销售。假设当月销售3个标准箱,每标准条调拨价60元,期初库存委托加工应税烟丝已缴消费税2 580元,期末库存委托加工应税烟丝已缴消费税2 000元。请作出相关会计处理。

项目四

营业税核算与申报

 **知识目标**

1. 了解营业税纳税人的规定,熟记扣缴义务人、九个税目及税率的规定;
2. 掌握七个行业及两种应税行为的应纳税额的计算方法;
3. 掌握营业税账户设置的内容以及会计处理;
4. 掌握营业税纳税申报表的填制方法。

技能目标

1. 根据营业税的基本知识,能识别哪些业务需缴纳营业税;
2. 能够为企业正确核算营业额,计算应纳税额;
3. 能够运用财务知识,编写营业税的计提及税款缴纳的会计分录,并填制记账凭证;
4. 能够熟练填制营业税纳税申报表,并进行网上申报。

任务一　计算营业税税额

●任务描述

营业税是对在我国境内提供应税劳务、转让无形资产或销售不动产的单位和个人,就其营业额征收的一种税。

纳税人提供应税劳务、转让无形资产或者销售不动产,按照营业额和规定的税率计算应纳营业税税额。应纳营业税税额的计算公式为

$$应纳营业税税额＝营业额×税率$$

子任务一　了解营业税

任务导入

胜利公司主营修筑公路、桥梁,兼营汽车修理、房屋建筑等,同时该单位还成立了一个汽车运输队,并拥有一个餐厅和一个招待所,餐厅和招待所承包给别人,收取承包费。该公司2012年5月发生以下业务:

1. 该公司之前承包一项修筑某大桥的工程,工程竣工获得实际收入200万元;

2. 其汽车运输大队取得运输收入10万元;

3. 修理部门取得收入35万元,其中,取得专门从事汽车修配收入15万元,另完成零配件销售取得收入10万元;

4. 将90万元资金借给其下属企业使用,收取资金占用费9万元;

5. 账面上反映收到餐厅的承包费7万元,收到招待所的承包费5万元。

任务:假如你是该公司的办税员,请根据以上收入确定其分别应缴什么税。

知识链接

营业税在我国起源较早,如周代对"商贾虞衡"的课税、汉代征收的"算缗钱"、明代征收的"市肆门摊税"、清代开征的当税等,都是对商业营业额征收的营业税。

现行营业税的基本规范是国务院于1993年12月13日颁布、1994年1月1日开始实施的《中华人民共和国营业税暂行条例》(以下简称《营业税暂行条例》)。2011年11月16日,财政部和国家税务总局发布《营业税改征增值税试点方案》,规定自2012年1月1日起,在上海交通运输业和部分现代服务业开展营业税改征增值税试点,逐步将目前征收营业税的行业改为征收增值税。

一、营业税的纳税人和扣缴义务人

(一)营业税的纳税人

凡在我国境内提供应税劳务、转让无形资产或销售不动产的单位和个人,均为营业税的纳税义务人。

"单位"是指:国有企业、集体企业、私有企业、股份制企业、外商投资企业、外国企业、其他企业和行政单位、事业单位、军事单位、社会团体及其他单位。

"个人"是指:个体工商业户及其他有经营行为的个人,包括中国公民和外国公民。

企业租赁或承包给他人经营的,以承包人或承租人为纳税人。

单位或个体户的员工、雇工在为本单位或雇主提供劳务时,不是纳税人。

(二)营业税的扣缴义务人

根据税法规定,某些单位和个人在纳税人发生应税行为时,负有代扣代缴、代收代缴营业税的义务,这些单位和个人就是税法确定的扣缴义务人,具体包括以下几个方面:

1. 委托金融机构发放贷款的,以受托发放贷款的金融机构为扣缴义务人。

2.建筑安装业务实行分包或转包的,以总承包人为扣缴义务人。

3.境外单位或者个人在境内发生应税行为而在境内未设机构的,以代理人为扣缴义务人;没有代理人的,以受让者或者购买者为扣缴义务人。

4.单位或个人举行演出,由他人售票的,以售票者为扣缴义务人。

5.演出经纪人为个人的,以售票者为扣缴义务人。

6.保险业的分保险业务,以初保人为扣缴义务人。

7.个人转让(除土地使用权以外)各项无形资产,以受让者为扣缴义务人。

8.财政部规定的其他扣缴义务人。

二、营业税的征税范围

现行营业税的征税范围是在我国境内提供的应税劳务、转让的无形资产和销售的不动产。

"在我国境内"是指所提供的应税劳务发生在境内;在境内载运旅客或货物出境;在境内组织旅客出境旅游;境内保险机构提供的保险劳务(但境内保险机构为出口货物提供保险的除外);境外保险机构以在境内的物品为标的提供的保险劳务;所转让的无形资产在境内使用;所销售的不动产在境内。

"提供的应税劳务、转让的无形资产或销售的不动产"是指有偿提供的应税劳务、有偿转让的无形资产或有偿转让的不动产所有权。"有偿"包括取得货币、货物或其他经济利益。单位或个人自建建筑物后销售,其自建行为视同提供应税劳务。转让不动产有限产权或永久产权以及单位将不动产无偿赠与他人的,视同销售不动产。

"应税劳务"是指属于交通运输业、建筑业、金融保险业、邮电通信业、文化体育业、娱乐业、服务业税目征税范围的劳务。

三、营业税的税目

营业税将征税范围具体划分为九个税目。

(一)交通运输业

1.交通运输业包括陆路运输、水路运输、航空运输、管道运输和装卸搬运五大类。

2.远洋运输企业从事程租、期租业务和航空运输企业从事湿租业务取得的收入,属于交通运输业,按3%税率征收营业税。

3.自2005年6月1日起,对公路经营企业收取的高速公路车辆通行费收入统一减按3%的税率征收营业税。

(二)建筑业

建筑业是指建筑安装工程作业等,包括建筑、安装、修缮、装饰和其他工程作业以及管道煤气集资费业务。

(三)金融保险业

包括银行、信用合作社、证券公司、证券交易所、黄金交易所、金融租赁公司、证券基金管理公司、财务公司、证券投资公司、保险公司及应批准设立的进入保险机构。该部分设两个子目:金融和保险。

1.金融是指经营货币资金融通活动的业务,包括贷款、融资租赁、金融商品转让、金融经纪业和其他金融业务。

2.保险是指将通过契约形式集中起来的资金用以补偿被保险人的经济利益的活动。

（四）邮电通信业

下设邮政、电信业两个税目。单位和个人从事快递业务的，也按此税目计税。

1.邮政是指传递实物信息的业务，包括传递函件或包件（含快递业务）、邮汇、报刊发行、邮务物品销售、邮政储蓄及其他邮政业务。

2.电信是指通过各种电传设备传输电信号而传递信息的业务，包括电报、电传、电话、电话机安装、电信物品销售及其他电信业务。电信业务包括基础电信业务和增值电信业务。

（五）文化体育业

1.文化业是指经营文化活动的业务，包括表演、播映、经营游览场所和各种展览、培训活动，举办文学、艺术、科技类的讲座、讲演、报告会，图书馆的图书和资料的借阅业务等。

2.体育业是指举办各种体育比赛和为体育比赛或体育活动提供场所的业务。以租赁方式为文化活动、体育比赛提供场所，不按本税目征税，而按服务业征税。

（六）娱乐业

娱乐业是指为娱乐活动提供场所和服务的业务，包括经营歌厅、舞厅、卡拉 OK 歌舞厅、音乐茶座、台（桌）球、高尔夫球、保龄球、游艺、网吧等娱乐场所，对于娱乐场所为顾客提供的饮食服务及其他各种服务，也按照娱乐业征税。

（七）服务业

服务业是指利用设备、工具、场所、信息或技能为社会提供服务的业务，包括代理业、旅店业、饮食业、旅游业、仓储业、租赁业、广告业和其他服务业。

（八）转让无形资产

转让无形资产是指转让无形资产的所有权或使用权的行为，包括转让土地使用权、转让商标权、转让专利权、转让非专利技术、出租电影拷贝、转让著作权和转让商誉。

自 2003 年 1 月 1 日起，以无形资产投资入股，参与接受投资方利润分配、共同承担投资风险的行为，不征收营业税。在投资期后转让其股权的，也不征收营业税。

（九）销售不动产

销售不动产是指有偿转让不动产所有权的行为，包括销售建筑物或构筑物和销售其他土地附着物。

1.在销售不动产时连同不动产所占土地的使用权一并转让的行为，比照销售不动产征收营业税。

2.转让不动产有限产权或永久使用权，以及单位将不动产无偿赠送他人，应视同销售不动产，征收营业税。单位或个人将不动产无偿赠与他人的行为，视为销售不动产。

3.纳税人自建住房销售给本单位职工，属于销售不动产行为，应照章征收营业税。

4.自 2003 年 1 月 1 日起，以不动产投资入股，参与接受投资方利润分配、共同承担投资风险的行为，不征收营业税。在投资期后转让其股权的，也不征收营业税。

四、营业税的税率

营业税的税率如表 4-1 所示。

表 4-1　　　　　　　　　　　　营业税税目税率表

税　目	税率(%)	税　目	税　率(%)
一、交通运输业	3	六、娱乐业	5～20
二、建筑业	3	七、服务业	5
三、金融保险业	5	八、转让无形资产	5
四、邮电通信业	3	九、销售不动产	5
五、文化体育业	3		

自 2009 年 1 月 1 日起,娱乐业适用 5%～20% 的税率,由省级人民政府确定。

纳税人兼有不同税目应税行为的,应分别核算不同税目的销售额。不分别核算或者不能准确提供销售额的,从高适用税率。

五、营业税的税收优惠政策

(一)营业税的起征点

按期纳税的,为月营业额 5 000～20 000 元;按次纳税的,为每次(日)营业额300～500元。

(二)营业税的免税规定

营业税的免税、减税项目由国务院规定,任何地区内部均不得规定免税、减税项目。

1.《营业税暂行条例》和国家政策性文件所规定的免税项目

(1)育养,指托儿所、幼儿园、养老院、残疾人福利机构提供的育养服务,婚姻介绍,殡葬服务。

(2)残疾人,指残疾人员个人提供的劳务。

(3)医疗,指医院、诊所和其他医疗机构提供的医疗服务。

(4)教育,指学校和其他教育机构提供的教育劳务,学生勤工俭学提供的劳务。

(5)农业,指农业机耕、排灌、病虫害防治、植物保护、农牧保险以及相关技术培训业务,家禽、牲畜、水生动物的配种和疾病防治。

(6)文化,指纪念馆、博物馆、文化馆、美术馆、展览馆、书艺院、图书馆、文物保护单位举办文化活动的门票收入,宗教场所举办文化、宗教活动的门票收入。

2.国务院规定的免税项目

(1)科研单位取得的技术转让收入。

(2)个人转让著作权。

(3)将土地使用权转让给农业生产者,用于农业生产。

(4)保险公司开展的 1 年期以上返还性人身保险业务的保费收入。所谓返还性人身保险业务,是指保期 1 年以上、到期返还本利的普通人寿保险、养老年金保险、健康保险。

(5)工会疗养院(所)可视为"其他医疗机构",免征营业税。

(6)凡经中央及省级财政部门批准纳入预算管理或财政专户管理的行政事业性收费、基金,无论是行政单位还是事业单位收取的,均不征收营业税。

(7)立法机关、司法机关、行政机关的收费,同时具备下列条件的,不征收营业税:

一是国务院、省级人民政府或其所属财政、物价部门以正式文件允许收费,而且收费标准符合文件规定的;

二是所收费用由立法机关、司法机关、行政机关自己直接收取的。

（8）社会团体按财政部门或民政部门规定标准收取的会费，不征收营业税；各党派、共青团、工会、妇联、中科院、青联、台联、侨联所收取的党费、会费，比照上述规定执行。

注：自 2006 年 6 月 1 日后，个人购买满 5 年以上的普通住房对外销售的，免征营业税。

3. 国家所规定的有关行业的税收政策

（1）对于从事国际航空运输业务的外国企业或我国香港、澳门、台湾地区的企业从我国大陆运载旅客、货物、邮件的运输收入，在国家另有规定之前，应按 4.65% 的综合计征率计算征税。

（2）中国人民保险公司和中国进出口银行办理的出口信用保险业务，不作为境内提供保险，为非应税劳务，不征收营业税。

（3）中国人民银行对金融机构的贷款业务，不征收营业税。中国人民银行对企业贷款或委托金融机构贷款的业务应当征收营业税。

（4）金融机构往来业务暂不征收营业税。金融机构往来是指金融企业联行、金融企业与中国人民银行及同业之间的资金往来业务，包括再贴现、转贴现业务取得的收入。

（5）对电影放映单位放映电影取得的票价收入按收入全额征收营业税后，对电影发行单位向放映单位收取的发行收入不再征收营业税，但对电影发行单位取得的片租收入仍应按全额征收营业税。

（6）对金融机构的出纳长款收入，不征收营业税。

任务实施

任务解析：

根据营业税、增值税征收范围，该公司的办税员就以上收入纳税申报如下：

建筑工程收入按照"建筑业"税目 3% 的税率纳税；运输收入按"交通运输业"税目 3% 的税率纳税；资金占用费收入按"金融保险业"税目纳税；餐厅、招待所承包费收入按照"服务业"税目 5% 的税率纳税；修理部门取得的汽车修配服务收入、零配件销售收入按增值税纳税。

任务拓展

2011 年 11 月 16 日，财政部和国税总局发布《营业税改征增值税试点方案》，规定自 2012 年 1 月 1 日起，在上海交通运输业和部分现代服务业开展营业税改征增值税试点，逐步将目前征收营业税的行业改为征收增值税。

国务院总理温家宝 2012 年 7 月 25 日主持召开国务院常务会议，决定扩大营业税改征增值税试点范围，研究部署进一步实施促进中部地区崛起战略，加强和改进最低生活保障工作。

会议决定，自 2012 年 8 月 1 日起至 2012 年年底，将交通运输业和部分现代服务业营业税改征增值税试点范围,由上海市分批扩大至北京、天津、江苏、浙江、安徽、福建、湖北、广东和厦门、深圳 10 个省(直辖市、计划单列市)。2013 年继续扩大试点地区,并选择部分行业在全国范围试点。

改革试点的主要内容是:

(1)税率。在现行增值税 17% 标准税率和 13% 低税率基础上,新增 11% 和 6% 两档低税率。

(2)计税方式。交通运输业、建筑业、邮电通信业、现代服务业、文化体育业、销售不动产和转让无形资产,原则上适用增值税一般计税方法。金融保险业和生活性服务业,原则上适用增值税简易计税方法。

(3)计税依据。纳税人计税依据原则上为发生应税交易取得的全部收入。对一些存在大量代收转付或代垫资金的行业,其代收代垫金额可予以合理扣除。

(4)服务贸易进出口。服务贸易进口在国内环节征收增值税,出口实行零税率或免税制度。

子任务二　计算交通运输业营业税税额

任务导入

某运输公司本期运送一批旅客出境,共收取运费收入 30 000 元,在境外改由其他运输企业承运,运输公司支付给承运企业运输费 10 000 元。同期,运输公司在境内取得货物运输收入 48 000 元,装卸费收入 12 000 元。

任务:请计算该运输公司本期应缴纳多少营业税。

知识链接

运输企业自我国境内运输旅客或者货物出境,在境外改由其他运输企业承运旅客或货物,应以全程运费减去付给该承运企业的运费后的余额作为营业额计算营业税税额。

联运业务是指两个以上运输企业共同完成旅客或货物从发送地点至到达地点所进行的运输业务。联运的特点是一次购买、一次收费、一票到底。运输企业从事联运业务,以实际取得的营业额为计税依据计算应纳营业税税额。

【做中学 4-1】　某铁路部门从事铁路航空联运,本月收取联运费用 200 万元,其中铁路的运营收入为 70 万元,航空公司的空运收入为 130 万元,计算其应纳营业税税额。

铁路部门应纳营业税税额=70×3%=2.1(万元)

航空部门应纳营业税税额=130×3%=3.9(万元)

【做中学 4-2】　鸿运公司主营业务为汽车货物运输,经主管税务机关批准使用运输企业发票,是按"交通运输业"税目征收营业税的单位。该公司 2011 年取得运输货物收入 1 200 万元,其中运输货物出境取得收入 100 万元,运输货物入境取得收入 100 万元,支付给其他运输企业的运费(由鸿运公司统一收取价款)200万元;销售货物并负责运输所售货物共取得收入300万元;派本单位卡车司机赴S国为该国某公司提供劳务,鸿运公司取得收入50万元;附设非独立核算的搬家公司取得收入20万元。请计算鸿运公司2011年应纳营业税。

分析:该公司入境货运收入不属于营业税范围,支付给其他企业的运费应扣除;运输企业销货并负责运输应征收增值税;派员工赴国外为境外公司提供劳务取得的收入,不属于在境内提供劳务,不征营业税;搬家公司收入应按运输业税率征收营业税。

应纳营业税税额=(1 200－100－200)×3‰＋20×3‰＝27.6(万元)

任务实施

任务解析:

运送旅客出境应纳营业税税额=(30 000－10 000)×3‰＝600(元)

境内运输应纳营业税税额=(48 000＋12 000)×3‰＝1 800(元)

运输公司本期应纳营业税税额=600＋1 800＝2 400(元)

任务拓展

营业价格明显偏低的核定

对于纳税人提供劳务、转让无形资产或销售不动产的价格明显偏低而无正当理由的,单位或个人自己新建建筑物后销售的以及单位将不动产无偿赠送他人的,主管税务机关有权按下列顺序核定其营业额:

1. 按纳税人最近时期发生同类应税行为的平均价格核定;
2. 按其他纳税人最近时期发生同类应税行为的平均价格核定;
3. 按公式核定计税价格:

计税价格=[营业成本或工程成本×(1＋成本利润率)]÷(1－营业税税率)

上述公式中的成本利润率由省、自治区、直辖市人民政府所属地方税务机关确定。

子任务三 计算建筑业营业税税额

任务导入

成功建筑安装公司承建写字楼一栋,合同规定工程价款为1 000万元,由建设单位提供部分建筑材料,材料价款200万元,工程结束时,一次性结算工程价款。后因工期紧张,该公司工程的一部分分包给另一施工单位,分包支付价款100万元。

任务:请计算该建筑公司应缴的营业税。

知识链接

建筑业的总承包人将工程分包给他人，以工程的全部承包额减去付给分包人的价款后的余额作为营业额计算营业税税额。

从事建筑业劳务的(不含装饰劳务)，无论与对方如何结算，其营业额均应包括工程所用原材料及其他物资和动力的价款在内，但不包括建设方提供的设备的价款。

从事安装工程作业，凡所安装的设备的价值作为安装工程产值的，营业额中还应包括设备的价款。

纳税人自建自用的房屋不缴纳营业税，如纳税人将自建房屋对外销售，其自建行为应按建筑业税目缴纳营业税，再按销售不动产缴纳营业税。

纳税人从事装饰劳务的，其营业额为提供装饰劳务取得的全部价款和价外费用。

施工企业向建设单位收取的材料差价款、抢工费、全优工程奖和提前竣工奖，应并入计税营业额中征收营业税。

【做中学 4-3】 A 建筑公司具备主管部门批准的建筑企业资质，2012 年承包一项工程，签订的建筑工程施工承包合同注明建筑业劳务价款为 9 000 万元(其中安装的设备价款为 3 000 万元)，另外销售建筑材料 1 000 万元。A 建筑公司将 1 500 万元的安装工程分包给 B 建筑公司。工程竣工后，建设单位支付给 A 建筑公司材料差价款 600 万元，提前竣工奖 150 万元。A 建筑公司又将其中的材料差价款 200 万元和提前竣工奖 50 万元支付给 B 建筑公司。请计算 A 建筑公司应纳营业税税额和代扣代缴营业税税额。

分析：A 建筑公司符合有建筑施工企业资质、在签订的建筑工程施工承包合同中单独注明建筑业劳务价款两个条件。因此应就其建筑施工劳务和销货分别征收营业税和增值税；安装的设备价款按规定不计入营业额；材料差价款和提前竣工奖应包含在营业额内，但 A 建筑公司将工程分包给 B 建筑公司的价款及支付的材料差价款和提前竣工奖应准予扣除。转包收入应由总承包人代扣代缴营业税。

应纳营业税税额＝(9 000－3 000－1 500＋600＋150－200－50)×3%
＝5 000×3%＝150(万元)

代扣代缴营业税税额＝(1 500＋200＋50)×3%＝52.50(万元)

任务实施

任务解析：

工程价款以外的 200 万元材料价款，应计入营业额；分包价款可以扣除。

应纳营业税＝(1 000＋200－100)×3%＝33(万元)

子任务四 计算金融保险业营业税税额

任务导入

某银行营业部第四季度吸收存款支付利息 40 万元,贷款取得利息收入 70 万元。同时,以 6％的季度利率从境外筹措资金 4 000 万元,并将其中的 3 000 万元转贷给企业,获得转贷利息收入 210 万元。另收取结算业务手续费 12 万元。

任务:试计算该银行本季度应纳营业税税额。

知识链接

金融保险业营业额的确定如下:

1.一般贷款业务是以贷款利息收入作为营业额计算营业税税额的。而转贷业务自 2009 年 1 月 1 日起,也按贷款利息收入全额作为营业额计算营业税税额。

2.金融机构从事外汇、有价证券、期货买卖业务,以卖出价减去买入价后的余额为营业额计算营业税税额。这里所称"期货"是指非货物期货。货物期货征收增值税,不征收营业税。

3.纳税人经营融资租赁业务,以其向承租人收取的全部价款和价外费用(包括残值)减去出租方承担的出租货物的实际成本后的余额为营业额。再以直线法计算出本期营业额作为本期税基。计算公式为

本期营业额＝(应收取的全部价款和价外费用－实际成本)×本期天数/总天数

实际成本＝货物购入原价＋关税＋增值税＋消费税＋运杂费＋安装费＋保险费＋贷款利息

4.保险业实行分保险业务的,在实际征收过程中,对初保人按其向投保人收取的保费收入金额(即不扣除分保费支出)征税,对分保人取得的分保费收入不再征收营业税。

5.保险企业办理储金业务的营业额以纳税人在纳税期内的储金平均余额乘以中国人民银行公布的 1 年期存款利率折算的月利率计算。按上述规定计算储金业务的营业额以后,在计算保险企业其他业务营业额时,应相应从"保费收入"账户营业收入中扣除储金业务的保费收入。

6.保险企业已征收过营业税的应收未收保费,凡在财务会计制度规定的核算期限内未收回的,允许从营业额中减除。已冲减的应收未收保费在会计核算期限以后收回的,应并入当期营业额中。

7.保险企业开展无赔偿奖励业务的,以向投保人实际收取的保费为营业额。

8.中国境内保险人将其承保的以境内标的物为保险标的的保险业务向境外再保险人办理分保的,以全部保费收入减去分保保费后的余额为营业额。境内保险人应扣缴境外再保险人就其取得的分保收入应缴纳的营业税税款。

任务实施

任务解析：

一般贷款业务和手续费应纳营业税税额＝（70＋12）×5％＝4.1（万元）

转贷业务应纳营业税税额＝210×5％＝10.5（万元）

该银行本季度应纳营业税税额＝4.1＋10.5＝14.6（万元）

子任务五　计算邮电通信业营业税税额

 任务导入

北京市某邮局，在 2012 年 6 月取得如下收入：邮政业务收入（包括各种信函、包裹、汇兑等业务）共 5 万元；发行纪念邮票收入 1 万元；报刊发行收入 3 万元；电报、电传、电话收入 4 万元；邮政储蓄收入 2 万元。该邮局将以上业务统一核算。本月该邮局的会计被临时抽调去参加业务培训，新顶替的会计对业务不熟悉，对应纳营业税税额计算如下：

（1）邮政业务收入、发行纪念邮票收入和电报、电传、电话收入属于营业税的征税范围，所以本月应纳营业税税额＝（5＋1＋4）×3％＝0.3（万元）。

（2）报刊发行收入属于增值税的征税范围，本月应纳增值税税额＝3×17％＝0.51（万元）。

（3）邮政储蓄收入是邮局将吸收的存款存入银行所取得的利息收入，属于存款利息收入，属于利息税的征税范围，本月应纳利息税税额＝2×20％＝0.4（万元）。

任务：在办理纳税申报时，税务机关告之申报有误，请分析错在何处。

知识链接

邮政部门销售集邮商品、发行报刊，应为混合销售，视为提供应税劳务，计缴营业税；电信部门销售无线寻呼机、移动电话等，应计缴营业税。若是邮政、电信部门以外的单位、个人从事上述业务，则计缴增值税。

电信部门提供上网服务而取得的收入，应按邮电通信业的税率（3％）计缴营业税；而上网培训、饮料消费收入则应分别按文化体育业和服务业计缴营业税，非电信部门经营时，则均按服务业计缴营业税。

邮政、电信部门与其他单位合作，共同为用户提供服务并由邮政、电信部门统一收取价款的，以全部收入减去支付给合作方价款后的余额为营业额。

任务实施

任务解析：

首先，对邮政部门发行报刊的收入应征收营业税。邮政部门发行报刊，是指邮政部门代出版单位收订、投递和销售各种报纸、杂志的业务。与其他单位和个人发行报刊比较，表面上看都属于货物销售行为，但考察其实质，却有根本的区别，表现为：邮政部门发行报刊是代理性质的，是代理出版单位收订、投递和销售，取得的收入也只是代发行所取得的手续费性质收入；而其他单位和个人发行报刊却是经营行为，即出版单位与发行者是销售关系，发行者所取得的收入是经营报刊销售所取得的经营性收入。

其次，对邮政储蓄应征收营业税。邮局按储蓄存款的统一利率支付储户利息，银行按高于储蓄存款的利率支付邮局的利息，两个利息的差额就是邮局的邮政储蓄收入。邮政储蓄实质上是邮政部门的一种代理业务，利差收入只不过是取得代理手续费收入的不同形式罢了，因此，邮政储蓄仍属于征收营业税的范围。

该邮局的五项收入都属于营业税的征收范围，故本月营业税应纳税额＝(5＋1＋3＋4＋2)×3％＝0.45(万元)。

子任务六　计算文化体育业营业税税额

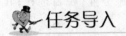

任务导入

某歌舞团于2012年5月到某市演出，由该市人民影剧院提供场所，并由其售票，共收取门票收入200 000元，按照协议应该支付经纪人10 000元，支付人民影剧院40 000元。

任务：请计算该歌舞团、人民影剧院和经纪人各自应纳营业税税额。

知识链接

文化体育业计税营业额的确定：

单位或个人进行演出，以全部票价收入或者包场收入减去付给提供演出场所的单位、演出公司或者经纪人的费用后的余额作为营业额计算营业税税额。

任务实施

任务解析：

歌舞团应纳营业税税额＝(200 000－10 000－40 000)×3％＝4 500(元)(由剧院扣缴)

经纪人应纳营业税税额＝10 000×5％＝500(元)(由剧院扣缴)

人民影剧院应纳营业税税额＝40 000×5％＝2 000(元)

子任务七　计算娱乐业营业税税额

任务导入

某综合娱乐服务公司2012年5月发生如下业务：(1)歌舞厅门票收入5万元，点歌费收入 0.3 万元,烟酒饮料销售收入 1 万元;(2)网吧收入 7 万元;(3)餐厅收入 30 万元。

任务:请计算该公司当月应纳营业税税额。

知识链接

经营娱乐业向顾客收取的各项费用,包括门票费、台位费、点歌费、烟酒费和饮料费及其他费用,作为营业额计算营业税。

任务实施

任务解析:

按相关税法规定,点歌费不得从营业额中扣除,歌舞厅发生的烟酒等销售收入属于混合销售,按照"主业"应按"娱乐业"税目征收营业税;餐厅收入应按"服务业"税目征税;其他均属于"娱乐业",应按相应税目计征营业税。

应纳营业税税额=(5+0.3+1)×20%+7×20%+30×5%=4.16(万元)

子任务八 计算服务业营业税税额

 任务导入

某旅行社本月收取 A 地十日游旅客旅游费用 40 000 元,旅游期间支付旅游者住宿费 8 000 元,餐费 5 000 元,交通费 10 000 元,门票费 2 000 元,本月 20 日旅游团返回。

任务:请计算该旅行社本月应纳营业税税额。

知识链接

1.旅游业按照下列规定确定计税依据:

(1)旅游企业组织旅游团在中国境内旅游的,以收取的旅游费减去替旅游者支付给其他单位的住宿费、餐费、交通费、门票费和其他代付费用后的余额为营业额。

(2)旅游企业组织旅游团到境外旅游,在境外改由其他旅游企业接团的,按照境外旅游的办法确定营业额。

(3)单位和个人在旅游景点经营索道取得的收入按"服务业"税目"旅游业"项目征收营业税。

2.广告代理业以代理者向委托方收取的全部价款和价外费用减去付给广告发布者的广告发布费后的余额为营业额。

3. 代理业以纳税人从事代理业务向委托方实际收取的报酬为营业额。

（1）电脑福利彩票投注点代销福利彩票取得的任何形式的手续费收入，应照章征收营业税。

（2）对拍卖方向委托方收取的手续费，应当征收营业税。

（3）纳税人从事无船承运业务，以其向委托人收取的全部价款和价外费用扣除其支付的海运费以及报关、港杂、装卸费用后的余额为计税营业额申报缴纳营业税。纳税人应按照其从事无船承运业务取得的全部价款和价外费用向委托人开具发票，同时应凭其取得的开具给本纳税人的发票或其他合法有效凭证作为差额缴纳营业税的扣除凭证。

4. 经营租赁业务以出租方取得的租金收入按"服务业"税目计算应纳营业税。

5. 商业企业向供货方收取的与商品销售量、销售额无必然联系，且商业企业向供货方提供一定劳务的收入，如进场费、上架费、展示费、管理费等，不属于平销返利，不冲减当期增值税进项税额，应按营业税"服务业"税目全额计缴营业税。

【做中学 4-4】　某旅行社 2012 年 5 月组织团体旅游，境内组团旅游收入 20 万元，替旅游者支付给其他单位的餐费、住宿费、交通费、门票费共计 12 万元，后为应对其他旅行社的竞争，该旅行社同意给予旅游者 5% 的折扣，并将价款与折扣额在同一张发票上注明；组团境外旅游收入 30 万元，付给境外接团企业费用 18 万元；另外为散客代购火车票、机票、船票取得手续费收入 1 万元，为游客提供打字、复印、冲洗相片服务收入 2 万元。请计算该旅行社当月应纳营业税税额。

分析：按规定，旅游企业组团境内旅游，以收取的全部旅游费减去替旅游者支付给其他单位的餐费、住宿费、交通费、门票费或支付给其他接团旅游企业的旅游费后的余额为营业额；旅游企业组团境外旅游，在境外由其他旅游企业接团的，以全程旅游费减去付给接团企业的旅游费的余额为营业额；将价款与折扣额在同一发票上注明的，以折扣后的价款为营业额；其他业务按"服务业——代理业"和"服务业——其他代理业"征收营业税。

应纳营业税税额＝(20×95%－12)×5%＋(30－18)×5%＋(1+2)×5%＝1.1(万元)

任务实施

任务解析：

该旅行社本月营业收入＝40 000－8 000－5 000－10 000－2 000＝15 000(元)

本月应纳营业税税额＝15 000×5%＝750(元)

子任务九　计算转让无形资产营业税税额

任务导入

某企业 2 月转让一项专利权，成本 400 万元，收取转让费 500 万元；另转让一块抵债得来的土地使用权,抵债时作价 400 万元,现以 450 万元转让。

任务:请计算该企业上述活动应纳营业税税额。

知识链接

纳税人转让无形资产的营业额为纳税人转让无形资产从售让方取得的货币、货物和其他经济利益。

单位和个人转让抵债所得的土地使用权,以全部收入减去抵债时该项土地使用权作价后的余额为计税营业额。

任务实施

任务解析:

该企业应纳营业税税额＝(500＋450－400)×5％＝27.5(万元)

子任务十　计算销售不动产营业税税额

任务导入

某建筑公司 2 月份发生以下业务:按统一规格和标准建造房屋两栋,建筑总成本3 000 万元,成本利润率 20％,该公司将其中的一栋用于自用,另一栋对外销售,取得销售收入 2 400 万元。

任务:请计算该公司当月应纳营业税税额。

知识链接

销售不动产计税营业额的确定如下:

1.单位和个人销售或转让其购置的不动产或受让的土地使用权,以全部收入减去不动产或土地使用权的购置或受让原价后的余额为营业额。

2.单位和个人销售或转让抵债所得的不动产、土地使用权的,以全部收入减去抵债时该项不动产或土地使用权作价后的余额为营业额。

3.另外,自 2006 年 6 月 1 日起,个人将购买不足 5 年的住房对外销售的,全额征收营业税。个人将购买满 5 年以上的非普通住房对外销售的,按其销售收入减去购买房屋的价款后的余额征收营业税。

任务实施

任务解析：

自建自用行为不纳税，自建自售则按建筑业、销售不动产行为各征一道营业税。

该公司当月应纳建筑业营业税税额 $= 3\,000 \times 50\% \times (1 + 20\%) \div (1 - 3\%) \times 3\%$

$$= 55.67（万元）$$

该公司当月应纳销售不动产营业税税额 $= 2\,400 \times 5\% = 120$（万元）

该公司当月应纳营业税税额 $= 55.67 + 120 = 175.67$（万元）

任务拓展

几种经营行为的税务处理

1. 兼营不同税目的应税行为

这是指纳税人从事两个以上营业税应税项目，都属于营业税的征收范围，只是适用的税率不同。按规定，不同的应税项目应分别核算，分别按适用的税率纳税；未分别核算的，从高适用税率。兼营减、免税项目的，应单独核算减、免税项目的营业额；未单独核算营业额的，不得减、免税。

【做中学 4-5】 某公园本月取得营业收入 16 000 元，其中门票收入 6 000 元，附设卡拉 OK 舞厅收入 10 000 元。请计算该公园本月应纳营业税税额。

门票收入营业税税额 $= 6\,000 \times 3\% = 180$（元）

歌舞厅收入营业税税额 $= 10\,000 \times 20\% = 2\,000$（元）

本月合计应纳营业税税额 $= 180 + 2\,000 = 2\,180$（元）

2. 混合销售行为

一项销售行为既涉及增值税的范围，又涉及营业税的范围，即为混合销售。

从事货物的生产、批发或零售的企业、企业性单位及个体经营者的混合销售行为视为销售货物，不征收营业税，征收增值税；其他单位和个人的混合销售行为视为提供应税劳务，应当征收营业税。这一规定与《增值税暂行条例》的规定是一致的。但是，从事运输业务的单位和个人，发生销售货物并负责运输所售货物的混合销售行为应征收增值税，而不征收营业税。这一特殊规定应予以重视。

3. 兼营非应税项目的应税行为

应分别核算应税劳务与货物的营业额或非应税劳务的销售额，分别纳税；不分别核算或者不能准确核算的，其应税劳务与货物或者非应税劳务一并征收增值税，不征收营业税。

任务二 进行营业税会计业务处理

● 任务描述

营业税的纳税义务人应设置"应交税费——应交营业税"明细账户进行营业税涉税业务会计处理。

任务导入

胜利公司将某项专利权的使用权转让给威力集团,协议规定收取使用费 60 000 元,该专利权的成本为 30 000 元,已摊销 5 000 元。

任务:胜利公司如何进行会计处理? 如果胜利公司转让的是无形资产的所有权,胜利公司又该如何进行会计处理?

知识链接

一、营业税会计处理设置的账户

（一）"应交税费"账户

营业税的纳税义务人通过在"应交税费"账户下设置的"应交营业税"明细账户进行会计核算,其贷方登记应缴纳的营业税,借方登记已缴纳的营业税。期末余额若在贷方,表示尚未缴纳的营业税;期末余额若在借方,则表示多缴纳的营业税。

（二）"营业税金及附加"账户

营业税是价内税,纳税人应当缴纳的营业税已在其取得应税劳务营业收入、无形资产转让收入、不动产销售收入中,因此须通过损益类账户"营业税金及附加"进行营业税计提与上缴的会计处理。该账户属于损益类科目,借方发生额反映已发生的营业税税额,贷方发生额反映结转到"本年利润"等相关账户的数额,余额一般在借方,反映待结转数额,年末结转后无余额。

目前仍执行行业会计制度的纳税人,可根据行业会计制度进行营业税计算与上缴的会计处理,所使用的账户分别是:金融保险业、旅游饮食服务业、邮电通信业、民用航空业、农业记入"营业税金及附加"账户,房地产开发企业记入"经营税金及附加"账户,铁路运输业记入"运输税金及附加"账户,其他运输业记入"营运税金及附加"账户,建筑施工企业记入"工程结算税金及附加"账户,对外经济合作企业记入"营业成本税金"账户。

二、营业税的账务处理

（一）一般应税劳务应纳营业税的会计处理

纳税人在提供应税劳务时，一般情况下应作如下会计处理：

借：营业税金及附加
　　贷：应交税费——应交营业税

上缴或预缴营业税时，作如下会计处理：

借：应交税费——应交营业税
　　贷：银行存款

（二）转让无形资产应纳营业税的会计处理

企业拥有的无形资产大体有两种转让形式：一是所有权转让；二是使用权转让。企业无形资产所有权与使用权的转让在性质和内容上有着本质的不同，在会计处理方法上也有很大区别。

1.转让无形资产使用权应纳营业税的会计处理

转让无形资产使用权，即出租无形资产，按规定应缴纳的营业税，借记"营业税金及附加"科目，贷记"应交税费——应交营业税"科目。

2.转让无形资产所有权应纳营业税的会计处理

转让无形资产所有权，即出售无形资产，收入大于账面摊余价值及计提营业税的差额，计入营业外收入；收入小于其账面摊余价值及计提营业税的差额，计入营业外支出。

（三）销售不动产应纳营业税的会计处理

1.房地产开发企业销售不动产

房地产开发企业以开发销售商品房及其他土地附着物等不动产为主营业务，其销售不动产取得的收入以及预售不动产取得的收入均应计算缴纳营业税，借记"营业税金及附加"账户，贷记"应交税费——应交营业税"账户。房地产开发企业自建自售建筑物时，其自建行为按建筑业3%税率征收营业税，出售建筑物按5%的税率征收营业税。

【做中学4-6】 胜利公司系房地产开发企业，本期预售商品房一批，房款总额20 000 000元，按50%一次性预收房款10 000 000元，余款在交付商品房时结算。会计处理如下：

（1）收到预收款

借：银行存款　　　　　　　　　　　　　　　　　　10 000 000
　　贷：预收账款　　　　　　　　　　　　　　　　　　　10 000 000

（2）按预收款缴纳营业税

借：应交税费——应交营业税　　　　　　　　　　　500 000
　　贷：银行存款　　　　　　　　　　　　　　　　　　　500 000

（3）交付商品房，实现销售收入，结转预收账款

借：银行存款　　　　　　　　　　　　　　　　　　10 000 000
　　预收账款　　　　　　　　　　　　　　　　　　10 000 000
　　贷：主营业务收入　　　　　　　　　　　　　　　　　20 000 000

(4)计提应缴纳的营业税

借:营业税金及附加   1 000 000

  贷:应交税费——应交营业税   1 000 000

(5)清缴未缴税款

借:应交税费——应交营业税   500 000

  贷:银行存款   500 000

2. 非房地产企业销售不动产

非房地产企业销售不动产是指企业出售已作为固定资产管理的房屋、建筑物及地上附着物,是对现有固定资产的处置,其应纳营业税税额,借记"固定资产清理",贷记"应交税费——应交营业税"。

【做中学 4-7】 胜利公司出售一栋厂房,厂房原价 1 000 000 元,已提折旧 400 000 元。出售所得收入 800 000 元,用银行存款支付清理费用 10 000 元。厂房已清理完毕,则会计处理如下:

(1)结转净值

借:固定资产清理   600 000

  累计折旧   400 000

  贷:固定资产   1 000 000

(2)支付清理费用

借:固定资产清理   10 000

  贷:银行存款   10 000

(3)收到转让收入

借:银行存款   800 000

  贷:固定资产清理   800 000

(4)计提应纳营业税

应纳营业税税额＝800 000×5％＝40 000(元)

借:固定资产清理   40 000

  贷:应交税费——应交营业税   40 000

(5)结转清理净收入

应结转的营业外收入＝800 000－600 000－40 000－10 000＝150 000(元)

借:固定资产清理   150 000

  贷:营业外收入   150 000

任务实施

任务解析:

(1)胜利公司应作会计处理如下:

收取使用费时:

借:银行存款   60 000

 贷:其他业务收入 60 000
计提营业税时:
 借:营业税金及附加 3 000
 贷:应交税费——应交营业税 3 000
(2)如果胜利公司转让的是无形资产的所有权,应作会计处理如下:
 借:银行存款 60 000
  累计摊销 5 000
 贷:无形资产——某专利权 30 000
  应交税费——应交营业税 3 000
  营业外收入——出售无形资产收益 32 000

任务三　申报及缴纳营业税

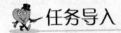任务导入

一、企业基本情况
企业名称:厦门新青年旅游有限公司
法定代表人:张庆山
财务负责人:丰小阳
税务登记号:350211478951234
开户银行及账号:工行厦门分行　36896521234
企业地址及电话:厦门市旅游路1号　85671234
经营范围:旅游

二、2012年5月发生的业务
公司组织50人旅游团去武夷山旅游,每人收取旅游费1 300元,旅游途中由公司支付每人住宿费250元、餐费200元、交通费400元、门票费150元。该公司6月12日进行纳税申报。

任务:请计算当月应纳营业税税额并填制当月营业税纳税申报表(金额保留两位小数)。

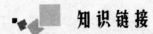知识链接

一、营业税的纳税义务发生时间
营业税的纳税义务发生时间,为纳税人收讫营业收入款项或者取得索取营业收入款项凭据的当天。这是一条原则性的规定。对某些具体项目分别规定如下:

1.转让土地使用权或者销售不动产,采用预收款方式的,其纳税义务发生时间为收到预收款的当天。

2.单位或者个人自己新建建筑物后销售,其自建行为的纳税义务发生时间,为其销售自建建筑物并收讫营业额或者取得索取营业额凭据的当天。

3.将不动产或者土地使用权无偿赠送其他单位或者个人的,其纳税义务发生时间为不动产所有权转移的当天。

4.营业税扣缴税款义务发生的时间,为扣缴义务人代纳税人收讫营业收入款项或者取得索取营业收入款项凭据的当天。

5.纳税人提供建筑业或者租赁业劳务,采取预收款方式的,其纳税义务发生时间为收到预收款的当天。

6.贷款业务。自2003年1月1日起至2008年12月31日,金融企业发放的贷款逾期(含展期)90天(含90天)尚未收回的,纳税义务发生时间为纳税人取得利息收入权利的当天。原有的应收未收贷款利息逾期90天以上的,该笔贷款新发生的应收未收利息,其纳税义务发生时间均为实际收到利息的当天。

7.融资租赁业务纳税义务发生时间为取得租金收入或取得索取租金收入价款凭据的当天。

8.金融商品转让业务纳税义务发生时间为金融商品所有权转移之日。

9.金融经纪业和其他金融业务纳税义务发生时间为取得营业收入或取得索取营业收入价款凭据的当天。

10.保险业务纳税义务发生时间为取得保费收入或取得索取保费收入价款凭据的当天。

11.金融企业承办委托贷款业务,营业税的扣缴义务发生时间为受托发放贷款的金融机构代委托人收讫贷款利息的当天。

12.会员费、席位费和资格保证金的纳税义务发生时间为会员组织收讫会员费、席位费、资格保证金和其他类似费用款项或者取得索取这些款项凭据的当天。

二、营业税的纳税地点

营业税的纳税地点原则上采取属地征收的方法,即纳税人在经营行为发生地缴纳应纳税款。具体规定如下:

1.纳税人提供应税劳务,应当向应税劳务发生地主管税务机关申报纳税;纳税人从事运输业务,应当向其机构所在地或者居住地主管税务机关申报纳税。

2.纳税人转让土地使用权,应向土地所在地主管税务机关申报纳税;纳税人转让其他无形资产,应当向其机构所在地主管税务机关申报纳税。

3.纳税人销售不动产,应当向不动产所在地主管税务机关申报纳税。

4.纳税人承包的工程跨省、自治区、直辖市的,向其机构所在地主管税务机关申报纳税。

5.纳税人提供的应税劳务发生在外县(市),应向应税劳务发生地主管税务机关申报纳税而未申报的,由其机构所在地或者居住地主管税务机关补征税款。

6.扣缴义务人应向其机构所在地主管税务机关申报缴纳其扣缴税款。但建筑安装工程业务的总承包人,扣缴分包或转包的非跨省、自治区、直辖市工程的营业税款,应当向分包或转包工程的劳务发生地主管税务机关解缴。

三、营业税的纳税期限

营业税的纳税期限,分别为 5 日、10 日、15 日、1 个月或者 1 个季度。纳税人的具体纳税期限,由主管税务机关根据纳税人应纳税额的大小分别核定;不能按照固定期限纳税的,可以按次纳税。

纳税人以 1 个月或者 1 个季度为一期纳税的,自期满之日起 15 日内申报纳税;以 5 日、10 日或者 15 日为一期纳税的,自期满之日起 5 日内预缴税款,次月 1 日起 15 日内申报纳税并结清上月应纳税款。

扣缴义务人的解缴税款期限,比照上述规定执行。

金融业(不包括典当业)的纳税期限为 1 个季度,保险业的纳税期限为 1 个月。

四、营业税的纳税申报

营业税的纳税人或扣缴义务人应按规定及时办理纳税申报,并如实填写营业税纳税申报表。营业税纳税申报表是营业税纳税人在规定的期限内向主管税务机关报送当期应纳税额的书面申请报告,是主管税务机关办理征收业务、核实应征税额和应扣缴税额、开具征税凭证的主要依据。营业税纳税申报表及填表说明见"任务实施"部分。

任务实施

任务解析:

步骤一:计算当月应纳营业税税额。

当月应纳营业税税额 $= [1\ 300 \times 50 - (250 + 200 + 400 + 150) \times 50] \times 5\%$

$$= [65\ 000 - 50\ 000] \times 5\%$$

$$= 15\ 000 \times 5\% = 750(元)$$

将当月应纳营业税税额登记在应交营业税计算表中,如表 4-2。

表 4-2　　　　　　　　　　应交营业税计算表

项　目	营业额	税　率	应纳税额	备　注
旅游费收入	15 000.00	5%	750.00	
合　计	15 000.00		750.00	

步骤二:编制当月应纳营业税会计凭证。

借:营业税金及附加　　　　　　　　　　　　　　　　　750

　　贷:应交税费——应交营业税　　　　　　　　　　　　　750

步骤三:填制当月营业税纳税申报表,如表 4-3。

表 4-3

营业税纳税申报表

(适用于查账征收的营业税纳税人)

纳税人识别号:350211478951234
纳税人名称(公章):厦门新青年旅游有限公司
税款所属时间:自 2012 年 05 月 01 日至 2012 年 05 月 31 日   填表日期:2012 年 06 月 12 日   金额单位:元(列至角分)

税目	营业额			免税收入	税率(%)	本期税款计算			期初欠缴税额	前期多缴税额	本期已缴税额				本期应缴税额计算		
	应税收入	应税减除项目金额	应税营业额			小计	本期应纳税额	免(减)税额	期初欠缴税额	前期多缴税额	小计	已缴本期应纳税额	本期已被扣缴税额	本期已缴欠缴税额	小计	本期期末应缴税额	本期期末应缴欠缴税额
	2	3	4=2-3	5	6	7=8+9	8=(4-5)×6	9=5×6	10	11	12=13+14+15	13	14	15	16=17+18	17=8-13-14	18=10-11-15
交通运输业																	
建筑业																	
邮电通信业																	
服务业	65 000.00	50 000.00	15 000.00	5			750.00								750.00	750.00	
娱乐业																	
金融保险业																	
文化体育业																	
销售不动产																	
转让无形资产																	
合 计	65 000.00	50 000.00	15 000.00	5			750.00								750.00	750.00	
代扣代缴项目																	
总 计	65 000.00	50 000.00	15 000.00	5			750.00								750.00	750.00	

纳税人或代理人声明:此纳税申报表是根据国家税收法律的规定填报的,我确定它是真实的、可靠的、完整的

如纳税人填报,由纳税人填写以下各栏		
办税人员(签章) 丰小阳	财务负责人(签章)	法定代表人(签章) 丰小阳

如委托代理人填报,由代理人填写以下各栏	
代理人名称	经办人(签章)
联系电话	联系电话 85671234 张庆山
代理人(公章)	

受理税务机关(盖章):   经办人(签章):   年 月 日

以下由税务机关填写:

本表为 A3 横式,一式三份,一份纳税人留存,一份主管税务机关留存,一份征部门留存。
受理人:

受理税务机关(盖章):   年 月 日

填表说明:

1.根据《中华人民共和国税收征收管理法》及其实施细则《中华人民共和国营业税暂行条例》的有关规定制定本表。

2.本表适用于除经主管税务机关核准实行简易申报方式以外的所有营业税纳税人(以下简称纳税人)。

3.本表"纳税人识别号"栏,填写税务机关为纳税人确定的识别号,即税务登记证件号码。

4.本表"纳税人名称"栏,填写纳税人单位名称全称,并加盖公章,不得填写简称。

5.本表"税款所属时间"填写纳税人申报的营业税应纳税额的所属时间,应填写具体的起止年、月、日。

6.本表"填表日期"填写纳税人填写本表的具体日期。

7.本表"娱乐业"行应区分不同的娱乐业税率填报申报事项。本表"代扣代缴项目"行应填报纳税人本期按照现行规定发生代扣代缴行为所应申报的事项,分不同税率填报。(注:网上申报时,"代扣代缴项目"不得填写数据,纳税人需要通过"税费款综合申报"办理申报。)

8.本表所有栏次数据均不包括本期纳税人经税务机关、财政、审计部门检查以及纳税人自查发生的相关数据。

9.本表第2栏"应税收入"填写纳税人本期因提供营业税应税劳务、转让无形资产或者销售不动产所取得的全部价款和价外费用(包括免税收入),分营业税税目填报,该栏数据为各相应税目营业税纳税申报表中"应税收入"栏的"合计"数。纳税人提供营业税应税劳务、转让无形资产或者销售不动产发生退款或因财务会计核算办法改变冲减营业额时,不在本栏次调减,在第11栏"前期多缴税额"栏次内直接调减税额。

10.本表第3栏"应税减除项目金额"应填写纳税人本期提供营业税应税劳务、转让无形资产或者销售不动产所取得的应税收入中按规定可扣除的项目金额,分营业税税目填报,该栏数据为相应税目营业税纳税申报表中"应税减除项目金额"栏(或"应税减除项目金额"栏中"小计"项)的"合计"数。

11.本表第5栏"免税收入"应填写纳税人本期提供营业税应税劳务、转让无形资产或者销售不动产所取得的应税收入中不需税务机关审批可直接免缴税款的应税收入或已经税务机关批准的免税项目应税收入,分营业税税目填报,该栏数据为相应税目营业税纳税申报表中"免税收入"栏的"合计"数。

12.本表第10栏"期初欠缴税额"填写截至本期(不含本期),纳税人经过纳税申报或报告、批准延期缴纳、税务机关核定等确定应纳税额后,超过法律、行政法规规定或者税务机关依照法律、行政法规规定确定的税款缴纳期限未缴纳的税款,分营业税税目填报,该栏数据为相应税目营业税纳税申报表中"期初欠缴税额"栏的"合计"数。(注:网上申报时该行不得填写数据,需要纳税人到税务机关上门缴纳欠税。)

13.本表第11栏"前期多缴税额"填写纳税人截至本期(不含本期)多缴纳的营业税税额,分营业税税目填报,该栏数据为相应税目营业税纳税申报表中"前期多缴税额"栏的"合计"数。

14.本表第13栏"已缴本期应纳税额"填写纳税人已缴的本期应纳营业税税额。该栏数据为相应税目营业税纳税申报表中"已缴本期应纳税额"栏的"合计"数。

15.本表第14栏"本期已被扣缴税额"填写纳税人本期发生纳税义务,按照现行税法规定被扣缴义务人扣缴的营业税税额。该栏数据为相应税目营业税纳税申报表中"本期已被扣缴税额"栏的"合计"数。

16.本表第15栏"本期已缴欠缴税额"填写纳税人本期缴纳的前期欠缴,包括本期缴纳的前期经过纳税申报或报告、批准延期缴纳、税务机关核定等确定应纳税额后,超过法律、行政法规规定或者税务机关依照法律、行政法规规定确定的税款缴纳期限未缴纳的税款。该栏数据为相应税目营业税纳税申报表中"本期已缴欠缴税额"栏的"合计"数。(注:网上申报时该行不得填写数据,需要纳税人到税务机关上门缴纳欠税。)

步骤四:当月通过银行托收应交营业税税款,编制缴纳税款的会计凭证。

借:应交税费——应交营业税　　　　　　　　　　750

　　贷:银行存款　　　　　　　　　　　　　　　　　750

技能训练

一、单项选择题

1. 根据营业税法律制度的有关规定,下列各项中需缴纳营业税的是（   ）。

A. 电力公司销售电力   B. 银行销售金银

C. 邮局销售邮票   D. 典当行销售死当物品

2. 下列各项中,不属于营业税征收范围的是（   ）。

A. 物业管理公司代供电部门收取电费取得的收入

B. 金融机构实际收到的结算罚款、罚息收入

C. 国家进出口银行办理出口信用保险业务取得的收入

D. 拍卖行受理拍卖文物古董取得的手续费收入

3. 我国内资某建筑公司在境内承包一项建筑工程,取得工程价款 1 500 万元,建设一幢办公楼自用,价值 1 000 万元;在 A 国承包一项建筑工程,取得工程价款 6 000 万元。该公司上述业务应纳营业税（   ）万元。

A. 75   B. 45   C. 93   D. 21

4. 根据营业税法律制度的有关规定,在计算营业税应纳税额时,下列有关确定营业额的表述中正确的是（   ）。

A. 外汇买卖业务以卖出价为营业额

B. 外汇转贷业务以贷款利息全额为营业额

C. 单位或个人进行演出,以全部票价收入为营业额

D. 运输企业以实际收入减去运输工具的折旧后的余额为营业额

5. 某公园 2012 年 5 月取得门票收入 18 000 元,代销中国福利彩票取得手续费收入 3 000 元,为某民间艺术团提供场地取得收入 20 000 元,则该公园本月应纳营业税为（   ）元。

A. 3 100   B. 4 750   C. 4 600   D. 1 150

6. 下列营业税应税行为中,应按 5% 税率缴纳营业税的有（   ）。

A. 搬家公司提供搬家服务   B. 单位出租房屋

C. 电影院放映电影   D. 经营电子游戏厅

7. 自 2003 年 1 月 1 日起,以不动产投资入股,参与接受投资方利润分配,共同承担投资风险的行为,不征收营业税。投资后转让其股权的收入（   ）。

A. 应征收营业税   B. 减半征收营业税

C. 也不征收营业税   D. 暂缓征收营业税

8. 下列各项金融保险业务的营业税计税依据,表述正确的是（   ）。

A. 一般贷款业务的计税依据为利差收入

B. 股票的计税依据为卖出股票的全部收入

C. 金融中间业务的计税依据为佣金的全部收入

D. 融资租赁的计税依据为向承租者收取的全部价款

9. 下列项目中,属于营业税法规定的应税劳务的有(　　)。

A. 汽车清洗取得的收入

B. 销售位于境外的不动产取得的收入

C. 代销货物取得的货款收入

D. 境内企业派员工提供境外劳务取得的收入

10. 下列各项中,属于营业税征收范围的是(　　)。

A. 批发、零售商品　　　　　　　　　B. 进口货物

C. 转让土地使用权　　　　　　　　　D. 提供修理修配劳务

二、多项选择题

1. 根据我国《营业税暂行条例》及其实施细则的规定,下列各项中,属于营业税征收范围的有(　　)。

A. 广告业　　　　B. 旅游业　　　　C. 租赁业　　　　D. 修理修配业

2. 下列各项中,(　　)属于营业税的应税劳务。

A. 娱乐场所为顾客的娱乐活动提供服务

B. 旅游公司为旅客提供服务

C. 运输公司提供加工和修理、修配劳务

D. 建筑安装公司提供建筑、安装劳务

3. 营业税的计税依据是营业额,即纳税人提供应税劳务、转让无形资产或销售不动产向对方收取的全部价款和价外费用,其中价外费用包括(　　)。

A. 基金　　　　B. 集资费　　　　C. 代收款项　　　　D. 代垫款项

4. 下列项目中营业税税率为 20% 的是(　　)。

A. 音乐茶座　　　　B. 游艺　　　　C. 夜总会　　　　D. 娱乐业

5. 下列各项中,符合营业税有关规定的有(　　)。

A. 对娱乐业向顾客收取的各项费用可减除其销售商品的收入后计征营业税

B. 拍卖行向委托方收取的手续费可减除拍卖过程中发生的费用后计征营业税

C. 演出业务以全部收入减去支付的场地费、演出公司或经纪人的费用后的余额为营业额

D. 对旅行社组织境外旅游收取的各项费用可减除其付给境外接团企业的费用后的余额计征营业税

6. 某饭店服务设施齐全,经营范围包括住宿、餐饮、健身、娱乐、代办机票车票、电信服务等,其应纳营业税的税目有(　　)。

A. 邮电通信业　　　　B. 服务业　　　　C. 文化体育业　　　　D. 娱乐业

7. 下列各项中,适用营业税 5% 税率的有(　　)。

A. 搬家公司提供搬家服务

B. 金融公司经营融资租赁业务

C. 某企业转让一项专利技术

D. 某行政事业单位销售一栋房屋取得的收入

8. 下列各项中,属于营业税扣缴义务人的有(　　)。

A. 向境外联运企业支付运费的国内运输企业

B. 境外单位在境内发生应税行为而境内未设机构的,其代理人或购买者

C. 个人转让专利权的受让人

D. 分保险业务的初保人

三、计算题

1. 某服务公司主要从事人力资源中介服务,2012 年 2 月份发生以下业务:

(1)接受某用工单位的委托安排劳动力,取得该单位支付的价款共计 50 万元。其中,40 万元用于支付劳动力的工资和社会保险费,2 万元用于支付劳动力的住房公积金。

(2)提供人力资源咨询服务取得收入 40 万元。

(3)提供会议服务取得收入 30 万元。

(4)在中国境内接受境外企业的远程业务指导(境外企业未派人来华),支付费用 20 万元。

(5)借款给某单位,按同期银行贷款利率收取资金占用费 10 万元。

(6)转让接受抵债所得的一处房产,取得收入 800 万元。抵债时该房产作价 500 万元。

要求:根据上述资料,按照下列序号计算回答问题,每问需计算出合计数。

(1)计算受托安排劳动力业务应缴纳的营业税;

(2)计算提供人力资源咨询服务应缴纳的营业税;

(3)计算提供会议服务应缴纳的营业税;

(4)计算接受境外企业远程业务指导所付费用应代扣代缴的营业税;

(5)计算收取资金占用费应缴纳的营业税;

(6)计算转让房产应缴纳的营业税。

2. 位于 B 县城的某建筑安装公司 2012 年 8 月发生以下业务:

(1)与机械厂签订建筑工程合同一份,为其承建厂房一栋,签订合同时预收工程价款 800 万元,月初开始施工,至月底已完成全部工程的 1/10;

(2)与开发区签订安装工程合同一份,为其铺设通信线路,工程价款共计 300 万元,其中包含由开发区提供的光缆、电缆价值 80 万元,月末线路铺设完工,收回全部价款;

(3)与地质勘探队签订合同一份,按照合同约定为其钻井作业提供泥浆工程劳务,取得劳务收入 40 万元;

(4)以清包工形式为客户提供装修劳务,共收取人工费 35 万元、管理费 5 万元、辅助材料费 10 万元,客户自行采购的装修材料价款为 80 万元;

(5)将自建的一栋住宅楼销售给职工,取得销售收入 1 000 万元、煤气管道初装费

5万元,代收住房专项维修基金50万元;该住宅楼的建筑成本780万元,当地省级税务机关确定的建筑业的成本利润率为15%。

要求:根据上述资料,按下列序号计算回答问题,每问需计算出合计数:

(1)公司8月份承建厂房工程应缴纳的营业税;

(2)公司8月份铺设通信线路工程应缴纳的营业税;

(3)公司8月份提供泥浆工程劳务应缴纳的营业税;

(4)公司8月份为客户提供装修劳务应缴纳的营业税;

(5)公司8月份将自建住宅楼销售给职工应缴纳的营业税;

(6)公司8月份应缴纳的城市维护建设税和教育费附加。

3.某市工商银行2012年第3季度取得如下收入:为电信部门代收电话费取得手续费收入80万元;销售各种凭证取得收入30万元;向某商业企业发放周转性贷款取得利息收入300万元,逾期贷款罚息收入2万元;7月1日向某生产企业发放定期贷款3 000万元,贷款年利率5.6%,期限2年,9月30日该生产企业向银行支付利息;7月1日购进有价证券330万元,其中包括到期未支付的利息收入6万元(7月8日已收到),9月28日以400万元卖出。

要求:计算该银行应纳和应扣缴的营业税。

4.某市一家娱乐公司2012年1月1日开业,经营范围包括娱乐、餐饮及其他服务,当年收入情况如下:

(1)门票收入220万元,歌舞厅收入400万元,游戏厅收入100万元;

(2)美容美发、中医按摩收入150万元;

(3)餐饮收入600万元(其中包括销售自制的180吨啤酒所取得的收入);

(4)与某公司签订租赁协议,将部分空闲的歌舞厅出租,取得租金76万元;

(5)派出5名员工赴国外提供中医按摩服务,取得收入70万元;

(6)经批准从事代销福利彩票业务,取得手续费10万元。

要求:计算该娱乐公司当年应缴纳的营业税。

项目五

城市维护建设税及教育费附加核算与申报

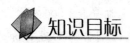

知识目标

1. 掌握城市维护建设税相关规定；
2. 掌握教育费附加相关规定。

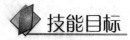

技能目标

1. 学会城市维护建设税的计算与申报；
2. 学会教育费附加的计算与申报。

任务一 城市维护建设税核算与申报

● 任务描述

城市维护建设税，简称城建税，是对从事工商经营，缴纳消费税、增值税、营业税的单位和个人征收的一种税。

城市维护建设税与其他税种不同，没有独立的征税对象或税基，而是以增值税、消费税、营业税"三税"实际缴纳的税额之和为计税依据，随"三税"同时附征，本质上属于一种附加税。

任务导入

1. 处在某大城市市区的某内资企业 2 月份实际缴纳消费税 50 000 元、增值税150 000

元、营业税 10 000 元,请计算该企业当月应纳城市维护建设税税额。

2.某地处县城的个体工商户 2012 年 3 月份已缴纳营业税 15 000 元和消费税10 000元,进口产品时支付增值税 10 000 元,请计算该个体工商户当月应纳城市维护建设税税额。

知识链接

一、城市维护建设税的特点

1. 税款专款专用,具有受益税性质

国家通过税收形式取得的收入,一般都直接纳入国家预算,并不规定每个税种收入的适用范围和方向。但是作为例外,也有个别税种事先明确规定适用范围与方向,税款的缴纳与受益更直接地联系起来,我们通常称其为受益税。城市维护建设税专款专用,用来保证城市的公共事业和公共设施的维护和建设,是一种具有受益税性质的税种。

2. 具有附加税性质

城市维护建设税本身没有独立的征税对象或税基,它是以纳税人实际缴纳的增值税、消费税、营业税税额之和为计税依据,随"三税"一并征收的附加税。

3. 根据城建规模实行地区差别比例税率

城市维护建设税是根据纳税人所在城镇的规模及其资金的需要来设计地区差别比例税率的。这样规定符合城市、县城和其他地区对城市维护和建设资金的不同程度和层次的需求。

4. 征收范围较广

按照现行条例规定,除了减、免税等特殊情况以外,任何从事生产经营活动的企业单位和个人都要缴纳城市维护建设税,征税范围是比较广的。

二、城市维护建设税的基本规定

(一)征税范围和纳税人

城市维护建设税的征税范围比较广,具体包括城市市区、县城、建制镇以及税法规定征收"三税"的其他地区。

城市维护建设税的纳税人是在征税范围内从事工商经营,并缴纳增值税、消费税、营业税的单位和个人,包括国有企业、集体企业、私营企业、个体工商户及其他单位、个人。

外商投资企业和外国企业暂不缴纳城市维护建设税。

(二)税率

城市维护建设税实行地区差别比例税率。按纳税人所在地的不同,税率分别规定为7%、5%、1%三个档次。具体适用范围是:

纳税人所在地在城市市区的,税率为 7%;

纳税人所在地在县城、建制镇的,税率为 5%;

纳税人所在地不在城市市区、县城或者建制镇的,税率为1%。

另外,对铁道部应纳城市维护建设税的税率,鉴于其计税依据为铁道部实际集中缴纳的营业税税额,难以适用地区差别税率,因此,特规定铁道部适用税率统一为5%。

(三)计税依据

城市维护建设税的计税依据是纳税人实际缴纳的增值税、消费税和营业税税额。对纳税人违反增值税、消费税和营业税有关税法而加收的滞纳金和罚款,是税务机关对纳税人违法行为的经济制裁,不作为城市维护建设税的计税依据。但纳税人在被查补增值税、消费税、营业税和被处以罚款时,应同时对其偷漏的城市维护建设税进行补税和罚款。

总结城市维护建设税的计税依据:为三税税额之和;不包括加收的滞纳金和罚款;三税补罚,城市维护建设税也要补罚;三税减免,城市维护建设税也减免。

【做中学 5-1】 某城市税务分局对辖区内一家内资企业进行税务检查时,发现该企业故意少缴营业税58万元,遂按相关执法程序对该企业作出补缴营业税、城市维护建设税和教育费附加并加收滞纳金(滞纳时间50天)和罚款(与税款等额)的处罚决定。该企业于当日接受了税务机关的处罚,补缴的营业税、城市维护建设税、教育费附加及滞纳金、罚款合计为多少?

补缴的营业税、城市维护建设税、教育费附加及其罚款$=(58+58\times7\%+58\times3\%)\times2$
$$=127.6(万元)$$

滞纳金$=(58+58\times7\%+58\times3\%)\times50\times0.5‰=1.595(万元)$

故补缴的营业税、城市维护建设税、教育费附加及滞纳金、罚款合计$=127.6+1.595=129.195(万元)$

【技能训练 5-1】 城市市区的某外贸公司本年被海关查出偷漏进口应税消费品消费税20万元,海关下达了处罚决定书,处以偷漏税金1.5的倍罚款,则城市维护建设税的计税依据应如何确定?

(四)减税、免税

城市维护建设税是以增值税、消费税、营业税税额为计税依据并与"三税"同时征收的,故在减免"三税"时也相应减免了城市维护建设税。因此,城市维护建设税一般不单独规定减免税。但对一些特殊情况,财政部和国家税务总局作了特案减、免税规定:

1.海关对进口产品代征增值税、消费税的,不征收城市维护建设税。

2.对出口产品退还增值税、消费税的,不退还已缴纳的城市维护建设税;生产企业出口货物实行免、抵、退税办法后,经国家税务局正式审核批准的当期免抵的增值税税额应纳入城市维护建设税和教育费附加的计征范围,分别按规定的税(费)率征收城市维护建设税和教育费附加。

3.其他财政部和国家税务总局的税收优惠规定。

【技能训练 5-2】 某市区企业为增值税一般纳税人,本期进口原材料一批,缴纳海关增值税20万元,本期在国内销售甲产品实际缴纳增值税10万元、消费税40万元;出口乙产品一批,按规定退回增值税8万元。该企业本期应缴纳城市维护建设税多少万元?

三、城市维护建设税的计算与会计处理

(一)城市维护建设税的计算

城市维护建设税应纳税额的计算公式为

应纳税额＝(实际缴纳的增值税税额＋实际缴纳的消费税税额＋

实际缴纳的营业税税额)×适用税率

【做中学 5-2】　某市区一企业,2012 年 3 月份应缴纳增值税 231 万元,其中符合有关政策规定而被退库的为 13 万元;缴纳消费税 87 万元;缴纳营业税 25 万元,因故被加收滞纳金 0.25 万元。请计算该企业实际应纳城市维护建设税税额。

应纳税额＝(231－13＋87＋25)×7%＝330×7%＝23.10(万元)

(二)城市维护建设税的征收管理

城市维护建设税的纳税环节、纳税期限等事项比照增值税、消费税、营业税的有关规定办理。但对一些比较复杂并有特殊性的纳税地点,财政部和国家税务总局作了特殊规定:

1.纳税人直接缴纳"三税"的,在缴纳"三税"所在地缴纳城市维护建设税。

2.代征、代扣代缴的纳税地点。代征、代扣代缴增值税、消费税、营业税的单位,同时也要代征、代扣代缴城市维护建设税,如果没有代征、代扣代缴城市维护建设税,应由纳税单位和个人回其所在地申报纳税。

3.银行的纳税地点。各银行缴纳的营业税,均由取得业务收入的核算单位在当地缴纳。即县以上各级银行直接经营业务取得的收入,由各级银行分别在其所在地纳税;县和设区的市由县支行或区办事处在其所在地纳税,而不能分别按所属营业所的所在地计算纳税。

(三)城市维护建设税的会计处理

为了正确反映企业应缴城市维护建设税的计算、形成及缴纳过程,需要在"应交税费"科目下设置"应交城市维护建设税"明细账户进行核算。

企业计算当期应纳城市维护建设税税额时,借记"营业税金及附加"账户,贷记"应交税费——应交城市维护建设税"账户。当企业实际缴纳城市维护建设税时,应借记"应交税费——应交城市维护建设税"账户,贷记"银行存款"账户。

【做中学 5-3】　某市区一企业 2012 年 8 月实际缴纳增值税 40 000 元,缴纳消费税50 000元,缴纳营业税 20 000 元。计算该企业应纳的城市维护建设税税额。

应纳城市维护建设税税额＝(40 000＋50 000＋20 000)×7%＝7 700(元)

借:营业税金及附加　　　　　　　　　　　　　　　　　　7 700

　　贷:应交税费——应交城市维护建设税　　　　　　　　　　　7 700

▌任务实施

任务解析:

城市维护建设税应纳税额计算:

1.应纳城市维护建设税税额＝(50 000＋150 000＋10 000)×7%＝14 700(元)

2.应纳城市维护建设税税额＝(15 000＋10 000)×5%＝1 250(元)

任务二　教育费附加核算与申报

●任务描述

教育费附加是以单位和个人缴纳的增值税、消费税、营业税税额为计算依据征收的一种附加费。

教育费附加对缴纳增值税、消费税、营业税的单位和个人征收，以其实际缴纳的增值税、消费税和营业税税额为计税依据，分别与增值税、消费税和营业税同时缴纳。

任务导入

松晨公司本月缴纳进口关税 85 万元，进口增值税 20 万元。本月实纳增值税 40 万元，实纳消费税 70 万元，实纳营业税 8 万元，补缴上月应纳增值税 6 万元，该企业本月应纳教育费附加为多少？该企业会计人员计算如下：

企业本月应纳教育费附加＝(85＋20＋40＋70＋8＋6)×3％＝6.87(万元)

任务：该企业会计人员计算是否正确？如不正确，应如何计算？

知识链接

一、教育费附加的特点

教育费附加对缴纳增值税、消费税、营业税的单位和个人征收，以其实际缴纳的增值税、消费税和营业税税额为计税依据，分别与增值税、消费税和营业税同时缴纳。教育费附加的减免规定为：

1. 海关对进口产品代征增值税、消费税的，不征收教育费附加。

2. 对由于减免增值税、消费税、营业税而发生退税的，可以同时退还已征收的教育费附加。但对出口产品退还增值税、消费税的，不退还已征的教育费附加。

3. 其他财政部和国家税务总局的税收优惠规定。

二、教育费附加的计算与会计处理

$$应纳教育费附加＝(实际缴纳的增值税税额＋实际缴纳的消费税税额＋$$
$$实际缴纳的营业税税额)×征收比率$$

【做中学 5-4】　某市区一企业 2012 年 10 月缴纳增值税 30 万元、消费税 20 万元、营业税 10 万元，请计算该企业应缴纳的教育费附加。

应纳教育费附加＝(30＋20＋10)×3％＝1.8(万元)

在会计核算时，企业按规定计算出的教育费附加，借记"营业税金及附加"、"其他业务成本"等账户,贷记"应交税费——应交教育费附加"账户;实际上缴时,借记"应交税费——应交教育费附加"账户,贷记"银行存款"账户。

【做中学 5-5】　大庆公司设在某市区,2012 年 5 月份货物销售实际缴纳增值税 300 000 元,缴纳消费税 200 000 元。该公司应纳城市维护建设税和教育费附加的计算及会计处理如下:

(1)计提应纳城市维护建设税和教育费附加时:

应纳城市维护建设税税额＝(300 000＋200 000)×7％＝35 000(元)

应纳教育费附加税额＝(300 000＋200 000)×3％＝15 000(元)

借:营业税金及附加　　　　　　　　　　　　　　　　50 000

　　贷:应交税费——应交城市维护建设税　　　　　　　　　35 000

　　　　　　　　——应交教育费附加　　　　　　　　　　　15 000

(2)实际缴纳城市维护建设税和教育费附加时:

借:应交税费——应交城市维护建设税　　　　　　　　35 000

　　　　　　——应交教育费附加　　　　　　　　　　15 000

　　贷:银行存款　　　　　　　　　　　　　　　　　　　　50 000

任务实施

任务解析:

企业本月应纳教育费附加税额＝(40＋70＋8＋6)×3％＝3.72(万元)

任务拓展

对城市维护建设税和教育费附加的总结如表 5-1 所示。

表 5-1　　　　　　　　　城市维护建设税和教育费附加总结

税 种	纳税人纳税范围	计税依据	税 率			减免税	征收管理及纳税申报
			市	县	其他		
城市维护建设税	1.缴纳"三税"的单位和个人 2.外商投资企业、外国企业不征 3.城市维护建设税进口不征,出口不退	应纳税额＝实际缴纳的增值税、消费税、营业税×税率(查补的税款,不包括三税的罚款和滞纳金) 出口免抵税额属于计征范围	7％	5％	1％	1.免、减"三税"的同时也免、减城市维护建设税 2.退"三税"不退已纳城市维护建设税 注意:实行先征后退、先征后返、即征即退的"三税",对附征的城市维护建设税一律不予退(返)还	同"三税"(征收只限于内资企业在境内发生的应纳"三税"行为,不包括出口环节和进口环节)
教育费附加				3％		(1)进口不征、出口不退 (2)代征代扣以代征代扣地的税率计算 (3)只以"三税"实纳税额为计税依据,不包括滞纳金和罚款 (4)纳税地点:经营地、代征代扣地	

技能训练

一、单项选择题

1. 目前我国城市维护建设税的税率实行的是（　　）的方法。

　A. 纳税人所属行业差别比例税率　　　　B. 纳税人所在地差别比例税率

　C. 纳税人所属行业累进税率　　　　　　D. 纳税人所在地累进税率

2. 关于城市维护建设税和教育费附加的减免规定，下列表述正确的是（　　）。

　A. 对海关进口的产品征收的增值税、消费税和营业税，征收教育费附加

　B. 对"三税"实行先征后返、先征后退、即征即退办法的，除另有规定外，对随同"三税"附征的城市维护建设税，一律不予退（返）还

　C. 对出口产品退还增值税、消费税的，可以同时退还已征的教育费附加

　D. 城市维护建设税原则上可以单独减免

3. 地处某建制镇的一家加工企业为城区一家烟丝厂加工一批烟丝，该批烟丝应纳城市维护建设税的纳税地点为（　　）。

　A. 烟丝厂所在地　　B. 烟丝厂注册地　　C. 加工厂所在地　　D. 双方协商

4. 某市一饮食服务公司隐瞒收入 40 万元，被查补营业税，并处 3 倍罚金，则应查处和处罚的城市维护建设税为（　　）元。

　A. 2 520　　　　　B. 5 600　　　　　C. 13 440　　　　　D. 48 000

5. 某市食品厂本月实缴增值税 15 万元，实缴营业税 1 万元，后经税务机关检查，其 3 个月前所缴营业税 2 万元为免税项目，予以退税，其当月应纳城市维护建设税（　　）万元。

　A. 0.75　　　　　B. 0.8　　　　　　C. 0.98　　　　　　D. 1.12

6. 某市一生产企业为增值税一般纳税人，本期进口原材料一批，向海关缴纳进口环节增值税 10 万元；本期在国内销售甲产品缴纳增值税 30 万元、消费税 50 万元及消费税滞纳金 1 万元；本期出口乙产品一批，按规定退回增值税 5 万元。该企业本期应缴纳城市维护建设税（　　）万元。

　A. 4.55　　　　　B. 4　　　　　　　C. 4.25　　　　　　D. 5.6

7. 流动经营的单位，在经营地缴纳"三税"的，则其城市维护建设税应在（　　）缴纳。

　A. 经营地按当地适用税率计算

　B. 机构所在地按当地适用税率计算

　C. 经营地但按机构所在地的适用税率计算

　D. 机构所在地但按经营地的适用税率计算

8. 某外贸公司（位于县城）2012 年 8 月出口货物退还增值税 15 万元，退还消费税 30 万元；进口半成品缴纳进口环节增值税 60 万元，内销产品缴纳增值税 200 万元；本月将一块闲置的土地转让，取得收入 500 万元，购入该土地时支付土地出让金 340 万元、各种税费 10 万元。该公司本月应纳城市维护建设税和教育费附加（　　）万元。

A. 21.44　　　　　　B. 17.84　　　　　　C. 17.6　　　　　　D. 16.64

二、多项选择题

1. 下列关于城市维护建设税的纳税地点的说法中,正确的有(　　)。

A. 流动经营的单位和个人,按纳税人缴纳"三税"所在地缴纳

B. 代扣代缴增值税、消费税和营业税的,在委托方所在地缴纳

C. 纳税人销售不动产,在不动产所在地缴纳城市维护建设税

D. 流动经营的单位和个人,随"三税"在户籍地按适用税率缴纳

E. 各银行缴纳的营业税,由取得业务收入的核算单位在当地缴纳

2. 下列行为中,需要缴纳城市维护建设税和教育费附加的有(　　)。

A. 事业单位出租房屋行为

B. 企业购买房屋行为

C. 油田开采天然原油并销售的行为

D. 外商投资企业销售货物行为

E. 进口应税消费品的行为

3. 下列各项中,符合城市维护建设税规定的有(　　)。

A. 只要缴纳"三税",就要缴纳城市维护建设税

B. 因减免"三税"而退库的,相应的城市维护建设税可以同时退还

C. 对出口产品退还增值税、消费税,不退还城市维护建设税

D. 海关对进口货物征收增值税、消费税,不征收城市维护建设税

E. 纳税人偷漏"三税"而加收的滞纳金、罚款,一并计入城市维护建设税的计税依据

4. 下列各项中,符合城市维护建设税征收管理有关规定的有(　　)。

A. 海关对进口产品代征的增值税、消费税,征收城市维护建设税

B. 海关对进口产品代征的增值税、消费税,不征收城市维护建设税

C. 出口产品退还增值税、消费税的,不退还已缴纳的城市维护建设税

D. 出口产品退还增值税、消费税的,按50%退还已缴纳的城市维护建设税

5. 下列单位不需要缴纳城市维护建设税的是(　　)。

A. 只从事出口业务,且出口货物享受免、退税的政策

B. 既从事出口又从事内销业务的单位

C. 进口货物自用的单位

D. 转销进口货物的单位

项目六

关税核算与申报

知识目标

1. 了解关税的征纳意义及其发展趋势；
2. 理解关税的征税对象、纳税义务人和税率等税则；
3. 掌握进出口关税应纳税额的计算和分析；
4. 熟悉关税涉税业务的会计处理；
5. 掌握进出口货物报关及纳税申报的程序。

技能目标

1. 通过学习关税税则，能够判断需要征收关税的进出口业务及其适用税率；
2. 能够正确确定关税的完税价格并根据相关税率计算应纳关税税额；
3. 能够根据实际案例进行关税涉税业务的会计处理；
4. 能够处理货物报关过程中关税的缴纳工作。

任务一　计算关税税额

任务描述

关税是海关代表国家，根据有关税法、税则，对进出关境的货物或物品所征收的一种流转税。计算关税税额的重点是关税完税价格的确认，包括进口货物和出口货物的完税价格的确认，关税的计税方法可分为从价、从量、复合和滑准四种，其中从价计税方法的使用最为普遍。

任务导入

某外贸公司有进出口经营权，2012年10月发生以下经营业务：

(1)经有关部门批准从境外进口新小轿车 30 辆,每辆小轿车货价 15 万元,运抵我国海关前发生的运输费用、保险费用无法确定,经海关查实其他运输公司相同业务的运输费用占货价的比例为 2%。向海关缴纳了相关税款,并取得完税凭证。

(2)月初将上月购进的库存材料价款 40 万元,经海关核准委托境外公司加工一批货物,月末该批加工货物在海关规定的期限内复运进境供销售,支付给境外公司加工费 20 万元、进境前的运输费和保险费共 3 万元。向海关缴纳了相关税款,并取得了完税凭证。

(提示:小轿车关税税率 60%,货物关税税率 20%,增值税税率 17%,消费税税率 8%。)

任务:小轿车在进口环节应缴纳什么税?如何计算?加工货物在进口环节是否缴纳关税?如果缴纳,又该如何计算?

知识链接

一、关税的分类

按照不同标准划分,可以形成多种类型的关税。

(一)按征税货物的流向划分

按征税货物的流向划分,关税可以分为进口关税、出口关税和过境关税。

1. 进口关税

进口关税是对国外转入本国的货物所征收的一种关税。一般是在货物进入关境时征收,或在货物从海关保税仓库转出,投入国内市场时征收。进口关税是当前世界各国征收的最主要的一种关税,在许多国家已不征出口关税与过境关税的情况下,它成为唯一的关税。

2. 出口关税

出口关税是对本国出口货物在运出国境时征收的一种关税。由于征收出口关税会增加出口货物的成本,不利于本国货物在国际市场的竞争,目前西方发达国家都取消了出口关税。目前尚在征收的主要是发展中国家,目的是取得财政收入与调节市场供求关系。我国目前对少数货物还征收出口关税。

3. 过境关税

过境关税是对外国经过一国关境、运往另一国的货物所征收的关税。由于过境货物对本国工农业生产和市场不产生影响,而且还可以从交通运输、港口使用、仓储保管等方面获得收入,因此目前绝大多数国家都不征收过境关税。

(二)按征收目的划分

按征收目的划分,关税可以分为财政关税和保护关税。

1. 财政关税

财政关税又称收入关税,是以增加国家财政收入为主要目的而课征的关税。这类关税一般选择进口量大、消费量大、负担能力强的非生活必需品或本国不能生产而又无替代品的消费品为主要的征收对象。其税率视国家财政收入需要和影响国际贸易数量的大小而定,一般比保护关税低。随着世界经济的发展,财政关税的意义逐渐降低并为保护关税所替代。

2. 保护关税

以保护国内经济为目的而征收的关税,称为保护关税。保护关税主要是进口关税,税率较高。现代各国关税保护的重点则有所不同。发达国家所要保护的通常是国际间竞争性很强的货物,发展中国家则重在保护本国幼稚工业的发展。

(三)按征税标准划分

按征税标准划分,关税可以分为从价关税、从量关税、复合关税和滑准关税。

1. 从价关税

从价关税是以货物的价格作为计税依据而计算征收的关税。我国对进口货物基本上都实行从价关税。

2. 从量关税

从量关税是以进出口货物的实物计量单位(重量、数量、面积、容积、长度等)为计税依据征收的关税。目前我国对原油、部分鸡产品、啤酒、进口卷烟实行从量关税。

3. 复合关税

复合关税是指对某种进口货物同时使用从价和从量计征的关税。目前我国对录(放、摄)像机、数字照相机、摄录一体机实行复合关税。

4. 滑准关税

滑准关税又称滑动税,是进口货物的适用关税税率与货物的完税价格成反比。即一种关税税率随进口货物价格由高到低而由低到高设置计征关税的方法,使进口货物价格越高,其进口关税税率越低;进口货物价格越低,其进口关税税率越高。其目的是使该种货物的国内市场价格保持稳定,免受或少受国际市场价格波动的影响。目前我国对新闻纸实行滑准关税。

(四)按对进口国的差别待遇划分

按对进口国的差别待遇划分,关税可以分为加重关税和优惠关税。

1. 加重关税

加重关税又称歧视关税,是指对某些输出国、生产国的进口货物,因某种原因(如歧视、报复、保护和经济方面的需要等)使用比正常税率较高的税率所征收的关税。在加重关税中,使用较多的是反倾销税和反补贴税。

反倾销税是指进口国海关对被认定构成出口倾销并对其国内相关工业构成损害的进口产品所征收的一种临时进口附加税。

反补贴税是对于直接或间接接受任何津贴和补贴的外国货物在进口时所征收的附加关税。

2. 优惠关税

优惠关税即指一国对特定的受惠国给予优惠待遇,使用比普通税率较低的优惠税率,具体形式有互惠关税、特惠关税、普惠关税和最惠国待遇。

互惠关税是两国间相互给予对方比其他国家优惠的税率的一种协定关税,其目的在于发展双方之间的贸易关税,促进双方国家工农业生产的发展。

特惠关税是对有特殊关系的国家,单方面或相互间按协定采用特别低的进口税率,甚至免税的一种关税。其优惠程度高于互惠关税,但只限于对有特殊关系的国家适用。

　　普惠关税是经济发达国家对发展中国家出口货物普遍给予的一种关税优惠制度。普惠制是广大发展中国家长期斗争的结果,它对打破发达国家的关税壁垒、扩大发展中国家货物进入给惠国市场、推动本国经济的发展有积极意义。但在实施中,普惠制会遇到发达国家为了自身的经济利益而设置的种种障碍和限制。

　　最惠国待遇是指缔约国一方现在和将来给予任何第三国的一切特权、优惠和豁免,也同样给予对方的一种优惠待遇。它通常是国际贸易协定中的一项重要内容。它的适用范围最初限于关税的优惠,以后扩大到其他税收、配额、航运、港口使用、仓储、输出等许多方面,但关税仍是主要的。我国对外贸易条约或协定中,也规定有最惠国待遇条款,以利于在平等互利的基础上扩大贸易往来,促进双方经济发展,以及避免歧视待遇。

二、关税的基本制度

(一)征税对象

　　关税的征税对象是进出我国关境的货物和物品。货物是指贸易性商品;物品包括入境旅客随身携带的行李和物品、个人邮递物品、各种运输工具上的服务人员携带进口的自用物品、馈赠物品以及以其他方式进入我国国境的个人物品。

(二)纳税义务人

　　根据国务院 2003 年 10 月颁布的《中华人民共和国进出口关税条例》(以下简称《进出口关税条例》)第五条规定:"进口货物的收货人、出口货物的发货人、进境物品的所有人,是关税的纳税义务人。"

　　在外贸企业逐步实行进出口代理制以后,凡由外贸企业代理进出口业务的,都由办理进出口业务的外贸企业代纳税,不通过外贸企业而自行经营进出口业务的,则由收发货人自行申报纳税。

　　非贸易性物品的纳税人是物品持有人、所有人或收件人。

(三)关税的税则、税目和税率

1.关税的税则和税目

　　关税税则又称海关税则,它是一国对进出口商品计征关税的规章和对进出口的应税与免税商品加以系统分类的一览表,海关凭以征收关税,是关税政策的具体体现。

　　2002 年 1 月 1 日起实施的《中华人民共和国海关进出口税则》包括正文和附录两大部分。正文包括海关进口税则和出口税则;附录是进口商品税目税率表、进口商品关税配额税目税率表、进口商品税则暂定税率表、出口商品税则暂定税率表、入境旅客行李物品和个人邮递物品税目税率表、非全税目信息技术产品税率表等附表。关税税率表主要包括税则号列(简称税号)、货品分类目录、税率三部分。

　　税则中的商品分类,有的按商品加工程度划分,有的按商品性质划分,也有的按两者结合划分。按商品性质分成大类,再按加工程度分成小类,现在世界上多数国家采用欧洲关税同盟研究小组拟定的《布鲁塞尔税则目录》。这个税则目录就是以商品性质为主,结合加工程度进行分类,把全部商品分为二十一大类,九十九章(小类)1 097 项税目。各国可在税目下加列子目。税则中商品分类之所以如此繁细,反映了商品种类增多,同时也是为了便于实行关税差别和贸易歧视政策,它是一国关税政策的具体体现。2012 年版的我国进出口税则和税目根据世界海关组织的统一规定进行修订,总数由 2011 年的 7 977 个增至 8 194 个。

2. 关税税率

(1)进口货物税率

我国加入 WTO 以后,为了履行我国在加入 WTO 关税减让谈判中承诺的有关义务,享有 WTO 成员应有的权利,自 2002 年 1 月 1 日起我国进口税则设有最惠国税率、协定税率、特惠税率、普通税率和关税配额税率等进口货物税率,对进口货物在一定期限内可以实行暂定税率。

①最惠国税率,适用于原产于共同适用最惠国待遇条款的世界贸易组织成员的进口货物,原产于与中华人民共和国签订含有相互给予最惠国待遇条款的双边贸易协定的国家或者地区的进口货物以及原产于中华人民共和国境内的进口货物。

②协定税率,适用于原产于与中华人民共和国签订含有关税优惠条款的区域性贸易协定的国家或者地区的进口货物。

③特惠税率,适用于原产于与中华人民共和国签订含有特殊关税优惠条款的区域性贸易协定的国家或者地区的进口货物。

④普通税率,适用于原产于上述①～③所列以外国家或地区的进口货物以及原产地不明的进口货物。

⑤暂定税率,是对某些税号中的部分货物在适用最惠国税率的前提下,通过法律程序暂时实施的进口税率,具有非全税目的特点。进口暂定税率低于最惠国税率。适用最惠国税率的进口货物有暂定税率的,应当适用暂定税率;适用协定税率、特惠税率的进口货物有暂定税率的,应当从低适用税率;适用普通税率的进口货物,不适用暂定税率。

⑥关税配额税率。对实行关税配额管理的进口货物,在关税配额内的,适用关税配额税率;在关税配额外的,按不同情况适用最惠国税率、协定税率、特惠税率和普通税率。

我国自 2002 年起逐年调低进口关税,其中:2002 年大幅调低了 5 300 多种商品的进口关税,关税总水平由 2001 年的 15.3% 降低至 12%,是"入世"后降税涉及商品最多、降税幅度最大的一年;2005 年降税涉及 900 多种商品,关税总水平由 2004 年的 10.4% 降低至 9.9%,是我国履行义务的最后一次大范围降税;此后的几次降税涉及商品范围有限,对关税总水平的影响均不大。2006 年 7 月 1 日,我国降低了小轿车等 42 个汽车及其零部件的进口关税税率,最终完成了汽车及其零部件的降税义务,我国汽车整车及其零部件税率分别由"入世"前的 70%～80% 和 18%～65% 降至 25% 和 10%。2010 年降低鲜草莓等 6 个税目商品进口关税。调整后,我国关税总水平为 9.8%。其中农产品平均税率为 15.2%,工业品平均税率为 8.9%。至此,我国加入世界贸易组织承诺的关税减让义务全部履行完毕。

(2)出口货物税率

出口货物税率没有普通税率和优惠税率之分。我国确定征收出口关税的总原则是:既要服从于鼓励出口政策,又要做到能够控制一些货物的盲目出口,因此,征收出口税仅限于少数货物。只对出口盈利特别高、需防止削价竞销以及国内紧俏的少数货物征收出口税。现在征收出口关税的货物有鳗鱼苗、部分有色金属矿砂石及其精矿、生锑、磷、氟钽酸钾、苯、山羊板皮、部分铁合金、钢铁废碎料、铜和铝原料及其制品、镍锭、锌锭、锑锭等

37 种,税率为 5%～40%。

出口关税税率都实行从价税率。与进口暂定税率一样,对出口货物也可在一定期限内实行暂定税率,出口暂定税率优先适用于出口税则中规定的出口税率。

(四)关税的优惠政策

1. 法定减免

法定减免是指《中华人民共和国海关法》(以下简称《海关法》)、《进出口关税条例》明确规定的减免税。法定减免货物进出口时,纳税人无须提出申请,海关可按规定直接予以减免。海关对法定减免货物一般不进行后续管理。享受法定减免待遇的货物主要有:

(1)关税税额在人民币 50 元以下的一票货物;

(2)无商业价值的广告品和货样;

(3)外国政府、国际组织无偿赠送的物资;

(4)进出境运输工具装载的途中必需的燃料、物料和饮食用品;

(5)在海关放行前损失的货物。

2. 特定减免

特定减免也称政策性减免,它是在法定减免税之外,国家按照国际通行规则和我国的实际情况制定发布的有关进出口货物减免关税的政策。特定减免货物一般有地区、企业和用途的限制,海关需要进行后续管理,也需要进行减免税统计。

特定减免的主要范围包括科教用品、残疾人用品、边境贸易进口物资、保税区进出口货物、出口加工已进口货物、进口设备、慈善性捐赠物资、外国驻华使领馆和有关国家机构及其人员所需物品等。

3. 临时减免

临时减免是由国务院根据我国《海关法》给予的特殊照顾,是一案一批、专文下达的减免税。自我国加入 WTO 后,为了遵循统一、规范、公平、公开的原则,有利于统一税法、公平税负、平等竞争,国家严格控制减免税,一般不办理个案临时减免,对特定减免也在逐步规范和清理,对不符合国际惯例的税收优惠政策将予以废止。

三、关税完税价格的确认

关税完税价格是指海关从价计征关税所依据的价格,是海关以进出口货物的实际成交价格为基础审定的价格。实际成交价格是一般贸易项下进口或出口货物的买方为购买该项货物向卖方实际支付或应当支付的价格。成交价格不能确定时,完税价格由海关依法估定。

(一)进口货物完税价格的确认

1. 完税价格与成交价格

进口货物的完税价格由海关以符合条件的成交价格以及该货物运抵中华人民共和国境内输入地点起卸前的运输及其相关费用、保险费为基础审查确定。

进口货物的成交价格,是指卖方向中华人民共和国境内销售该货物时买方为进口该货物向卖方实付、应付的,并且按照《中华人民共和国海关审定进出口货物完税价格办法》的相关规定调整后的价款总额,包括直接支付的价款和间接支付的价款。

进口货物的成交价格应当符合下列条件:

（1）对买方处置或者使用该货物不予限制，但法律、行政法规规定实施的限制，对货物转售地域的限制和对货物价格无实质性影响的限制除外；

（2）该货物的成交价格没有因搭售或者其他因素的影响而无法确定；

（3）卖方不得从买方直接或者间接获得因该货物进口后转售、处置或者使用而产生的任何收益，或者虽有收益但能够按照《中华人民共和国海关审定进出口货物完税价格办法》的相关规定进行调整；

（4）买卖双方没有特殊关系，或者虽有特殊关系但未对成交价格产生影响。

2. 计入完税价格的费用

进口货物成交价格中未包含下列费用的，应一并计入完税价格：

（1）由买方负担的购货佣金以外的佣金和经纪费；

（2）由买方负担的在审查确定完税价格时与该货物视为一体的容器的费用；

（3）由买方负担的包装材料费用和包装劳务费用；

（4）与该货物的生产和向中华人民共和国境内销售有关的，由买方以免费或者以低于成本的方式提供并可以按适当比例分摊的料件、工具、模具、消耗材料及类似货物的价款，以及在境外开发、设计等相关服务的费用；

（5）作为该货物向中华人民共和国境内销售的条件，买方必须支付的、与该货物有关的特许权使用费；

（6）卖方直接或者间接从买方获得的该货物进口后转售、处置或者使用的收益。

3. 不能计入完税价格的费用

进口时在货物的价款中列明的下列税收、费用，不计入该货物的完税价格：

（1）厂房、机械、设备等货物进口后进行建设、安装、装配、维修和技术服务的费用；

（2）进口货物运抵境内输入地点起卸后的运输及其相关费用、保险费；

（3）进口关税及国内税收。

4. 进口货物完税价格的估定

进口货物的成交价格如果不符合上面所述条件或者是不能确定的，海关经了解有关情况，并与纳税义务人进行价格磋商后，依次以下列价格估定该货物的完税价格：

（1）与该货物同时或者大约同时向中华人民共和国境内销售的相同货物的成交价格；

（2）与该货物同时或者大约同时向中华人民共和国境内销售的类似货物的成交价格；

（3）与该货物进口的同时或者大约同时，将该进口货物、相同或者类似进口货物在第一级销售环节销售给无特殊关系买方最大销售总量的单位价格，但应该扣除以下项目：同等级或者同种类货物在中华人民共和国境内第一级销售环节销售时通常的利润和一般费用以及通常支付的佣金；进口货物运抵境内输入地点起卸后的运输及其相关费用、保险费；进口关税及国内税收；

（4）按照下列各项总和计算的价格：生产该货物所使用的料件成本和加工费用，向中华人民共和国境内销售同等级或者同种类货物通常的利润和一般费用，该货物运抵中华人民共和国境内输入地点起卸前的运输及其相关费用、保险费；

（5）以合理方法估定的价格。按照前四项的规定，仍不能确定货物的成交价格时，进口货物的完税价格,由海关根据条例规定的原则,以客观量化的数据资料为基础审查确定进口货物完税价格的估价方法。

纳税义务人向海关提供有关资料后,可以提出申请,颠倒前款第(3)项和第(4)项的适用次序。

5.进口货物完税价格中运输及其相关费用、保险费的计算

(1)以陆运、海运和空运方式进口货物

以陆运、海运和空运方式进口货物,计算至该货物运抵中华人民共和国境内的第一口岸。如果运输及其相关费用、保险费支付至目的地口岸或第一口岸外的其他口岸,则计算至目的地口岸。以陆运、空运和海运方式进口货物的运费,应当按照实际支付费用计算。如果进口货物的运费无法确定或未实际发生,海关应当按照该货物进口同期运输行业公布的运输率(额)计算。以陆运、海运和空运方式进口货物的保险费应当按照实际支付的费用计算。如果进口货物的保险费无法确定或未实际发生,海关应当按照"货价加运费"两者总额的3‰计算保险费。

(2)其他方式进口的货物

邮运的进口货物,应当以邮费作为运输及其相关费用、保险费。以境外边境口岸价格条件成交的铁路或公路运输进口货物,海关应当按照货价的1‰计算运输及其相关费用、保险费。作为进口货物的自驾进口的运输工具,海关在审定完税价格时,可以不另行计入运费。

(二)出口货物完税价格的确认

1.以成交价格为基础的完税价格

出口货物的完税价格由海关以该货物的成交价格以及该货物运至中华人民共和国境内输出地点装载前的运输及其相关费用、保险费为基础审查确定。出口货物的成交价格,是指该货物出口时卖方为出口该货物应当向买方直接收取和间接收取的价款总额。出口关税不计入完税价格,出口货物的销售价格如果包括离境口岸至境外口岸之间的运费、保险费,该运费、保险费应当扣除。

2.出口货物完税价格海关估定方法

出口货物的成交价格不能确定的,海关经了解有关情况并与纳税义务人进行价格磋商后,依次以下列价格估定该货物的完税价格。

(1)与该货物同时或者大约同时向同一国家或者地区出口的相同货物的成交价格;

(2)与该货物同时或者大约同时向同一国家或者地区出口的类似货物的成交价格;

(3)按照下列各项总和计算的价格:境内生产相同或者类似货物的料件成本、加工费用,通常的利润和一般费用,境内发生的运输及其相关费用、保险费;

(4)以合理方法估定的价格。

四、关税的基本计算方法

关税分为从价、从量、复合和滑准四种计税方法,其计算方法分别如下。

(一)从价计税方法

从价计税方法是以进出口货物的价格作为计税标准计缴关税,具有税负公平、明确、易于实施、计征简便等优点。目前我国大多数进口货物采用从价关税,出口关税都是采用

从价计税方法。货物的价格是指由海关所确定的货物的完税价格。其计算公式为

$$关税税额＝应税进（出）口应税货物数量×单位完税价格×适用关税税率$$

（二）从量计税方法

从量计税方法是以货物的某种计量单位（数量、重量、面积、容量、长度等）作为计税标准，以每一计量单位应纳的关税金额作为税率来计缴关税。其特点是不以货物价格的涨落而改变应纳税额，手续简便，但税负不合理，难以普遍采用。我国目前仅对啤酒、胶卷等少数货物采用从量计税方法。其计算公式为

$$关税税额＝应税进（出）口应税货物数量×单位货物关税税额$$

（三）复合计税方法

复合计税方法是对进口货物既从量计税又从价计税的一种方法，一般以从量计税为主，加征从价计税。实务中，货物的从量税额与从价税额难以同时确定，且手续复杂，难以普遍采用。我国目前仅对录像机、放像机、摄像机和摄录一体机实行复合计税。其计算公式为

$$关税税额＝应税进（出）口应税货物数量×单位货物关税税额＋应税进（出）口应税货物数量×单位完税价格×适用关税税率$$

（四）滑准计税方法

滑准计税方法是对进口税则中的同一种货物按其市场价格标准分别制定不同价格档次的税率来征收。即关税的税率随着进口货物价格的变动而反方向变动的一种税率形式，即价格越高，税率越低，税率为比例税率。因此，实行滑准税率，进口货物应纳关税税额的计算方法与从价计税的方法相同。其计算公式为

$$关税税额＝应税进（出）口应税货物数量×单位完税价格×滑准税关税税率$$

五、进出口货物关税的计算

如上所知，关税有多种计算方法。由于从价计税方法使用较普遍，且完税价格确定的情况较复杂，所以下面仅介绍从价计征关税的计算。

（一）进口货物关税的计算

1. CIF 价格（Cost, Insurance and Freight，成本、保险费加运费价格）。以我国口岸 CIF 价格成交或者与我国毗邻的国家以两国共同边境地点交货价格成交的，分别以该价格作为完税价格。这一价格术语习惯上又称为"到岸价格"。其计算公式为

$$完税价格＝CIF 价格$$

$$进口关税＝完税价格×进口关税税率$$

【做中学 6-1】　某电子技术进出口公司从国外进口电子计算机、磁盘一批，海关审定的到岸价格为 480 000 美元，美元与人民币的比价为 1∶6.8，进口关税税率为 15%，试计算该公司应纳关税税额。

关税完税价格＝480 000×6.8＝3 264 000（元）

应纳进口关税税额＝3 264 000×15%＝489 600（元）

2. FOB 价格（Free on Board，装运港船上交货价格）。以国外口岸 FOB 价格或者从输出国购买以国外口岸 CIF 价格成交的，必须分别在上述价格基础上加从发货口岸或者国外交货口岸运到我国口岸以前的运输及其相关费用、保险费作为完税价格。这一价格

术语习惯上又称为"离岸价格"。

完税价格＝国外口岸成交价格（FOB）＋运输及其相关费用＋保险费

完税价格内应当另加的运输及其相关费用、保险费，原则上应按实际支付的金额计算。若无法得到实际支付金额时，也可以外资系统海运进口运费率或按协商规定的固定运杂费率计算运杂费，保险费则按中国人民保险公司的保险费率计算。其计算公式为

完税价格＝（FOB＋运费）÷（1－保险费率）

【做中学 6-2】　某进出口公司进口货物一批，以国外口岸 FOB 价格成交，货价折合人民币 840 万元，实际支付运费 36.48 万元，保险费率 4‰。该货物的关税税率 20%。请计算该公司应纳进口关税税额。

完税价格＝（840＋36.48）÷（1－4‰）＝880（万元）

应纳进口关税税额＝880×20%＝176（万元）

3. CFR 价格（Cost and Freight，成本加运费价格，或称含运费价格）。以成本加运费价格成交的，应当另加保险费作为完税价格。其计算公式为

完税价格＝CFR÷（1－保险费率）

【做中学 6-3】　某企业从日本进口设备 3 台，以运抵青岛港的货价加运费价格成交折合为人民币 1 655 020 元，保险费率 3‰。该设备由青岛运至该企业，国内运费 4 200 元（其中运费发票金额 3 800 元），该企业发生设备安装调试费 3 500 元（由该企业内部安装）。该设备的关税税率为 10%。请计算该设备应纳进口关税税额。

完税价格＝1 655 020÷（1－3‰）＝1 660 000（元）

应纳进口关税税额＝1 660 000×10%＝166 000（元）

（二）出口货物关税的计算

1. FOB 价格，以我国口岸离岸价格（FOB）成交。

完税价格＝FOB÷（1＋出口关税税率）

出口关税税额＝完税价格×出口关税税率

2. CIF 价格，以国外口岸到岸价格（CIF）成交。

完税价格＝（CIF－保险费－运费）÷（1＋出口关税税率）

3. CFR 价格，以国外口岸价格加运费价格（CFR）成交。

完税价格＝（CFR－运费）÷（1＋出口关税税率）

【做中学 6-4】　某进出口公司出口货物一批，离岸价格为 550 万美元，出口关税税率 10%，当日外汇牌价 1∶7。请计算应纳出口关税税额。

完税价格＝550×7÷（1＋10%）＝3 500（万元）

应纳出口关税税额＝3 500×10%＝350（万元）

国际贸易中一般鼓励出口使用 CIF 价格，进口使用 FOB 价格。

任务实施

任务解析：

1. 小轿车在进口环节应缴纳关税、消费税和增值税，计算如下：

(1)进口小轿车的货价＝15×30＝450(万元)

(2)进口小轿车的运输费＝450×2‰＝9(万元)

(3)进口小轿车的保险费＝(450＋9)×3‰＝1.38(万元)

(4)进口小轿车应缴纳的关税：

关税的完税价格＝450＋9＋1.38＝460.38(万元)

应纳关税税额＝460.38×60％＝276.23(万元)

(5)进口环节小轿车应缴纳的消费税：

消费税组成计税价格＝(460.38＋276.23)÷(1－8％)＝800.66(万元)

应纳消费税税额＝800.66×8％＝64.05(万元)

(6)进口环节小轿车应缴纳的增值税：

应纳增值税税额＝(460.38＋276.23＋64.05)×17％＝800.66×17％

＝136.11(万元)

2.加工货物在进口环节应缴纳的关税、增值税：

①加工货物关税的组成计税价格＝20＋3＝23(万元)

②加工货物应纳关税税额＝23×20％＝4.6(万元)

③加工货物应纳增值税税额＝(23＋4.6)×17％＝4.69(万元)

▌任务拓展

某汽车公司是一家全球性的汽车制造商,为了打开中国市场,2011年年初该公司董事会初步拟定了两套方案：

方案一：在中国境内设立一家总装配公司作为子公司,通过国际间转让定价,压低汽车零部件的进口价格,从而节省关税,使中国境内的子公司的利润增大,以便更好地占领中国市场。

方案二：在中国设立一家销售企业作为子公司,通过国际间转让定价,压低汽车进口的价格,从而节省关税,使中国境内子公司的利润增大,以便扩大规模,占领中国汽车市场。

从关税筹划角度看,企业该如何决策呢？

经过激烈的讨论,董事会通过了第一套方案。因为在通常情况下,原材料和零部件的关税税率最低,半成品税率次之,产成品的关税税率最高。如果通过进出口原材料而不是通过进出口产成品的方法,会节省更多的关税,尤其针对汽车这种关税税率很高的产成品。所以,在第一套方案中,由于汽车零部件的关税税率要远远低于汽车产成品的关税税率,可以节省更多的关税,而且由于零部件比较分散,在多个国家间进行转让定价筹划更加容易,这样一来不但可以降低整个集团公司的税负,而且还起到了减少关税的作用。因此,公司决定选择第一套方案。

任务二 进行关税会计业务处理

任务描述

关税业务的会计处理可以分为进口业务和出口业务两方面,其中又各自包括自营出口和代理出口。一般在"应交税费"账户下通过二级账户的设置完成会计账务处理。

任务导入

某外贸企业从国外自营进口商品一批,CIF价格折合人民币为400 000元,进口关税税率为40%,代征增值税税率17%,根据海关开出的专用缴款书,以银行转账支票付讫税款。

任务:企业对待该业务应该如何进行会计处理?

知识链接

对关税的会计处理,企业可以在"应交税费"账户下,设置"应交关税"二级账户,也可以分别设置"应交进口关税"和"应交出口关税"两个二级账户。工业企业也可以不设置"应交税费——应交关税"账户,在实际缴纳时,直接贷记"银行存款"账户。

一、进口业务的会计处理

进口业务分为自营进口和代理进口两种情况。

（一）自营进口业务的会计处理

企业自营进口业务所计缴的关税,在会计核算上是通过设置"应交税费——应交进口关税"账户和"材料采购"账户加以反映的。应缴纳的进口关税,借记"材料采购"账户,贷记"应交税费——应交进口关税"账户;实际缴纳时,借记"应交税费——应交进口关税"账户,贷记"银行存款"账户。也可不通过"应交税费——应交进口关税"账户,直接借记"材料采购"账户,贷记"银行存款"、"应付账款"等账户。

【做中学6-5】 某公司从英国进口原材料一批,货物以境外口岸离岸价格成交,折合为人民币9 000 000元,包括英方支付的回扣80 000元,未包括我方支付的佣金600 000元,该货物的国外运费、保险费共计900 000元,关税税率为10%。增值税税率为17%。会计处理如下:

原材料的完税价格＝9 000 000－80 000＋600 000＋900 000＝10 420 000(元)

应纳进口关税税额＝10 420 000×10%＝1 042 000(元)

增值税进项税额＝(10 420 000＋1 042 000)×17%＝1 948 540(元)

(1)支付原材料买价

借:材料采购　　　　　　　　　　　　　　　9 000 000

　　贷:银行存款　　　　　　　　　　　　　　　　　　　　9 000 000
　(2)支付运保费
借:材料采购　　　　　　　　　　　　　　　　　　　　900 000
　　贷:银行存款　　　　　　　　　　　　　　　　　　　　900 000
　(3)支付佣金
借:材料采购　　　　　　　　　　　　　　　　　　　　600 000
　　贷:银行存款　　　　　　　　　　　　　　　　　　　　600 000
　(4)计算应缴纳关税
借:材料采购　　　　　　　　　　　　　　　　　　　　1 042 000
　　贷:应交税费——应交进口关税　　　　　　　　　　　　1 042 000
　(5)支付关税、增值税
借:应交税费——应交增值税(进项税额)　　　　　　　　1 948 540
　　　　　　——应交进口关税　　　　　　　　　　　　1 042 000
　　贷:银行存款　　　　　　　　　　　　　　　　　　　　2 990 540

(二)代理进口业务的会计处理

　　代理进口业务一般由外贸企业代理委托单位承办。外贸企业对其代理的进口业务并不负担盈亏,只是收取一定的手续费。因此,代理进口业务发生的进口关税,先由外贸企业代缴,然后向委托单位收取。外贸企业在代理进口业务中计算应缴纳的进口关税时应借记"应收账款——××单位"账户,贷记"应交税费——应交进口关税"账户;实际缴纳时,借记"应交税费——应交进口关税"账户,贷记"银行存款"账户。委托单位实际向外贸企业支付进口关税时借记"材料采购"、"商品采购"、"固定资产"等账户,贷记"应付账款"等账户。

　　【做中学 6-6】　甲单位委托乙进出口公司进口商品一批,进口货款 2 550 000 元已汇入乙进出口公司存款户。该进口商品我国口岸 CIF 价格为 USD240 000,进口关税税率为 20%,当日的外汇牌价为 USD1＝RMB8.64,代理手续费按货价 2% 收取,现该批商品已运达,乙进出口公司向甲委托单位办理结算。会计处理如下:

　　商品成交价格折合人民币＝240 000×8.64＝2 073 600(元)
　　应纳进口关税税额＝2 073 600×20%＝414 720(元)
　　应支付手续费＝2 073 600×2%＝41 472(元)
　(1)收到委托单位划来进口货款
借:银行存款　　　　　　　　　　　　　　　　　　　　2 550 000
　　贷:应付账款——甲单位　　　　　　　　　　　　　　　2 550 000
　(2)对外付汇进口商品
借:应收账款——××外商　　　　　　　　　　　　　　2 073 600
　　贷:银行存款　　　　　　　　　　　　　　　　　　　　2 073 600
　(3)支付进口关税
借:应付账款——甲单位　　　　　　　　　　　　　　　414 720
　　贷:应交税费——进口关税　　　　　　　　　　　　　　414 720

借:应交税费——进口关税　　　　　　　　　　　　　414 720

　　贷:银行存款　　　　　　　　　　　　　　　　　　　　414 720

(4)将进口商品交付甲委托单位并收取手续费

借:应付账款——甲单位　　　　　　　　　　　　　2 115 072

　　贷:其他业务收入——手续费　　　　　　　　　　　　　41 472

　　　　应收账款——××外商　　　　　　　　　　　　2 073 600

(5)将委托单位剩余的进口货款退回

借:应付账款——甲单位　　　　　　　　　　　　　　　20 208

　　贷:银行存款　　　　　　　　　　　　　　　　　　　　20 208

二、出口业务的会计处理

(一)自营出口业务关税的会计处理

企业自营出口业务,按规定计算出应缴纳的关税,借记"营业税金及附加"账户,贷记"应交税费——应交出口关税"账户。实际缴纳时,借记"应交税费——应交出口关税"账户,贷记"银行存款"账户。

【做中学 6-7】　某进出口公司自营出口商品一批,我国口岸 FOB 价折合人民币为 720 000 元,出口关税税率为 20%。该公司根据海关开具的税款缴纳凭证,以银行转账支票付讫税款。会计处理如下:

完税价格＝720 000÷(1+20%)＝600 000(元)

应纳出口关税税额＝600 000×20%＝120 000(元)

(1)确认销售收入

借:应收账款　　　　　　　　　　　　　　　　　　　720 000

　　贷:主营业务收入　　　　　　　　　　　　　　　　　720 000

(2)缴纳关税

借:营业税金及附加　　　　　　　　　　　　　　　　120 000

　　贷:应交税费——应交出口关税　　　　　　　　　　　120 000

(3)付讫税款

借:应交税费——应交出口关税　　　　　　　　　　　120 000

　　贷:银行存款　　　　　　　　　　　　　　　　　　　120 000

(二)代理出口业务关税的会计处理

商品流通企业代理出口业务,因出口而缴纳的关税仍由委托方负担。商品流通企业按规定计算出代缴的关税时,借记"应收账款"账户,贷记"应交税费——应交出口关税"账户。实际缴纳时,借记"应交税费——应交出口关税"账户,贷记"银行存款"账户。

【做中学 6-8】　某进出口公司代理某工厂出口一批商品。我国口岸 FOB 价折合人民币为 360 000 元,出口关税税率为 20%,手续费 10 800 元。该进出口公司会计处理如下:

完税价格＝360 000÷(1+20%)＝300 000(元)

应交出口关税＝300 000×20%＝60 000(元)

(1)计算应缴纳出口关税

借:应收账款　　　　　　　　　　　　　　　　　　　　60 000

　　贷:应交税费——应交出口关税　　　　　　　　　　　　　60 000

（2）缴纳出口关税

借:应交税费——应交出口关税　　　　　　　　　　　　　60 000

　　贷:银行存款　　　　　　　　　　　　　　　　　　　　　　60 000

（3）应收手续费

借:应收账款　　　　　　　　　　　　　　　　　　　　　10 800

　　贷:主营业务收入　　　　　　　　　　　　　　　　　　　　10 800

（4）收到委托单位划来税款及手续费

借:银行存款　　　　　　　　　　　　　　　　　　　　　70 800

　　贷:应收账款　　　　　　　　　　　　　　　　　　　　　　70 800

任务实施

任务解析:

（1）计算应纳关税税额和材料采购成本

应纳关税税额＝400 000×40％＝160 000(元)

材料采购成本＝400 000＋160 000＝560 000(元)

代征增值税税额＝560 000×17％＝95 200(元)

（2）会计处理

计提关税和增值税时:

借:材料采购　　　　　　　　　　　　　　　　　　　　560 000

　　贷:应交税费——应交进口关税　　　　　　　　　　　　160 000

　　　　应付账款　　　　　　　　　　　　　　　　　　　　400 000

支付关税和增值税时:

借:应交税费——应交进口关税　　　　　　　　　　　　160 000

　　应交税费——应交增值税(进项税额)　　　　　　　　95 200

　　贷:银行存款　　　　　　　　　　　　　　　　　　　　255 200

商品验收入库时:

借:库存商品　　　　　　　　　　　　　　　　　　　　560 000

　　贷:材料采购　　　　　　　　　　　　　　　　　　　　560 000

任务三　申报及缴纳关税

任务描述

　　缴纳关税是每个纳税义务人的责任和义务,要严格遵守法律规定,及时足额地上缴关税,如果出现滞纳情况,海关有权强制执行。同时,纳税人也要熟悉关税的退还、补征、追征以及有关纳税争议的规定。

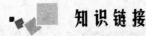任务导入

深圳某进出口公司从德国进口一批机器设备,到岸价格 80 万美元(外汇折算率 1 美元 = 人民币 6.3 元)。已知该批货物关税税率为 5％,海关于 2011 年 7 月 20 日(星期三)填发海关专用税款缴款书,该公司于 2011 年 8 月 9 日缴纳税款。

任务:请问该批机器设备是否存在关税滞纳问题,如果存在,需要缴纳多少关税滞纳金?

知识链接

一、关税的缴纳

进口货物自运输工具申报进境之日起 14 日内,出口货物在货物运抵海关监管区后装货的 24 小时之前,应由进出口货物的纳税义务人向货物进(出)境所在地海关申报,海关根据税则归类表和完税价格表,计算其应缴纳的关税和进口环节代征税,并填发税款缴款书。纳税义务人应当自海关填发税款缴款书之日起 15 日内,向指定银行缴纳税款。如缴纳期限的最后一日是周末或法定节假日,则关税缴纳期限顺延至周末或法定节假日过后的第一个工作日。

关税纳税义务人因特殊情况不能按期缴纳税款的,经海关批准,可对纳税义务人的全部或部分应纳税款的纳税期限予以延长。

纳税人在纳税期间内没有应纳税款的,也应当按照规定办理纳税申报。纳税人享受减税、免税待遇的,在减税、免税期间应当按照规定办理纳税申报。

二、关税的强制执行

纳税义务人未在关税缴纳期限内缴纳税款,即构成关税滞纳。为保证海关征收关税决定的有效执行和国家财政收入的及时入库,《海关法》赋予海关对滞纳关税的纳税义务人强制执行的权力。强制措施主要有两类:

1. 征收滞纳金

滞纳金自关税缴纳期限届满的次日起,至纳税义务人缴纳关税之日止,按滞纳税款万分之五的比例按日征收,周末或法定节假日不予扣除。其计算公式为

关税滞纳金金额＝滞纳关税税额×滞纳金征收比率×滞纳天数

2. 强制征收

纳税义务人自海关填发缴款书之日起 3 个月仍未缴纳税款,经海关关长批准,海关可以采取强制扣缴、变价抵缴等强制措施。强制扣缴是海关从纳税义务人在开户银行或者其他金融机构的存款中直接扣缴税款;变价抵缴是海关将应税货物依法变卖,以变卖所得抵缴税款。

三、关税退还

关税退还是关税纳税义务人按海关核定的税额缴纳关税后,因某种原因的出现,海关将多征的税款退还给原纳税义务人的一种行政行为。如遇下列情况之一,可自缴纳税款之日起一年内,书面声明理由,连同原纳税收据向海关申请退税,逾期不予

受理：

　　1. 因海关误征，多纳税款的；

　　2. 核准免验进口的货物，在完税后，发现有短缺情况，经审查认可的；

　　3. 已征出口关税的货物，因故未装运出口，申报退关，经海关查验属实的。对已征出口关税的出口货物和已征进口关税的进口货物，因货物品种或规格原因原状复运进境或出境的，才能退税；属于其他原因且不能以原状复运进境或出境的，不能退税。

　　海关应当自受理退税申请之日起 30 日内查实并通知纳税义务人办理退还手续；纳税义务人应当自收到通知之日起 3 个月内办理有关退税手续。按照其他有关法律、行政法规规定应当退还关税的，海关应当按照有关法律和行政法规的规定退税。

四、关税的补征和追征

　　纳税义务人因违反海关规定而造成短征关税的称为追征；不是因纳税义务人违反海关规定而造成短征关税的，称为补征。根据我国《海关法》，当海关发现少征或漏征时，应当自缴纳税款或者货物、物品放行之日起 1 年内，向纳税义务人补征；如纳税义务人因违反规定而造成少征或漏征的，海关在 3 年之内可以追征。

五、关税的纳税争议

　　纳税义务人同海关发生纳税争议时，可向海关申请复议，但同时应当在规定的期限内按海关核定的税额缴纳关税，逾期则构成滞纳，海关有权按规定采取强制执行措施。

任务实施

　　任务解析：

　　纳税义务人应当自海关填发税款缴款书之日起 15 日内，向指定银行缴纳税款。如缴纳期限的最后一日是周末或法定节假日，则关税缴纳期限顺延至周末或法定节假日过后的第一个工作日。滞纳金自关税缴纳期限届满的次日起，至纳税义务人缴纳关税之日止，按滞纳税款万分之五的比例按日征收，周末或法定节假日不予扣除。

　　因此，深圳进出口公司应在 2011 年 8 月 4 日（星期四）前缴纳关税，8 月 9 日缴纳关税属于关税滞纳，要缴纳关税滞纳金。从 5 日至 9 日一共滞纳了 5 天，根据公式：关税滞纳金金额＝滞纳关税税额×滞纳金征收比率×滞纳天数，则有：

　　滞纳关税税额＝＄800 000 元×6.3×5％＝￥252 000 元

　　关税滞纳金金额＝252 000 元×0.5‰×5＝630 元

任务拓展

　　通常的关税纳税方式是由接受按进（出）口货物正式进（出）口的通关手续申报的海关逐票计算应征关税并填发关税缴款书，由纳税人凭以向海关或指定的银行办理税款缴付或转账入库手续后，海关（凭银行回执联）办理结关放行手续。征税手续在前，结关放行手续在后，有利于税款及时入库，防止拖欠税款。因此，各国海关都以这种方式作为基本纳税方式。

　　关税后纳制是海关允许某些纳税人在办理了有关关税手续后，先行办理放行货物的手续，然后再办理征纳关税手续的海关制度。关税后纳制是在通常的基本纳税方式的基础上,对某些易腐、急需或有关手续无法立即办结等特殊情况采取的一种变通措施。海关在提取货样、收取保证金或接受纳税人其他担保后即可放行有关货物。关税后纳制使海关有充足的时间准确地进行关税税则归类、审定货物完税价格、确定其原产地等作业,或使纳税人有时间完成有关手续,防止口岸积压货物,使进出境货物尽早投入使用。

技能训练

一、单项选择题

1.我国关税由( )征收。

A.税务机关　　　　　　　　　B.海关

C.工商行政管理部门　　　　　　D.财政部门

2.进口货物以海关审定的成交价格为基础的( )作为完税价格。

A.离岸价格　　　　　　　　　　B.到岸价格

C.国外口岸价格加运费　　　　　D.国外口岸运费加保险费

3.纳税义务人多缴关税申请退还的期限、海关补征的期限、海关追征的期限分别是自缴纳税款之日起( )内。

A.1年、1年、3年　　　　　　　B.1年、3年、3年

C.1年、1年、1年　　　　　　　D.1年、3年、1年

4.在进口货物正常成交价格中若含以下费用,其中的( )可以从中扣除。

A.包装费　　　　　　　　　　　B.运输费

C.卖方支付的回扣　　　　　　　D.保险费

5.在税则中预先按产品的价格高低分档制定若干不同的税率,然后根据进出口商品价格的变动而增减进出口税率的关税称之为( )。

A.从量关税　　　　　　　　　　B.从价关税

C.复合关税　　　　　　　　　　D.滑动关税

6.出口货物的完税价格不应该包括( )。

A.向境外销售的成交价格

B.货物运至我国境内输出地点装卸前的运输及相关费用

C.货物运至我国境内输出地点装卸前的保险费

D.离境口岸至境外口岸之间的运输及其相关费用、保险费

7.关税滞纳金自( )起,至纳税义务人缴纳关税之日止,按滞纳税款万分之五的比例按日征收,周末或法定节假日不予扣除。

A.商品报关之日　　　　　　　　B.商品进出关境之日

C.关税缴纳期限届满之日　　　　D.海关填发税款缴款书之日

8.某企业进口一批生产用原材料,其缴纳的关税应( )。

A.计入进口货物的成本　　　　　B.计入"营业税金及附加"账户的借方

C.计入"管理费用"账户的借方　　D.计入"应交税费"账户的借方

9.自营出口关税核算中,企业自营出口应缴纳的关税,在( )账户下进行核算。

A."营业税金及附加"　　　　　　B."材料采购"

C."主营业务成本"　　　　　　　D."其他业务成本"

二、多项选择题

1. 优惠关税包括( )。

A. 互惠关税　　　B. 特惠关税　　　C. 最惠国待遇　　　D. 普惠关税

2. 加重关税包括( )。

A. 反倾销税　　　B. 反补贴税　　　C. 报复关税　　　D. 财政关税

3. 下列货物、物品进境时属于关税纳税对象的是( )。

A. 个人邮递物品　　B. 馈赠物品　　　C. 贸易性商品　　　D. 海员自用物品

4. 我国《海关法》规定,减免进出口关税的权限属于中央政府,减免的形式有( )。

A. 法定减免　　　B. 特定减免　　　C. 临时减免　　　D. 困难减免

5. 进口货物以海关审定的成交价格为基础的到岸价格作为完税价格。到岸价格包括货价,加上货物运抵中国关境内输入地起卸前的( )等费用。

A. 包装费　　　　B. 其他劳务费　　　C. 保险费　　　　D. 运输费

6. 以下关于关税纳税义务人的说法中,正确的有( )。

A. 进出口货物的发货人是相应关税的纳税义务人

B. 出口货物的收货人是相应关税的纳税义务人

C. 进出境物品的所有人是相应关税的纳税义务人

D. 对于携带物品进境的,推定其携带人为相应关税的纳税义务人

三、计算题

1. 某单位从A国进口一批小轿车(消费税税率5%),到岸价格为40 000美元。该单位出口一批货物,离岸价格为100 000美元。人民币对美元汇率为1:7,进出口关税税率均为10%。

要求:请计算该单位应缴纳的进出口关税以及海关代征进口环节的增值税和消费税。

2. 某公司进口机械设备2台,以境外口岸离岸价格成交,每台货价折合人民币200万元(其中包括:向境外采购代理人支付的买方佣金每台8万元人民币;进口后安装调试费用每台10万元人民币。两者均单独计价并已经海关审查属实)。已知该货物运抵中国关境内输入地点起卸前的包装费、运费、保险费和其他劳务费用为每台30万元人民币,该机械设备的关税税率为10%。

要求:请计算该公司进口环节应缴纳的关税税额。

3. 某进出口公司出口5 000吨磷到日本,每吨FOB价格天津500美元,磷的出口关税税率为10%。当时人民币对美元的汇率是1:6.8。

要求:请计算该公司应缴纳的出口关税税额。

四、业务题

上海某公司从美国进口货物一批,货物以国外离岸价格成交,成交价格折合人民币1 510万元,其中包括:向境外采购代理人支付买方佣金10万元,公司另向卖方支付佣金15万元,因使用该货物需要而向境外支付软件费40万元,支付货物运抵我国上海港的运费、保险费等40万元。假设该批货物适用的关税税率为20%,增值税税率为17%,消费税税率为10%。分别计算该公司应缴纳的关税、消费税和增值税,并作出相应的会计分录。

项目七

企业所得税核算与申报

 知识目标

1. 理解和掌握企业所得税基本法规知识；
2. 掌握企业所得税的纳税调整并熟练进行应纳税所得额的计算；
3. 掌握企业所得税应纳税额的计算及相关抵免规定；
4. 掌握企业所得税纳税申报的程序及方法；
5. 熟悉企业所得税的会计处理。

 技能目标

1. 能够准确区分居民纳税人和非居民纳税人，准确选择适用的企业所得税税率；
2. 能够根据业务资料计算应纳企业所得税税额；
3. 能够根据业务资料进行所得税会计业务处理；
4. 能够综合运用企业所得税的法律规范填制企业所得税月（季）度预缴纳税申报表；
5. 会填制企业所得税年度纳税申报表及相关附表。

任务一　计算企业所得税税额

 任务描述

　　企业所得税是对我国境内的企业和其他取得收入的组织的生产经营所得和其他所得依法征收的一种直接税。

　　为了能够建立统一、规范、公平竞争的市场环境，2007年3月16日，第十届全国人大第五次会议通过了《中华人民共和国企业所得税法》(以下简称《企业所得税法》)，2007年11月28日国务院第197次常务会议通过了《中华人民共和国企业所得税法实施条例》(以下简称《企业所得税法实施条例》)，并从2008年1月1日起实施。

企业所得税的计算公式为

$$应纳税额＝应纳税所得额×适用税率－减免税额－抵免税额$$

$$\frac{应纳税}{所得额}=\frac{收入}{总额}-\frac{不征税}{收入}-\frac{免税}{收入}-\frac{各项准予}{扣除项目}-\frac{允许弥补的}{以前年度亏损}$$

子任务一 了解企业所得税

 任务导入

某汽车轮胎有限公司主要生产和销售各种类型的汽车轮胎。该公司 2011 年度收入情况如下：产品销售收入 5 600 万元，固定资产盘盈收入 100 万元，其他业务收入 800 万元，国债利息收入 40 万元，取得直接投资于其他居民企业的权益性收益 30 万元（已在投资方所在地按 15％的税率缴纳了所得税）。本年度公司应纳税所得额 430 万元。

任务：该汽车轮胎有限公司是否为企业所得税的纳税人？如果是，请确认本年度的哪项收入是企业所得税的征税对象？企业所得税税率应该是多少？

知识链接

企业所得税的基本构成要素包括纳税人、征税对象和税率。

一、企业所得税的纳税人

企业所得税的纳税人是在中华人民共和国境内的企业和其他取得收入的组织。《企业所得税法》第一条规定，除个人独资企业、合伙企业不适用《企业所得税法》外，在我国境内，企业和其他取得收入的组织（以下统称企业）为企业所得税的纳税人，依照法律规定缴纳企业所得税。

企业所得税的纳税人分为居民企业和非居民企业。

（一）居民企业

居民企业，是指依法在中国境内成立，或者依照外国（地区）法律成立但实际管理机构在中国境内的企业。这里的企业包括国有企业，集体企业，私营企业，联营企业，股份制企业，外商投资企业，外国企业以及有生产、经营所得和其他所得的其他组织。其中，有生产、经营所得和其他所得的其他组织，是指经国家有关部门批准，依法注册、登记的事业单位、社会团体等组织。由于我国的一些社会团体组织、事业单位在完成国家事业计划的过程中开展多种经营和有偿服务活动，取得除财政部门各项拨款、财政部和国家物价部门批准的各项规费收入以外的经营收入，具有经营的特点，应当视同企业纳入征税范围。实际管理机构，是指对企业的生产经营、人员、账务、财产等实施实质性全面管理和控制的机构。

（二）非居民企业

非居民企业，是指依照外国（地区）法律成立且实际管理机构不在中国境内，但在中国境内设立机构、场所的，或者在中国境内未设立机构、场所，但有来源于中国境内所得的企业。

上述所称机构、场所,是指在中国境内从事生产经营活动的机构、场所,包括:

1.管理机构、营业机构、办事机构;

2.工厂、农场、开采自然资源的场所;

3.提供劳务的场所;

4.从事建筑、安装、装配、修理、勘探等工程作业的场所;

5.其他从事生产经营活动的机构、场所。

非居民企业委托营业代理人在中国境内从事生产经营活动的,包括委托单位或者个人经常代其签订合同,或者储存、交付货物等,该营业代理人被视为非居民企业在中国境内设立的机构、场所。

二、企业所得税的征税对象

企业所得税的征税对象是指企业取得的生产经营所得、其他所得和清算所得。

(一)居民企业的征税对象

居民企业应将来源于中国境内、境外的所得作为征税对象。所得,包括销售货物所得、提供劳务所得、转让财产所得、股息红利等权益性投资所得、利息所得、租金所得、特许权使用费所得、接受捐赠所得和其他所得。

(二)非居民企业的征税对象

非居民企业在中国境内设立机构、场所的,应当就其所设机构、场所取得的来源于中国境内的所得以及发生在中国境外但与其所设机构、场所有实际联系的所得缴纳企业所得税。非居民企业在中国境内未设立机构、场所的,或者虽设立机构、场所但取得的所得与其所设机构、场所没有实际联系的,应当就其来源于中国境内的所得缴纳企业所得税。

上述所称实际联系,是指非居民企业在中国境内设立的机构、场所拥有的据以取得所得的股权、债权以及拥有、管理、控制据以取得所得的财产。

(三)所得来源的确定

来自于中国境内、境外的所得,按照以下原则确定:

1.销售货物所得,按照交易活动发生地确定。

2.提供劳务所得,按照劳务发生地确定。

3.转让财产所得。不动产转让所得按照不动产所在地确定,动产转让所得按照转让动产的企业或者机构、场所所在地确定,权益性投资资产转让所得按照被投资企业所在地确定。

4.股息红利等权益性投资所得,按照分配所得的企业所在地确定。

5.利息所得、租金所得、特许权使用费所得,按照负担或者支付所得的企业或者机构、场所所在地确定。

6.其他所得,由国务院财政、税务主管部门确定。

三、企业所得税的税率

我国企业所得税使用比例税率。比例税率简便易行,透明度高,不会因征税而改变企业间收入分配比例,有利于促进效率的提高。

(一)税率的基本规定

1.基本税率为25%,适用于居民企业和在中国境内设有机构、场所且其所得与其所设机构、场所有关联的非居民企业。

2.低税率为20%,适用于在中国境内未设立机构、场所的,或者虽设立机构、场所但其取得的所得与其所设机构、场所没有实际联系的非居民企业。但对这类企业实际征税时适用10%的税率。

(二)优惠税率

1.对符合条件的小型微利企业,减按20%的税率征收企业所得税。其中,符合条件的小型微利企业,是指从事国家非限制和禁止类行业,并符合下列条件的企业:

(1)工业企业,年度应纳税所得额不超过30万元,从业人数不超过100人,资产总额不超过3 000万元;

(2)其他企业,年度应纳税所得额不超过30万元,从业人数不超过80人,资产总额不超过1 000万元。

2.国家需要重点扶持的高新技术企业,减按15%的税率征收企业所得税。

国家需要重点扶持的高新技术企业,是指拥有核心自主知识产权,并同时符合下列条件的企业:

(1)产品(服务)属于《国家重点支持的高新技术领域》规定的范围;

(2)研究开发费用占销售收入的比例不低于规定比例;

(3)高新技术产品(服务)收入占企业总收入的比例不低于规定比例;

(4)科技人员占企业职工总数的比例不低于规定比例;

(5)《高新技术企业认定管理办法》规定的其他条件。

《国家重点支持的高新技术领域》和《高新技术企业认定管理办法》由国务院科技、财政、税务主管部门协同国务院有关部门制订,报国务院批准后公布施行。

3.非居民企业在中国境内未设立机构、场所的,或者虽设立机构、场所但取得的所得与其所设机构、场所没有实际联系的,对于其来源于中国境内的所得减按10%的税率征收企业所得税。

任务实施

任务解析:

该汽车轮胎有限公司是在中国境内成立的,应为居民企业,所以其来自于境内、境外的所得都是我国企业所得税的征税对象。本企业应纳税所得额超过30万元,不属于小型微利企业,适用25%的基本税率。

子任务二　计算应税收入

任务导入

某汽车轮胎有限公司2011年度收入项目如下:产品销售收入5 600万元,固定资产盘盈收入100万元,其他业务收入800万元,国债利息收入40万元,取得直接投资于其他居民企业的权益性收益 30 万元(已在投资方所在地按 15% 的税率缴纳了所得税)。

任务:该汽车轮胎有限公司 2011 年度用于计算应纳税所得额的收入总额是多少?

知识链接

企业以货币形式和非货币形式从各种来源取得的收入,为收入总额,具体包括销售货物收入,提供劳务收入,转让财产收入,股息、红利等权益性投资收益,利息收入,租金收入,特许权使用费收入,接受捐赠收入以及其他收入。

企业取得收入的货币形式,包括现金、存款、应收账款、应收票据、准备持有至到期的债券投资以及债务的豁免等;企业以非货币形式取得的收入,包括固定资产、生物资产、无形资产、股权投资、存货、不准备持有至到期的债券投资、劳务以及有关权益等。非货币资产应当按照公允价值确定收入额,公允价值是指按照市场价格确定的价值。

一、一般收入的确认

1.销售货物收入,是指企业销售商品、产品、原材料、包装物、低值易耗品以及其他存货取得的收入。

2.提供劳务收入,是指企业从事建筑安装、修理修配、交通运输、仓储租赁、金融保险、邮电通信、咨询经纪、文化体育、科学研究、技术服务、教育培训、餐饮住宿、中介代理、卫生保健、社区服务、旅游、娱乐、加工以及其他劳务服务活动取得的收入。

3.转让财产收入,是指企业转让固定资产、生物资产、无形资产、股权、债权等财产取得的收入。

4.股息、红利等权益性投资收益,是指企业因权益性投资从被投资方取得的收入。股息、红利等权益性投资收益,除国务院财政、税务主管部门另有规定外,按照被投资方作出利润分配决定的日期确认收入的实现。

5.利息收入,是指企业将资金提供给他人使用但不构成权益性投资,或者因他人占用本企业资金取得的收入,包括存款利息、贷款利息、债券利息、欠款利息等收入。利息收入应按照合同约定的债务人应付利息的日期确认收入的实现。

6.租金收入,是指企业提供固定资产、包装物或者其他有形资产的使用权取得的收入。租金收入应按照合同约定的承租人应付租金的日期确认收入的实现。

7.特许权使用费收入,是指企业提供专利权、非专利技术、商标权、著作权以及其他特许权的使用权取得的收入。特许权使用费收入应按照合同约定的特许权使用人应付特许权使用费的日期确认收入的实现。

8.接受捐赠收入,是指企业接受的来自其他企业、组织或者个人无偿给予的货币性资产、非货币性资产。接受捐赠收入应按照实际收到捐赠资产的日期确认收入的实现。

9.其他收入,是指企业取得的除上述收入外的其他收入,包括企业资产溢余收入、逾期未退包装物押金收入、确实无法偿付的应付款项、已作坏账损失处理后又收回的应收款项、债务重组收入、补贴收入、违约金收入、汇兑收益等。

二、特殊收入的确定

1.以分期收款方式销售货物的,按照合同约定的收款日期确认收入的实现。

2.企业受托加工制造大型机械设备、船舶、飞机以及从事建筑、安装、装配工程业务或者提供其他劳务等,持续时间超过 12 个月的,按照纳税年度内完工进度或者完成的工作量确认收入的实现。

3.采取产品分成方式取得收入的,按照企业分得产品的日期确认收入的实现,其收入额按照产品的公允价值确定。

4.企业发生非货币性资产交换以及将货物、财产、劳务用于捐赠、偿债、赞助、集资、广告、样品、职工福利或者利润分配等用途的,应当视同销售货物、转让财产或者提供劳务,但国务院财政、税务主管部门另有规定的除外。

三、不征税收入

不征税收入,是指从性质和根源上不属于企业营利性活动带来的经济利益、不负有纳税义务并不作为应纳税所得额组成部分的收入。

(一)财政拨款

财政拨款,是指各级人民政府对纳入预算管理的事业单位、社会团体等组织拨付的财政资金,但国务院和国务院财政、税务主管部门另有规定的除外。

(二)依法收取并纳入财政管理的行政事业性收费、政府性基金

行政事业性收费,是指依照法律法规等有关规定,按照国务院规定程序批准,在实施社会公共管理以及在向公民、法人或者其他组织提供特定公共服务过程中,向特定对象收取并纳入财政管理的费用。

政府性基金,是指企业依照法律、行政法规等有关规定,代政府收取的具有专项用途的财政资金。

(三)国务院规定的其他不征税收入

其他不征税收入,是指企业取得的,由国务院财政、税务主管部门规定专项用途并经国务院批准的财政性资金。

值得注意的是:企业的不征税收入用于支出所形成的费用,不得在计算应纳税所得额时扣除;企业的不征税收入用于支出所形成的资产,其计算的折旧、摊销不得在计算应纳税所得额时扣除。

四、免税收入

1.国债利息收入,是指企业持有国务院财政部门发行的国债而取得的利息收入。

2.符合条件的居民企业之间的股息、红利等权益性投资收益,是指居民企业直接投资于其他居民企业所取得的投资收益。股息、红利等权益性投资收益不包括连续持有居民企业公开发行并上市流通的股票不足 12 个月取得的投资收益。

3.在中国境内设立机构、场所的非居民企业从居民企业取得与该机构、场所有实际联系的股息、红利等权益性投资收益。

4.符合条件的非营利组织的收入。符合条件的非营利组织,是指同时符合下列条件的组织:

(1)依法履行非营利组织登记手续;

(2)从事公益性或者非营利性活动;

（3）取得的收入除用于与该组织有关的、合理的支出外,全部用于登记核定或者章程规定的公益性或者非营利性事业;

（4）财产及其孳生息不用于分配;

（5）按照登记核定或者章程规定,该组织注销后的剩余财产用于公益性或者非营利性目的,或者由登记管理机关转赠给与该组织性质、宗旨相同的组织,并向社会公告;

（6）投入人对投入该组织的财产不保留或者享有任何财产权利;

（7）工作人员工资福利开支控制在规定的比例内,不变相分配该组织的财产;

（8）国务院财政、税务主管部门规定的其他条件。

非营利组织的认定管理办法由国务院财政、税务主管部门会同国务院有关部门制定。符合条件的非营利组织的收入,不包括非营利组织从事营利性活动取得的收入,但国务院财政、税务主管部门另有规定的除外。

任务实施

任务解析:

该汽车轮胎有限公司 2011 年度取得的国债利息收入 40 万元与取得直接投资于其他居民企业的权益性收益 30 万元属于免税收入,不需要计算企业所得税。

该公司 2011 年度用于计算应纳税所得额的收入总额＝5 600＋100＋800
$$＝6\ 500（万元）$$

子任务三　计算企业所得税税前扣除项目金额

任务导入

某汽车轮胎有限公司 2011 年度产品销售收入 5 600 万元,固定资产盘盈收入 100 万元,其他业务收入 800 万元,国债利息收入 40 万元,取得直接投资于其他居民企业的权益性收益 30 万元（已在投资方所在地按 15% 的税率缴纳了所得税）。有关成本费用项目如下:

（1）全年应结转销售成本 4 000 万元、其他业务成本 660 万元;

（2）应缴纳增值税 272 万元、消费税 248 万元、城市维护建设税 36.4 万元、教育费附加 15.6 万元;

（3）发生产品销售费用 860 万元（其中含广告费和业务宣传费 850 万元）;

（4）财务费用 50 万元（其中,向厦门东方机械厂借款 400 万元,利率 5%,向银行贷款 500 万元,银行利率 5%,当年逾期归还银行贷款,支付银行罚息 5 万元）;

（5）发生管理费用 200 万元（其中含新技术研究开发费 60 万元,业务招待费 70 万元）;

（6）发生营业外支出 100 万元（其中含通过民政部门向贫困山区捐款 50 万元,支付税收滞纳金 6 万元）;

(7)计入成本、费用中的实际工资总额 200 万元,发生的职工福利费 28 万元,拨缴的工会经费 2 万元,发生的职工教育经费 5 万元。

任务:

(1)计算在计算应纳税所得额时可以扣除的税金;

(2)计算职工福利费、工会经费、职工教育经费允许扣除的金额;

(3)计算财务费用可以扣除的金额;

(4)计算业务招待费、新技术开发费可以扣除的金额;

(5)计算广告费和业务宣传费可以扣除的金额;

(6)计算公益性捐赠可以扣除的金额。

 知 识 链 接

《企业所得税法》规定,企业实际发生的与取得的收入有关的、合理的支出,包括成本、费用、税金、损失和其他支出,准予在计算应纳税所得额时扣除。企业申报的扣除项目和金额要真实、合法。所谓真实是指能够证明有关支出确属已经实际发生;合法是指符合国家税法的规定,若其他法规规定与税收法规规定不一致,应以税收法规的规定为标准。

一、税前扣除项目

企业实际发生的与取得收入有关的、合理的支出,包括成本、费用、税金、损失和其他支出,准予在计算应纳税所得额时扣除。

1.成本,是指企业销售商品(产品、材料、下脚料、废料、废旧物资等)、提供劳务、转让固定资产、转让无形资产(包括技术转让)的成本。它与财务会计中的主营业务成本、其他业务成本有联系但不完全等同。

2.费用,是指企业在生产经营活动中发生的销售费用、管理费用和财务费用,已经计入成本的有关费用除外。

3.税金,是指企业发生的除企业所得税和允许抵扣的增值税以外的各项税金及其附加,包括纳税人按规定缴纳的消费税、营业税、资源税、出口关税、城市维护建设税、土地增值税及教育费附加。纳税人缴纳的房产税、车船税、土地使用税、印花税等,已经计入管理费用中扣除,不再作销售税金单独扣除。

4.损失,是指企业在生产经营活动中发生的固定资产和存货的盘亏、毁损、报废损失,转让财产损失,呆账损失,坏账损失,自然灾害等不可抗力因素造成的损失以及其他损失。企业发生的损失,减除责任人赔偿和保险赔款后的余额,依照国务院财政、税务主管部门的规定扣除。企业已经作为损失处理的资产,在以后纳税年度又全部收回或者部分收回时,应当计入当期收入。

5.其他支出,是指除成本、费用、税金、损失外,企业在生产经营活动中发生的与生产经营活动有关的、合理的支出。

企业取得的不征税收入用于支出所形成的费用或财产,不得扣除或者计算对应的折旧、摊销扣除。除税收法律、行政法规另有规定外,企业实际发生的成本、费用、税金、损失和其他支出,不得重复扣除。

二、准予扣除项目的确认

纳税人关于扣除项目的财务会计处理与税法的某些规定是不一致的,应当按照税法规定予以调整,按调整后的金额扣除。

(一)工资薪金支出

企业发生的合理的工资薪金支出,准予扣除。工资薪金,是指企业每一纳税年度支付给在本企业任职或者受雇的员工的所有现金形式或者非现金形式的劳动报酬,包括基本工资、奖金、津贴、补贴、年终加薪、加班工资,以及与员工任职或者受雇有关的其他支出。

合理的工资薪金,是指企业按照股东大会、董事会、薪酬委员会或相关管理机构制订的工资薪金制度规定实际发放给员工的工资薪金。

工资薪金总额,是指企业按照上述原则所确定的实际发放的工资薪金总和,但是不包括企业的职工福利费、工会经费、职工教育经费以及养老保险费、医疗保险费、失业保险费、工伤保险费、生育保险费等社会保险费和住房公积金。

(二)职工福利费、工会经费、职工教育经费

企业发生的职工福利费、工会经费、职工教育经费按标准扣除,未超过标准的按实际数扣除,超出标准的只能按标准扣除。

1.企业发生的职工福利费支出,不超过工资薪金总额 14% 的部分,准予扣除。企业发生的职工福利费,应该单独设置账册,进行准确核算。没有单独设置账册准确核算的,税务机关应责令企业在规定的期限内进行改正。逾期仍未改正的,税务机关可对企业发生的职工福利费进行合理的核定。

2.企业拨缴的工会经费,不超过工资薪金总额 2% 的部分,准予扣除。依法建立工会组织的企业按每月全部职工工资总额的 2% 向工会拨缴的经费,凭工会组织开具的"工会经费拨缴款专用收据"在税前扣除;对于没有依法建立工会组织的企业,则依据《企业所得税法实施条例》,对于企业就上缴当地工会组织并取得专用收据的部分在税前扣除。

3.除国务院财政、税务主管部门另有规定外,企业发生的职工教育经费支出,不超过工资薪金总额 2.5% 的部分,准予扣除;超过部分,准予在以后纳税年度结转扣除。

【做中学 7-1】 某企业为居民企业,2011 年计入成本、费用中的实发工资总额为 150 万元,拨缴工会经费 3 万元,支出职工福利费和职工教育经费 29 万元。请计算该年度可以扣除的三项经费的金额。

工会经费扣除金额 $=150 \times 2\% = 3$(万元)

职工福利费和职工教育经费扣除限额 $=150 \times (14\% + 2.5\%) = 24.75$(万元)$< 29$(万元)

所以,本年度可以扣除的三项经费的金额 $= 3 + 24.75 = 27.75$(万元)

(三)社会保险费

1.企业依照国务院有关主管部门或者省级人民政府规定的范围和标准为职工缴纳的基本养老保险费、基本医疗保险费、失业保险费、工伤保险费、生育保险费等基本社会保险费和住房公积金,准予扣除。

2.企业为投资者或者职工支付的补充养老保险费、补充医疗保险费,在国务院财政、税务主管部门规定的范围和标准内,准予扣除。

3.除企业依照国家有关规定为特殊工种职工支付的人身安全保险费和国务院财政、

税务主管部门规定可以扣除的其他商业保险费外,企业为投资者或者职工支付的商业保险费,不得扣除。

(四)利息费用

企业在生产经营活动中发生的下列利息支出,准予扣除:

1.非金融企业向金融企业借款的利息支出、金融企业的各项存款利息支出和同业拆借利息支出、企业经批准发行债券的利息支出;

2.非金融企业向非金融企业借款的利息支出,不超过按照金融企业同期同类贷款利率计算的数额的部分。

(五)借款费用

企业在生产经营活动中发生的合理的不需要资本化的借款费用,准予扣除。

企业为购置、建造固定资产、无形资产和经过 12 个月以上的建造才能达到预定可销售状态的存货发生借款的,在有关资产购置、建造期间发生的合理的借款费用,符合会计准则规定的资本化条件的,应作为资本性支出计入相关资产的成本,按照税法规定计提的折旧等成本费用可在税前扣除。

有关资产竣工结算并交付使用后或达到预定可使用状态后发生的合理借款费用,可在发生当期税前扣除。

(六)汇兑损失

企业在货币交易中以及纳税年度终了时,将人民币以外的货币性资产、负债按照期末即期人民币汇率中间价折算为人民币时产生的汇兑损失,除已经计入有关资产成本以及与向所有者进行利润分配相关的部分外,准予扣除。

(七)业务招待费

企业发生的与生产经营活动有关的业务招待费支出,按照发生额的 60% 扣除,但最高不得超过当年销售(营业)收入的 5‰。

销售(营业)收入由按照会计制度核算的主营业务收入、其他业务收入以及根据税收规定应确认为当期收入的视同销售收入三部分组成。主营业务收入是扣除其他折扣以及销售退回后的净额。

【做中学 7-2】 某企业 2011 年度实现销售收入 40 000 万元,发生与企业生产、经营活动相关的业务招待费 400 万元。请计算该企业 2011 年度可以扣除的业务招待费金额。

业务招待费 60% 的金额=400×60%=240(万元)

本年度可以扣除的业务招待费限额=40 000×5‰=200(万元)<240(万元)

所以,该企业本年度可以扣除的业务招待费为 200 万元。

(八)广告费和业务宣传费

广告费是企业通过媒体向公众介绍商品、劳务和企业信息等发生的相关费用;业务宣传费是企业开展业务宣传活动所支付的费用,主要是指未通过媒体的广告性支出,包括企业发放的印有企业标志的礼品、纪念品等。

企业发生的符合条件的广告费和业务宣传费支出,除国务院财政、税务主管部门另有规定外,不超过当年销售(营业)收入 15% 的部分,准予扣除;超过部分,准予在以后纳税年度结转扣除。

【做中学 7-3】　某企业 2010 年销售收入 500 万元,广告费和业务宣传费 76 万元;2011 年销售收入 400 万元,广告费和业务宣传费 40 万元。请计算 2010 年和 2011 年准予扣除的广告费和业务宣传费。

(1)2010 年广告费和业务宣传费计算:

广告费和业务宣传费扣除限额=500×15%=75(万元)

2010 年度实际发生广告费和业务宣传费 76 万元,由于实际发生额大于本年度扣除限额,所以 2010 年度只能扣除 75 万元,剩余 1 万元可结转至 2011 年。

(2)2011 年广告费和业务宣传费计算:

广告费和业务宣传费扣除限额=400×15%=60(万元)

2011 年度实际发生广告费和业务宣传费 40 万元,由于实际发生额小于本年度扣除限额,所以 2011 年度可以扣除本年度发生的全部 40 万元的广告费和业务宣传费,另外还可以再扣除 2010 年度未抵扣完毕的 1 万元费用。所以 2011 年度可以扣除的广告费与业务宣传费为 41 万元。

(九)环境保护专项资金

企业依照法律、行政法规有关规定提取的用于环境保护、生态恢复等方面的专项资金,准予扣除。上述专项资金提取后改变用途的,不得扣除;已经扣除的,应计入当期应纳税所得额。

(十)财产保险

企业参加财产保险,按照规定缴纳的保险费,准予扣除。

(十一)租赁费

企业根据生产经营活动的需要租入固定资产支付的租赁费,按照以下方法扣除:

1.以经营租赁方式租入固定资产发生的租赁费支出,按照租赁期限均匀扣除;

2.以融资租赁方式租入固定资产发生的租赁费支出,按照规定构成融资租入固定资产价值的部分应当提取折旧费用,分期扣除。

(十二)劳动保护支出

企业发生的合理的劳动保护支出,准予扣除。劳动保护支出是指确因工作需要为雇员配备或提供工作服、手套、安全保护用品、防暑降温用品等所发生的支出。

(十三)公益性捐赠

公益性捐赠支出,在年度利润总额 12% 以内的部分,准予在计算应纳税所得额时扣除。

1.公益性捐赠,是指企业通过公益性社会团体或者县级以上人民政府及其部门,用于《中华人民共和国公益事业捐赠法》规定的公益事业的捐赠。

2.公益性社会团体和县级以上人民政府及其组成部门和直属机构在接受捐赠时,捐赠资产的价值应按以下原则确定:

(1)接受捐赠的货币资产,应当按照实际收到的金额计算;

(2)接受捐赠的非货币资产,应以其公允价值计算。捐赠方在向公益性社会团体和县级以上人民政府及其组成部门和直属机构捐赠时,应当提供注明捐赠非货币性资产公允价值的证明,如果不能提供上述证明,公益性社会团体和县级以上人民政府及其组成部门和直属机构不得向其开具公益性捐赠票据。

3.公益性社会团体和县级以上人民政府及其组成部门和直属机构在接受捐赠时,应当按照行政管理级次分别使用由财政部或省、自治区、直辖市财政部门印制的公益性捐赠票据,并加盖本单位的印章;对个人索取捐赠票据的,应予以开具。

4.年度利润总额,是指企业依照国家统一会计制度的规定计算的年度会计利润,该会计利润是大于零的数额。

另外,依据国税函[2009]202号文件,企业发生为汶川地震灾后重建、举办北京奥运会和上海世博会等特定事项的捐赠,按照相关规定,可以据实全额扣除。

【做中学7-4】 某企业营业外支出中列支公益性捐赠64万元,其中,直接向受捐赠人捐赠的金额为5万元。该企业本年度会计利润500万元,不考虑其他影响,计算该企业可以扣除的公益性捐赠的金额。

本年度可以扣除的公益性捐赠扣除限额=500×12%=60(万元)

本年度发生的公益性捐赠金额=64-5=59(万元)<60(万元)

由于本年度发生的公益性捐赠金额未超过本年度扣除限额,所以59万元的公益性捐赠金额可以全部扣除;直接向受捐赠人进行的捐赠不能在税前扣除。

(十四)有关资产的费用

企业转让各类固定资产发生的费用,允许扣除。企业按规定计算的固定资产折旧费、无形资产和递延资产的摊销费,准予扣除。

(十五)总机构分摊的费用

非居民企业在中国境内设立的机构、场所,就其中国境外总机构发生的与该机构、场所生产、经营有关的费用,能够提供总机构出具的费用汇集范围、定额、分配依据和方法等证明文件,并合理分摊的,准予扣除。

(十六)开发新技术、新产品、新工艺发生的研究开发费用

开发新技术、新产品、新工艺发生的研究开发费用,可以在计算应纳税所得额时加计扣除。

研究开发费用的加计扣除,是指企业为开发新技术、新产品、新工艺发生的研究开发费用,未形成无形资产计入当期损益的,在按照规定据实扣除的基础上,按照研究开发费用的50%加计扣除;形成无形资产的,按照无形资产成本的150%摊销。

【做中学7-5】 某公司本年度发生研究开发支出500万元,其中研究开发阶段不符合资本化条件的支出为220万元,开发阶段符合资本化的支出为280万元。请计算该公司本年度可以扣除的研发费用的金额。

本年度可以扣除的研发费用的金额=500×(1+50%)=750(万元)

(十七)资产损失

企业当期发生的固定资产和流动资产盘亏、毁损净损失,由其提供清查盘存资料,经主管税务机关审核后,准予扣除;企业因盘亏、毁损、报废等原因不得从销项税额中抵扣的进项税金,应视同企业财产损失,准予与存货损失一起在税前按规定扣除。

(十八)依照有关法律、行政法规和国家有关税费规定准予扣除的其他项目

依照有关法律、行政法规和国家有关税费规定准予扣除的其他项目,包括会员费、合理的会议费、差旅费、违约金、诉讼费等。

三、不得扣除的项目

在计算应纳税所得额时,下列支出不得扣除:

1. 向投资者支付的股息、红利等权益性投资收益款项;

2. 企业所得税税款;

3. 税收滞纳金,指纳税人违反税收法规,被税务机关处以的罚款;

4. 罚金、罚款和被没收财物的损失,指纳税人违反国家有关法律、法规规定,被有关部门处以的罚款以及被司法机关处以的罚金和被没收财物;

5. 超出国家规定允许扣除的公益性捐赠支出以及非公益性的捐赠支出;

6. 赞助支出,指企业发生的与生产、经营活动无关的各种非广告性质支出;

7. 未经核定的准备金支出,指不符合国务院财政、税务主管部门规定的各项资产减值准备、风险准备等准备金支出;

8. 企业之间支付的管理费、企业内营业机构之间支付的租金和特许权使用费以及非银行企业内营业机构之间支付的利息,不得扣除;

9. 与取得收入无关的其他支出。

【做中学 7-6】 某工业企业为居民企业,假定 2011 年经营业务如下:

产品销售收入为 560 万元,产品销售成本 400 万元;其他业务收入 80 万元,其他业务成本 66 万元;固定资产出租收入 6 万元;非增值税销售税金及附加 32.4 万元;当期发生的管理费用 86 万元,其中新技术的研究开发费用为 30 万元;财务费用 20 万元;权益性投资收益 34 万元(已在投资方所在地按 15% 的税率缴纳了所得税);营业外收入 10 万元,营业外支出 25 万元(其中含公益性捐赠支出 18 万元)。

要求:请计算该企业 2011 年应纳的企业所得税。

(1)该企业的会计利润 $=560-400+80-66+6-32.4-86-20+34+10-25$
$=60.6$(万元)

(2)新技术研究开发费加计扣除金额 $=30 \times 50\%=15$(万元)

(3)权益性投资收益 34 万元,免征所得税

(4)公益性捐赠扣除限额 $=60.6 \times 12\%=7.272$(万元)

调增应纳税所得额 $=18-7.272=10.728$(万元)

(5)该企业应纳税所得额 $=60.6-15-34+10.728=22.328$(万元)

应纳企业所得税税额 $=22.328 \times 25\%=5.582$(万元)

任务实施

任务解析:

(1)计算应纳税所得额时可以扣除的税金 $=248+36.4+15.6=300$(万元)

(2)计算职工福利费、工会经费、职工教育经费允许扣除金额:

职工福利费的扣除标准 $=200 \times 14\%=28$(万元)

工会经费的扣除标准 $=200 \times 2\%=4$(万元)

职工教育经费的扣除标准 $=200 \times 2.5\%=5$(万元)

该公司都是在提取标准之内使用三项经费,所以可以全部扣除。

(3)计算财务费用可以扣除的金额:

①向其他非金融机构进行的借款,不超过按照金融企业同期同类贷款利率计算的数额的部分可以扣除。因此,向厦门东方机械厂借款的利息 400×5%＝20(万元)可以全部扣除;

②非金融企业向金融企业借款的利息支出可以扣除。因此,向银行的贷款利息 500×5%＝25(万元)可以全部扣除;

③当年逾期归还银行贷款,支付银行罚息 5 万元,可以全部扣除,不需要调整。

(4)计算业务招待费、新技术开发费可以扣除的金额:

①新技术开发费 60 万元可以全部扣除,并且可以加计扣除 50%,即:

可以扣除的金额＝60＋60×50%＝90(万元)

②60%的业务招待费＝70×60%＝42(万元)

业务招待费的扣除限额＝(5 600＋800)×5‰＝32(万元)

因此,本年度可以扣除的业务招待费金额为 32 万元,超出的 38(70−32)万元在计算应纳税所得额时不予扣除。

(5)计算广告费和业务宣传费可以扣除的金额:

广告费与业务宣传费的扣除限额＝(5 600＋800)×15%＝960(万元)

实际发生的费用为 850 万元,没有超出扣除限额,可以据实扣除。

(6)计算公益性捐赠及支付的税收滞纳金可以扣除的金额:

①本年度的会计利润总额＝5 600＋800＋100＋40＋30−4 000−660−300−860−50−200−100＝400(万元)

公益性捐赠扣除限额＝400×12%＝48(万元)

实际捐赠了 50 万元,所以只能按照扣除限额 48 万元进行扣除,超出的 2 万元不得扣除。

②支付的税收滞纳金 6 万元在计算应纳税所得额时不得扣除。

子任务四　计算允许扣除的各项资产的成本与支出

 任务导入

2012 年 1 月 3 日惠民公司购买光明公司 A 项专利技术,约定采用分期付款方式,从购买当年年末开始分 5 年平均分期付款,每年 20 万元,合计 100 万元。假定该经济业务在销售成立日支付货款,只需要支付 80 万元即可。

任务:请确定该项专利技术会计核算的入账价值及计算应纳税所得额时的计税基础。

知识链接

《企业所得税法》及其实施条例规定了纳税人资产的税务处理,其目的是根据税收征管的要求,正确核算企业各项资产的成本和支出,对企业资产的计税基础和折耗提取办法等做出相应规定,进而据以正确计算企业的应纳税所得额。

企业的各项资产,包括固定资产、生物资产、无形资产、长期待摊费用、投资资产、存货等,以历史成本为计税基础。历史成本,是指企业取得该项资产时实际发生的支出。企业持有各项资产期间资产增值或者减值,除国务院财政、税务主管部门规定可以确认损益外,不得调整该资产的计税基础。

一、固定资产的税务处理

固定资产,是指企业为生产产品、提供劳务、出租或者经营管理而持有的、使用时间超过 12 个月的非货币性资产,包括房屋、建筑物、机器、机械、运输工具以及其他与生产经营活动有关的设备、器具、工具等。

(一)固定资产计税基础的确定

1. 外购的固定资产,以购买价款和支付的相关税费以及直接归属于使该资产达到预定用途发生的其他支出为计税基础;

2. 自行建造的固定资产,以竣工结算前发生的支出为计税基础;

3. 融资租入的固定资产,以租赁合同约定的付款总额和承租人在签订租赁合同过程中发生的相关费用为计税基础,租赁合同未约定付款总额的,以该资产的公允价值和承租人在签订租赁合同过程中发生的相关费用为计税基础;

4. 盘盈的固定资产,以同类固定资产的重置完全价值为计税基础;

5. 通过捐赠、投资、非货币性资产交换、债务重组等方式取得的固定资产,以该资产的公允价值和支付的相关税费为计税基础;

6. 改建的固定资产,除已足额提取折旧的固定资产和租入的固定资产以外,其他固定资产的改建支出以改建过程中发生的改建支出增加计税基础。

(二)固定资产的折旧方法

固定资产按照直线法计算的折旧,准予扣除。

企业应当自固定资产投入使用月份的次月起计算折旧;停止使用的固定资产,应当自停止使用月份的次月起停止计算折旧。企业应当根据固定资产的性质和使用情况,合理确定固定资产的预计净残值。固定资产的预计净残值一经确定,不得变更。

企业的固定资产由于技术进步等原因,确需加速折旧的,可以缩短折旧年限或者采取加速折旧的方法。可以采取缩短折旧年限或者加速折旧方法的固定资产包括:

(1)由于技术进步,产品更新换代较快的固定资产;

(2)常年处于强震动、高腐蚀状态的固定资产。

采取缩短折旧年限方法的,最低折旧年限不得低于本条例规定折旧年限的 60%;采取加速折旧方法的,可以采取双倍余额递减法或者年数总和法。

(三)固定资产的折旧年限

除国务院财政、税务主管部门另有规定外,固定资产计算折旧的最低年限如下:

1. 房屋、建筑物,为 20 年;

2. 飞机、火车、轮船、机器、机械和其他生产设备,为 10 年;

3. 与生产经营活动有关的器具、工具、家具等,为 5 年;

4. 飞机、火车、轮船以外的运输工具,为 4 年;

5.电子设备,为 3 年。

（四）固定资产折旧计提范围

在计算应纳税所得额时,企业按照规定计算的固定资产折旧,准予扣除。下列固定资产不得计算折旧扣除:

1.房屋、建筑物以外未投入使用的固定资产;

2.以经营租赁方式租入的固定资产;

3.以融资租赁方式租出的固定资产;

4.已足额提取折旧仍继续使用的固定资产;

5.与经营活动无关的固定资产;

6.单独估价作为固定资产入账的土地;

7.其他不得计算折旧扣除的固定资产。

二、长期待摊费用的税务处理

在计算应纳税所得额时,企业发生的下列支出作为长期待摊费用,按照规定摊销的,准予扣除:

1.已足额提取折旧的固定资产的改建支出;

2.租入固定资产的改建支出;

3.固定资产的大修理支出;

4.其他应当作为长期待摊费用的支出。

固定资产的改建支出,是指改变房屋或者建筑物结构、延长使用年限等发生的支出。已足额提取折旧的固定资产的改建支出按照固定资产预计尚可使用年限分期摊销;租入固定资产的改建支出按照合同约定的剩余租赁期限分期摊销。改建的固定资产延长使用年限的,除属于已足额提取折旧的固定资产和租入固定资产外,应当适当延长折旧年限。

固定资产的大修理支出,是指同时符合下列条件的支出:修理支出达到取得固定资产时的计税基础50%以上;修理后固定资产的使用年限延长 2 年以上。固定资产的大修理支出,按照固定资产尚可使用年限分期摊销。

其他应当作为长期待摊费用的支出,自支出发生月份的次月起,分期摊销,摊销年限不得低于 3 年。

三、无形资产的税务处理

无形资产,是指企业为生产产品、提供劳务、出租或者经营管理而持有的、没有实物形态的非货币性长期资产,包括专利权、商标权、著作权、土地使用权、非专利技术、商誉等。

（一）无形资产计税基础的确定

无形资产按照以下方法确定计税基础:

1.外购的无形资产,以购买价款和支付的相关税费以及直接归属于使该资产达到预定用途发生的其他支出为计税基础;

2.自行开发的无形资产,以开发过程中该资产符合资本化条件后至达到预定用途前发生的支出为计税基础;

3.通过捐赠、投资、非货币性资产交换、债务重组等方式取得的无形资产,以该资产的公允价值和支付的相关税费为计税基础。

（二）无形资产摊销方法

无形资产按照直线法计算的摊销费用,准予扣除。

无形资产的摊销年限不得低于10年。

作为投资或者受让的无形资产,有关法律规定或者合同约定了使用年限的,可以按照规定或者约定的使用年限分期摊销。

外购商誉的支出,在企业整体转让或者清算时,准予扣除。

（三）无形资产摊销范围

在计算应纳税所得额时,企业按照规定计算的无形资产摊销费用,准予扣除。下列无形资产不得计算摊销费用扣除:

1.自行开发的支出已在计算应纳税所得额时扣除的无形资产;

2.自创商誉;

3.与经营活动无关的无形资产;

4.其他不得计算摊销费用扣除的无形资产。

四、投资资产的税务处理

投资资产,是指企业对外进行权益性投资和债权性投资形成的资产。企业在转让或者处置投资资产时,投资资产的成本准予从转让该资产的收入中扣除。企业对外投资期间,投资资产的成本在计算应纳税所得额时不得扣除。

投资资产按发生的实际支出作为计税基础,具体确认方法如下:

（1）通过支付现金方式取得的投资资产,以购买价款为成本;

（2）通过支付现金以外的方式取得的投资资产,以该资产的公允价值和支付的相关税费为成本。

五、存货的税务处理

存货,是指企业持有以备出售的产品或者商品、处在生产过程中的在产品、在生产或者提供劳务过程中耗用的材料和物料等。企业使用或者销售存货,按照规定计算的存货成本,准予在计算应纳税所得额时扣除。

（一）存货的计税基础

存货按照以下方法确定成本:

1.通过支付现金方式取得的存货,以购买价款和支付的相关税费为成本;

2.通过支付现金以外的方式取得的存货,以该存货的公允价值和支付的相关税费为成本;

3.生产性生物资产收获的农产品,以产出或者采收过程中发生的材料费、人工费和分摊的间接费用等必要支出为成本。

（二）存货的计价方法

企业使用或者销售的存货的成本计算方法，可以在先进先出法、加权平均法、个别计价法中选用一种。计价方法一经选用，不得随意变更。

六、生产性生物资产的税务处理

生产性生物资产，是指企业为生产农产品、提供劳务或者出租等而持有的生物资产，包括经济林、薪炭林、产畜和役畜等。

（一）生产性生物资产的计税基础

生产性生物资产按照实际发生的支出作为计税基础，具体确认方法如下：

1.外购的生产性生物资产，以购买价款和支付的相关税费为计税基础；

2.通过捐赠、投资、非货币性资产交换、债务重组等方式取得的生产性生物资产，以该资产的公允价值和支付的相关税费为计税基础。

（二）生产性生物资产折旧的计提方法

生产性生物资产按照直线法计算的折旧，准予扣除。

企业应当自生产性生物资产投入使用月份的次月起计算折旧；停止使用的生产性生物资产，应当自停止使用月份的次月起停止计算折旧。企业应当根据生产性生物资产的性质和使用情况，合理确定生产性生物资产的预计净残值。生产性生物资产的预计净残值一经确定，不得变更。

（三）生产性生物资产的折旧年限

生产性生物资产计算折旧的最低年限如下：

1.林木类生产性生物资产，为10年；

2.畜类生产性生物资产，为3年。

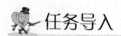

任务解析：

新会计准则规定，购买无形资产的价款超过正常信用条件延期支付，实质上具有融资性质的，无形资产的成本以购买价款的现值为基础确定。无形资产的入账成本为80万元。

在税务处理上，无形资产按取得时的实际支出作为计税基础。外购的无形资产，按购买价款、相关税费以及直接归属于使该项资产达到预定用途所发生的其他支出作为计税基础。税法认可的计税基础为100万元。

子任务五　计算允许弥补的以前年度亏损总额

任务导入

某企业从2002年起10年间的盈利情况如表7-1所示。

年度	2002	2003	2004	2005	2006	2007	2008	2009	2010	2011
盈利	−10	−70	−60	−40	50	40	60	90	40	50

表 7-1　　　　　　　　2002～2011 年盈利情况表　　　　　单位:万元

任务:计算该企业 10 年间应缴的企业所得税税额。

 ## 知 识 链 接

企业纳税年度发生的亏损,准予向以后年度结转,用以后年度的所得弥补,但结转年限最长不得超过五年。

亏损弥补是国家对纳税人的一种免税照顾。它是国家帮助企业渡过暂时困难、保护税源的一项重要措施,有利于企业亏损得到及时的补偿,以保障企业生产经营的顺利进行。企业所得税允许弥补的"亏损"并不是企业利润表中的亏损额,而是企业利润表中的亏损额按税法规定核实、调整后的余额。亏损弥补应注意的问题如下:

1.亏损弥补期应连续计算,不得间断,而不论弥补亏损的 5 年中是否盈利或亏损。

2.连续发生亏损,其亏损弥补期应按每个年度分别计算,按"先亏先补、顺序弥补"的原则弥补,不能将每个亏损年度的亏损弥补期相加。

3.联营企业生产经营取得的所得,一律先就地缴纳所得税,然后再进行分配。联营企业的亏损,由联营企业就地按规定进行弥补。

4.投资方如果发生亏损(税务机关核实),则在联营企业分回的税后利润换算为税前利润后,可以先用于弥补亏损,弥补亏损后仍有余额的,再按规定计算补缴企业所得税。

5.企业在汇总计算缴纳企业所得税时,其境外营业机构的亏损不得抵减境内营业机构的盈利。

任务实施

任务解析:

该企业 2003～2011 年的亏损弥补情况如表 7-2 所示。

表 7-2　　　　　　　　2003～2011 年亏损弥补情况　　　　　单位:万元

亏损弥补年度 / 亏损年度	2003 年	2004 年	2005 年	2006 年	2007 年	2008 年	2009 年	2010 年	2011 年	合 计
2002 年	0	0	0	10						10
2003 年		0	0	40	30					70
2004 年			0	0	10	50				60
2005 年				0	0	10	30			40
合 计	0	0	0	50	40	60	30			180

如表 7-2 所示,弥补完 2002～2005 年的亏损后,2003～2008 年的税前所得均为 0,不需要缴纳企业所得税。2009 年尚余的 60(90−30)万元、2010 年税前所得 40 万元、2011 年税前所得 50 万元没有用于弥补亏损,应该照常计税。

该企业应该缴纳的企业所得税税额＝60×25％＋40×25％＋50×25％＝37.5(万元)

子任务六　计算居民企业与非居民企业应纳企业所得税税额

任务导入

假定某企业为居民企业,2011 年经营业务如下:

(1)取得销售收入 2 500 万元;

(2)销售成本 1 100 万元;

(3)发生销售费用 670 万元(其中含广告费 450 万元)、管理费用 480 万元(其中含业务招待费 15 万元)以及财务费用 60 万元;

(4)销售税金 160 万元(其中含增值税 120 万元);

(5)营业外收入 70 万元,营业外支出 50 万元(其中含通过公益性社会团体向贫困山区捐款 30 万元,支付税收滞纳金 6 万元);

(6)计入成本、费用中的实发工资总额 150 万元,拨缴工会经费 3 万元,支出职工福利费和职工教育经费 29 万元。

任务:计算该企业 2011 年度实际应纳的企业所得税税额。

知 识 链 接

一、居民企业应纳税额的计算

企业的应纳税所得额乘以适用税率,减除依照《企业所得税法》关于税收优惠的规定减免和抵免的税额后的余额,为应纳税额。其基本计算公式为

$$应纳税额＝应纳税所得额×适用税率－减免税额－抵免税额$$

公式中的减免税额和抵免税额,是指依照《企业所得税法》和国务院的税收优惠规定减征、免征和抵免的应纳税额。

在实际过程中,应纳税所得额的计算一般有两种方法。

一是直接计算法。即按照《企业所得税法》的规定,用企业每一纳税年度的收入总额,减除不征税收入、免税收入、各项扣除以及允许弥补的以前年度亏损。其计算公式为

$$应纳税所得额＝收入总额－不征税收入－免税收入－各项扣除－允许弥补的以前年度亏损$$

二是间接计算法。在间接计算法下,在会计利润总额的基础上加或减按照税法规定调整的项目金额后,即为应纳税所得额。计算公式为

$$应纳税所得额＝会计利润总额±纳税调整项目金额$$

纳税调整项目金额包括两方面的内容:一是企业的财务会计处理和税收规定不一致的应予以调整的金额;二是按照税法规定准予扣除的税收金额。

(一)减免税额

应纳税额计算公式中的减免税额,是指《企业所得税法》及其实施条例在"税收优惠"一章或者国务院其他有关税收优惠规定中规定的企业享受的直接减免税额。具体包括以

下几个方面的减免税。

1.关于鼓励农、林、牧、渔发展的减免税

企业从事农、林、牧、渔业项目的所得,可以免征、减征企业所得税。具体来说是指:

(1)企业从事下列项目的所得,免征企业所得税:蔬菜、谷物、薯类、油料、豆类、棉花、麻类、糖料、水果、坚果的种植;农作物新品种的选育;中药材的种植;林木的培育和种植;牲畜、家禽的饲养;林产品的采集;灌溉、农产品初加工、兽医、农技推广、农机作业和维修等农、林、牧、渔服务业项目;远洋捕捞。

(2)企业从事下列项目的所得,减半征收企业所得税:花卉、茶以及其他饮料作物和香料作物的种植;海水养殖、内陆养殖。

企业从事国家限制和禁止发展的项目,不得享受上述规定的企业所得税优惠。

2.关于鼓励基础设施建设的减免税

企业从事国家重点扶持的《公共基础设施项目企业所得税优惠目录》规定的港口码头、机场、铁路、公路、城市公共交通、电力、水利等公共基础设施项目投资经营的所得,自项目取得第一笔生产经营收入所属纳税年度起,第一年至第三年免征企业所得税,第四年至第六年减半征收企业所得税。

企业承包经营、承包建设和内部自建自用本条规定的项目,不得享受本条规定的企业所得税优惠。

3.关于支持环境保护、节能节水的减免税

企业从事符合条件的环境保护、节能节水项目的所得,自项目取得第一笔生产经营收入所属纳税年度起,第一年至第三年免征企业所得税,第四年至第六年减半征收企业所得税。

其中,符合条件的环境保护、节能节水项目,包括公共污水处理、公共垃圾处理、沼气综合开发利用、节能减排技术改造、海水淡化等。项目的具体条件和范围由国务院财政、税务主管部门协同国务院有关部门制订,报国务院批准后公布施行。

4.关于促进技术创新和科技进步的减免税

企业符合条件的技术转让所得可以免征、减征企业所得税,具体来说,是指一个纳税年度内,居民企业技术转让所得不超过500万元的部分,免征企业所得税;超过500万元的部分,减半征收企业所得税。

5.非居民企业的预提税所得的减免税

下列所得可以免征企业所得税:外国政府向中国政府提供贷款取得的利息所得;国际金融组织向中国政府和居民企业提供优惠贷款取得的利息所得;经国务院批准的其他所得。

企业依照上述第2、3条规定享受减免税优惠的项目,在减免税期限内转让的,受让方自受让之日起,可以在剩余期限内享受规定的减免税优惠;减免税期限届满后转让的,受让方不得就该项目重复享受减免税优惠。

(二)抵免税额

应纳税额计算公式中的抵免税额,是指《企业所得税法》及其实施条例中规定的投资抵免应纳税额,即对企业购置用于环境保护、节能节水、安全生产等专用设备的投资额,可以按一定比例实行税额抵免。

税额抵免是指按照税法规定可直接冲抵应纳税额的一种税收优惠措施,具体是指企业购置并实际使用《环境保护专用设备企业所得税优惠目录》、《节能节水专用设备企业所得税优惠目录》和《安全生产专用设备企业所得税优惠目录》规定的环境保护、节能节水、安全生产等专用设备的,该专用设备投资额的10%可以从企业当年的应纳税额中抵免;当年不足抵免的,可以在以后5个纳税年度结转抵免。

享受前款规定的企业所得税优惠的企业,应当实际购置并自身实际投入使用前款规定的专用设备;企业购置上述专用设备在5年内转让、出租的,应当停止享受企业所得税优惠,并补缴已经抵免的企业所得税税款。

二、非居民企业应纳税额的计算

非居民企业取得来源于中国境内的所得,按照下列方法计算其应纳税所得额:

1.股息、红利等权益性投资收益和利息、租金、特许权使用费所得,以收入全额为应纳税所得额;

2.转让财产所得,以收入全额减除财产净值后的余额为应纳税所得额;

3.其他所得,参照前两项规定的方法计算应纳税所得额。

非居民企业应纳税额的计算公式为

$$应纳税额=应纳税所得额×适用税率-抵免税额$$

【做中学 7-7】 某外国企业在中国境内设立一个分公司,该分公司可以在中国境内独立开展经营活动。2011年该分公司在中国境内取得营业收入200万元,发生成本费用150万元(其中20万元不得税前扣除)。假设该分公司不享受税收优惠,请计算出该分公司2011年在中国缴纳多少企业所得税?

该分公司的应纳税所得额=200-(150-20)=70(万元)

由于该分公司不享受税收优惠,故

2011年该分公司在中国缴纳企业所得税税额=70×25%=17.5(万元)

任务实施

任务解析:

(1)该企业的会计利润=2 500-1 100-670-480-60-(160-120)+70-50
=170(万元)

(2)纳税调整:

①广告费扣除限额=2 500×15%=375(万元)<450(万元)

调增应纳税所得额=450-375=75(万元)

②业务招待费的60%=15×60%=9(万元)

销售收入的5‰=2 500×5‰=12.5(万元)>9(万元)

调增应纳税所得额=15-9=6(万元)

③捐赠扣除限额=170×12%=20.4(万元)<30(万元)

调增应纳税所得额=30-20.4=9.6(万元)

④税收滞纳金不得扣除,调增应纳税所得额6万元。

⑤工会经费扣除限额＝150×2％＝3(万元)

职工福利费和职工教育经费扣除限额＝150×(14％＋2.5％)＝24.75(万元)<29(万元)

调增应纳税所得额＝29－24.75＝4.25(万元)

(3)该企业的应纳税所得额＝170＋75＋6＋9.6＋6＋4.25＝270.85(万元)

应纳企业所得税＝270.85×25％＝67.71(万元)

子任务七　计算境外所得抵免的企业所得税税额

任务导入

某企业应纳税所得额为100万元,适用25％的企业所得税税率。另外,该企业分别在甲、乙两国设有分支机构(我国与甲、乙两国已经缔结避免双重征税协定),在甲国分支机构的应纳税所得额为50万元,甲国税率为20％;在乙国分支机构的应纳税所得额为30万元,乙国税率为35％。假设该企业在甲、乙两国所得按我国税法计算的应纳税所得额和按甲、乙两国税法计算的应纳税所得额是一致的,两个分支机构在甲、乙两国分别缴纳10万元和10.5万元的企业所得税。

任务:请计算该企业在我国应汇总缴纳的企业所得税税额。

知识链接

企业取得来源于我国境外的应税所得,应按我国税法汇总计算缴纳企业所得税。企业取得的下列所得已在境外缴纳的所得税税额,可以从其当期应纳税额中抵免,抵免限额为该项所得依照本法规定计算的应纳税额;超过抵免限额的部分,可以在以后5个年度内,用每年年度抵免限额抵免当年应抵税额后的余额进行抵补:居民企业来源于中国境外的应税所得;非居民企业在中国境内设立机构、场所,取得发生在中国境外但与该机构、场所有实际联系的应税所得。

抵免法是一国政府在优先承认其他国家的地域税收管辖权的前提下,在对本国纳税人来源于国外的所得征税时,以本国纳税人在国外缴纳的税款冲抵本国税收的方法。抵免法能够较为彻底地消除国际重复征税,使投资者向国外投资与国内投资的税收负担大致相同,有利于促进国际投资和各国对外经济关系的发展。

前述5个年度,是指从企业取得的来源于中国境外的所得,已经在中国境外缴纳的企业所得税性质的税额超过抵免限额的当年的次年起5个纳税年度。

居民企业从其直接或间接控制的外国企业分得的来源于中国境外的股息、红利等权益性投资收益,外国企业在境外实际缴纳的所得税税额中属于该项所得负担部分,可以作为该居民企业的可抵免境外所得税税额,在税法规定的抵免范围内抵免。

直接控制,是指居民企业直接持有外国企业20％以上股份。间接控制,是指居民企业以间接持股方式持有外国企业20％以上股份,具体认定办法由国务院财政、税务部门另行制定。

已在境外缴纳的所得税税额,是指企业来源于中国境外的所得依照中国境外税收法律以及相关规定应当缴纳并已经实际缴纳的企业所得税性质的税款。企业依照《企业所得税法》的规定抵免企业所得税税额时,应当提供中国境外税务机关出具的税款所属年度的有关纳税凭证。

抵免限额,是指企业来源于中国境外的所得,依照《企业所得税法》及其实施条例的规定计算的应纳税额。除国务院财政、税务主管部门另有规定外,该抵免限额应当分国(地区)不分项计算,计算公式为

$$\begin{aligned}某国(地区)所\\得税抵免限额\end{aligned} = \begin{aligned}中国境内、境外\\所得应纳税总额\end{aligned} \times \frac{来源于某国(地区)的应纳税所得额}{中国境内、境外应纳税所得总额}$$

企业应按照《企业所得税法》及其实施条例、税收协定的规定,准确计算下列当期与抵免境外所得税有关的项目后,确定当期实际可抵免分国(地区)别的境外所得税税额和抵免限额:

(1)境内所得的应纳税所得额(以下称境内应纳税所得额)和分国(地区)别的境外所得的应纳税所得额(以下称境外应纳税所得额);

(2)分国(地区)别的可抵免境外所得税税额;

(3)分国(地区)别的境外所得税的抵免限额。

企业不能准确计算上述项目实际可抵免分国(地区)别的境外所得税税额的,在相应国家(地区)缴纳的税收均不得在该企业当期应纳税额中抵免,也不得结转以后年度抵免。

企业按照《企业所得税法》及其实施条例及《关于企业境外所得税收抵免有关问题的通知》的有关规定,计算的当期境内、境外应纳税所得总额小于零的,应以零计算当期境内、境外应纳税所得总额,其当期境外所得税的抵免限额也为零。

【做中学 7-8】 某企业 2011 年度境内应纳税所得额为 350 万元,在全年已预缴税额 50 万元,来源于境外某国的税前所得 100 万元,境外实纳税额 30 万元。请计算该企业当年汇总清缴应补(退)的税款金额。

该企业汇总纳税应纳所得税税额=(350+100)×25% =112.5(万元)

境外已纳税额扣除限额=(350+100)×25%×100÷(350+100)=25(万元)

境外实纳税额 30 万元,只能扣除 25 万元。

境内已预缴税额 50 万元,则

汇总纳税应纳所得税税额=112.5-25-50=37.5(万元)

任务实施

任务解析:

(1)该企业按我国税法计算的境内、境外所得的应纳税额:

应纳税额=(100+50+30)×25%=45(万元)

(2)甲、乙两国的扣除限额:

甲国扣除限额=45×[50÷(100+50+30)]=12.5(万元)

乙国扣除限额=45×[30÷(100+50+30)]=7.5(万元)

在甲国缴纳的企业所得税税额为 10 万元,低于扣除限额 12.5 万元,可全额扣除。在乙国缴纳的企业所得税税额为 10.5 万元,高于扣除限额 7.5 万元,其超过扣除限额的 3 万元不能扣除。

(3)在我国应汇总缴纳的企业所得税税额:

应纳企业所得税税额=45-10-7.5=27.5(万元)

任务二　进行企业所得税会计业务处理

● 任务描述

我国所得税会计采用资产负债表债务法,要求从资产负债表出发,通过比较资产负债表中列示的资产、负债按照会计准则规定确定的账面价值与按照税法规定确定的计税基础,对于两者之间的差异区分应纳税暂时性差异与可抵扣暂时性差异,确认相关的递延所得税负债与递延所得税资产,并在此基础上确定每一会计期间利润表中的所得税费用。

任务导入

福建某轮胎有限公司于 2008 年 12 月 31 日购入价值 5 000 万元的机器,预计使用 5 年,无残值。会计规定采用平均年限法计提折旧,每年折旧额为 1 000 万元;税法规定采用双倍余额递减法计提折旧,2008~2012 年每年的折旧额分别为 2 000 万元、1 200 万元、720 万元、540 万元、540 万元。各年利润总额均为 11 000 万元,适用税率 25%。相关计算及会计处理如表 7-3。

表 7-3　　　　　各年暂时性差异及该项差异对纳税影响计算表　　　　　单位:万元

年　限	账面价值	计税基础	账面价值＞计税基础数	应纳税暂时性差异	递延所得税负债	会计利润	应纳税所得额
初次确认	5 000	5 000					
2008 年年末	4 000	3 000	1 000	1 000	250	11 000	10 000
2009 年年末	3 000	1 800	1 200	200	50	11 000	10 800
2010 年年末	2 000	1 080	920	-280	-70	11 000	11 280
2011 年年末	1 000	540	460	-460	-115	11 000	11 460
2012 年年末	0	0	0	-460	-115	11 000	11 460

任务:请用资产负债表债务法对该公司以上业务进行账务处理。

知识链接

一、企业所得税会计账户的设置

资产负债表债务法的所得税核算中,应设置"所得税费用"、"递延所得税资产"、"递延所得税负债"、"应交税费——应交所得税"等账户。

（一）"所得税费用"账户

"所得税费用"账户核算企业根据所得税准则确认的应从当期利润总额中扣除的所得税费用。在资产负债表债务法下,本账户应按"当期所得税费用"、"递延所得税费用"进行明细核算。

资产负债表日,企业按照税法计算确定的当期应交所得税金额,借记"所得税费用——当期所得税费用"账户,贷记"应交税费——应交所得税"账户。

（二）"递延所得税资产"账户

核算企业根据所得税准则确认的可抵扣暂时性差异产生的所得税资产。根据税法规定可用以后年度税前利润弥补的亏损产生的所得税资产,也在本账户核算;企业应当按照可抵扣暂时性差异等项目进行明细核算。

在确认相关资产、负债时,根据所得税准则应予确认的递延所得税资产,借记"递延所得税资产"账户,贷记"所得税费用——递延所得税费用"、"资本公积——其他资本公积"等账户;应予确认的递延所得税负债,借记"所得税费用——递延所得税费用"、"资本公积——其他资本公积"等账户,贷记"递延所得税负债"账户。

资产负债表日,根据所得税准则应予确认的递延所得税资产大于"递延所得税资产"账户余额的差额,借记"递延所得税资产"账户,贷记"所得税费用——递延所得税费用"、"资本公积——其他资本公积"等账户;应予确认的递延所得税资产小于"递延所得税资产"账户余额的差额,作相反的会计分录。

资产负债表日,预计未来期间很可能无法获得足够的应纳税所得额用以抵扣可抵扣暂时性差异的,按应减记的金额,借记"所得税费用——当期所得税费用"、"资本公积——其他资本公积"账户,贷记"递延所得税资产"账户。

本账户期末借方余额,反映企业已确认的递延所得税资产的余额。

（三）"递延所得税负债"账户

核算企业根据所得税准则确认的应纳税暂时性差异产生的所得税负债,企业应按照应纳税暂时性差异项目进行明细核算。

企业在确认相关资产、负债时,根据所得税准则应予确认的递延所得税负债,借记"所得税费用——递延所得税费用"、"资本公积——其他资本公积"等账户,贷记"递延所得税负债"账户。

资产负债表日,企业根据所得税准则应予确认的递延所得税负债大于本账户余额的,借记"所得税费用——递延所得税费用"、"资本公积——其他资本公积"等账户,贷记"递延所得税负债"账户;应予确认的递延所得税负债小于本账户余额的,作相反的会计分录。

本账户期末贷方余额,反映企业已确认的递延所得税负债的余额。

（四）"应交税费——应交所得税"账户

本账户反映企业所得税的应缴、实际上缴和退补的情况。本账户的贷方反映应缴和应补缴的所得税,借方反映实际上缴和补缴的企业所得税;贷方余额反映应缴未缴的所得税,借方余额反映多缴的所得税。企业实际上缴企业所得税税款,应当借记"应交税费——应交所得税"账户,贷记"银行存款"账户。

二、企业所得税的会计处理

我国所得税会计采用资产负债表债务法,要求从资产负债表出发,通过比较资产负债表中列示的资产、负债按照会计准则规定确定的账面价值与按照税法规定确定的计税基础,对于两者之间的差异区分应纳税暂时性差异与可抵扣暂时性差异,确认相关的递延所得税负债与递延所得税资产,并在此基础上确定每一会计期间利润表中的所得税费用。

(一)核算程序

在采用资产负债表债务法核算所得税的情况下,企业一般应于每一资产负债表日进行所得税的核算。企业合并等特殊交易或事项发生时,在确认交易或事项取得的资产、负债时即应确认相关的所得税影响。其核算程序可以概括为以下几步:

1. 在资产负债表债务法下,应根据《企业所得税法》确认、计量企业的本期应纳税所得额,并按照应纳税所得额和现行适用税率计算本期应交所得税。

2. 根据《企业会计准则》确认、计量企业同期期末暂时性差异及结转以后年度的本期弥补亏损与所得税抵减,计算递延所得税负债(或资产)的期末余额,并将递延所得税负债(或资产)的期末余额与期初余额的差额作为递延所得税费用(或利益),计算公式为

期末递延所得税资产=可抵扣暂时性差异期末余额×预计税率

期末递延所得税负债=应纳税暂时性差异期末余额×预计税率

递延所得税负债(资产)=期末递延所得税负债(资产)— 期初递延所得税负债(资产)

3. 将应交所得税加、减递延所得税费用(或利益),即为所得税费用(或利益),计算公式为

所得税费用=应交所得税+(期末递延所得税负债—期初递延所得税负债)—
(期末递延所得税资产—期初递延所得税资产)

或   =应交所得税+期初递延所得税净资产—期末递延所得税净资产

或   =应交所得税+净递延所得税资产

或   =当期所得税费用+递延所得税费用

(二)计税基础的确定

1. 资产计税基础的确定

资产计税基础,是指企业收回资产账面价值的过程中,计算应纳税所得额时按照税法可以自应税经济利益中抵扣的金额,即该项资产在未来使用或最终处置时,允许作为成本或费用于税前列支的金额。

资产在初始确认时,其计税基础一般为取得成本,即企业为取得某项资产支付的成本在未来期间准予税前扣除。在资产持续持有的过程中,其计税基础是指资产的取得成本减去以前期间按照税法规定已经税前扣除的金额后的余额。如固定资产、无形资产等长期资产在某一资产负债表日的计税基础,是指其成本扣除按照税法规定已在以前期间税前扣除的累计折旧额或累计摊销额后的金额,即这些资产按照税法规定在未来期间仍然可以税前扣除的金额。计算公式为

资产的计税基础=未来可在税前扣除的金额

$$\frac{某一资产负债表}{日的计税基础} = \frac{资产的}{账面价值} - \frac{以前期间已在}{税前扣除的金额}$$

一般情况下,资产在取得时,其入账价值与计税基础是相同的,而在后续计量过程中,由于企业会计准则与税法规定的不同,可能产生资产的账面价值与其计税基础的差异。

【做中学 7-9】 某项机器设备,原价为 150 万元,预计使用年限为 5 年,会计处理时按照直线法计提折旧,税收处理允许加速折旧,企业在计税时对该项资产按年数总和法计提折旧,预计净残值为 0。计提了 2 年的折旧后,请计算该项资产的计税基础与账面价值。

计税基础＝150－50－40＝60(万元)

账面价值＝150－60＝90(万元)

2. 负债计税基础的确定

负债计税基础,是指负债的账面价值减去未来期间计算应纳税所得额时按照税法规定可予以抵扣的金额,用公式表示为

负债的计税基础＝账面价值－未来期间按照税法规定可予税前扣除的金额

短期借款、应付票据、应付账款等负债的确认和偿还,通常不会对当期损益和应纳税所得额产生影响,其计税基础等于账面价值。但是某些情况下,负债的确认可能会影响损益,并影响不同期间的应纳税所得额,使其计税基础与账面价值之间产生差额。

【做中学 7-10】 甲企业 2011 年因销售产品承诺提供 3 年的售后服务,在当年利润表中确认了 500 万元的销售费用,同时确认为预计负债,当年未发生任何售后支出。假设按照税法规定,与产品售后服务相关的费用在实际发生时允许税前扣除,请计算该项负债的计税基础与账面价值。

账面价值＝500(万元)

计税基础＝500－500＝0(万元)

(三)暂时性差异的确定

暂时性差异,是指资产、负债的账面价值与其计税基础不同产生的差额。因资产、负债的账面价值与其计税基础不同,产生了在未来收回资产或清偿负债的期间内,应纳税所得额增加或减少并导致未来期间应交所得税增加或减少的情况。形成企业的资产或负债,在有关暂时性差异发生当期,在符合确认条件的情况下,应当确认相关的递延所得税负债或递延所得税资产。

根据对未来期间应纳税所得额的影响,暂时性差异可分为应纳税暂时性差异和可抵扣暂时性差异。

1. 应纳税暂时性差异的确定

应纳税暂时性差异,是指在确定未来收回资产或清偿负债期间的应纳税所得额时,将导致产生应税金额的暂时性差异,即在未来期间不考虑该事项影响的应纳税所得额的基础上,由于该暂时性差异的转回,会进一步增加转回期间的应纳税所得额和应交所得税金额,在其产生当期应当确认相关的递延所得税负债。

通常在两种情况下会产生应纳税暂时性差异:

(1)资产的账面价值大于其计税基础。资产的账面价值代表的是企业在持续使用或最终出售该项资产时将取得的经济利益的总额,而计税基础代表的是资产在未来期间可予税前扣除的总金额。资产的账面价值大于其计税基础,则意味着该项资产未来期间产生的经济利益不用全部税前抵扣,二者之间的差额使得未来期间需要缴税,因而产生应纳

税暂时性差异。例如,某公司 2011 年 1 月 1 日持有一项可供出售金融资产,取得成本为 1 000 万元,2011 年 12 月 31 日该可供出售金融资产的公允价值为 1 200 万元,资产负债表日确定产生应纳税暂时性差异 200 万元。

(2)负债的账面价值小于其计税基础。负债的账面价值为企业预计在未来期间清偿该项负债时的经济利益流出,而其计税基础代表的是账面价值在扣除税法规定未来期间允许税前扣除的金额之后的差额。负债的账面价值小于其计税基础,意味着该项负债在未来期间可以税前抵扣的金额为负数,即在未来期间应纳税所得额的基础上调增,增加未来期间的应纳税所得额和应交所得税金额,产生应纳税暂时性差异。

2. 可抵扣暂时性差异的确定

可抵扣暂时性差异,是指在确定未来收回资产或清偿负债期间的应纳税所得额时,将导致产生可抵扣金额的暂时性差异。该差异在未来期间转回时会减少转回期间的应纳税所得额,减少未来期间的应交所得税。在可抵扣暂时性差异产生当期,符合确认条件时,应当确认相关的递延所得税资产。

通常在两种情况下会产生可抵扣暂时性差异:

(1)资产的账面价值小于其计税基础,意味着资产在未来期间产生的经济利益少,按照税法规定允许税前扣除的金额多,两者之间的差额可以减少企业在未来期间的应纳税所得额并减少应交所得税。例如,某公司 2011 年 2 月 1 日将一批商品出售给甲公司,货款总额为 800 万元(含增值税),到年末尚未收回。该公司根据情况计提了 100 万元坏账准备。该公司在 2011 年 12 月 31 日确认可抵扣暂时性差异 100 万元。

(2)负债的账面价值大于其计税基础,负债产生的暂时性差异实质上是税法规定就该项负债可以在未来期间税前扣除的金额。

$$负债产生的暂时性差异=账面价值-计税基础$$
$$=账面价值-(账面价值-未来期间计税时按照税法规定可予税前扣除的金额)$$
$$=未来期间计税时按照税法规定可予税前扣除的金额$$

负债的账面价值大于其计税基础,意味着未来期间按照税法规定与负债相关的全部或部分支出可以自未来应税经济利益中扣除,减少未来期间的应纳税所得额和应交所得税。

3. 特殊项目产生的暂时性差异

(1)某些交易或事项发生以后,因不符合资产、负债的确认条件,账面价值为零,但按照税法规定能够确定其计税基础的,零与计税基础之间的差异也构成暂时性差异。如企业发生的广告费与业务宣传费,除另有规定外,不超过当年销售(营业)收入 15%的部分,准予扣除;超过部分,准予在以后纳税年度结转扣除。这类费用在发生时按照会计准则规定即计入当期损益,不形成资产负债表中的资产,但按照税法规定可以确定其计税基础的,两者之间的差异也形成暂时性差异。

(2)按照税法规定可以结转以后年度的未弥补亏损及税款抵减,虽不是因资产、负债的账面价值与计税基础不同产生的,但与可抵扣暂时性差异具有同样的作用,均能减少未来期间的应纳税所得额,进而减少未来期间的应交所得税,在会计处理上,与可抵扣暂时性差异的处理相同。如按照税法规定允许用以后 5 年税前所得弥补的亏损;企业购置用于环境保护、节能节水、安全生产等专用设备的投资额,可以按一定比例实行税额抵免。

（四）递延所得税资产与递延所得税负债

资产负债表日，企业在计算确定了应纳税暂时性差异与可抵扣暂时性差异后，应当按照所得税会计准则规定的原则确认相关的递延所得税负债、递延所得税资产及相应的递延所得税费用（收益）。

1. 递延所得税负债

递延所得税负债是指根据应纳税暂时性差异计算的未来期间应付的所得税金额。

所得税准则规定，资产负债表日，对于递延所得税负债，应当根据适用税法规定，按照预期收回该资产或清偿该负债期间的适用税率计量。即递延所得税负债应以相关应纳税暂时性差异转回期间按照税法规定适用的所得税税率计量。无论应纳税暂时性差异的转回期间如何，相关的递延所得税负债不要求折现。

2. 递延所得税资产

递延所得税资产是指根据以下各项计算的未来期间可收回的所得税金额：

（1）可抵扣暂时性差异；

（2）未利用的可抵扣亏损结转后期；

（3）未利用的税款抵减结转后期。

递延所得税资产一般产生于可抵扣暂时性差异。确认因可抵扣暂时性差异产生的递延所得税资产应以未来期间可能取得的应纳税所得额为限。在可抵扣暂时性差异转回的未来期间内，企业无法产生足够的应纳税所得额用以利用可抵扣暂时性差异的影响，使得与可抵扣暂时性差异相关的经济利益无法实现的，不应确认递延所得税资产；企业有明确的证据表明其于可抵扣暂时性差异转回的未来期间能够产生足够的应纳税所得额，进而利用可抵扣暂时性差异的，则应以可能取得的应纳税所得额为限，确认相关的递延所得税资产。

在判断企业于可抵扣暂时性差异转回的未来期间是否能够产生足够的应纳税所得额时，应考虑企业在未来期间通过正常的生产经营活动能够实现的应纳税所得额以及以前期间产生的应纳税暂时性差异在未来期间转回时将增加的应纳税所得额。

递延所得税资产的计量，应当以预期收回该项资产期间的所得税税率为基础计算确定。无论相关的可抵扣暂时性差异转回期间如何，递延所得税资产均不要求折现。

3. 适用税率变化时对已确认递延所得税资产和递延所得税负债的影响

因税收法律的变化，导致企业在某一会计期间适用的所得税税率发生变化的，企业应对已确认的递延所得税资产和递延所得税负债按照新的税率进行重新计量。递延所得税资产和递延所得税负债的金额代表的是有关可抵扣暂时性差异或应纳税暂时性差异于未来期间转回时，导致企业应交所得税减少或增加的金额。在适用税率变动的情况下，应对原已确认的递延所得税资产及递延所得税负债的金额进行相应调整。

除直接计入所有者权益的交易或事项产生的递延所得税资产及递延所得税负债，相关的调整金额应计入所有者权益以外，其他情况下因税率变化产生的调整金额应确认变化当期的所得税费用（或收益）。

(五)所得税费用的确认

在资产负债表债务法核算中,利润表中的所得税费用包括当期所得税和递延所得税。

1. 当期所得税

当期所得税是指企业按照税法规定计算确定的针对当期发生的交易和事项,应缴纳给税务部门的所得税金额,即当期应交所得税。计算公式为

$$当期所得税 = 当期应交所得税$$
$$= 应纳税所得额 \times 适用税率 - 减免税额 - 抵免税额$$

2. 递延所得税

递延所得税是指按照所得税准则规定当期应予确认的递延所得税资产和递延所得税负债金额,即递延所得税资产及递延所得税负债当期发生额的综合结果,但不包括计入所有者权益的交易或事项的所得税影响。计算公式为

$$递延所得税 = (递延所得税负债期末余额 - 递延所得税负债期初余额) - (递延所得税资产期末余额 - 递延所得税资产期初余额)$$
$$= 当期递延所得税负债的增加额 - 当期递延所得税负债的减少额 - 当期递延所得税资产的增加额 + 当期递延所得税资产的减少额$$
$$= 递延所得税费用 - 递延所得税收益$$

3. 所得税费用

计算确定了当期所得税及递延所得税以后,利润表中应予确认的所得税费用为两者之和,计算公式为

$$所得税费用(或收益) = 当期所得税 + 递延所得税费用(-递延所得税收益)$$

【做中学 7-11】 甲公司 2011 年确定的应纳税所得额为 1 000 万元,所得税税率为 25%,递延所得税负债年初数为 40 万元,年末数为 50 万元,递延所得税资产年初数为 25 万元,年末数为 20 万元。假定无其他纳税调整事项,请计算甲公司 2011 年利润表中所列所得税费用的金额。

$$当期所得税 = 1\ 000 \times 25\% = 250(万元)$$
$$递延所得税 = (50 - 40) + (25 - 20) = 15(万元)$$
$$所得税费用 = 250 + 15 = 265(万元)$$

(六)所得税费用的核算

1. 资产负债表日,企业按照税法规定计算确定的当期应交所得税

借:所得税费用——当期所得税费用

    贷:应交税费——应交所得税

2. 递延所得税资产增加或递延所得税负债减少

借:递延所得税资产

    递延所得税负债

    贷:所得税费用——递延所得税费用

3. 递延所得税资产减少或递延所得税负债增加

借:所得税费用——递延所得税费用

贷：递延所得税资产

　　递延所得税负债

期末,应将"所得税费用"账户的余额转入"本年利润"账户,结转后该账户应无余额。

【做中学 7-12】 B企业 2008 年至 2011 年每年应税收益为-1 500 万元、800 万元、200 万元、600 万元,适用的所得税税率为 25%,该公司账务处理如下(单位:万元)。

2008 年：

借：递延所得税资产	375	
贷：所得税费用——补亏减税		375

2009 年：

借：所得税费用	200	
贷：递延所得税资产		200

2010 年：

借：所得税费用	50	
贷：递延所得税资产		50

2011 年：

借：所得税费用	150	
贷：递延所得税资产		125
应交税费——应交所得税		25

【技能训练 7-2】 福建某轮胎有限公司,某项固定资产原值为 8 000 万元,无残值,采用平均年限法计提折旧。税法规定折旧年限为 8 年,会计核算的折旧年限为 4 年。企业前 4 年税前会计利润 5 000 万元,后 4 年税前会计利润 6 000 万元,各年的所得税税率均为 25%。该企业预计在未来期间能够产生足够的应纳税所得额用来抵扣可抵扣暂时性差异。

任务：请作出所得税费用的会计处理。

任务实施

任务解析：

(1)2008 年年末

按税法计算应交所得税：

借：所得税费用——当期所得税费用	2 500	
贷：应交税费——应交所得税		2 500

按所得税准则计算的递延所得税负债：

借：所得税费用——递延所得税费用	250	
贷：递延所得税负债		250

(2)2009 年年末

按税法计算应交所得税：

借：所得税费用——当期所得税费用　　　　　　　　　　　2 700
　　贷：应交税费——应交所得税　　　　　　　　　　　　　　　2 700
按所得税准则计算的递延所得税负债：
借：所得税费用——递延所得税费用　　　　　　　　　　　50
　　贷：递延所得税负债　　　　　　　　　　　　　　　　　　　50
（3）2010 年年末
按税法计算应交所得税：
借：所得税费用——当期所得税费用　　　　　　　　　　　2 820
　　贷：应交税费——应交所得税　　　　　　　　　　　　　　　2 820
按所得税准则计算的递延所得税负债：
借：递延所得税负债　　　　　　　　　　　　　　　　　　70
　　贷：所得税费用——递延所得税费用　　　　　　　　　　　　70
（4）2011 年年末
按税法计算应交所得税：
借：所得税费用——当期所得税费用　　　　　　　　　　　2 865
　　贷：应交税费——应交所得税　　　　　　　　　　　　　　　2 865
按所得税准则计算的递延所得税负债：
借：递延所得税负债　　　　　　　　　　　　　　　　　　115
　　贷：所得税费用——递延所得税费用　　　　　　　　　　　　115
（5）2012 年年末
按税法计算应交所得税：
借：所得税费用——当期所得税费用　　　　　　　　　　　2 865
　　贷：应交税费——应交所得税　　　　　　　　　　　　　　　2 865
按所得税准则计算的递延所得税负债：
借：递延所得税负债　　　　　　　　　　　　　　　　　　115
　　贷：所得税费用——递延所得税费用　　　　　　　　　　　　115
（以上单位：万元）

任务三　申报及缴纳企业所得税

● 任务描述

　　对实行查账征收企业所得税的纳税人，在季度或月份终了后 15 日内，向其所在地主管税务机关报送企业所得税预缴纳税申报表。年度终了进行企业所得税年度纳税申报，如果能如实提供完整、准确的成本、费用凭证以及如实计算应纳税所得额，纳税人按年度填写企业所得税年度纳税申报表，在规定期限内到税务机关进行纳税申报，并提供税务机关要求报送的其他纳税资料。对实行核定征收企业所得税的纳税人，在季度或月份终了后15日内,向其所在地主管税务机关报送企业所得税预缴纳税申报表。对于核定应税所得率征收的纳税人,根据纳税年度内的收入总额或成本等项目的实际发生额,按预先核定的应税所得率计算企业所得税应纳税额。

任务导入

福建某汽车轮胎有限公司主要生产和销售各类型的汽车,其公司地址为三明闽江路1号,法定代表人为赵富强,其税号为350402220961234,适用的企业所得税税率为25%。

2011年年底损益类有关账户数据如下:

(1)主营业务收入500万元,主营业务成本400万元。

(2)其他业务收入20万元,其他业务成本6万元。

(3)营业税金及附加1.2万元。

(4)销售费用17万元(其中含广告费、业务宣传费15万元)。2010年未抵扣完的广告费25万元。

(5)管理费用30万元(其中含业务招待费2万元,新产品研究开发费用10万元)。

(6)财务费用2.2万元(其中含利息收入3万元,向银行借款100万元支付利息5.2万元)。

(7)营业外收入(处置固定资产净收益)5万元,营业外支出10万元(其中含通过市民政局向汶川地震灾区捐赠现金5万元)。

(8)投资收益(国债利息收入)5万元。

(9)准予扣除的成本费用中包括全年的工资费用200万元,企业全年平均从业人数30人;实际发生职工福利费支出35万元,其中,原"应付福利费"账户有贷方余额9万元;职工教育经费支出5.5万元;工会经费4万元(已取得工会组织开具的工会经费拨缴款专用收据)。

(10)2011年年初固定资产为:房屋建筑物1 000万元,本年提取折旧47.5万元;机器设备1 500万元,本年提取折旧142.5万元,该企业的房屋建筑物和机器设备的折旧的计提方法、年限和残值均与税法相同;2011年6月购置汽车1辆,原值20万元,电脑5台,原值2.5万元(均按5%保留残值、折旧年限3年计算)。本企业2011年度已预缴所得税60 000元。

任务:根据所给资料,计算2011年应纳税所得额和应纳所得税税额,并填写企业所得税年度纳税申报表及有关附表。

知识链接

一、企业所得税的纳税年度

企业所得税的纳税年度,自公历1月1日起至12月31日止。企业在一个纳税年度中间开业,或者终止经营活动,使该纳税年度的实际经营期不足12个月的,应当以其实际经营期为一个纳税年度。企业依法清算时,应当以清算期间作为一个纳税年度。

二、企业所得税的缴纳方法与纳税期限

企业所得税实行按年计征、分月或者分季预缴、年终汇算清缴的方式,即每月或者每季度申报缴纳,年终计算该纳税年度实际需要缴纳的税额,多退少补。

企业所得税分月或者分季预缴由税务机关具体核定。企业应当自月份或者季度终了之日起 15 日内,向税务机关报送企业所得税预缴纳税申报表。企业分月或者分季预缴企业所得税时,应当按照月度或者季度的实际利润额预缴税款;按照月度或者季度的实际利润额预缴有困难的,可以按照上一纳税年度应纳税所得额的月度或者季度平均额预缴,或者按照经税务机关认可的其他方法预缴。预缴方法一经确定,该纳税年度内不得随意变更。

企业应当自年度终了之日起 5 个月内,向税务机关报送企业所得税年度纳税申报表,并汇算清缴,结清应缴应退税款。企业在纳税年度内无论盈利或者亏损,都应当依照规定的期限,向税务机关报送企业所得税预缴纳税申报表、企业所得税年度纳税申报表、财务会计报告和税务机关规定应当报送的其他有关资料。

企业在年度中间终止经营活动的,应当自实际经营终止之日起 60 日内,向税务机关办理当期企业所得税汇算清缴。企业应当在办理注销登记前,就其清算所得向税务机关申报并依法缴纳企业所得税。

企业依照本法缴纳的企业所得税,以人民币计算。所得以人民币以外的货币计算的,应当折合成人民币计算并缴纳税款。企业所得以人民币以外的货币计算的,预缴企业所得税时,应当按照月度或者季度最后一日的人民币汇率中间价,折合成人民币计算应纳税所得额。年度终了汇算清缴时,对已经按照月度或者季度预缴税款的,不再重新折合计算,只就该纳税年度内未缴纳企业所得税的部分,按照纳税年度最后一日的人民币汇率中间价,折合成人民币计算应纳税所得额。

经税务机关检查确认,企业少计或者多计前款规定的所得的,应当按照检查确认补税或者退税时的上一个月最后一日的人民币汇率中间价,将少计或者多计的所得折合成人民币计算应纳税所得额,再计算应补缴或者应退的税款。

三、源泉扣缴

源泉扣缴是指以所得支付者为扣缴义务人,在每次向纳税人支付有关所得款项时代为扣缴税款的做法。实行源泉扣缴的最大优点在于可以有效保护税源,保证国家的财政收入,防止偷漏税,简化纳税手续。

对在中国境内未设立机构、场所的非居民企业取得的来源于中国境内的所得,以及在中国境内设立机构、场所的非居民企业取得的与其所设立机构、场所没有实际联系的源于中国境内的所得应缴纳的企业所得税,实行源泉扣缴,以支付人为扣缴义务人。税款由扣缴义务人在每次支付或者到期应支付时,从支付款项或者到期应支付的款项中扣缴。

对非居民企业在中国境内取得工程作业和劳务所得应缴纳的所得税,当出现以下情形时,县级以上的税务机关可以指定工程价款或者劳务费的支付人为扣缴义务人,并同时

告知扣缴义务人所扣税款的计算依据、计算方法、扣缴期限和扣缴方式：

1. 预计工程作业或者提供劳务期限不足一个纳税年度，且有证据表明不履行纳税义务的；

2. 没有办理税务登记或者临时税务登记，且未委托中国境内的代理人履行纳税义务的；

3. 未按照规定期限办理企业所得税纳税申报或者预缴申报的。

依照规定应当扣缴的所得税，扣缴义务人未依法扣缴或者无法履行扣缴义务的，由纳税人在所得发生地缴纳。纳税人未依法缴纳的，税务机关可以从该纳税人在中国境内其他收入项目的支付人应付的款项中，追缴该纳税人的应纳税款。且税务机关在追缴该纳税人应纳税款时，应当将追缴理由、追缴数额、缴纳期限和缴纳方式等告知该纳税人。

扣缴义务人每次代扣的税款，应当自代扣之日起 7 日内缴入国库，并向所在地的税务机关报送扣缴企业所得税报告表。

四、企业所得税的纳税地点

除税收法律、行政法规另有规定外，居民企业以企业登记注册地为纳税地点；但登记注册地在境外的，以实际管理机构所在地为纳税地点。居民企业在中国境内设立不具有法人资格的营业机构的，应当汇总计算并缴纳企业所得税。

在中国境内设立机构、场所的非居民企业取得来源于中国境内的所得，以及发生在中国境外但与其所设机构、场所有实际联系的所得，以机构、场所所在地为纳税地点。非居民企业在中国境内设立两个或者两个以上机构、场所的，经各机构、场所所在地税务机关的共同上级税务机关审核批准，可以选择由其主要机构、场所汇总缴纳企业所得税。非居民企业经批准汇总缴纳企业所得税后，需要增设、合并、迁移、关闭机构、场所或者停止机构、场所业务的，应当事先由负责汇总申报缴纳企业所得税的主要机构、场所向其所在地税务机关报告；需要变更汇总缴纳企业所得税的主要机构、场所的，依照前款规定办理。

对在中国境内未设立机构、场所的非居民企业取得的来源于中国境内的所得，以及在中国境内设立机构、场所的非居民企业取得的与其所设机构、场所没有实际联系的源于中国境内的所得应缴纳的企业所得税，实行源泉扣缴，以支付人为扣缴义务人，以扣缴义务人所在地为纳税地点。

除国务院另有规定外，企业之间不得合并缴纳企业所得税。

五、企业所得税的纳税申报

企业进行所得税纳税申报时，必须填报企业所得税纳税申报表及其有关附表，还应附送同期财务会计报告等资料。预缴所得税可以按规定填制企业所得税预缴纳税申报表，企业所得税预缴纳税申报表分为 A 类申报表、B 类申报表。

年终进行企业所得税汇算清缴时，应填制企业所得税年度纳税申报表及其附表。企业所得税年度纳税申报表也分为 A 类申报表和 B 类申报表两类。企业所得税年度纳税申报表（A 类）适用于实行查账征收的企业所得税居民纳税人填报；企业所得税年度纳税申报表（B 类）为按照核定征收管理办法中核定应税所得率方式缴纳企业所得税的居民纳税人在年度申报缴纳企业所得税时使用。

（一）企业所得税预缴纳税申报表（表7-4、表7-5）

表 7-4

中华人民共和国
企业所得税月（季）度预缴纳税申报表（A类）

税款所属期间：　　年　月　日至　年　月　日

纳税人识别号：□□□□□□□□□□□□□□□

纳税人名称：　　　　　　　　　　　　　　　金额单位：人民币元（列至角分）

行　次	项　目		本期金额	累计金额
1	**一、据实预缴**			
2	营业收入			
3	营业成本			
4	实际利润额			
5	税率（25%）			
6	应纳所得税额（4行×5行）			
7	减免所得税额			
8	实际已缴所得税额		——	
9	应补（退）的所得税额（6行－7行－8行）		——	
10	**二、按上一纳税年度应纳税所得额的平均额预缴**			
11	上一纳税年度应纳税所得额		——	
12	本月（季）应纳税所得额（11行÷12或11行÷4）		——	
13	税率（25%）		——	——
14	本月（季）应纳所得税额（12行×13行）			
15	**三、按照税务机关确定的其他方法预缴**			
16	本月（季）确定预缴的所得税额			
17	**总分机构纳税人**			
18	总机构	总机构应分摊的所得税额（9行或14行或16行×25%）		
19		中央财政集中分配的所得税额（9行或14行或16行×25%）		
20		分支机构分摊的所得税额（9行或14行或16行×50%）		
21	分支机构	分配比例		
22		分配的所得税额（20行×21行）		

谨声明：此纳税申报表是根据《中华人民共和国企业所得税法》、《中华人民共和国企业所得税法实施条例》和国家有关税收规定填报的，是真实的、可靠的、完整的。

法定代表人（签字）：　　　　　　年　月　日

纳税人公章： 会计主管：	代理申报中介机构公章： 经办人： 经办人执业证件号码：	主管税务机关受理专用章： 受理人：
填表日期：　　年　月　日	代理申报日期：　　年　月　日	受理日期：　　年　月　日

国家税务总局监制

表 7-5

中华人民共和国
企业所得税月(季)度预缴纳税申报表(B类)

税款所属期间: 年 月 日至 年 月 日

纳税人识别号:□□□□□□□□□□□□□□□

纳税人名称: 金额单位:人民币元(列至角分)

	项目		行次	累计金额
应纳税所得额的计算	按收入总额核定应纳税所得额	收入总额	1	
		税务机关核定的应税所得率(%)	2	
		应纳税所得额(1行×2行)	3	
	按成本费用核定应纳税所得额	成本费用总额	4	
		税务机关核定的应税所得率(%)	5	
		应纳税所得额[4行÷(1-5行)×5行]	6	
	按经费支出换算应纳税所得额	经费支出总额	7	
		税务机关核定的应税所得率(%)	8	
		换算的收入额[7行÷(1-8行)]	9	
		应纳税所得额(8行×9行)	10	
应纳所得税额的计算	税率(%)		11	
	应纳所得税额(3行×11行或6行×11行或10行×11行)		12	
	减免所得税额		13	
应补(退)所得税额的计算	已预缴所得税额		14	
	应补(退)所得税额(12行-13行-14行)		15	

谨声明:此纳税申报表是根据《中华人民共和国企业所得税法》、《中华人民共和国企业所得税法实施条例》和国家有关税收规定填报的,是真实的、可靠的、完整的。

法定代表人(签字): 年 月 日

纳税人公章: 会计主管: 填表日期: 年 月 日	代理申报中介机构公章: 经办人: 经办人执业证件号码: 代理申报日期: 年 月 日	主管税务机关受理专用章: 受理人: 受理日期: 年 月 日

(二)企业所得税纳税申报表及附表

主表:中华人民共和国企业所得税年度纳税申报表(表7-6)

附表一:收入明细表(表7-7)

附表二:成本费用明细表(表7-8)

附表三:纳税调整项目明细表(表7-9)

附表四:企业所得税弥补亏损明细表

附表五:税收优惠明细表(表7-10)

附表六:境外所得税抵免计算明细表

附表七:以公允价值计量资产纳税调整表

附表八:广告费和业务宣传费跨年度纳税调整明细表(表7-11)

附表九:资产折旧、摊销纳税调整明细表(表7-12)

附表十:资产减值准备项目调整明细表

附表十一:长期股权投资所得(损失)明细表

以上报表格式见任务实施内容。

任务实施

任务解析：

步骤一：计算应纳企业所得税税额。

1. 会计利润 $=500-400+20-6-1.2-17-30-2.2+5-10+5=63.6$（万元）

2. 调整项目计算如下：

(1) 广告费、业务宣传费扣除限额 $=(500+20)\times15\%=78$（万元）

2010年及2011年的广告费、业务宣传费为 $15+25=40$（万元）<78（万元），因此都可以扣除。

调减所得额为25万元。

(2) 业务招待费扣除限额 $=2\times60\%=1.2$（万元）

$(500+20)\times5‰=2.6$（万元）

扣除限额为1.2万元，应调增所得额 $=2-1.2=0.8$（万元）。

(3) 新产品开发费用允许加计50%扣除，应调减所得额 $=10\times50\%=5$（万元）。

(4) 通过市民政局向汶川地震灾区捐赠现金5万元，按照有关规定可以全额扣除，不用调整。

(5) 国债利息收入5万元是免税收入，因此应调减所得额5万元。

(6) 三项经费：

① 职工福利费扣除限额 $=200\times14\%=28$（万元）

实际提取 $=35-9=26$（万元）<28（万元），此项不用调整。

② 职工教育经费扣除限额 $=200\times2.5\%=5$（万元）

实际发生5.5万元，应调增所得额 $=5.5-5=0.5$（万元）。

③ 工会经费扣除限额 $=200\times2\%=4$（万元）

实际发生4万元，不用调整。

(7) 折旧费：

① 汽车：

会计提取折旧 $=[20\times(1-5\%)\div3]\times6\div12=3.166\,667$（万元）

税法允许提取折旧 $=[20\times(1-5\%)\div4]\times6\div12=2.375$（万元）

应调增所得额 $=3.166\,667-2.375=0.791\,667$（万元）

② 电脑：

会计提取折旧 $=[2.5\times(1-5\%)\div3]\times6\div12=0.395\,833$（万元）

税法允许提取折旧同上，不用调整所得额。

(8) 应纳税所得额 $=63.6+(0.8+0.5+0.791\,667)-(25+5+5)$

$\qquad\qquad =63.6+2.091\,667-35$

$\qquad\qquad =30.691\,667$（万元）

应纳税额 $=30.691\,667\times25\%=7.672\,917$（万元）

应补缴企业所得税额 $=7.672\,917-6=1.672\,917$（万元）

步骤二：填写纳税申报表及主表。

此处只填写与本任务有关的表格。

表 7-6   **中华人民共和国企业所得税年度纳税申报表(A 类)**

税款所属期间： 2011 年 01 月 01 日至 2011 年 12 月 31 日

纳税人名称：福建某汽车轮胎有限公司

纳税人识别号： 3 5 0 4 0 2 2 2 2 0 9 6 1 2 3 4   金额单位:元(列至角分)

类 别	行 次	项 目	金 额
利润总额计算	1	一、营业收入(填附表一)	5 200 000.00
	2	减:营业成本(填附表二)	4 060 000.00
	3	营业税金及附加	12 000.00
	4	销售费用(填附表二)	170 000.00
	5	管理费用(填附表二)	300 000.00
	6	财务费用(填附表二)	22 000.00
	7	资产减值损失	
	8	加:公允价值变动收益	
	9	投资收益	50 000.00
	10	二、营业利润	686 000.00
	11	加:营业外收入(填附表一)	50 000.00
	12	减:营业外支出(填附表二)	100 000.00
	13	三、利润总额(10+11-12)	636 000.00
应纳税所得额计算	14	加:纳税调整增加额(填附表三)	20 916.67
	15	减:纳税调整减少额(填附表三)	350 000.00
	16	其中:不征税收入	
	17	免税收入	50 000.00
	18	减计收入	
	19	减、免税项目所得	
	20	加计扣除	50 000.00
	21	抵扣应纳税所得额	
	22	加:境外应税所得弥补境内亏损	
	23	纳税调整后所得(13+14-15+22)	306 916.67
	24	减:弥补以前年度亏损(填附表四)	
	25	应纳税所得额(23-24)	306 916.67
应纳税额计算	26	税率	25%
	27	应纳所得税额(25×26)	76 729.17
	28	减:减免所得税额(填附表五)	
	29	减:抵免所得税额(填附表五)	
	30	应纳税额(27-28-29)	76 729.17
	31	加:境外所得应纳所得税额(填附表六)	
	32	减:境外所得抵免所得税额(填附表六)	
	33	实际应纳所得税额(30+31-32)	76 729.17
	34	减:本年累计实际已预缴的所得税额	60 000.00
	35	其中:汇总纳税的总机构分摊预缴的税额	
	36	汇总纳税的总机构财政调库预缴的税额	
	37	汇总纳税的总机构所属分支机构分摊的预缴税额	
	38	合并纳税(母子体制)成员企业就地预缴比例	
	39	合并纳税企业就地预缴的所得税额	
	40	本年应补(退)的所得税额(33-34)	16 729.17
附列资料	41	以前年度多缴的所得税额在本年抵减额	
	42	以前年度应缴未缴在本年入库所得税额	

纳税人公章：   代理申报中介机构公章：   主管税务机关受理专用章：

经办人：   经办人及执业证件号码：   受理人：

申报日期:2012 年 04 月 30 日   代理申报日期： 年 月 日   受理日期： 年 月 日

表 7-7　　　　　　　企业所得税年度纳税申报表附表一（1）

收入明细表

填报时间：2012 年 04 月 30 日　　　　　　　　　　　金额单位：元（列至角分）

行　次	项　目	金　额
1	一、销售（营业）收入合计（2＋13）	5 200 000.00
2	（一）营业收入合计（3＋8）	5 200 000.00
3	1.主营业务收入（4＋5＋6＋7）	5 000 000.00
4	（1）销售货物	
5	（2）提供劳务	
6	（3）让渡资产使用权	
7	（4）建造合同	
8	2.其他业务收入（9＋10＋11＋12）	200 000.00
9	（1）材料销售收入	
10	（2）代购代销手续费收入	
11	（3）包装物出租收入	
12	（4）其他	
13	（二）视同销售收入（14＋15＋16）	
14	（1）非货币性交易视同销售收入	
15	（2）货物、财产、劳务视同销售收入	
16	（3）其他视同销售收入	
17	二、营业外收入（18＋19＋20＋21＋22＋23＋24＋25＋26）	50 000.00
18	1.固定资产盘盈	
19	2.处置固定资产净收益	50 000.00
20	3.非货币性资产交易收益	
21	4.出售无形资产收益	
22	5.罚款净收入	
23	6.债务重组收益	
24	7.政府补助收入	
25	8.捐赠收入	
26	9.其他	

经办人（签章）：　　　　　　　　　　　　　　　　　法定代表人（签章）：

表 7-8 企业所得税年度纳税申报表附表二(1)
成本费用明细表

填报时间:2012 年 04 月 30 日　　　　　　　　金额单位:元(列至角分)

行次	项 目	金 额
1	一、销售(营业)成本合计(2+7+12)	4 060 000.00
2	(一)主营业务成本合计(3+4+5+6)	4 000 000.00
3	(1)销售货物成本	
4	(2)提供劳务成本	
5	(3)让渡资产使用权成本	
6	(4)建造合同成本	
7	(二)其他业务成本(8+9+10+11)	60 000.00
8	(1)材料销售成本	
9	(2)代购代销费用	
10	(3)包装物出租成本	
11	(4)其他	
12	(三)视同销售成本(13+14+15+16)	
13	(1)非货币性交易视同销售成本	
14	(2)货物、财产、劳务视同销售成本	
15	(3)其他视同销售成本	
16	二、营业外支出(17+18+……+24)	100 000.00
17	1.固定资产盘亏	
18	2.处置固定资产净损失	
19	3.非货币性资产交易损失	
20	4.出售无形资产损失	
21	5.罚款支出	
22	6.债务重组损失	
23	7.捐赠支出	50 000.00
24	8.其他	50 000.00
25	三、期间费用(26+27+28)	492 000.00
26	1.销售(营业)费用	170 000.00
27	2.管理费用	300 000.00
28	3.财务费用	22 000.00

经办人(签章):　　　　　　　　　　　　法定代表人(签章):

表 7-9   **企业所得税年度纳税申报表附表三**
纳税调整项目明细表

填报时间：2012 年 04 月 30 日   金额单位：元(列至角分)

行次	项 目	账载金额	税收金额	调增金额	调减金额
		1	2	3	4
1	一、收入类调整项目	*	*		50 000.00
2	1.视同销售收入(填写附表一)	*	*		*
3	2.接受捐赠收入	*			*
4	3.不符合税收规定的销售折扣和折让				*
5	4.未按权责发生制原则确认的收入				
6	5.按权益法核算的长期股权投资对初始投资成本调整确认收益	*		*	
7	6.按权益法核算的长期股权投资持有期间的投资损益	*	*		
8	7.特殊重组				
9	8.一般重组				
10	9.公允价值变动净收益(填写附表七)	*	*		
11	10.确认为递延收益的政府补助				
12	11.境外应税所得(填写附表六)	*		*	
13	12.不允许扣除的境外投资损失	*			*
14	13.不征税收入(填附表一[3])	*		*	
15	14.免税收入(填附表五)	*	*	*	50 000.00
16	15.减计收入(填附表五)	*		*	
17	16.减、免税项目所得(填附表五)	*		*	
18	17.抵扣应纳税所得额(填附表五)	*		*	
19	18.其他				
20	二、扣除类调整项目	*	*	13 000.00	300 000.00
21	1.视同销售成本(填写附表二)	*	*		
22	2.工资薪金支出	2 000 000.00	2 000 000.00	0.00	0.00
23	3.职工福利费支出	260 000.00	260 000.00	0.00	0.00
24	4.职工教育经费支出	55 000.00	50 000.00	5 000.00	
25	5.工会经费支出	40 000.00	40 000.00		0.00
26	6.业务招待费支出	20 000.00	12 000.00	8 000.00	*
27	7.广告费和业务宣传费支出(填写附表八)	*	*		250 000.00
28	8.捐赠支出	50 000.00	50 000.00	0.00	*
29	9.利息支出	52 000.00	52 000.00	0.00	0.00
30	10.住房公积金				*
31	11.罚金、罚款和被没收财物的损失		*		*
32	12.税收滞纳金		*		*
33	13.赞助支出		*		*
34	14.各类基本社会保障性缴款				
35	15.补充养老保险、补充医疗保险				
36	16.与未实现融资收益相关在当期确认的财务费用				
37	17.与取得收入无关的支出		*		*
38	18.不征税收入用于支出所形成的费用		*		*

(续表)

行次	项 目	账载金额	税收金额	调增金额	调减金额
		1	2	3	4
39	19.加计扣除(填附表五)	*	*	*	50 000.00
40	20.其他				
41	三、资产类调整项目	*	*	7 916.67	
42	1.财产损失				
43	2.固定资产折旧(填写附表九)	*	*	7 916.67	
44	3.生产性生物资产折旧(填写附表九)	*	*		
45	4.长期待摊费用的摊销(填写附表九)	*	*		
46	5.无形资产摊销(填写附表九)	*	*		
47	6.投资转让、处置所得(填写附表十一)	*	*		
48	7.油气勘探投资(填写附表九)				
49	8.油气开发投资(填写附表九)				
50	9.其他				
51	四、准备金调整项目(填写附表十)	*	*		
52	五、房地产企业预售收入计算的预计利润	*	*		
53	六、特别纳税调整应税所得	*	*		*
54	七、其他				
55	合 计	*	*	20 916.67	350 000.00

注:1.标有 * 的行次为执行新会计准则的企业填列,标有 # 的行次为除执行新会计准则以外的企业填列。

2.没有标注的行次,无论执行何种会计核算办法,有差异就填报相应行次,填 * 号不可填列。

3.有二级附表的项目只填调增、调减金额,账载金额、税收金额不再填写。

经办人(签章): 法定代表人(签章):

表 7-10 **企业所得税年度纳税申报表附表五**
税收优惠明细表

填报时间:2012 年 04 月 30 日 金额单位:元(列至角分)

行次	项 目	金 额
1	一、免税收入(2+3+4+5)	50 000.00
2	1.国债利息收入	50 000.00
3	2.符合条件的居民企业之间的股息、红利等权益性投资收益	
4	3.符合条件的非营利组织的收入	
5	4.其他	
6	二、减计收入(7+8)	
7	1.企业综合利用资源,生产符合国家产业政策规定的产品所取得的收入	
8	2.其他	
9	三、加计扣除额合计(10+11+12+13)	50 000.00
10	1.开发新技术、新产品、新工艺发生的研究开发费用	50 000.00
11	2.安置残疾人员所支付的工资	
12	3.国家鼓励安置的其他就业人员支付的工资	
13	4.其他	
14	四、减免所得额合计(15+25+29+30+31+32)	
15	(一)免税所得(16+17+…+24)	
16	1.蔬菜、谷物、薯类、油料、豆类、棉花、麻类、糖料、水果、坚果的种植	
17	2.农作物新品种的选育	
18	3.中药材的种植	
19	4.林木的培育和种植	
20	5.牲畜、家禽的饲养	

（续表）

行次	项　　目	金　额
21	6.林产品的采集	
22	7.灌溉、农产品初加工、兽医、农技推广、农机作业和维修等农、林、牧、渔服务业项目	
23	8.远洋捕捞	
24	9.其他	
25	（二）减税所得（26＋27＋28）	
26	1.花卉、茶以及其他饮料作物和香料作物的种植	
27	2.海水养殖、内陆养殖	
28	3.其他	
29	（三）从事国家重点扶持的公共基础设施项目投资经营的所得	
30	（四）从事符合条件的环境保护、节能节水项目的所得	
31	（五）符合条件的技术转让所得	
32	（六）其他	
33	五、减免税合计（34＋35＋36＋37＋38）	
34	（一）符合条件的小型微利企业	
35	（二）国家需要重点扶持的高新技术企业	
36	（三）民族自治地方的企业应缴纳的企业所得税中属于地方分享的部分	
37	（四）过渡期税收优惠	
38	（五）其他	
39	六、创业投资企业抵扣的应纳税所得额	
40	七、抵免所得税额合计（41＋42＋43＋44）	
41	（一）企业购置用于环境保护专用设备的投资额抵免的税额	
42	（二）企业购置用于节能节水专用设备的投资额抵免的税额	
43	（三）企业购置用于安全生产专用设备的投资额抵免的税额	
44	（四）其他	
45	企业从业人数（全年平均人数）	30
46	资产总额（全年平均数）	
47	所属行业（工业企业　　其他企业　　　）	

经办人（签章）：　　　　　　　　　　　　　　　　法定代表人（签章）：

表 7-11　　　　**企业所得税年度纳税申报表附表八**

广告费和业务宣传费跨年度纳税调整明细表

填报时间：2012 年 04 月 30 日　　　　　　　　　金额单位：元（列至角分）

行次	项　　目	金　额
1	本年度广告费和业务宣传费支出	150 000.00
2	其中:不允许扣除的广告费和业务宣传费支出	
3	本年度符合条件的广告费和业务宣传费支出（1－2）	150 000.00
4	本年计算广告费和业务宣传费扣除限额的销售（营业）收入	5 200 000.00
5	税收规定的扣除率	15％
6	本年广告费和业务宣传费扣除限额（4×5）	780 000.00
7	本年广告费和业务宣传费支出纳税调整额（3≤6,本行=2行;3>6,本行=1-6）	
8	本年结转以后年度扣除额（3>6,本行=3-6;3≤6,本行=0）	0.00
9	加:以前年度累计结转扣除额	250 000.00
10	减:本年扣除的以前年度结转额	250 000.00
11	累计结转以后年度扣除额（8+9-10）	0.00

经办人（签章）：　　　　　　　　　　　　　　　　法定代表人（签章）：

表7-12

企业所得税年度纳税申报表附表九
资产折旧、摊销纳税调整明细表

填报日期：2012 年 04 月 30 日

金额单位：元（列至角分）

行次	资产类别	资产原值		折旧、摊销年限			本期折旧、摊销额		纳税调整额
		账载金额	计税基础	合计	税收		合计	税 收	
		1	2	3	4		5	6	
1	一、固定资产	25 225 000.00	25 225 000.00				1 935 625.00	1 927 708.33	7 916.67
2	1. 房屋建筑物	10 000 000.00	10 000 000.00	20	20		475 000.00	475 000.00	0.00
3	2. 飞机、火车、轮船、机器、机械和其他生产设备	15 000 000.00	15 000 000.00	10	10		1 425 000.00	1 425 000.00	0.00
4	3. 与生产经营有关的器具、工具、家具								
5	4. 飞机、火车、轮船以外的运输工具	200 000.00	200 000.00	3	4		31 666.67	23 750.00	7 916.67
6	5. 电子设备	25 000.00	25 000.00	3	3		3 958.33	3 958.33	0.00
7	二、生产性生物资产								
8	1. 林木类								
9	2. 畜类								
10	三、长期待摊费用								
11	1. 已足额提取折旧的固定资产的改建支出								
12	2. 租入固定资产的改建支出								
13	3. 固定资产大修理支出								
14	4. 其他长期待摊费用								
15	四、无形资产								
16	五、油气勘探投资								
17	六、油气开发投资								
18	合计	25 225 000.00	25 225 000.00				1 935 625.00	1 927 708.33	7 916.67

经办人（签章）：　　　　　　　　　　　　　　　法定代表人（签章）：

技能训练

一、单项选择题

1. 企业应当自年度终了之日起（   ）内,向税务机关报送企业所得税年度纳税申报表,并汇算清缴,结清应缴应退税款。

A. 3 个月　　　　　B. 4 个月　　　　　C. 5 个月　　　　　D. 4 个半月

2. 除税法另有规定外,有关企业所得税纳税地点,下面说法不正确的是（   ）。

A. 居民企业以企业登记注册地为纳税地点

B. 登记注册地在境外的,以实际管理机构所在地为纳税地点

C. 居民企业在中国境内设立不具有法人资格的营业机构,应当汇总计算并缴纳企业所得税,纳税地点为总机构所在地

D. 在中国境内未设立场所、机构而从中国境内取得所得的非居民企业,以扣缴义务人所在地为纳税地点

3. 根据《企业所得税法》的规定,下列收入中可以不征企业所得税的是（   ）。

A. 金融债券利息收入

B. 非营利性组织从事生产经营活动的收入

C. 已做坏账损失处理后又收回的应收账款

D. 依法收取并纳入财政管理的政府性基金

4. 某企业 2011 年 1 月 1 日向其控股公司借入经营性资金 400 万元,借款期 1 年,支付利息费用 28 万元。假定当年银行同期同类贷款年利息率为 6%,该企业在计算应纳税所得额时可以扣除的利息费用为（   ）万元。

A. 30　　　　　B. 28　　　　　C. 28　　　　　D. 24

5. 某工业企业 2011 年度全年销售收入为 1 000 万元,房屋出租收入 100 万元,提供加工劳务收入 50 万元,变卖固定资产收入 30 万元,视同销售收入 100 万元,当年发生业务招待费 10 万元。则该企业 2011 年度所得税前可以扣除的业务招待费用为（   ）万元。

A. 6　　　　　B. 6.25　　　　　C. 4.75　　　　　D. 3.75

6. 某金融企业 2011 年利润总额为 2 000 万元,营业外支出中列支有通过公益性社会团体向受灾地区捐赠 60 万元,红十字事业捐赠 20 万元。假设其余项目会计与税法间无调整,该企业 2011 年应缴纳企业所得税为（   ）万元。

A. 660　　　　　B. 500　　　　　C. 440　　　　　D. 460

7. 按照《企业所得税法》的有关规定,在计算企业所得税应纳税所得额时,下列项目准予从收入总额中扣除的是（   ）。

A. 固定资产减值准备　　　　　B. 被没收财物的损失

C. 遭到龙卷风袭击的存货毁损　　　　　D. 非广告性质的赞助支出

8. 某国有企业 2011 年境内所得 1 000 万元,境外所得（均为税后所得）有三笔,其中来自甲国有两笔所得,分别为 60 万元和 51 万元,税率分别为 40% 和 15%,来自乙国所得

为 42.5 万元,已纳税 7.5 万元(甲、乙国均与我国签订了避免重复征税的税收协定),则 2011 年该国有企业应纳所得税( )万元。

A.250   B.255   C.248   D.246

9.根据《企业所得税法》的规定,下列对企业所得税征收管理的说法正确的是( )。

A.按月预缴所得税的,应当自月份终了之日起 10 日内,向税务机关报送企业所得税预缴纳税申报表,预缴税款

B.企业应当在办理注销登记后,就其清算所得向税务机关申报并依法缴纳企业所得税

C.企业纳税年度亏损,可以不向税务机关报送企业所得税年度纳税申报表

D.依照《企业所得税法》缴纳的企业所得税,以人民币以外的货币计算的,应当折合成人民币计算并缴纳税款

10.外国企业在中国境内设立机构、场所取得的下列所得中,根据原外商投资企业和外国企业所得税的规定,不属于来源于中国境内的所得有( )。

A.在中国境内设立机构、场所从事生产、经营的所得

B.在中国境外设立机构、场所从事生产、经营的所得

C.发生在中国境内与在中国境内设立的机构、场所有实际联系的利润、利息、租金、特许权使用费和其他所得

D.发生在中国境外与在中国境内设立的机构、场所有实际联系的股金、利息、租金、特许权使用费和其他所得

11.2011 年某居民企业实现商品销售收入 2 000 万元,发生现金折扣 100 万元,接受捐赠收入 100 万元,转让无形资产所有权收入 20 万元。该企业当年实际发生业务招待费 30 万元,广告费 240 万元,业务宣传费 80 万元。2011 年度该企业可税前扣除的业务招待费、广告费、业务宣传费合计( )万元。

A.294.5   B.310   C.325.5   D.330

12.2011 年某居民企业主营业务收入 5 000 万元、营业外收入 80 万元,与收入配比的成本 4 100 万元,全年发生管理费用、销售费用和财务费用共计 700 万元,营业外支出 60 万元(其中符合规定的公益性捐赠支出 50 万元),2010 年度经核定结转的亏损额 30 万元。2011 年度该企业应缴纳企业所得税( )万元。

A.47.5   B.53.4   C.53.6   D.54.3

13.某公司 2011 年度实现会计利润总额 30 万元。经某注册税务师审核,"财务费用"账户中列支有两笔利息费用:向银行借入生产用资金 100 万元,借用期限 6 个月,支付借款利息 3 万元;经过批准向本企业职工借入生产用资金 80 万元,借用期限 9 个月,支付借款利息 4 万元。该公司 2011 年度的应纳税所得额为( )万元。

A.20   B.30   C.31   D.30.4

14.某白酒生产企业因扩大生产规模新建厂房,由于自有资金不足,于 2011 年 1 月 1 日向银行借入长期借款 1 笔,金额 3 000 万元,贷款年利率 4.2%,2011 年 4 月 1 日该厂房开始建设,2012 年 5 月 1 日房屋交付使用,则 2011 年度该企业可以在税前直接扣除的该项借款费用是( )万元。

A.36.6   B.35.4   C.32.7   D.31.5

15.根据《企业所得税法》的规定,下列关于居民企业和非居民企业的说法,正确的是（　　）。

A.只有依照中国法律成立的企业才是居民企业

B.依照外国法律成立、实际管理机构在中国境内的企业是非居民企业

C.在境外成立的企业都是非居民企业

D.在中国境内设立机构、场所且在境外成立,其实际管理机构不在中国境内的企业是非居民企业

二、多项选择题

1.根据《企业所得税法》的规定,下列收入属于征税收入的是（　　）。

A.特许权使用费收入　　　　　　B.财产转让收入

C.劳务收入　　　　　　　　　　D.国债利息收入

2.根据《企业所得税法》的规定,下列关于企业所得税扣除项目的说法中正确的有（　　）。

A.企业按规定为自有小汽车缴纳保险费,准予扣除

B.企业扩大经营租入机器设备的租赁费,按照租赁期限均匀扣除

C.企业发生的公益性捐赠支出,不超过销售(营业)收入总额12%的部分,准予扣除

D.企业转让固定资产发生的费用,允许扣除

3.下列项目中,不可以从应纳税所得额中扣除的有（　　）。

A.企业支付的违约金　　　　　　B.企业之间支付的管理费

C.企业内营业机构之间支付的租金　D.非银行企业内营业机构之间支付的利息

4.根据《企业所得税法》的规定,下列关于固定资产计税基础的说法中正确的有（　　）。

A.盘盈的固定资产,以同类固定资产的重置完全价值为计税基础

B.通过债务重组方式取得的固定资产,以该资产的账面价值为计税基础

C.外购的固定资产,以购买价款和支付的相关税费以及直接归属于使该资产达到预定用途发生的其他支出为计税基础

D.融资租入的固定资产,以租赁合同约定的付款总额和相关费用为计税基础

5.根据《企业所得税法》的规定,下列说法正确的有（　　）。

A.对在中国境内未设立机构、场所的居民企业应缴纳的企业所得税,由纳税人自行申报缴纳

B.对非居民企业在中国境内取得劳务所得应缴纳的企业所得税,税务机关可以指定劳务费的支付人为扣缴义务人

C.扣缴义务人每次代扣的税款,应当自代扣之日起7日内缴入国库

D.应当扣缴的所得税,扣缴义务人未依法扣缴或者无法履行扣缴义务的,由企业在所得发生地缴纳

6.依据《企业所得税法》的规定,判定居民企业的标准有（　　）。

A.登记注册地标准　　　　　　　B.所得来源地标准

C.经营行为实际发生地标准　　　D.实际管理机构所在地标准

7.以下适用25%税率的企业有（　　）。

A.在中国境内的居民企业

B.在中国境内设有机构、场所，且所得与机构、场所有关联的非居民企业

C.在中国境内设有机构、场所，但所得与机构、场所没有实际联系的非居民企业

D.在中国境内未设立机构、场所的非居民企业

8.根据《企业所得税法》的规定，下列属于企业所得税纳税人的是（　　）。

A.股份有限公司　　　　　　　　B.一人有限责任公司

C.个人独资企业　　　　　　　　D.合伙企业

9.企业的下列所得，可以免征、减征企业所得税的有（　　）。

A.从事农、林、牧、渔业项目的所得

B.从事国家重点扶持的公共基础设施项目投资经营的所得

C.从事符合条件的环境保护、节能节水项目的所得

D.符合条件的技术转让所得

10.按照《企业所得税法》及其实施条例规定，企业以货币形式和非货币形式从各种来源取得的收入，为收入总额。下列属于"非货币形式"收入的有（　　）。

A.应收票据

B.固定资产

C.不准备持有至到期的债券投资

D.准备持有至到期的债券投资

三、计算题

1.某企业2011年发生下列业务：

(1)销售产品收入2 000万元；

(2)接受捐赠材料一批，取得赠出方开具的增值税发票，注明价款10万元，增值税1.7万元；企业通过运输公司将该批材料运回企业，支付运杂费0.3万元；

(3)转让一项商标所有权，取得营业外收入60万元；

(4)收取当年让渡资产使用权的专利实施许可费，取得其他业务收入10万元；

(5)取得国债利息2万元；

(6)全年销售成本1 000万元；销售税金及附加100万元；

(7)全年销售费用500万元，含广告费400万元；全年管理费用200万元，含招待费80万元；全年财务费用50万元；

(8)全年营业外支出40万元，含通过政府部门对灾区捐款20万元；直接对私立小学捐款10万元；违反政府规定被工商行政管理局罚款2万元；

要求计算：

(1)该企业的会计利润总额；

(2)该企业对收入的纳税调整额；

(3)该企业对广告费用的纳税调整额；

(4)该企业对招待费的纳税调整额；

(5)该企业对营业外支出的纳税调整额；

（6）该企业应纳税所得额和应纳所得税额。

2.2011 年度某企业会计报表上的利润总额为 100 万元，已累计预缴企业所得税 25 万元。该企业 2011 年度其他有关情况如下：

（1）发生的公益性捐赠支出 18 万元；

（2）开发新技术的研究开发费用 20 万元（未形成资产）；

（3）直接向某足球队捐款 35 万元；

（4）支付诉讼费 2.3 万元；

（5）支付违反交通法规罚款 0.8 万元。

要求：

（1）计算该企业公益性捐赠支出所得税前纳税调整额；

（2）计算该企业研究开发费用所得税前扣除数额；

（3）计算该企业 2011 年度应纳税所得额；

（4）计算该企业 2011 年度应纳所得税额；

（5）计算该企业 2011 年度应汇算清缴的所得税税额。

3.某工业企业 2011 年生产经营情况如下：

（1）销售收入 4 500 万元，销售成本 2 000 万元，增值税 700 万元，销售税金及附加 80 万元；

（2）其他业务收入 300 万元；

（3）销售费用 1 500 万元，其中广告费 800 万元，业务宣传费 20 万元；

（4）管理费用 500 万元，其中业务招待费 50 万元，研究新产品费用 40 万元；

（5）财务费用 80 万元，其中包含向非金融机构借款 1 年的利息 50 万元，年利息 10%（银行同期同类贷款利率 6%）；

（6）营业外支出 30 万元，其中包含向供货商支付违约金 5 万元，接受工商行政管理局罚款 1 万元，通过政府部门向灾区捐赠 20 万元；

（7）投资收益 18 万元，系从直接投资外地居民企业分回税后利润 17 万元（该居民企业适用税率 15%），国债利息 1 万元；

（8）账面会计利润 628 万元，已预缴 157 万元。

要求：计算 2011 年应补（退）的企业所得税。

四、业务题

某企业有一项固定资产按照税法规定使用 10 年，按照会计规定使用 5 年。该项固定资产原价 500 万元（不考虑净残值因素）。假设该企业每年实现税前会计利润 1 000 万元。第 6 年起该项固定资产折旧已提满，则每年实现税前利润 1 100 万元。

要求：作出该企业缴纳所得税的会计处理。

项目八

个人所得税核算与申报

知识目标

1. 掌握个人所得税相关的基本法律知识；
2. 掌握各项个人收入个人所得税应纳税额的计算；
3. 熟悉代扣代缴个人所得税涉税业务的会计处理；
4. 掌握自行申报和源泉扣缴申报方式的操作规范及个人所得税纳税申报表的填制。

技能目标

1. 能够准确判断居民纳税人、非居民纳税人以及各自适用何种税目与税率；
2. 能够根据业务资料正确计算个人所取得的各项所得应纳个人所得税税额的计算；
3. 能够根据业务资料进行代扣代缴个人所得税的会计处理；
4. 会根据个人所得资料办理个人所得税代扣代缴业务并填制个人所得税纳税申报表。

任务一 计算个人所得税税额

任务描述

个人所得税是以个人（自然人）取得的各项应税所得为征税对象所征收的一种税。

中国个人所得税的纳税义务人是在中国境内居住有所得的人，以及不在中国境内居住而从中国境内取得所得的个人，包括中国国内公民，在华取得所得的外籍人员和香港、澳门、台湾同胞。

个人所得税的征税对象是个人取得的各种应税所得，分为境内所得和境外所得，具体包括：工资、薪金所得，个体工商户的生产、经营所得，对企事业单位的承包经营、承租经营所得，劳务报酬所得，稿酬所得，特许权使用费所得，利息、股息、红利所得，财产租赁所得，财产转让所得,偶然所得,其他所得。国际上通行的个人所得税税制有分类所得税制、综合所得税制、混合所得税制三种模式,我国实行的是分类所得税制。因此,个人取得的各项所得应该分别计算应纳个人所得税税额。

子任务一　了解个人所得税

任务导入

王子豪(身份证号:350201197608091234)在厦门中天房地产公司任财务经理,2011年的收入如下:(1)每月工资为8 000元;(2)将其拥有的一套住宅出租,每月取得租金收入1 300元;(3)取得银行存款利息收入1 000元;(4)其作品在新加坡出版,取得稿酬100 000元。

Mark被美国总公司派往中国公司任职,在中国境内无住所,2011年1月至11月在中国境内居住,每月取得中国公司支付的薪金20 000元人民币;期间曾多次回美国工作,累计天数40天,取得美国公司支付的薪金10 000元人民币。

任务:王子豪和Mark是否是我国个人所得税的纳税义务人? 如果是,那么他们的哪些所得需要向中国缴纳个人所得税?

知识链接

一、个人所得税的纳税义务人

个人所得税的纳税义务人是指在中国境内有住所或者无住所但在境内居住满一年,以及无住所又不居住或居住不满一年但有从中国境内取得所得的个人。具体包括中国公民、个体工商业户以及在中国境内有所得的外籍人员(包括无国籍人员,下同)和香港、澳门、台湾同胞等。自2000年1月1日起,个人独资企业和合伙企业也为个人所得税的纳税义务人。

个人所得税的纳税义务人可以泛指取得所得的自然人,依据住所标准和居住时间标准,分为居民纳税义务人和非居民纳税义务人。

(一)居民纳税义务人

在中国境内有住所,或者无住所但在中国境内居住满一年的个人,是居民纳税义务人。具体包括以下两类:

1. 在中国境内定居的中国公民和外国侨民;

2. 从公历1月1日起至12月31日止,居住在中国境内的外国人、海外侨胞和中国香港、澳门、台湾地区的同胞如果在一个纳税年度内,一次离境不超过30日,或者是多次离境累计不超过90日的临时离境,仍应视为全年在中国境内居住,仍然是居民纳税义务人。

居民纳税义务人承担无限纳税义务,就其来源于中国境内、境外的全部所得缴纳个人所得税。

（二）非居民纳税义务人

在中国境内无住所又不居住或者无住所而在境内居住不满一年的个人，是非居民纳税义务人，承担有限纳税义务，仅就来源于中国境内的所得缴纳个人所得税。

（三）扣缴义务人

我国个人所得税实行代扣代缴和个人申报纳税相结合的征收管理制度。税法规定，凡支付应纳税所得的单位或个人，都是个人所得税的扣缴义务人。扣缴义务人在向纳税义务人支付各项应纳税所得（个体工商户的生产、经营所得除外）时，必须履行代扣代缴税款的义务。

二、个人所得税的征税对象

个人所得税的征税对象是个人取得的各种应税所得，具体征税项目和征税范围如下。

（一）工资、薪金所得

工资、薪金所得，是指个人因任职或者受雇而取得的工资、薪金、奖金、年终加薪、劳动分红、津贴、补贴以及与任职或受雇有关的其他所得。但下列收入不属于工资、薪金所得：独生子女补贴；执行公务员工资制度未纳入基本工资总额的补贴、津贴差额和家属成员的副食品补贴；托儿补助费；差旅费津贴、误餐补助。

（二）个体工商户的生产、经营所得

1.个体工商户从事工业、手工业、建筑业、交通运输业、商业、饮食业、服务业、修理业以及其他行业生产、经营取得的所得。

2.个人经政府有关部门批准，取得执照，从事办学、医疗、咨询以及其他有偿服务活动取得的所得。

3.上述个体工商户和个人取得的与生产、经营有关的各项应税所得。

4.其他个人从事个体工商业生产、经营取得的所得。

个体工商户和从事生产经营的个人，取得与生产、经营活动无关的其他各项应税所得，应分别按照有关规定，计算征收个人所得税。如取得银行存款的利息所得、对外投资取得的股息所得，应按"利息、股息、红利所得"税目的规定单独计征个人所得税。

（三）对企事业单位的承包经营、承租经营所得

对企事业单位的承包经营、承租经营所得，是指个人承包经营、承租经营以及转包、转租取得的所得，包括个人按月或者按次取得的工资、薪金性质的所得。个人对企事业单位的承包经营、承租经营所得在形式上大体可分为两类：

1.个人对企事业单位承包经营、承租经营后，工商登记改变为个体工商户的。这类承包经营、承租经营所得，实际上属于个体工商户的生产、经营所得，应按"个体工商户的生产、经营所得"项目征收个人所得税，不再征收企业所得税。

2.个人对企事业单位承包经营、承租经营后，工商登记仍为企业的。不论其分配方式如何，均应先按照企业所得税的有关规定缴纳企业所得税，然后根据承包经营、承租经营者按合同规定取得的所得，依照有关规定缴纳个人所得税。具体规定如下：

（1）承包、承租人对企业经营成果不拥有所有权，仅按合同规定取得一定所得的，应按

"工资、薪金所得"项目征收个人所得税。

(2)承包、承租人按合同规定只向发包方、出租人缴纳一定的费用,缴纳承包费、承租费后的企业的经营成果归承包人、承租人所有的,其取得的所得,按"对企事业单位的承包经营、承租经营所得"项目征收个人所得税。

(四)劳务报酬所得

劳务报酬所得,是指个人从事各种非雇佣的劳务取得的所得。具体包括设计、装潢、安装、制图、化验、测试、医疗、法律、会计、咨询、讲学、新闻、广播、翻译、审稿、书画、雕刻、影视、录音、录像、演出、表演、广告、展览、技术服务、介绍服务、经纪服务、代办服务以及其他劳务取得的所得。

(五)稿酬所得

稿酬所得,是指个人因其作品以图书、报刊形式出版、发表而取得的所得。作品包括文学作品、书画作品、摄影作品以及其他作品。作者去世后,对财产继承人取得的遗作稿酬亦应征收个人所得税。

稿酬所得具有特许权使用费、劳务报酬等的性质。修改后的《中华人民共和国个人所得税法》(以下简称《个人所得税法》)将稿酬单独列为一个独立征税项目,有利于单独制定征税办法,体现国家的优惠、照顾政策。

(六)特许权使用费所得

特许权使用费所得,是指个人提供专利权、商标权、著作权、非专利技术以及其他特许权的使用权取得的所得。

根据税法规定,提供著作权的使用权取得的所得,不包括稿酬所得。对于作者将自己的文字作品手稿原件或复印件公开拍卖(竞价)取得的所得,属于提供著作权的使用所得,应按"特许权使用费所得"项目征收个人所得税。

个人取得特许权的经济赔偿收入,应按"特许权使用费所得"应税项目缴纳个人所得税,税款由支付赔款的单位或个人代扣代缴。

从2002年5月1日起,编剧从电视剧的制作单位取得的剧本使用费,不再区分剧本的使用方是否为其任职单位,统一按"特许权使用费所得"项目计征个人所得税。

(七)利息、股息、红利所得

利息、股息、红利所得,是指个人拥有债权、股权而取得的利息、股息、红利所得。利息一般是指存款、贷款和债券的利息。按税法规定,个人取得的利息所得,除国债和国家发行的金融债券利息外,均应当依法缴纳个人所得税。股息、红利所得,指个人拥有股权取得的公司、企业分红。按照一定的比率派发的每股息金,称为股息;公司、企业应分配的超过股息部分的利润,称为红利。

个人在个人银行结算账户的存款自2003年9月1日起孳生的利息,应按"利息、股息、红利所得"项目计征个人所得税,税款由办理个人银行结算账户业务的储蓄机构在结付利息时代扣代缴(注:自2008年10月9日起,个人银行结算账户利息视同储蓄存款利息,暂免个人所得税)。

（八）财产租赁所得

财产租赁所得，是指个人出租建筑物、土地使用权、机器设备、车船以及其他财产取得的所得。

（九）财产转让所得

财产转让所得，是指个人转让有价证券、股权、建筑物、土地使用权、机器设备、车船以及其他财产取得的所得。

对个人取得的各项财产转让所得，除股票转让所得外，都要征收个人所得税。

为促进我国居民住宅市场的健康发展，经国务院批准，对个人出售住房所得征收个人所得税的有关问题规定如下：

1.个人出售除已购公有住房以外的其他自有住房，其应纳税所得额按照《个人所得税法》的有关规定确定；

2.个人出售已购公有住房，其应纳税所得额为个人出售已购公有住房的销售价，减除住房面积标准的经济适用房价款、原支付的超过住房面积标准的房价款、向财政或者原产权单位缴纳的所得收益以及税法规定的合理费用后的余额；

3.职工以成本价（或标准价）出资的集资合作建房、安居工程住房、经济适用住房以及拆迁安置住房，比照已购公有住房确定应纳税所得额；

4.为鼓励个人换购住房，对出售自有住房并拟在现住房出售后1年内按市场价重新购房的纳税人，其出售现住房所应缴纳的个人所得税，视其重新购房的价值可全部或部分予以免税；

5.对个人转让自用5年以上，并且是家庭唯一生活用房取得的所得，继续免征个人所得税。

（十）偶然所得

偶然所得，是指个人得奖、中奖、中彩以及其他偶然性质的所得。除了《中华人民共和国个人所得税法实施条例》（以下简称《个人所得税法实施条例》）规定的得奖、中奖、中彩等所得外，其他偶然性的所得征税问题，还需要由税务机关具体认定。

（十一）经国务院、财政部门确定征税的其他所得

上述十个方面的个人所得是按不同所得性质划分的。除此以外，对于今后可能出现的需要征税的新项目，以及个人取得的难以界定应税项目的个人所得，由国务院财政部门确定征收个人所得税。

三、个人所得税的税率

个人所得税的税率按不同的个人所得项目分别规定了超额累进税率和比例税率两种形式。

1.工资、薪金所得具体适用税率如下：

纳税人2011年9月1日（含）以后实际取得的工资、薪金所得，应适用税法修改后的减除费用标准和税率表（表8-1）计算缴纳个人所得税；

纳税人2011年9月1日前实际取得的工资、薪金所得，无论税款是否在2011年9月1日以后入库，均应适用税法修改前的减除费用标准和税率表（表8-2）计算缴纳个人所得税。

表 8-1 工资、薪金所得个人所得税税率表(新)

(自 2011 年 9 月 1 日起使用)

级数	全月应纳税所得额		税率 (%)	速算扣除数
	含税级距	不含税级距		
1	不超过 1 500 元的	不超过 1 455 元的	3	0
2	超过 1 500 元至 4 500 元的部分	超过 1 455 元至 4 155 元的部分	10	105
3	超过 4 500 元至 9 000 元的部分	超过 4 155 元至 7 755 元的部分	20	555
4	超过 9 000 元至 35 000 元的部分	超过 7 755 元至 27 255 元的部分	25	1 005
5	超过 35 000 元至 55 000 元的部分	超过 27 255 元至 41 255 元的部分	30	2 755
6	超过 55 000 元至 80 000 元的部分	超过 41 255 元至 57 505 元的部分	35	5 505
7	超过 80 000 元的部分	超过 57 505 元的部分	45	13 505

注:1. 本表所列含税级距与不含税级距,均为按照税法规定减除有关费用后的所得额;

2. 含税级距适用于由纳税人负担税款的工资、薪金所得;不含税级距适用于由他人(单位)代付税款的工资、薪金所得。

表 8-2 工资、薪金所得个人所得税税率表(旧)

(适用 2008 年 3 月 1 日至 2011 年 8 月 31 日)

级数	全月应纳税所得额		税率 (%)	速算扣除数
	含税级距	不含税级距		
1	不超过 500 元的	不超过 475 元的	5	0
2	超过 500 元至 2 000 元的部分	超过 475 元至 1 825 元的部分	10	25
3	超过 2 000 元至 5 000 元的部分	超过 1 825 元至 4 375 元的部分	15	125
4	超过 5 000 元至 20 000 元的部分	超过 4 375 元至 16 375 元的部分	20	375
5	超过 20 000 元至 40 000 元的部分	超过 16 375 元至 31 375 元的部分	25	1 375
6	超过 40 000 元至 60 000 元的部分	超过 31 375 元至 45 375 元的部分	30	3 375
7	超过 60 000 元至 80 000 元的部分	超过 45 375 元至 58 375 元的部分	35	6 375
8	超过 80 000 元至 100 000 元的部分	超过 58 375 元至 70 375 元的部分	40	10 375
9	超过 100 000 元的部分	超过 70 375 元的部分	45	15 375

2. 个体工商户的生产、经营所得,对企事业单位的承包经营、承租经营所得,个人独资企业和合伙企业的生产、经营所得,均适用 5%～35% 的 5 级超额累进税率。2011 年 9 月 1 日(含)以后的适用税率见表 8-3,2011 年 9 月 1 日以前的适用税率见表 8-4。

表 8-3 个体工商户的生产、经营所得和
对企事业单位的承包经营、承租经营所得个人所得税税率表(新)

(自 2011 年 9 月 1 日起使用)

级数	全年应纳税所得额	税率(%)	速算扣除数
1	不超过 15 000 元的	5	0
2	超过 15 000 元至 30 000 元的部分	10	750
3	超过 30 000 元至 60 000 元的部分	20	3 750
4	超过 60 000 元至 100 000 元的部分	30	9 750
5	超过 100 000 元的部分	35	14 750

注:1. 本表所列含税级距与不含税级距,均为按照税法规定以每一纳税年度的收入总额减除成本、费用以及损失后的所得额;

2. 含税级距适用于个体工商户的生产、经营所得和由纳税人负担税款的对企事业单位的承包经营、承租经营所得;不含税级距适用于由他人(单位)代付税款的对企事业单位的承包经营、承租经营所得。

表 8-4　　　　　　　　　　　**个体工商户的生产、经营所得和**
对企事业单位的承包经营、承租经营所得个人所得税税率表(旧)
(适用 2008 年 3 月 1 日至 2011 年 8 月 31 日)

级数	全年应纳税所得额	税率(%)	速算扣除数
1	不超过 5 000 元的	5	0
2	超过 5 000 元至 10 000 元的部分	10	250
3	超过 10 000 元至 30 000 元的部分	20	1 250
4	超过 30 000 元至 50 000 元的部分	30	4 250
5	超过 50 000 元的部分	35	6 750

3.稿酬所得,劳务报酬所得,特许权使用费所得,利息、股息、红利所得,财产租赁所得,财产转让所得,偶然所得和其他所得,适用 20%的比例税率。

对储蓄存款利息,自 2008 年 10 月 9 日(含)起,暂免征收储蓄存款利息所得税。

4.减征和加成征税规定。《个人所得税法》为了体现国家政策,有效调节收入分配,对有关所得项目规定了减征或加成征税规定。

(1)减征规定

对稿酬所得,规定在适用 20%税率征税时,按应纳税额减征 30%,即只征收 70%的税额,其实际税率为 14%。这主要是考虑作者写作或制作一件作品往往需要投入较长的时间和较多的精力,有必要给予适当的税收照顾,体现对稿酬这种知识性勤劳所得的特殊政策。

为了配合国家住房制度改革,支持住房租赁市场的健康发展,从 2008 年 3 月 1 日起,对个人出租住房取得的所得暂减按 10%的税率征收个人所得税。

(2)加成征税规定

对劳务报酬所得,规定在适用 20%税率征税时,对一次收入畸高的,实行加成征税办法。个人一次取得劳务报酬的应纳税所得额超过 20 000 元至 50 000 元的部分,依照税法规定计算应纳税所得额后,再按照应纳税额加征五成;超过 50 000 元的部分加征十成。这等于对应税所得额超过 20 000 元和 50 000 元的部分分别适用 30%和 40%的税率,实际上属于一种特殊的超额累进税率,如表 8-5 所示。

表 8-5　　　　　　　　　**劳务报酬所得个人所得税税率表**

级数	每次应纳税所得额	税率(%)	速算扣除数(元)
1	不超过 20 000 元的部分	20	0
2	超过 20 000 元至 50 000 元的部分	30	2 000
3	超过 50 000 元的部分	40	7 000

四、减、免税的规定

(一)免税规定

《个人所得税法》规定,对下列各项个人所得,免征个人所得税:

1.省级人民政府、国务院部委和中国人民解放军军以上单位以及外国组织、国际组织颁发的科学、教育、技术、文化、卫生、体育、环境保护等方面的奖金。

2.国债和国家发行的金融债券利息。

3.按照国家统一规定发给的补贴、津贴。

4.福利费、抚恤金、救济金。

5.保险赔款。

6.军人的转业安置费、复员费。

7.按照国家统一规定发给干部、职工的安家费、退职费、退休工资、离休工资、离休生活补助费。

8.依照我国有关法律规定应予免税的各国驻华使馆、领事馆的外交代表、领事官员和其他人员的所得。

9.中国政府参加的国际公约、签订的协议中规定免税的所得。

10.对外籍个人取得的探亲费免征个人所得税。可以享受免征个人所得税优惠待遇的探亲费,仅限于外籍个人在我国的受雇地与其家庭所在地(包括配偶或父母居住地)之间搭乘交通工具且每年不超过两次的费用。

11.对学生个人参与"长江小小科学家"活动并获得的奖金,免予征收个人所得税。

12.按照国家有关城镇房屋拆迁管理办法规定的标准,对被拆迁人取得的拆迁补偿款,免予征收个人所得税。

13.生育妇女按照县级以上人民政府根据国家有关规定制定的生育保险办法,取得的生育津贴、生育医疗费或其他属于生育保险性质的津贴、补贴,免予征收个人所得税。

14.经国务院财政部门批准免税的所得。

(二)减税的规定

有下列情形之一的,经批准可以减征个人所得税:

1.残疾、孤老人员和烈属的所得。

2.因严重自然灾害造成重大损失的。

3.其他经国务院、财政部门批准减税的。

上述减税项目的减征幅度和期限,由省、自治区、直辖市人民政府规定。

(三)暂免征税项目

对下列所得暂免征收个人所得税:

1.个人举报、协查各种违法、犯罪行为而获得的奖金。

2.个人办理代扣代缴手续,按规定取得的扣缴手续费。

3.个人转让自用达5年以上并且是唯一的家庭生活用房取得的所得。

4.对个人购买体育彩票、福利彩票、赈灾彩票,一次中奖收入不超过1万元的,暂免征收个人所得税,超过1万元的,按全额计征,税率20%。

5.达到离休、退休年龄,但确因工作需要,适当延长离休、退休年龄的高级专家(指享受国家发放的政府特殊津贴的专家、学者),其在延长离休、退休期间的工资、薪金所得,视同离休、退休工资免征个人所得税。

6.城镇企事业单位及其职工个人按照《失业保险条例》规定的比例实际缴付的失业保险费,均不计入职工个人当期的工资、薪金收入,免征个人所得税。

7.企业和个人按照国家或地方政府规定的比例提取并向指定金融机构实际缴付的住

房公积金、医疗保险金、基本养老保险金,免予征收个人所得税。

个人领取原提存的住房公积金、医疗保险金、基本养老保险金以及具备《失业保险条例》规定条件的失业人员领取的失业保险金,免予征收个人所得税。

8.个人取得的教育储蓄存款利息所得和按照国家或省级地方政府规定的比例缴付的住房公积金、医疗保险金、基本养老保险金、失业保险金存入银行个人账户所取得的利息所得,免予征收个人所得税。

9.自 2008 年 10 月 9 日(含)起,对储蓄存款利息所得暂免征收个人所得税。

10.经财政部、国家税务总局批准暂免征收个人所得税的其他所得。

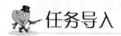 **任务实施**

任务解析:

王子豪是我国个人所得税的居民纳税义务人,其来自于境内、境外的所得都要向中国缴纳个人所得税;Mark 是我国个人所得税的非居民纳税义务人,只需要对来自于中国境内的所得向中国缴纳个人所得税。

子任务二　计算工资、薪金所得应纳个人所得税税额

 任务导入

王子豪是我国个人所得税的居民纳税义务人,2012 年 12 月工资为 8 000 元,取得全年一次性奖金 48 000 元;Mark 是我国个人所得税的非居民纳税义务人,2012 年 12 月取得中国公司支付的薪金 20 000 元人民币;期间曾回美国述职,离境 7 天,取得美国公司支付的薪金 10 000 元人民币。

任务:请计算以上二人 2012 年 12 月份应纳个人所得税税额。

■ 知 识 链 接

一、计税依据的一般规定

工资、薪金所得实行按月计征的办法,以个人每月收入额扣除三费一金(社保费、医保费、养老费和住房公积金)并固定减除 3 500 元费用后的余额为应纳税所得额。其计算公式为

应纳税所得额＝月工资、薪金收入－三费一金－3 500

2008 年 3 月 1 日至 2011 年 8 月 31 日,每月扣除固定费用由 1 600 元调整为 2 000 元,从 2011 年 9 月 1 日起,每月扣除固定费用由 2 000 元调整为 3 500 元。

二、计税依据的特殊规定

《个人所得税法》对在中国境内无住所而在中国境内取得工资、薪金所得的纳税义务人和在中国境内有住所而在中国境外取得工资、薪金所得的纳税义务人,根据其平均收入

水平、生活水平以及汇率变化情况,确定每月再附加减除费用 1 300 元。这种情况下,上述应纳税所得额计算公式为

应纳税所得额＝月工资、薪金收入－三费一金－3 500－1 300

附加减除费用适用的具体范围是:

1. 在中国境内的外商投资企业和外国企业中工作的外籍人员;

2. 应聘在中国境内的企业、事业单位、社会团体、国家机关中工作的外籍专家;

3. 在中国境内有住所而在中国境外任职或者受雇取得工资、薪金所得的个人;

4. 财政部确定的其他人员。

此外,附加减除费用也适用于华侨和香港、澳门、台湾同胞。

三、应纳税额的计算方法

（一）一般工资、薪金所得应纳个人所得税的计算

工资、薪金所得适用 7 级超额累进税率,按每月收入定额扣除 3 500 元或 4 800 元,就其余额作为应纳税所得额,按适用税率计算应纳税额。其计算公式为

应纳税额＝应纳税所得额×适用税率－速算扣除数

【做中学 8-1】　在某公司任职的中国公民王某,于 2012 年 5 月在该公司取得工资、薪金收入 6 000 元。请计算王某 5 月份应纳的个人所得税。

应纳税所得额＝6 000－3 500＝2 500(元)

应纳税额＝2 500×10％－105＝145(元)

【技能训练 8-1】　假定上题中王某属来华工作的外籍公民,其 8 月份应纳税额为多少?

（二）对个人取得全年一次性奖金等计算征收个人所得税的方法

全年一次性奖金是指行政机关、企事业单位等扣缴义务人根据其全年经济效益和对雇员全年工作业绩的综合考核情况,向雇员发放的一次性奖金。一次性奖金也包括年终加薪、实行年薪制和绩效工资办法的单位根据考核情况兑现的年薪和绩效工资。

纳税人取得全年一次性奖金,单独作为一个月工资、薪金所得计算纳税,自 2005 年 1 月 1 日起按以下计税办法,由扣缴义务人发放时代扣代缴。

1. 先将雇员当月内取得的全年一次性奖金除以 12 个月,按其商数确定适用税率和速算扣除数。

如果在发放年终一次性奖金的当月,雇员当月工资、薪金所得低于税法规定的费用扣除额,应将全年一次性奖金减除"雇员当月工资、薪金所得与费用扣除额的差额"后的余额,按上述办法确定全年一次性奖金的适用税率和速算扣除数。

2. 将雇员个人当月内取得的全年一次性奖金,按上述第 1 条确定的适用税率和速算扣除数计算征税。

如果雇员当月工资、薪金所得高于(或等于)税法规定的费用扣除额的,计算公式为

应纳税额＝雇员当月取得的全年一次性奖金×适用税率－速算扣除数

如果雇员当月工资、薪金所得低于税法规定的费用扣除额的,计算公式为

应纳税额＝(雇员当月取得的全年一次性奖金－雇员当月工资、薪金所得与费用扣除额的差额)×适用税率－速算扣除数

3. 在一个纳税年度内,对每一个纳税人,该计税办法只允许采用一次。

4.雇员取得除全年一次性奖金以外的其他各种名目奖金,如半年奖、季度奖、加班奖、先进奖、考勤奖等,一律与当月工资、薪金收入合并,按税法规定缴纳个人所得税。

【做中学 8-2】 假定中国公民马某受聘于境内某公司,每月工资性收入 5 000 元,2012 年 1 月公司又为其发放上年全年奖金(兑现的绩效工资)24 000 元。请计算马某2012 年 1 月工资和奖金应缴纳的个人所得税。

1 月份工资应纳税额=(5 000-3 500)×3%=45(元)

按 12 个月分摊后,每月的奖金=24 000÷12=2 000(元),适用的税率和速算扣除数分别为 10%、105。

年终奖金应纳税额=24 000×10%-105=2 295(元)

2012 年 1 月马某工资和奖金应纳个人所得税税额=45+2 295=2 340(元)

任务实施

任务解析:

(1)王子豪工资、薪金所得应纳个人所得税税额计算如下:

①计算 12 月工资 8 000 元应缴纳的个人所得税

应纳税所得额=8 000-3 500=4 500(元)

应纳税额=4 500×10%-105=345(元)

②计算取得全年一次性奖金应缴纳的个人所得税

应纳税所得额=48 000÷12=4 000(元),适用 10%的税率和 105 的速算扣除数

应纳税额=48 000×10%-105=4 695(元)

(2)Mark 工资、薪金所得应纳个人所得税税额计算如下:

应纳税所得额=20 000-3 500-1 300=15 200(元)

应纳税额=15 200×25%-1 005=2 795(元)

任务拓展

雇主为其雇员负担个人所得税税额的计算

雇主为雇员全额负担税款时,应将纳税义务人取得的不含税收入换算为应纳税所得额,即含税收入,然后再计算应纳税额。换算及计算公式为

应纳税所得额=(不含税收入额-费用扣除标准-速算扣除数)÷(1-税率) (1)

应纳税额=应纳税所得额×适用税率-速算扣除数 (2)

公式(1)中的税率,是指不含税所得所对应的税率;公式(2)中的税率,是含税所得(应纳税所得额)对应的税率。

【做中学 8-3】 境内某公司代其雇员(中国居民)缴纳个人所得税。2011 年 10 月支付给陈某的不含税工资为 5 500 元人民币。请计算该公司为陈某代扣代缴的个人所得税。

应纳税所得额=(5 500-3 500-105)÷(1-10%)=2 105.56(元)

应纳税额=2105.56×10%-105=105.56(元)

子任务三 计算个体工商户生产、经营所得应纳个人所得税税额

任务导入

三明市大兴酒家系个体经营户,账证齐全,2011 年 12 月取得营业额 240 000 元,购进肉、菜、蛋、面粉、大米、花生油等原料费为 120 000 元,缴纳水费、电费、房租、煤气费等30 000 元,缴纳其他税费合计为 13 200 元。当月支付给 8 名雇员工资共 9 600 元,业主个人费用扣除 3 500 元。1～11 月累计应纳税所得额为 110 000 元(前 8 个月业主费用均按每月 2 000 元标准扣除,后 4 个月均为每月 3 500 元),1～11 月累计已预缴个人所得税30 000 元。

任务:请计算大兴酒家 2011 年 12 月应缴纳的个人所得税。

知识链接

一、计税依据的一般规定

对于实行查账征收的个体工商户,其生产、经营所得以每一纳税年度的收入总额,减除成本、费用以及损失后的余额,为应纳税所得额。这是采用会计核算办法归集或计算得出的应纳税所得额。其计算公式为

应纳税所得额＝全年生产、经营收入总额－(成本＋费用＋损失＋准予扣除的税金)

其中,成本、费用是指纳税义务人为从事生产、经营所发生的各项直接支出和分配计入成本的间接费用以及销售费用、管理费用、财务费用;损失,是指纳税义务人在生产、经营过程中发生的各项营业外支出;税金,是指个体工商户按规定缴纳的消费税、营业税、城市维护建设税、资源税、土地使用税、土地增值税、房产税、车船税、印花税、耕地占用税以及教育费附加。成本、费用、损失的列支范围及标准,按国家统一的财务、会计制度执行。

如果纳税义务人不能提供有关的收入、成本、费用、损失等的完整、准确的纳税资料,不能正确计算应纳税所得额的,则应由主管税务机关核定其应纳税所得额。

对个体工商户业主、个人独资企业和合伙企业自然人投资者的生产、经营所得依法计征个人所得税时,个体工商户业主、个人独资企业和合伙企业自然人投资者本人的费用扣除标准统一确定为 42 000 元/年(3 500 元/月)。

二、个体工商户生产、经营所得应纳税额的计算

个体工商户的生产、经营所得适用 5 级超额累进税率,以其应纳税所得额按适用税率计算应纳税额。其计算公式为

应纳税额＝应纳税所得额×适用税率－速算扣除数

2011 年度应纳税额的计算公式为

前8个月应纳税额＝(全年应纳税所得额×税法修改前的对应税率－速算扣除数)×8/12

后4个月应纳税额＝(全年应纳税所得额×税法修改后的对应税率－速算扣除数)×4/12

全年应纳税额＝前8个月应纳税额＋后4个月应纳税额

纳税义务人应在年度终了后的3个月内,按照上述方法计算2011年度的应纳税额,进行汇算清缴。

需要注意的是,这个计算方法仅适用于纳税义务人2011年的生产、经营所得,2012年以后则按照修改后的税法全年适用统一的税率。

任务实施

任务解析:

(1)12月份应纳税所得额＝240 000－120 000－30 000－13 200－9 600－3 500

＝63 700(元)

(2)全年累计应纳税所得额＝63 700＋110 000＝173 700(元)

(3)前8个月应纳税额＝(173 700×35％－6 750)×8/12＝36 030(元)

后4个月应纳税额＝(173 700×35％－14 750)×4/12＝15 348.33(元)

(4)大兴酒家12月份应缴纳个人所得税＝36 030＋15 348.33－30 000

＝21 378.33(元)

子任务四 计算对企事业单位承包经营、承租经营所得应纳个人所得税税额

任务导入

2012年1月1日,某个人与事业单位签订承包合同经营招待所,承包期为1年。2012年招待所实现承包经营利润94 600元,按合同规定承包人每年应从承包经营利润中上交承包费20 000元。

任务:请计算承包人2012年应纳个人所得税税额。

知识链接

一、计税依据的一般规定

对企事业单位承包经营、承租经营所得以每一纳税年度的收入总额减除必要费用后的余额为应纳税所得额,计算公式为

应纳税所得额＝个人承包经营、承租经营收入总额－必要费用

二、应纳税额的计算

对企事业单位承包经营、承租经营所得适用 5 级超额累进税率,以其应税所得额按适用税率计算应纳税额,其计算公式为

$$应纳税额＝应纳税所得额×适用税率－速算扣除数$$

2011 年 9 月 1 日《个人所得税法》修改以后,对企事业单位的承包经营、承租经营所得应纳税额的计算比照个体工商户的生产经营所得计算办法执行。

【技能训练 8-2】　王某自 2011 年 1 月 1 日起承包某单位门市部,2011 年全年取得经营收入总额 150 000 元,准许扣除的与经营收入相关的支出总额为 102 000 元。请计算王某承包经营所得应缴纳的个人所得税。

▌任务实施

任务解析:

(1)应纳税所得额＝承包经营利润－上交承包费－必要费用

$$＝94\ 600－20\ 000－3\ 500×12＝32\ 600(元)$$

(2)应纳税额＝应纳税所得额×适用税率－速算扣除数

$$＝32\ 600×20\%－3\ 750＝2\ 770(元)$$

子任务五　计算劳务报酬所得应纳个人所得税税额

任务导入

某歌星于 2012 年 5 月外出参加营业性演出一次,取得劳务报酬 60 000 元。

任务:请计算其应纳的个人所得税。

知识链接

一、计税依据

劳务报酬所得以个人每次收入定额或定率减除规定费用后的余额为应纳税所得额。每次收入不超过 4 000 元,定额减除费用 800 元;每次收入在 4 000 元以上的,定率减除 20% 的费用。

(1)每次收入不超过 4 000 元的,计算公式为

$$应纳税所得额＝每次收入额－800 元$$

(2)每次收入在 4 000 元以上的,计算公式为

$$应纳税所得额＝每次收入额×(1－20\%)$$

劳务报酬所得一般具有不固定性、不经常性,不便于按月计算,因此,凡属于一次性收入的,以取得该项收入为一次,按次确定应纳税所得额;凡属于同一项目连续性收入的,以一个月内取得的收入为一次,据以确定应纳税所得额。

应注意的是,劳务报酬所得中的"同一项目"是指劳务报酬所得列举的29项具体劳务项目中的某一单项,如果个人兼有不同的劳务报酬所得,应当分别按不同的项目所得定额或定率减除费用。

此外,获得劳务报酬所得的纳税人从其收入总额中支付给中介人和相关人员的报酬,除另有规定外,在定率扣除20%的费用后,一律不再扣除。对中介人和相关人员取得的报酬,应分别计征个人所得税。

【技能训练8-3】 范先生是一家大型装修公司的技术指导,利用业余时间承揽了王姓人家别墅装修的技术顾问和监督工作,装修材料由用户自行购买。装修初期户主支付范先生2万元,中期支付1万元,装修完毕又支付1万元。范先生的劳务报酬所得如何确定次数?

二、应纳税额的计算方法

劳务报酬所得适用20%的比例税率,其应纳税额的计算公式为

$$应纳税额=应纳税所得额×适用税率$$

如果纳税人的每次应税劳务报酬所得额超过20 000元,应实行加成征税,其应纳税总额应依据相应税率和速算扣除数计算。计算公式为

$$应纳税额=应纳税所得额×适用税率-速算扣除数$$

【技能训练8-4】 某演员8月在A地演出2天,共获演出收入30 000元;当月为某公司拍广告,取得收入15 000元。其应纳个人所得税为多少?

▌任务实施

任务解析:

应纳税所得额=60 000×(1-20%)=48 000(元)

应纳税额=48 000×30%-2 000=12 400(元)

▌任务拓展

为纳税义务人代付税款的计算方法

如果单位或个人为纳税义务人代付税款,应当将单位或个人支付给纳税义务人的不含税支付额换算为应纳税所得额,然后按规定计算应代付的个人所得税税额。

不含税收入额不超过3 360元的,计算公式为

$$应纳税所得额=(不含税收入额-800)÷(1-税率)$$

$$应纳税额=应纳税所得额×适用税率$$

不含税收入额超过3 360元的,计算公式为

$$应纳税所得额=[(不含税收入额-速算扣除数)×(1-20\%)]÷$$
$$[1-税率×(1-20\%)]$$

$$应纳税额＝应纳税所得额×适用税率－速算扣除数$$

相应税率和速算扣除数如表8-6所示。

表8-6   代付个人所得税税率表

级数	不含税劳务报酬收入额	税率(%)	速算扣除数
1	未超过3 360元的部分	20	0
2	超过3 360元至21 000元的部分	20	0
3	超过21 000元至49 500元的部分	30	2 000
4	超过49 500元的部分	40	7 000

【做中学8-4】 某歌星参加一次演出,出场费为税后收入18 000元,即由演出主办单位代付税款。代付税款的计算如下:

应纳税所得额＝[18 000×(1－20%)]÷[1－20%×(1－20%)]＝17 142.86(元)

应纳税额＝17 142.86×20%＝3 428.57(元)

按上述计算结果,演出主办单位为歌星代付税款,除向歌星支付18 000元报酬外,还应向税务机关纳税3 428.57元。主办单位实际支付了21 428.57元。

【技能训练8-5】 假定上题中,该歌星出场费为税后收入45 000元,其他条件不变,请计算演出主办单位应代付的税款。

子任务六 计算稿酬所得应纳个人所得税税额

任务导入

某大学教授2012年度稿酬收入如下:(1)公开发表论文2篇,分别取得500元和1 800元稿费。(2)2009年4月出版一本专著,取得稿酬12 000元;2012年重新修订后再版,取得稿酬13 500元。(3)2012年3月编著一本教材出版,取得稿酬5 600元。同年10月添加印数,取得追加稿酬5 200元。

任务:该大学教授2012年度稿酬收入如何确定次数?每次稿酬收入应纳个人所得税金额为多少?

知识链接

一、计税依据的确定

(一)计税依据的计算

稿酬所得以个人每次取得的收入,定额或定率减除规定费用后的余额为应纳税所得额。每次收入不超过4 000元的,定额减除费用800元;每次收入在4 000元以上的,定率减除 20% 的费用。费用扣除计算方法与劳务报酬所得相同。

（二）每次收入的确定

每次取得的收入，是指以每次出版、发表作品取得的收入为一次，确定应纳税所得额。具体确定方法：

（1）同一作品在出版和发表时，以预付稿酬或分次支付稿酬等形式取得稿酬收入，应合并计算为一次。

（2）同一作品再版取得所得，应视为另一次稿酬所得计征个人所得税。

（3）同一作品在报刊上连载取得收入的，以连载完成后取得的所有收入合并为一次，计征个人所得税。

（4）同一作品先在报刊上连载然后再出版，或者先出版再在报刊上连载的，应视为两次稿酬所得征税，即连载作为一次、出版作为另一次。

（5）同一作品出版、发表后，因添加印数而追加稿酬的，应与以前出版、发表时取得的稿酬合并计算为一次，计征个人所得税。

二、应纳税额的计算方法

稿酬所得适用 20% 的比例税率，并按规定对应纳税额减征 30%，即实际缴纳应纳税额的 70%。其计算公式为

$$应纳税额＝应纳税所得额 \times 适用税率 \times (1-30\%)$$

【做中学 8-5】 某大学教授 2012 年度 2 月份因其编著的教材出版，获得稿酬 8 500 元，当年 6 月因教材加印又得到稿酬 4 000 元。试计算该教授稿酬应纳的个人所得税。

解： 该纳税人稿酬所得按规定应属于一次收入，需合并计算应纳税额（实际缴纳税额）。

应纳税额＝（8 500＋4 000）×（1-20%）×20%×（1-30%）

　　　　＝1 400（元）

因其所得是先后取得，实际计税时应分两次缴纳税款。

第一次计税实际缴纳税额＝8 500×（1-20%）×20%×（1-30%）＝952（元）

第二次计税实际缴纳税额＝1 400-952＝448（元）

‖任务实施

任务解析：

（1）发表论文两篇取得的稿酬 500 元和 1 800 元作为两次收入；2009 年的专著在 2012 年再版取得的稿酬收入 13 500 元作为一次稿酬所得；2012 年编著的教材取得的稿酬 5 600 元与同年 10 月追加印数而追加的稿酬 5 200 元合并为一次收入计税。

（2）每次稿酬收入应纳个人所得税金额计算：

①公开发表论文两篇取得的稿酬应纳个人所得税：

500 元的稿酬收入低于费用扣除标准 800 元,所以不需要纳税;

1 800 元稿酬所得应纳个人所得税=(1 800－800)×20％×(1－30％)＝140(元)

②专著再版取得的稿酬应纳个人所得税:

应纳税额＝13 500×(1－20％)×20％×(1－30％)＝1 512(元)

③编著的教材取得的收入应纳个人所得税:

应纳税额＝(5 600＋5 200)×(1－20％)×20％×(1－30％)＝1 209.6(元)

子任务七 计算特许权使用费所得应纳个人所得税税额

任务导入

甲某是我国地矿研究所的专家,在 2012 年缴税年度,向某地矿局提供一项专用技术,一次性取得特许权使用费 80 000 元。

任务:请根据上述资料计算甲某 2012 年度应纳个人所得税税额。

知识链接

一、计税依据

特许权使用费所得以个人每次取得的收入定额或定率减除规定费用后的余额为应纳税所得额。每次收入不超过 4 000 元的,定额减除费用 800 元;每次收入在 4 000 元以上的,定率减除 20％的费用。

由于一个纳税人可能拥有一项或多项特许权,每一项特许权可能不止一次向他人提供。因此,对特许权使用费所得的"次"的界定,明确为每一项使用权的每次转让所取得的收入为一次。如果该次转让取得的收入是分笔支付的,则应将各笔收入合并为一次收入计征个人所得税。

对个人从技术转让中所获得的中介费,若能提供有效合法凭证,允许从所得中扣除。

二、应纳税额的计算方法

特许权使用费所得适用 20％的比例税率,其应纳税额的计算公式为

$$应纳税额＝应纳税所得额×适用税率$$

任务实施

任务解析:

应纳税额＝80 000×(1－20％)×20％＝12 800(元)

子任务八　计算财产租赁所得应纳个人所得税税额

任务导入

某居民于 2012 年 1 月将自有房屋出租给某个体业主作为商店使用,租期一年。该居民每月取得的租金收入扣除与出租活动相关的税费后的收入为 2 000 元,全年共计 24 000 元。当年 2 月份,因下水道堵塞发生修理费用 400 元,有维修部门开具的正式收据。

任务:请计算该居民全年租金收入应缴纳的个人所得税。

知识链接

一、计税依据的一般规定

财产租赁所得一般以个人每次收入定额或定率减除规定费用后的余额为应纳税所得额。每次收入不超过 4 000 元的,定额减除费用 800 元;每次收入在 4 000 元以上的,定率减除 20%的费用。财产租赁所得以一个月内取得的收入为一次。

二、计税依据的特殊规定

1.纳税人在出租财产过程中缴纳的税金和教育费附加,可持完税(缴款)凭证,从其财产租赁收入中扣除。

2.纳税人出租财产取得财产租赁收入,在计算征税时,除可依法减除规定费用和有关税费外,还准予扣除能够提供有效、准确凭证证明由纳税人负担的该财产出租时实际发生的修缮费用。允许扣除的修缮费用,以每次 800 元为限。一次扣除不完的,准予在下一次继续扣除,直至扣完为止。

每次(月)收入不超过 4 000 元的,应纳税所得额的计算公式为

应纳税所得额＝每次(月)收入额－准予扣除项目－修缮费用(800 元为限)－800 元

每次(月)收入在 4 000 元以上的,应纳税所得额的计算公式为

应纳税所得额＝[每次(月)收入额－准予扣除项目－修缮费用(800 元为限)]×(1－20%)

三、应纳税额的计算方法

财产租赁所得适用 20%的比例税率。但对个人按市场价格出租的居民住房取得的所得,自 2001 年 1 月 1 日起暂减按 10%的税率征收个人所得税。其应纳税额的计算公式为

应纳税额＝应纳税所得额×适用税率

任务实施

任务解析：

2月份租赁所得应纳税额＝(2 000－400－800)×20％＝160(元)

其他月份租赁所得应纳税额＝(2 000－800)×20％＝240(元)

全年租赁所得应纳税额合计＝240×11＋160＝2 800(元)

子任务九　计算财产转让所得应纳个人所得税税额

任务导入

某居民于2012年2月转让私有住房一套,取得转让收入320 000元。其购进时原价为100 000元,转让时支付有关税费10 000元。

任务:请计算该居民应纳的个人所得税。

知识链接

一、计税依据

财产转让所得以个人每次转让财产取得的收入额减除财产原值和相关税费后的余额为应纳税所得额。其中,"每次"是指以一件财产的所有权一次转让取得的收入为一次。

纳税人如未提供完整、准确的财产原值凭证,不能正确计算财产原值的,由主管税务机关核定其财产原值。

财产转让所得应纳税所得额的计算公式为

应纳税所得额＝每次收入额－财产原值－合理费用

二、应纳税额的计算方法

财产转让所得适用20％的比例税率,其应纳税额的计算公式为

应纳税额＝应纳税所得额×适用税率

任务实施

任务解析：

应纳税所得额＝320 000－100 000－10 000＝210 000（元）

应纳税额＝210 000×20％＝42 000(元)

子任务十 计算利息、股息、红利所得和偶然所得应纳个人所得税税额

任务导入

某居民个人 2012 年年底从某上市公司取得分配的红利 8 000 元；购买福利彩票，中得 100 000 元。

任务：请计算该居民个人应缴纳多少个人所得税。

知识链接

一、利息、股息、红利所得的计税方法

（一）计税依据

1.利息、股息、红利所得以个人每次收入额为应纳税所得额，不得扣除任何费用。即，除特殊规定外，每次收入额直接就是应纳税所得额。上述的每次收入，是指支付单位或个人每次支付利息、红利时个人所取得的收入。对于股份制企业在分配股息、红利时，以股票形式向股东个人支付应得的股息、红利，应以派发红股的股票票面金额为收入额，计算征收个人所得税。

2.对个人投资者从上市公司取得的股息、红利所得，自 2005 年 6 月 13 日起暂减按50％计入个人应纳税所得额，依照现行规定计征个人所得税。

3.对证券投资基金从上市公司分配取得的股息、红利所得，按照财税[2005]02 号文件规定，扣缴义务人在代扣代缴个人所得税时，减按 50％计算应纳税所得额。

（二）应纳税额的计算方法

利息、股息、红利所得适用 20％的比例税率，其应纳税额的计算公式为

$$应纳税额＝应纳税所得额（每次收入额）×适用税率$$

二、偶然所得的计税方法

（一）计税依据

偶然所得以个人每次收入额为应纳税所得额，不扣除任何费用。除有特殊情况规定外，每次收入额就是应纳税所得额，以每次取得该项收入为一次。

（二）应纳税额的计算方法

偶然所得适用 20％的比例税率，其应纳税额的计算公式为

$$应纳税额＝应纳税所得额（每次收入额）×适用税率$$

任务实施

任务解析：

应纳税额＝8 000×50％×20％＋100 000×20％＝20 800（元）

子任务十一　计算特殊计税方法下的应纳个人所得税税额

任务导入

某歌星参加某单位举办的演唱会,取得出场费收入90 000元,随后将其中20 000元通过当地教育机构捐赠给某贫困地区。

任务:请计算该歌星取得的出场费收入应缴纳的个人所得税。

知识链接

一、扣除捐赠款的计税方法

个人将其所得对教育事业和其他公益事业捐赠的部分,按照国务院有关规定从应纳税所得额中扣除。

1.个人将其所得通过中国境内的社会团体、国家机关向教育和其他社会公益事业以及遭受严重自然灾害地区、贫困地区捐赠,捐赠额未超过纳税人申报的应纳税所得额30%的部分,可以从应纳税所得额中扣除,超过部分不得扣除。

2.个人通过非营利性的社会团体和国家机关向红十字事业的捐赠、向农村义务教育的捐赠、对公益性青少年活动场所(其中包括新建)的捐赠,准予在税前的所得额中全额扣除。

3.对个人通过公益性社会团体、县级以上人民政府及其部门向汶川大地震受灾地区的捐赠,允许在当年个人所得税前全额扣除。

一般捐赠额的扣除以不超过纳税人申报应纳税所得额的30%为限。有关计算公式为

$$捐赠扣除限额＝应纳税所得额×30\%$$

实际捐赠额小于或等于捐赠扣除限额时,按实际捐赠额扣除;实际捐赠额大于捐赠扣除限额时,只能按捐赠扣除限额扣除。

【做中学8-6】　某人取得劳务报酬所得5 000元,通过民政部门全部捐赠给贫困地区,请计算他应缴纳的个人所得税。

法定应纳税所得额＝5 000×(1－20%)＝4 000(元)

可以扣除的捐赠额＝4 000×30%＝1 200(元)

实际应纳税所得额＝4 000－1 200＝2 800(元)

实际应纳税额＝2 800×20%＝560(元)

二、两个以上的纳税人共同取得同一项所得的计税问题

两个或两个以上的纳税义务人共同取得同一项所得的,如共同写作一部著作、参加同一场演出等,应当对每个人取得的收入分别减除费用,并计算各自应纳的税款,即实行"先分、后扣、再税"的办法。

【做中学 8-7】 有 5 位教师共同编写出版一本 50 万字的教材,共取得收入 21 000 元。其中主编一人取得主编费 1 000 元,其余稿酬 5 人平分。请计算各教师应缴纳的个人所得税。

(1)扣除主编费后所得＝21 000－1 000＝20 000(元)

(2)平均每人所得＝20 000÷5＝4 000(元)

(3)主编应纳税额＝[(1 000＋4 000)×(1－20％)]×20％×(1－30％)＝560(元)

(4)其余 4 人每人应纳税额＝(4 000－800)×20％×(1－30％)＝448(元)

三、在外商投资企业、外国企业和外国驻华机构工作的中方人员取得的工资、薪金所得的征税问题

在外商投资企业、外国企业和外国驻华机构工作的中方人员取得的工资、薪金收入,凡是由雇佣单位和派遣单位分别支付的,支付单位应按税法规定代扣代缴个人所得税。同时,按税法规定,纳税义务人应以每月全部工资、薪金收入减除规定费用后的余额为应纳税所得额。为了有利于征管,对雇佣单位和派遣单位分别支付工资、薪金的,采取由支付者中的一方减除费用的方法,即,只由雇佣单位在支付工资、薪金时按税法规定减除费用,计算扣缴个人所得税;派遣单位支付的工资、薪金不再减除费用,以支付金额直接确定适用税率,计算扣缴个人所得税。

上述纳税义务人,应持两处支付单位提供的原始明细工资、薪金单(书)和完税凭证原件,选择并固定到某地税务机关申报每月工资、薪金收入,汇算清缴其工资、薪金收入的个人所得税,多退少补。具体申报期限,由各省、自治区、直辖市税务机关确定。

【做中学 8-8】 王某为某外商投资企业雇佣的中方人员,2012 年 5 月该外商投资企业支付给王某的薪金为 7 200 元;同月,王某还收到其所在的派遣单位发给的工资 900 元。请问该外商投资企业、派遣单位应如何扣缴个人所得税? 王某实际应缴纳多少个人所得税?

(1)计算外商投资企业应为王某扣缴的个人所得税

扣缴税额＝(每月收入额－3 500)×适用税率－速算扣除数

　　　　＝(7 200－3 500)×10％－105＝265(元)

(2)计算派遣单位应为王某扣缴的个人所得税

扣缴税额＝每月收入额×适用税率－速算扣除数

　　　　＝900×3％＝27(元)

(3)计算王某实际应缴的个人所得税

应纳税额＝(每月收入额－3 500)×适用税率－速算扣除数

　　　　＝(7 200＋900－3 500)×20％－555＝365(元)

因此,在王某到税务机关申报时,还应补缴 73 元(365 元－265 元－27 元)。

四、境外已缴纳税额抵免的计税方法

在中国境内有住所,或者虽无住所但在中国境内居住满一年以上的个人,从中国境内和境外取得的所得,都应缴纳个人所得税。实际上,纳税义务人的境外所得一般均已缴纳或负担了有关国家的所得税税额。为了避免发生国家间对同一所得的重复征税,同时维

护我国的税收权益,《个人所得税法》第七条规定,纳税义务人从中国境外取得的所得,准予其在应纳税额中扣除已在境外实际缴纳的个人所得税税额。但扣除额不得超过该纳税义务人境外所得依照本法规定计算的应纳税额。

（一）抵免限额

准予抵免的实缴境外税额最多不能超过境外所得按我国税法计算的抵免限额。我国个人所得税的抵免限额采用分国限额法,即,分别来自不同国家或地区的不同应税项目,依照税法规定的费用减除标准和适用税率计算抵免限额。对于同一国家或地区的不同应税项目,以其各项的抵免限额之和作为来自该国或该地区所得的抵免限额,其计算公式为

$$来自某国或某地区的抵免限额 = \sum(来自该国或该地区的某一应税项目的所得 -$$
$$费用减除标准) \times 适用税率 - 速算扣除数$$

（二）允许抵免额

允许在纳税人应纳我国个人所得税税额中扣除的税额,即允许抵免额要分国确定,即比较抵免限额与实缴税额,以数额较小者作为允许抵免额。

（三）超限额与不足限额结转

在某一纳税年度,如发生实缴境外税款超过抵免限额,即发生超限额时,超限额部分不允许在应纳税额中抵扣,但可以在以后纳税年度仍来自该国家或地区的不足限额中补扣。这一做法称为限额的结转或轧抵。下一年度结转后仍有余额的,可继续结转,但结转期最长不得超过5年。

（四）应纳税额的计算

$$应纳税额 = \sum(来自某国或某地区的所得 - 费用减除标准) \times 适用税率 -$$
$$速算扣除数 - 允许抵免额$$

【做中学 8-9】 某外籍人士已在中国境内居住6年,2012年8月取得美国一家公司支付的薪金所得净额20 800元(折合人民币,下同),已被扣缴所得税1 200元。同月还从加拿大取得上市公司股息所得净额8 500元,已被扣缴所得税500元。经核查,境外完税凭证无误。试计算该外籍人士应在我国补缴的个人所得税。

来自美国所得的抵免限额 $= [(20\ 800 + 1\ 200) - 4\ 800] \times 25\% - 1\ 005 = 3\ 295(元)$

来自加拿大所得的抵免限额 $= (8\ 500 + 500) \times 50\% \times 20\% = 900(元)$

由于该纳税人在美国和加拿大已被扣缴的所得税税额均未超过本国计算的抵免限额,故来自美国和加拿大所得的允许抵免额分别为1 200元和500元。

应补缴个人所得税 $= (3\ 295 - 1200) + (900 - 500) = 2\ 495(元)$

任务实施

任务解析:

未扣除捐赠的应纳税所得额 $= 90\ 000 \times (1 - 20\%) = 72\ 000(元)$

捐赠的扣除标准 $= 72\ 000 \times 30\% = 21\ 600(元)$

实际捐赠额小于捐赠的扣除标准,因此应按20 000元扣除。

应纳个人所得税税额 $= (72\ 000 - 20\ 000) \times 40\% - 7\ 000 = 13\ 800(元)$

任务二　进行个人所得税会计业务处理

●任务描述

企业作为个人所得税的扣缴义务人,应该按照规定扣缴职工个人所得税并作出正确的会计处理。

任务导入

某企业为王某每月发工资 5 400 元,合同约定,由王某自己负担个人所得税费用。

任务:请作出月末发工资时企业的会计处理。

■■■　知识链接

一、支付工资、薪金代扣代缴所得税费用

企业作为个人所得税费用的扣缴义务人,应按规定扣缴职工应缴纳的个人所得税费用。代扣职工个人所得税费用时,借记"应付职工薪酬"账户,贷记"应交税费——代扣代缴个人所得税费用"账户。

二、支付劳务报酬、特许权使用费、稿酬、财产租赁费、利息、股息、红利等代扣代缴个人所得税费用

企业在支付劳务报酬、特许权使用费、稿酬、财产租赁费、利息、股息、红利等代扣代缴个人所得税费用时,借记"管理费用"、"财务费用"、"销售费用"、"应付利润"等账户,贷记"应交税费——代扣代缴个人所得税费用"、"库存现金"等账户。实际缴纳时,借记"应交税费——代扣代缴个人所得税费用"账户,贷记"银行存款"账户。

【做中学 8-10】　李某向一家公司提供一项专利权,一次性取得收入 60 000 元,则李某应缴纳的个人所得税费用计算如下:

应纳税额＝60 000×(1−20％)×20％＝9 600(元)

该公司的会计处理如下:

借:管理费用	60 000	
贷:应交税费——代扣代缴个人所得税费用		9 600
库存现金		50 400
借:应交税费——代扣代缴个人所得税费用	9 600	
贷:银行存款		9 600

三、向个人购买财产代扣代缴所得税费用

通常,企业向个人购买财产属于购建企业的固定资产项目,支付的税金应作为企业购建固定资产的价值组成部分。应作如下会计处理:

借:固定资产
　贷:银行存款
　　　应交税费——代扣代缴个人所得税费用

四、向股东支付股利代扣代缴所得税费用

公司向个人支付现金股利时,应代扣代缴的个人所得税费用可从应付现金中直接扣除。应作如下会计处理:

借:利润分配——未分配利润
　贷:应付股利
借:应付股利
　贷:银行存款
　　　应交税费——代扣代缴个人所得税费用

任务实施

任务解析:

(1)王某应纳个人所得税费用计算如下:

应纳税额＝(5 400－3 500)×10％－105＝85(元)

支付工资时,应作如下会计处理:

借:应付职工薪酬	5 400
贷:银行存款	5 315
应交税费——代扣代缴个人所得税费用	85

(2)企业上缴税金时,应作如下会计处理:

借:应交税费——代扣代缴个人所得税费用	85
贷:银行存款	85

任务三　申报及缴纳个人所得税

任务描述

个人所得税的纳税办法,有自行申报纳税和代扣代缴两种方法。

任务导入

王子豪(身份证号:350201197608091234)在厦门某房地产公司任财务经理,2011年的收入如下:

(1)每月工资为 8 000 元,公司已经按月代扣代缴个人所得税。

(2)12 月份,取得奖金 50 000 元。未申报纳税。

(3)将其拥有的一辆货车出租,每月取得租金收入 5 000 元。未申报纳税。

(4)取得银行存款利息收入 1 000 元。

任务:王子豪如何缴纳其个人所得税? 请替王子豪填制个人所得税年度纳税申报表。

知识链接

一、个人所得税的纳税申报

(一)自行申报纳税

自行申报纳税,是由纳税义务人自行在税法规定的纳税期限内,向税务机关申报取得的应纳税所得项目和数额,如实填写个人所得税纳税申报表,并按照税法规定计算应纳税额,据此缴纳个人所得税的一种方法。

自行申报纳税的范围:

(1)年所得 12 万元以上的;

(2)在两处或两处以上取得工资、薪金所得的;

(3)从中国境外取得所得的;

(4)取得应纳税所得,没有扣缴义务人的,如个体工商户从事生产、经营的所得;

(5)国务院规定的其他情形。

(二)代扣代缴

代扣代缴,是指按照税法规定负有扣缴税款义务的单位或者个人,在向个人支付应纳税所得时,应计算应纳税额,从其所得中扣出并缴入国库,同时向税务机关报送扣缴个人所得税报告表。这种方法,有利于控制税源、防止漏税和逃税。

扣缴义务人应按时将代扣的税款缴入国库,对扣缴义务人可按所扣的税款,支付 2% 的手续费。税务机关根据计算的扣缴手续费按月填开收入退还书发给扣缴义务人,扣缴义务人持收入退还书向指定的银行办理退库手续。

二、个人所得税的纳税期限

除特殊情况外,纳税人应在取得应税收入的次月 15 日内向主管税务机关申报所得并缴纳税款。具体规定如下:

1.工资、薪金所得的应纳税款,按月计征,由纳税人在次月 15 日内缴入国库,并向税务机关报送个人所得税申报表。采掘业、远洋运输业、远洋捕捞业等特定行业的纳税人,其工资、薪金所得应纳的税款,考虑其工作的特殊性,可以实行按年计算、分月预缴的方式计征,自年度终了之日起 30 日内,合计全年工资、薪金所得,再按 12 个月平均并计算实际应纳的税款,多退少补。

2. 账册健全的个体工商户的生产、经营所得应纳的税款,按年计算、分月预缴,由纳税人在次月 15 日内申报预缴,年度终了后 3 个月内汇算清缴,多退少补。账册不健全的个体工商户的生产、经营所得应纳的税款,由各地税务机关依据《中华人民共和国税收征收管理法》(以下简称《征管法》)及其实施细则的有关规定,自行确定征收方式。

3. 纳税人年终一次性取得承包经营、承租经营所得的,自取得收入之日起 30 日内申报纳税;在 1 年内分次取得承包经营、承租经营所得的,应在取得每次所得后的 15 日内申报预缴,年度终了后 3 个月内汇算清缴,多退少补。

4. 个人独资企业和合伙企业投资者应纳的个人所得税税款,按年计算,分月或者分季预缴,由投资者在每月或者每季度终了后 15 日内预缴,年度终了后 3 个月内汇算清缴,多退少补。

5. 从中国境外取得所得的纳税人,其来源于中国境外的应纳税所得,如在境外以纳税年度计算缴纳个人所得税的,应在所得来源国的纳税年度终了、结清税款后的 30 日内,向中国主管税务机关申报纳税;如在取得境外所得时结清税款的,或者在境外按所得来源国税法规定免予缴纳个人所得税的,应在次年 1 月 1 日起 30 日内向中国主管税务机关申报纳税。

任务实施

任务解析:

王子豪的全年收入超过 12 万元并且所得来自两处以上,所以应自行申报纳税。

步骤一:计算王子豪各项收入应纳个人所得税。

(1)前 8 个月每月工资应纳个人所得税税额=(8 000-2 000)×20%-375=825(元)

1~8 月应纳个人所得税税额合计=825×8=6 600(元)

9~12 月每月工资应纳个人所得税税额=(8 000-3 500)×10%-105=345(元)

9~12 月应纳个人所得税税额合计=345×4=1 380(元)

全年工资应纳个人所得税税额=6 600+1 380=7 980(元)

(2)奖金平均分为 12 个月:50 000÷12=4 167(元),可以确定税率为 10%,速算扣除数为 105,则

奖金应纳个人所得税税额=50 000×10%-105=4 895(元)

(3)每月租金应纳个人所得税税额=5 000×(1-20%)×20%=800(元)

全年租金应纳个人所得税税额=800×12=9 600(元)

(4)银行存款利息收入 1 000 元,暂免征收个人所得税。

步骤二:填写王子豪的个人所得税年度纳税申报表(表 8-7)。

表8-7

个人所得税纳税申报表

（适用于年所得12万元以上的纳税人申报）

所得年份：2011年　　填表日期：2012年3月12日　　金额单位：人民币元（列至角分）

纳税人姓名	王子豪	国籍（地区）	中国	身份证照类型	身份证	身份证照号码	350204000 3181234
任职、受雇单位	厦门中天房地产公司	任职受雇单位所属行业	房地产	职业	财务	职务	财务经理
在华天数		境内有效联系地址	厦门市湖里兴隆路1号	境内有效联系地址邮编	361003	联系电话	财务88001234
此行由取得经营所得的纳税人填写	经营单位纳税人识别号			经营单位纳税人名称			

所得项目	年所得额 境内	年所得额 境外	年所得额 合计	应纳税所得额	应纳税额	已缴(扣)税额	抵扣税额	减免税额	应补税额	应退税额	备注
1. 工资、薪金所得	146 000.00		146 000.00	116 000.00	12 875.00	7 980.00			4 895.00		
2. 个体工商户的生产、经营所得											
3. 对企事业单位的承包经营、承租经营所得											
4. 劳务报酬所得											
5. 稿酬所得											
6. 特许权使用费所得											
7. 利息、股息、红利所得	1 000.00		1 000.00	1 000.00	0	0.00					
8. 财产租赁所得	60 000.00		60 000.00	48 000.00	9 600.00	0.00			9 600.00		
9. 财产转让所得											
其中：股票转让所得				—	—	—	—	—	—	—	
10. 偶然所得											
11. 其他所得				—	—	—	—	—	—	—	
合　计	207 000.00		207 000.00	165 000.00	22 475.00	7 980.00			14 495.00		

我声明，此纳税申报表是根据《中华人民共和国个人所得税法》及有关法律、法规的规定填报的，我保证它是真实的、可靠的、完整的。

纳税人（签字）：

代理人（签字）：

税务机关受理人（签字）：　　　　税务机关受理时间：　　年　月　日

联系电话：

受理申报税务机关名称（盖章）：

技能训练

一、单项选择题

1. 以下属于"工资、薪金所得"项目的是（　　）。

A. 独生子女补贴　　　B. 投资分红　　　　C. 年终奖金　　　　D. 托儿补助费

2. 李某 2012 年取得特许权使用费两次，一次收入 3 000 元，另一次收入 8 000 元，其应纳个人所得税税额共计（　　）。

A. 1 280 元　　　　B. 1 720 元　　　　C. 1 760 元　　　　D. 1 960 元

3. 下列属于非居民纳税人的自然人有（　　）。

A. 在中国境内无住所且不居住，但有来源于中国境内所得的居民

B. 在中国境内无住所的居民

C. 在中国境内无住所的居民，但居住时间满一个纳税年度

D. 在中国境内有住所，但目前未居住的居民

4. 以下所得，应按"工资、薪金所得"缴纳个人所得税的是（　　）。

A. 公司职工取得的用于购买企业国有股权的劳动分红

B. 出租车属个人所有，但挂靠出租汽车经营单位或企事业单位的驾驶员向挂靠单位缴纳管理费的

C. 律师事务所向其投资者支付的工资

D. 出版社的专业作者撰写、编写或翻译的作品，由本社以图书形式出版取得的稿酬收入

5. 稿酬所得，适用（　　）税率，税率为（　　），并按应纳税额减征（　　）。

A. 比例，20%，30%　　　　　　　B. 固定，20%，30%

C. 比例，30%，20%　　　　　　　D. 固定，30%，20%

6. 按《个人所得税法》规定法，下列不可以享受附加减除费用的个人有（　　）。

A. 华侨和港、澳、台同胞

B. 在我国境内的外国企业中工作的中方人员

C. 在我国工作的外籍专家

D. 临时在国外打工取得工资收入的中国居民

7. 个人独资企业和合伙企业投资者作为个人所得税纳税义务人，其生产经营所得应比照（　　）应税项目征收个人所得税。

A."个体工商户生产经营所得"　　　B."工资、薪金所得"

C."劳务报酬所得"　　　　　　　　D."特许权使用费所得"

8. 某大学教授 2011 年 4 月编写教材一本并出版，获得稿酬 5 000 元；2012 年 4 月因追加印数获得稿酬 500 元；同日获得给报社投稿的稿酬 700 元，则该教授应缴纳的个人所得税税额是（　　）元。

A. 560　　　　　　B. 616　　　　　　C. 694.4　　　　　　D. 960

9. 下列项目中，哪些所得不征收个人所得税（　　　）。

A. 股票转让所得 　　　　　　　　　　B. 股息、红利所得

C. 偶然所得 　　　　　　　　　　　　D. 特许权使用费所得

10. 某来自与我国缔结税收协定国家的外籍个人，在国内一家外资企业任职，2011 年 4 月 5 日来华，2011 年 8 月 25 日离开中国，8 月份工资为 80 000 元人民币，其中 30 000 元为境内外资企业支付，50 000 元为境外雇主支付；8 月份取得探亲费 2 000 元。该外籍个人 2011 年 8 月份应纳个人所得税税额为（　　　）元。

A. 16 620.83 　　　B. 8 108.16 　　　C. 6 232.81 　　　D. 6 108.16

11. 下列人员为个人所得税非居民纳税义务人的是（　　　）。

A. 在中国境内居住不满一年的外籍人员 　B. 中国国内公民

C. 在中国境内有住所的个人 　　　　　　D. 在中国境内定居的外国侨民

12. 如一次取得劳务报酬 30 000 元，则应纳个人所得税为（　　　）元。

A. 6 000 　　　　　B. 5 200 　　　　　C. 2 800 　　　　　D. 7 000

13. 下列一次收入畸高的所得，可以实行加成征收的是（　　　）。

A. 劳务报酬所得 　B. 利息所得 　　　C. 稿酬所得 　　　D. 偶然所得

14. 某歌星一次性获得表演收入 40 000 元，其应纳个人所得税税额为（　　　）元。

A. 8 760 　　　　　B. 9 000 　　　　　C. 7 600 　　　　　D. 6 500

15. 刘某从 2012 年 4 月 1 日起开始承包经营酒店，并拥有所有权，承包经营期限 9 个月。刘某当年取得承包所得 40 000 元，另外每月还从该酒店领取工资 2 500 元。6 月刘某提供某项专利权，取得特许权使用费 50 000 元，支付相关费用 2 500 元，取得合法凭证。刘某 2012 年应缴纳的个人所得税是（　　　）元。

A. 12 750 　　　　B. 13 750 　　　　C. 10 050 　　　　D. 12 050

二、多项选择题

1. 下列所得应按"工资、薪金所得"项目纳税的有（　　　）。

A. 公司职工取得的用于购买企业国有股权的劳动分红

B. 个人担任董事职务取得的董事费收入

C. 出租汽车经营单位对出租车驾驶员采用单车承包或承租方式运营，出租车驾驶员从事客货营运取得的收入

D. 城镇事业单位和职工个人缴纳失业保险费超过规定比例的部分

E. 退休人员再任职取得的收入

2. 下列各项中，属于个人所得税居民纳税义务人的有（　　　）。

A. 在中国境内无住所，但一个纳税年度中在中国境内居住满 1 年的个人

B. 在中国境内无住所且不居住的个人

C. 在中国境内无住所，而在境内居住超过 6 个月不满 1 年的个人

D. 在中国境内有住所的个人

3. 下列项目中，不属于"劳务报酬所得"的有（　　　）。

A. 发表论文取得的报酬

B. 提供著作权而取得的报酬

C. 将作品连载取得的报酬

D. 高校教师受出版社委托进行审稿取得的报酬

4. 根据《个人所得税法》的有关规定,下列各项准予定额或定率扣除费用的是(　　)。

A. 财产转让所得　　　　　　　　　B. 财产租赁所得

C. 中奖所得　　　　　　　　　　　D. 特许权使用费所得

E. 工资薪金所得

5. 个人所得税适用税率3%～45%(7级超额累进税率)及5%～35%(5级超额累进税率)分别属于下列(　　)项目。

A. 工资薪金所得

B. 劳务报酬所得

C. 个体工商户的生产、经营所得

D. 对企事业单位的承包经营、承租经营所得

6. 计算工资、薪金所得应纳税款时可扣除(　　)。

A. 按规定标准提取的养老保险金　　B. 按规定标准提取的住房公积金

C. 从个人工资中扣除的家用电费　　D. 按规定标准提取的失业保险金

7. 下列所得属于劳务报酬所得的是(　　)。

A. 在报纸上发表文章取得的收入　　B. 取得技术咨询费

C. 讲课费　　　　　　　　　　　　D. 转让专利技术收入

8. 下列所得中,属于来源于中国境内所得的有(　　)。

A. 外国人出租在中国境内的房产并取得所得

B. 某英国人在中国境内三资企业任职而其工资、薪金由英国总公司支付

C. 某教授写成一本书,在日本出版并由日本出版社支付稿酬

D. 中国某科学家的一项专利,由境外某公司使用,专利权使用费由该境外公司的境内办事处支付

9. 劳务报酬实际适用3级超额累进税率,3级税率分别为(　　)。

A. 20%　　　　　B. 30%　　　　　C. 45%　　　　　D. 40%

三、判断题

1. 张某取得一次性劳务报酬收入2.4万元,对此应按照加成征收办法计算个人所得税。(　　)

2. 受托从事会计核算取得的收入,按劳务报酬所得征收个人所得税。(　　)

3. 李某在一次有奖购物活动中,购买了价值3 000元的电视机,抽中特别奖金1 000元。李某应缴纳的个人所得税税额为200元。(　　)

4. 因严重自然灾害造成重大损失的,可以减征个人所得税。(　　)

5. 个人举报各种违法行为而获得的奖金,可以适当减征个人所得税。(　　)

6. 对个人所得的股息、红利,均可免征个人所得税。(　　)

7. 对股票转让所得,也应征收个人所得税。(　　)

8. 在中国境内的外商投资企业工作的外籍人员,其附加减除费用的标准为 2 800 元。

（ ）

9. 财产租赁所得应以每次取得的收入为一次计税。 （ ）

10. 同一事项连续取得收入的,应以一个月内取得的收入为一次计税。 （ ）

四、计算题

1.2012 年 1 月 1 日,李某承包市区一家餐厅。合同规定承包期 5 年,每年上交承包费 10 万元。2011 年经营情况如下:餐厅全年营业收入 210 万元,成本费用 180 万元,营业税 10 万元,城市维护建设税 0.7 万元,教育费附加 0.3 万元,盈利 19 万元。经聘请的注册税务师审核时,发现以下问题:

(1)由李某签字对部分客户免收的餐饮费,全年累计 86 笔,共计 10 万元,未在收入中反映;

(2)餐厅闲置房屋出租收入 30 万元,未在收入中反映;

(3)在费用中列支工资费用 32 万元(其中包括李某工资每月 1 500 元),并计提了工会经费 1 万元,计提职工福利费和职工教育经费共 5.92 万元(提取的职工教育经费已全部实际使用),三项经费的支出数额均高于规定的标准,雇佣员工 15 人;

(4)当年发生业务招待费 3 万元、广告费 6 万元、业务宣传费 1.5 万元;

(5)李某 2012 年 1 月在承包餐厅时发生餐厅装修支出 12 万元(该餐厅原值 50 万元,已提足折旧),账面对这部分支出分 2 年摊销计入成本费用(当地税务机关核定为 5 年摊销)。

根据所给资料,回答下列问题:

(1)该餐厅应补缴多少营业税、城市维护建设税以及教育费附加?

(2)以下关于该餐厅业务税务处理的描述,正确的是( )。

A.上交的承包费可以在计算个人所得税时扣除

B.房屋出租收入可以作为业务招待费计算限额的基数

C.李某工资在计算企业所得税时,可以据实扣除

D.李某工资在计算个人所得税时,可以据实扣除

E.上交的承包费可以在计算企业所得税时扣除

(3)该餐厅计算企业所得税时,可以扣除的工资和工会经费、职工福利费、职工教育经费为多少?

(4)该餐厅计算企业所得税时,可以扣除的业务招待费、广告费、业务宣传费为多少?

(5)该餐厅应缴纳企业所得税为多少?

(6)李某应缴纳个人所得税为多少?

2.莫妮卡女士 2012 年 12 月 1 日受其所在国任职单位委托来华,任职于我国某外商投资企业从事业务宣传工作,于 2012 年 11 月 20 日离华回国,2012 年取得以下收入:

(1)境内工作期间每月取得所在国任职单位支付的工资、薪金 5 000 元,我国的外商投资企业支付的工资、薪金 6 000 元,每月还取得我国企业支付的现金形式的住房补贴和伙食补贴 2 000 元,取得合理的出差补贴和语言培训费用分别为 300 元和 500 元;

(2)2012年3月莫妮卡通过拍卖方式以10万元购入大华公司"打包债权"20万元,其中,甲欠大华公司10万元,乙欠大华公司6万元,丙欠大华公司4万元。2011年4月莫妮卡从乙债务人处追回款项5万元,追回债权过程中发生有关税费0.3万元;

(3)莫妮卡于2012年5月28日至2012年6月4日为境内某大厦设计一个规划图,协议规定按完工进度分3次付款,5月份分别支付10 000元、15 000元,6月份支付3 500元;7月份为另一家国内企业提供装潢获得收入3 000元,除个人所得税外不考虑其他税费;

(4)2012年1月份莫妮卡购入某境内企业债券2 000份,每份买入价15元,支付相关税费共计200元。6月份将买入的债券卖出50%,每份卖出价18元,支付卖出债券的税费共计150元;

(5)2012年9月份莫妮卡从任职的我国外资企业取得股息所得10 000元;

(6)2012年10月莫妮卡翻译某知名作家的小说,当月出版并署名,取得稿酬40 000元,当即通过非营利社会团体捐赠给贫困山区20 000元。

请按顺序回答下列问题:

(1)该外籍人员2012年10月份工资、薪金所得应缴纳的个人所得税为多少?

(2)该外籍人员处置债权所得应缴纳的个人所得税为多少?

(3)该外籍人员劳务报酬所得应缴纳的个人所得税为多少?

(4)该外籍人员转让债券应缴纳的个人所得税为多少?

(5)该外籍人员股息所得应缴纳的个人所得税为多少?

(6)该外籍人员稿酬所得在我国应缴纳的个人所得税为多少?

3.刘某于2012年1月将其自有的五间共180平方米的房屋出租给陈某作为商店使用,租期一年,刘某每月取得租金收入5 000元,全年租金收入60 000元;在租用期里,刘某于5月份支付房屋修理费800元(有发票收据)。请计算刘某全年应纳个人所得税税额。

4.王某是我国地矿研究所的专家,其每月工资收入5 500元。在2012年缴税年度,王某向某地矿局提供一项专用技术,一次性取得特许权使用费80 000元;出版专著一本获稿酬18 000元。请根据上述资料计算王某2012年度应纳个人所得税税额。

项目九

其他税种核算与申报

 知识目标

1. 了解小税种的征收范围、纳税义务人和税率等相关税则规定；
2. 掌握小税种的应纳税额的计算方法；
3. 掌握小税种的纳税申报和税款缴纳；
4. 熟悉小税种涉税业务的会计处理。

 技能目标

1. 通过学习小税种的税则，能够根据实际案例情况正确分析缴纳何种税收；
2. 能够根据应纳税额的计算方法正确计算不同小税种的税额；
3. 能够处理实际工作中小税种的缴纳和申报工作；
4. 能够根据实际业务资料进行小税种的涉税业务会计处理。

任务一 资源税核算与申报

● 任务描述

资源税是对我国领域及管辖海域开采应税矿产品和生产盐的单位和个人，就其应税矿产品和生产盐的销售数量和销售额而征收的一种税。资源税是对部分资源性企业的流转环节征收的税。资源税采用比例税率和定额税率两种税率形式，实行从价和从量计征相结合的方法，同时存在诸多税收优惠。在会计处理上，纳税人应设置"应交税费——应交资源税"账户进行核算。

任务导入

青岛某盐业企业3月购入液体盐5 000吨，用以加工固体盐销售，取得的增值税专用

发票上注明价款 600 000 元,增值税 102 000 元,本月全部加工完毕;销售固体盐 4 000 吨,取得不含增值税价款 800 000 元。已知液体盐适用的单位税额为 5 元/吨,固体盐适用的单位税额为 20 元/吨。

任务:请思考,购入液体盐和加工固体盐是否缴纳资源税?当月应缴纳多少资源税?如何进行会计处理?

知识链接

一、资源税概述

（一）资源税的征税范围

我国现行资源税的征税对象是《中华人民共和国资源税暂行条例》（以下简称《资源税暂行条例》）规定的自然资源产品。资源税确定具体征税范围的原则是,纳入征税范围的资源必须具有商品属性,即具有使用价值和交换价值。基于这个考虑,资源税只将原油、天然气、煤炭、其他非金属矿原矿、黑色金属矿原矿、有色金属矿原矿和盐列入了征税范围。这些应税资源大体上可以分为矿产品和盐两大类。

1.原油,系指开采的天然原油,不包括人造石油。

2.天然气,系指专门开采或与原油同时开采的天然气,暂不包括煤矿生产的天然气。

3.煤炭,系指原煤,不包括洗煤、选煤及其他煤炭制品。

4.其他非金属矿原矿,指原油、天然气、煤炭和井矿盐以外的非金属矿原矿,既包括在《中华人民共和国资源税暂行条例实施细则》（以下简称《资源税实施细则》）所附的《资源税税目税额明细表》中列举名称的原矿,如宝石、玉石、耐火黏土、石灰石、石英砂、石棉、石墨、天然碱等;也包括未列举名称的原矿,如河沙、建筑用黏土、矿泉水等。

5.黑色金属矿原矿,系指纳税人开采后自用或销售的,用于直接入炉冶炼或作为主产品先入选精矿、制造人工矿再最终入炉冶炼的金属矿石原矿,包括铁矿石、锰矿石、铬矿石。

6.有色金属矿原矿,包括铜矿石、铅锌矿石、铝土矿石、钨矿石、锡矿石、锑矿石、铝矿石、镍矿石、黄金矿石等。

7.盐,包括固体盐和液体盐。固体盐系指用海水、湖水晒制和加工出来成固体颗粒状态的盐,具体包括海盐原盐、湖盐原盐和井矿盐;液体盐,俗称卤水,指氯化钠达到一定程度的溶液,是用于生产碱和其他产品的原料。

（二）资源税的纳税义务人和扣缴义务人

《资源税暂行条例》第一条规定,在中华人民共和国领域及管辖海域开采应税矿产品或者生产盐的单位和个人,为资源税的纳税义务人。

单位是指国有企业、集体企业、私营企业、股份制企业、其他企业和行政单位、事业单位、军事单位、社会团体及其他单位。个人,是指个体工商户及其他个人。

除上述单位和个人以外,进口矿产品或盐以及经营已税矿产品或盐的单位和个人均不缴纳资源税。

为了加强对资源税零散税源的源泉控管,堵塞漏洞,节约征税费用,税法规定有代扣代缴制度。其扣缴义务人是收购未税矿产品的单位。

收购未税矿产品的单位是指独立矿山、联合企业和其他单位。独立矿山是指只有采矿或只有采矿和选矿并实行独立核算、自负盈亏的单位,其生产的原矿和精矿主要用于对外销售;联合企业是指采矿、选矿、冶炼(或加工)连续生产的企业或采矿、冶炼(或加工)连续生产的企业,其采矿单位一般是该企业的二级或二级以下核算单位;其他单位中还包括收购未税矿产品的个体户。

扣缴义务人履行代扣代缴的适用范围是:收购的除原油、天然气、煤炭以外的资源税未税矿产品。

对进口应税资源产品的单位或个人不征收资源税,相应地,对出口应税产品也不退(免)已纳的资源税。

按照现行规定,中外合作开采石油、天然气只征收矿区使用费,暂不征收资源税。

(三)资源税的税率税额

资源税采用比率税率和定额税率相结合的方法:石油和天然气从价计税;其他资源以应税资源的计量单位"吨"或"千立方米"确定税额,并通过《资源税实施细则》所附《资源税税目税率明细表》和《几个主要品种的矿山资源等级表》,对各品种各等级矿山的单位税额作出具体规定。资源税的具体税目税率见表9-1。

表9-1　　　　　　　　　资源税税目税率表

税目		税率
一、原油		销售额的5%~10%
二、天然气		销售额的5%~10%
三、煤炭	焦煤	每吨8~20元
	其他煤炭	每吨0.3~5元
四、其他非金属矿原矿	普通非金属矿原矿	每吨或者每立方米0.5~20元
	贵重非金属矿原矿	每千克或者每克拉0.5~20元
五、黑色金属矿原矿		每吨2~30元
六、有色金属矿原矿	稀土矿	每吨0.4~60元
	其他有色金属矿原矿	每吨0.4~30元
七、盐	固体盐	每吨10~60元
	液体盐	每吨2~10元

《资源税税目税率明细表》中未列举名单的纳税人(指在已列举的部分纳税人名单中尚未列举到的纳税人)所适用的税额,由各省、自治区、直辖市人民政府根据纳税人的资源状况,参照该表中确定的邻近矿山的税额标准,在上下浮动30%的幅度内核定,并报财政部和国家税务总局备案。

独立矿山、联合企业收购未税矿产品,按照本单位应税产品税额标准,依据收购的数量代扣代缴资源税。其他收购单位收购的未税矿产品,按主管税务机关核定的应税资源产品税额标准,依据收购的数量代扣代缴资源税。

(四)资源税的改革

自2010年6月1日起,新疆先行试点,按照《新疆原油天然气资源税改革若干问题的规定》,规定原油、天然气资源税实行从价计征,税率为5%。纳税人开采的原油、天然气,自用于连续生产原油、天然气的,不缴纳资源税;自用于其他方面的,视同销售,依照本规定计算缴纳资源税。2011 年 11 月 1 日起,《资源税暂行条例》进行新的修改,重点调整了原油、天然气资源税的计征办法和税率,即原油和天然气由原来的从量计征改为从价计征,同时调整了焦煤和稀土矿的资源税税额标准。

2012 年 2 月 15 日,国务院总理温家宝主持召开国务院常务会议,研究部署 2012 年深化经济体制改革重点工作,其中提出了要全面推进资源税的改革。由于资源价格不断上涨,资源税的从量计征会造成资源所在地政府税收减少,并且考虑到环境保护等因素,资源税的改革是大势所趋。

(五)资源税的税收优惠

凡有下列情形之一的,减征或者免征资源税:

1. 开采原油过程中用于加热、修井的原油,免征资源税。

2. 纳税人开采或者生产应税产品过程中,因意外事故或者自然灾害等原因遭受重大损失的,由省、自治区、直辖市人民政府酌情决定减税或者免税。

3. 自 2007 年 2 月 1 日起,北方海盐资源税暂减按每吨 15 元征收;南方海盐、湖盐、井矿盐资源税暂减按每吨 10 元征收;液体盐资源税暂减按每吨 2 元征收。

4. 国务院规定的其他减税、免税项目。具体包括:

(1)自 2002 年 4 月 1 日起,对冶金联合矿山(含 1993 年 12 月 31 日后从联合企业矿山中独立出来的铁矿山企业)铁矿石资源税,减按规定税额标准的 40% 征收。对于由此造成的地方财政减少的收入,中央财政将予以适当补助。

(2)对有色金属矿的资源税在规定税额的基础上减征 30%,按规定税额标准的 70% 征收。

(3)在新疆试点地区有下列情形之一的,减征或者免征资源税:

①油田范围内运输稠油过程中用于加热的原油、天然气,免征资源税。

②稠油、高凝油和高含硫天然气资源税减征 40%。

稠油,是指地层原油粘度大于或等于 50 毫帕/秒或原油密度大于或等于 0.92 克/立方厘米的原油。高凝油,是指凝固点大于 40℃的原油。高含硫天然气,是指硫化氢含量大于或等于 30 克/立方米的天然气。

③三次采油资源税减征 30%。三次采油,是指二次采油后继续以聚合物驱、三元复合驱、泡沫驱、二氧化碳驱、微生物驱等方式进行采油。

上述所列项目的标准或条件如需要调整,由财政部、国家税务总局根据国家有关规定标准及实际情况的变化作出调整。

纳税人开采的原油、天然气,同时符合本条第②、③款规定的减税情形的,纳税人只能选择其中一款执行,不能叠加适用。

为便于征管,对开采稠油、高凝油、高含硫天然气和三次采油的纳税人按以下办法计征资源税:根据纳税人以前年度符合第(3)条规定的减税条件的原油、天然气产品销售额占其全部油气产品总销售额的比例,确定其资源税综合减征率及实际征收率,计算资源税应纳税额。计算公式为

$$综合减征率=\sum(减税项目销售额\times 减征幅度\times 5\%)\div 总销售额$$
$$实际征收率=5\%-综合减征率$$

$$应纳税额＝总销售额×实际征收率$$

综合减征率和实际征收率由财政部和国家税务总局确定,并根据原油、天然气产品结构的实际变化情况每年进行调整。

5.对地面抽采煤层气(煤矿瓦斯)暂不征收资源税。

纳税人的减税、免税项目,应当单独核算课税数量,未单独核算或者不能准确提供课税数量的,不予减税或者免税。

二、资源税的计算

(一)一般计算方法

资源税的应纳税额,按照从价定率或者从量定额的办法,分别以应税产品的销售额乘以纳税人具体适用的比例税率或者以应税产品的销售数量乘以纳税人具体适用的定额税率计算。应纳资源税税额的计算公式为

$$原油、天然气的应纳资源税税额＝销售额×单位税率$$
$$其他资源的应纳资源税税额＝销售数量×单位税额$$
$$资源税代扣代缴税额＝收购的未税矿产品数量×适用的单位税额$$

从量征收时,应纳税额的计算必须正确核定课税数量,即计税依据。

对课税对象的规定分为以下几种情况:

1.各种应税产品,凡直接对外销售的,均以实际销售数量为课税数量。纳税人不能准确提供应税产品销售数量的,以应税产品的产量或以主管税务机关确定的折算比换算成的数量为计税依据。

【做中学 9-1】 某油田 2012 年 1 月生产原油 20 万吨,当月销售 19.5 万吨,加热、修井用 0.5 万吨;开采天然气 1 000 万立方米,当月销售 900 万立方米,待售 100 万立方米。若原油价格为 0.5 万元/吨,税率为 6％;天然气价格为 0.25 万元/千立方米,税率为 5％,试计算该油田 2012 年 1 月应纳资源税。

(1)开采原油过程中用于修井的原油 0.5 万吨免税。

19.5 万吨＝195 000 吨

原油销售额＝195 000×0.5＝97 500(万元)

原油应纳资源税税额＝97 500×6％＝5 850(万元)

(2)900 万立方米＝9 000 千立方米

天然气销售额＝9 000×0.25＝2 250(万元)

天然气应纳资源税税额＝2 250×5％＝112.5(万元)

(3)该油田 2012 年 1 月应纳资源税＝5 850＋112.5＝5 962.5(万元)

2.自产自用应税产品,包括用于连续生产和用于非生产两个方面。纳税人开采或者生产应税产品,自用于连续生产应税产品的,不缴纳资源税;自用于其他方面的,视同销售,缴纳资源税。自产自用应税产品均以自用数量为课税依据,但对不同产品的具体规定又有所不同。

【做中学 9-2】 某北方海盐场某月生产销售原盐 1 万吨;此外,用生产的原盐加工成粉洗盐 1.5 万吨、粉精盐 2 万吨、精制盐 2 万吨。已知该场 1 吨海盐原盐可加工 0.8 吨的粉洗盐,或可加工 0.65 吨的粉精盐,或可加工 0.5 吨的精制盐,试计算该盐场当月应纳资

源税(北方海盐单位税额 25 元/吨)。

(1)原盐适用税额为 25 元/吨。

(2)应纳税额＝(1×25)＋(1.5÷0.8×25)＋(2÷0.65×25)＋(2÷0.5×25)

$$＝248.80(万元)$$

(二)计税方法的特殊规定

1.未分别核算或不能准确提供不同税目产品销售额或销售数量的

纳税人开采或者生产不同税目应税产品的,应当分别核算不同税目应税产品的销售额或者销售数量;未分别核算或者不能准确提供不同税目应税产品的销售额或者销售数量的,从高适用税率。

2.不能准确提供应税产品销售数量或移送使用数量的

纳税人不能准确提供应税产品销售数量或移送使用数量的,以应税产品的产量或主管税务机关确定的折算比换算成的数量为课税依据。

纳税人自产自用应税产品,因无法准确提供移送使用数量而采取折算比换算课税数量办法的,具体规定如下:

(1)煤炭,对于连续加工前无法正确计算原煤移送使用量的,可按加工产品的综合回收率,将加工产品实际销量和自用量折算成原煤数量作为课税数量。

(2)金属和非金属矿产品原矿,因无法准确掌握纳税人移送使用原矿数量的,可将其精矿按选矿比折算成原矿数量作为课税数量。其计算公式为

选矿比＝精矿数量÷耗用原矿数量

【做中学 9-3】　某铜矿 6 月份销售铜矿石原矿 40 000 吨,移送入选精矿石 4 000 吨,选矿比为 20％,该矿山铜矿按其等级适用 1.2 元/吨的单位税额。计算该铜矿 6 月份应纳资源税税额。

外销铜矿石原矿应纳资源税税额＝40 000×1.2＝48 000(元)

移送入选精矿应纳资源税税额＝4 000÷20％×1.2＝24 000(元)

3.应税产品划分不清或不易划分的

主要指原油中的稠油、高凝油与稀油划分不清或不易划分的,一律按原油的数量课税。

4.以液体盐加工固体盐的

纳税人以自产的液体盐加工固体盐,按固体盐税额征税,以加工的固体盐数量为课税数量。纳税人以外购的液体盐加工固体盐,其加工固体盐所耗用的液体盐的已纳税额准予抵扣。

三、资源税的会计处理

(一)资源税会计账户的设置

为反映和监督资源税的计算和缴纳,纳税人应设置"应交税费——应交资源税"账户,贷方记本期应缴的资源税,借方记企业实际缴纳或抵扣的资源税税额,贷方余额表示企业应缴而未缴的资源税。

(二)资源税的会计处理

企业按规定计算出对外销售应税产品应纳资源税时,借记"营业税金及附加"账户,贷

记"应交税费——应交资源税"账户;企业计算出自产自用应税矿产品应缴纳的资源税时,借记"生产成本"账户或"制造费用"账户,贷记"应交税费——应交资源税"账户;独立矿山、联合企业收购未税矿产品,按实际支付的收购款,借记"材料采购"等账户,贷记"银行存款"等账户,按代扣代缴的资源税,借记"材料采购"等账户,贷记"应交税费——应交资源税"账户;按规定上缴资源税时,借记"应交税费——应交资源税"账户,贷记"银行存款"账户。

企业外购液体盐加工成固体盐,在购入液体盐时,按允许抵扣的资源税,借记"应交税费——应交资源税"账户,按外购价款扣除允许抵扣资源税的数额,借记"材料采购"等账户;企业加工成固体盐销售时,按计算出的销售固体盐应缴的资源税,借记"营业税金及附加"账户,贷记"应交税费——应交资源税"账户,而将销售固体盐应纳资源税扣抵液体盐已纳资源税后的差额上缴时,借记"应交税费——应交资源税"账户,贷记"银行存款"账户。

上月税款结算,补缴时,借记"应交税费——应交资源税"账户,贷记"银行存款"账户;退回税款时,借记"银行存款"账户,贷记"应交税费——应交资源税"账户。

【做中学 9-4】　北方某盐场本月将原盐 1 250 吨加工成精盐 1 000 吨,根据税法规定企业自用原盐单位税额 25 元/吨,应缴资源税 31 250 元,则相关会计处理为:

(1)计提资源税

借:生产成本	31 250
贷:应交税费——应交资源税	31 250

(2)缴纳资源税

借:应交税费——应交资源税	31 250
贷:银行存款	31 250

【做中学 9-5】　某炼铁厂收购某铁矿开采厂矿石 10 000 吨,每吨收购价为 125 元(其中资源税 25 元),购进价总计 1 250 000 元,增值税进项税额 162 500 元,价税合计 1 412 500 元,企业代扣代缴资源税税款后,用银行存款支付收购款。则相关会计处理为:

借:材料采购	1 250 000
应交税费——应交增值税(进项税额)	162 500
贷:银行存款	1 162 500
应交税费——应交资源税	250 000

【做中学 9-6】　某盐厂本月外购液体盐 2 000 吨,每吨含增值税价款 58.5 元,液体盐资源税单位税额为 3 元/吨,该盐厂将全部液体盐加工成固体盐 500 吨,每吨含增值税售价为 468 元,固体盐适用资源税单位税额为 25 元/吨。则相关会计处理为:

(1)购入液体盐

借:材料采购	94 000
应交税费——应交资源税	6 000
——应交增值税(进项税额)	17 000
贷:银行存款	117 000

(2)验收入库

借:原材料——液体盐　　　　　　　　　　　　　94 000
　贷:材料采购　　　　　　　　　　　　　　　　　　94 000
(3)销售固体盐
借:银行存款　　　　　　　　　　　　　　　　234 000
　贷:主营业务收入　　　　　　　　　　　　　　200 000
　　应交税费——应交增值税(销项税额)　　　　　34 000
(4)计提固体盐应纳资源税
借:营业税金及附加　　　　　　　　　　　　　　12 500
　贷:应交税费——应交资源税　　　　　　　　　　12 500
(5)次月初缴纳资源税
本月应纳资源税税额=12 500-6 000=6 500(元)
借:应交税费——应交资源税　　　　　　　　　　6 500
　贷:银行存款　　　　　　　　　　　　　　　　　6 500

四、资源税的征收与缴纳

(一)资源税的纳税义务发生时间

1.纳税人采取分期收款结算方式的,其纳税义务发生时间为销售合同规定的收款日期的当天。

2.纳税人采取预收货款结算方式的,其纳税义务发生时间为发出应税产品的当天。

3.纳税人采取其他结算方式的,其纳税义务发生时间为收讫销售款或者取得索取销售款凭据的当天。

4.纳税人自产自用应税产品的,其纳税义务发生时间为移送使用应税产品的当天。

5.扣缴义务人代扣代缴税款的,其纳税义务发生时间为支付首笔货款或者开具应支付货款凭据的当天。

(二)资源纳的纳税环节

1.纳税人将自产应税资源产品对外销售,应在销售环节缴纳资源税。

2.纳税人自产自用的应税资源产品,应于移送使用环节缴纳资源税。

(三)资源税的纳税地点

纳税人应纳的资源税,应当向应税产品的开采或者生产所在地的主管税务机关缴纳。纳税人在本省、自治区、直辖市范围内开采或者生产应税产品,其纳税地点需要调整的,由所在地省、自治区、直辖市税务机关决定。

纳税人跨省、自治区、直辖市开采资源税应税产品,其下属生产单位与核算单位不在同一省、自治区、直辖市的,对其开采的矿产品一律在开采地或生产地纳税。实行从量计征的应税产品,其应纳税款一律由独立核算的单位按照每个开采地或者生产地的销售量及适用的单位税额计算划拨;实行从价计征的应税产品,其应纳税款一律由独立核算的单位按照每个开采地或者生产地的销售量、单位销售价格及适用税率计算划拨。

扣缴义务人代扣代缴的资源税,应当向收购地主管税务机关缴纳。

(四)资源税的纳税期限

资源税的纳税期限由主管税务机关根据纳税人(扣缴义务人)应纳(应缴)税额的多

少,分别核定 1 日、3 日、5 日、10 日、15 日或者 1 个月。不能按固定期限计算纳税的,可以按次计算纳税。纳税人以 1 个月为纳税期限的,自期满之日起 10 日内申报纳税;以 1 日、3 日、5 日、10 日、15 日为纳税期限的,自期满之日起 5 日内申报纳税。

(五)资源税纳税申报表(表 9-2)

表 9-2　　　　　　　　　　　　　　**资源税纳税申报表**

纳税人识别号:□□□□□□□□□□□□□□□□□□□

纳税人名称:(公章)　　　　　　　　　　　　　　金额单位:元(列至角分)

税款所属期限:自　　年　月　日至　　年　月　日　　　　填表日期:　年　月　日

产品名称	课税单位	课税数量	单位税额	本期应纳税额	本期已纳税额	本期应补(退)税额	备注
1	2	3	4	5＝3×4	6	7＝5－6	
应纳税项目							
减免税项目							

纳税人或代理人声明: 此纳税申报表是根据国家税收法律的规定填报的,我确信它是真实的、可靠的、完整的。	如纳税人填报,由纳税人填写以下各栏		
	经办人(签章)	会计主管(签章)	法定代表人(签章)
	如委托代理人填报,由代理人填写以下各栏		
	代理人名称		代理人(公章)
	经办人(签章)		
	联系电话		

以下由税务机关填写			
受理人		受理日期	受理税务机关(签章)

填表说明:

一、本表适用于资源税纳税人填报。

二、本表有关内容按以下要求填写:

1. 纳税人识别号:填写办理税务登记时,由税务机关确定的税务登记号。

2. 纳税人名称:填写企业全称或业户字号,无字号的填业主姓名,并要工商登记或主管部门批准的名称。

3. "课税单位"栏,填写课税数量的单位,如:吨、立方米、千立方米等。

任务实施

任务解析：

根据资源税的征税范围及税额计算的方法，可以分析青岛某盐业企业缴纳资源税的问题。该企业3月购入液体盐5 000吨需纳税，销售固体盐4 000吨需纳税，但是可以扣除加工所用液体盐的已纳税款。所以当月应缴纳的资源税和会计处理如下：

(1)购进液体盐支付款项

购进液体盐已纳资源税税额＝5 000×5＝25 000(元)

借：材料采购	575 000
应交税费——应交增值税(进项税额)	102 000
——应交资源税	25 000
贷：银行存款	702 000

(2)加工成固体盐销售，收到货款

借：银行存款	936 000
贷：主营业务收入	800 000
应交税费——应交增值税(销项税额)	136 000

(3)计算结转销售固体盐应纳的资源税

销售固体盐应纳资源税税额＝4 000×20＝80 000(元)

借：营业税金及附加	80 000
贷：应交税费——应交资源税	80 000

(4)计算并缴纳当月应纳的资源税

当月实际缴纳资源税税额＝80 000－25 000＝55 000(元)

借：应交税费——应交资源税	55 000
贷：银行存款	55 000

任务拓展

2011年9月，国务院通过了修改《资源税暂行条例》的决定，新规定于2011年11月1日正式实施。此次改革将原油、天然气税率调整为销售额的5%至10%，除了调整税率外，重点是将原油、天然气的资源税由从量计征更改为从价计征，其目的是为了提高资源开采利用效率、促进节能减排。专家测算，如果国际油价能稳定在每桶80美元至90美元的区间内，那么资源税改革向全国推开，由从量计征改为从价计征，油气资源税收入将从现在的每年约60亿元左右提高到300亿元以上。

从宏观经济影响看，改革资源税有正反两方面的影响。一方面，由于改革前的从量计征的油气资源税不多，目前改为5%至10%。那么，改革后的资源税，首先将直接提高油气上游开采企业至少5%的生产成本，并间接影响产业链的其他企业的生产成本，进而影响国民生产总值、进出口和就业。大家尤其关注的是，资源税会推高整体能源成本，影响经济运行,并对一些目前比较棘手的问题(如通货膨胀)造成压力;另一方面,税收会提高资源成本,促进油气资源的有效利用,从而抑制污染物排放和能源消耗。

此次改革调整以后,我国的资源税税率仍然相对较低。对能源开采行业征收适度的资源税,可以采用渐进提高的办法,使其对宏观经济负面影响在可承受的范围之内,避免对经济造成冲击。提高能源利用效率和减轻社会负担常常是两难的政策选择,就政府来说,关键是效率与公平的平衡。资源税改革只要目的明确,设计相对合理,许多问题和可能的缺陷可以在推出后的实践中解决并完善。

任务二 土地增值税核算与申报

● 任务描述

土地增值税是对有偿转让国有土地使用权及地上建筑物和其他附着物产权并取得增值收入的单位和个人征收的一种税。土地增值税实行 4 级超率累进税率,按照增值额实行从价计征的方法。在会计处理上,纳税人应通过设置"应交税费——应交土地增值税"账户进行会计核算。

 任务导入

2012 年 1 月某市地税稽查局接到群众举报:某房地产开发公司曾于 2009 年 12 月 10 日将位于繁华地段的一幢 20 000 平方米待售的办公大楼以每平方米 2 000 元的价格对外销售,获得销售收入 4 000 万元。企业只按 5% 申报缴纳营业税 200 万元,另缴纳城市维护建设税 14 万元、教育费附加 6 万元、印花税 2 万元。举报者认为该房地产开发公司未缴纳土地增值税,偷漏税 300 多万元,要求对该公司进行检查。

任务:请思考该房地产开发公司是否偷漏缴纳土地增值税。

■ 知识链接

一、土地增值税概述

(一)土地增值税的纳税人与征税范围

土地增值税的纳税人是指转让国有土地使用权、地上建筑物及其附着物(可简称为"转让房地产")并取得收入的单位和个人,包括内外资企业、行政事业单位、中外籍个人等。区分土地增值税的纳税人与非纳税人的关键在于是否因转让房地产的行为而取得了收益,以出售或其他方式有偿转让房地产而取得收益的单位和个人即为土地增值税的纳税人。

土地增值税的征税范围包括:

1.转让国有土地使用权。"转让"不同于"出让",国家出让国有土地使用权不征税。

2.地上建筑物及其附着物连同国有土地使用权一并转让。

"转让"是指以出售或其他方式的有偿转让,不包括以继承、赠与方式的无偿转让。出租房地产行为和受托代建工程,由于产权没有转移,不属纳税范围。

（二）土地增值税的税率（表 9-3）

表 9-3　　　　　　　　　　　土地增值税实行 4 级超率累进税率表

级次 项目	增值额占扣除项目金额比例	税率	速算扣除系数
1	50%以下（含 50%）	30%	0
2	超过 50%～100%（含 100%）	40%	5%
3	超过 100%～200%（含 200%）	50%	15%
4	200%以上	60%	35%

（三）土地增值税的税收优惠

1.纳税人建造普通标准住宅出售,增值额未超过扣除项目金额 20%的,暂免缴纳土地增值税。

2.因国家建设需要依法征用、收回的房地产,暂免缴纳土地增值税。

3.因城市实施规划、国家建设的需要而搬迁,由纳税人自行转让原房地产的,暂免缴纳土地增值税。

4.个人因工作调动或改善居住条件而转让原有自用住房,经向税务机关申报审核,凡居住满 5 年或 5 年以上的,暂免缴纳土地增值税;居住满 3 年未满 5 年的,减半征税;居住未满 3 年的,按规定缴纳土地增值税。

以房地产进行投资、联营的,投资、联营一方以土地（房地产）作价入股进行投资作为联营条件,将房地产转让到所投资、联营的企业时,可免缴纳土地增值税;一方出地,一方出资金,双方合作建房,建成后按比例分房自用的,免缴纳土地增值税;企业兼并中,对被兼并企业将房地产转让到兼并企业中的,暂免缴纳土地增值税。

二、土地增值税的计算

（一）土地增值额的确定

$$应纳土地增值税税额 = 土地增值额 \times 适用税率$$

$$土地增值额 = 转让房地产收入 - 扣除项目金额$$

1.转让房地产取得的收入

纳税人转让房地产取得的收入,包括转让房地产的全部价款及有关的经济收益;从收入的形式来看,包括货币收入、实物收入和其他收入。

纳税人隐瞒、虚报房地产成交价格或转让房地产的成交价格低于房地产评估价格又无正当理由的,应由评估机构参照同类房地产市场的交易价格进行评估,税务机关根据或参照评估价格确定纳税人转让房地产的收入。

2.扣除项目金额的确定

（1）取得土地使用权所支付的金额,是指纳税人为了取得土地使用权所支付的地价款和按国家统一规定缴纳的有关费用。凡是通过行政划拨方式无偿取得土地使用权的企业和单位,以转让土地使用权时按规定补缴的出让金及有关费用作为取得土地使用权所支付的金额。

(2)开发土地和新建房及配套设施的成本,简称房地产开发成本,是指纳税人开发房地产项目实际发生的成本,这些成本允许按实际发生数扣除,主要包括土地征用及拆迁补偿费、前期工程费、建筑安装工程费、基础设施费、公共配套设施费、开发间接费用等。

(3)开发土地和新建房及配套设施的费用,简称房地产开发费用,是指与房地产开发项目有关的销售费用、管理费用和财务费用。会计制度规定,与房地产开发有关的费用直接计入当年损益,不按房地产项目进行归集或分摊。税法对有关费用的扣除标准规定如下:

①纳税人能够按转让房地产项目计算分摊利息支出并能提供金融机构的贷款证明的,其允许扣除的房地产开发费用计算公式为

允许扣除的房地产开发费用=利息+(取得土地使用权所支付的金额+
房地产开发成本)×5%以内

②纳税人不能按转让房地产项目计算分摊利息支出或不能提供金融机构贷款证明的,其允许扣除的房地产开发费用计算公式为

允许扣除的房地产开发费用=(取得土地使用权所支付的金额+房地产开发成本)×
10%以内

上述计算扣除的具体比例,由各省、自治区、直辖市人民政府规定。

(4)与转让房地产有关的税金,是指在转让房地产时已缴纳的营业税,城市维护建设税和印花税,教育费附加也可视同税金扣除。房地产开发企业转让房地产时缴纳的印花税因列入管理费用中,故在此不允许单独再扣除。

(5)财政部规定的其他扣除项目。财政部规定,对专门从事房地产开发的纳税人,可以按取得土地使用权所支付的金额和房地产开发成本的金额之和,加计20%扣除。

(6)旧房及建筑物的评估价格。税法规定,转让旧房的,应按房屋及建筑物的评估价格、取得土地使用权所支付的地价款和按国家统一规定缴纳的有关费用以及在转让环节缴纳的税金作为扣除项目金额计征土地增值税。

"旧房及建筑物的评估价格"是指转让已使用过的房屋及建筑物时,由政府批准设立的房地产评估机构评定的重置成本乘以成新度折扣率后的价格。评估价格须经当地税务机关确认。

对取得土地使用权时未支付地价款或不能提供已支付的地价款凭据的,不允许扣除取得土地使用权时所支付的金额。

纳税人转让旧房及建筑物时,因计算纳税需要对房地产进行评估,其支付的评估费用允许在计算土地增值税时予以扣除。但是,对纳税人因隐瞒、虚报房地产成交价格等情形而按房地产评估价格计算征收土地增值税时所发生的评估费用,则不允许在计算土地增值税时扣除。

(二)土地增值税应纳税额的计算

土地增值税应纳税额的计算公式为

应纳税额 = $\sum$(每级距的土地增值额×适用的税率)

为了简便土地增值税的计算,一般可采用速算扣除法计算。速算扣除法的计算公式为

$$应纳税额＝土地增值额×适用税率－扣除项目金额×速算扣除系数$$

三、土地增值税的会计处理

(一)主营房地产业务企业的土地增值税会计处理

主营房地产业务的企业,是指企业的经营业务中,房地产业务是企业的主要经营业务,其经营收入在企业的经营收入中占有较大比重,并且直接影响企业的经济效益。主营房地产业务的企业,既有房地产开发企业,也有对外经济合作企业、股份制企业和外商投资房地产企业等。

由于土地增值税是在转让房地产的流转税环节纳税并且是为了取得当期营业收入而支付的费用,因此,土地增值税同营业税的会计处理相同,均为借记"营业税金及附加"账户,贷记"应交税费——应交土地增值税"账户。实际缴纳土地增值税时,借记"应交税费——应交土地增值税"账户,贷记"银行存款"等账户。

1. 现货房地产销售

在现货房地产销售情况下,采用一次性收款、房地产移交使用、发票账单提交买主、钱货两清的,应于房地产已经移交和发票账单提交买主时作为销售实现,借记"银行存款"账户,贷记"主营业务收入"账户。同时,计算应由实现的营业收入负担的土地增值税,借记"营业税金及附加"账户,贷记"应交税费——应交土地增值税"账户。

在现货房地产销售情况下,采取赊销、分期收款方式销售房地产的,应以合同规定的收款时间作为销售实现,分次结转收入。同时,计算应由实现的营业收入负担的土地增值税。会计处理同上。

【做中学 9-7】　某房地产公司转让高级公寓一栋,获得货币收入 7 500 万元,获得购买方原准备盖楼的钢材 2 100 吨,每吨 0.25 元。公司为取得土地使用权支付 1 450 万元,另外,支付开发土地、建房及配套设施等支出 2 110 万元,支付开发费用 480 万元(其中利息支出为 295 万元,未超过承认标准),支付与转让房地产有关的税金 47 万元。土地增值税应纳税额计算及会计处理如下:

(1)应纳税额计算

转让房地产收入＝7 500＋2 100×0.25＝8 025(万元)

开发费用可扣除额＝295＋(1 450＋2 110)×5％＝473(万元)

扣除项目金额＝(1 450＋2 110)×(1＋20％)＋473＋47＝4 792(万元)

土地增值额＝8 025－4 792＝3 233(万元)

土地增值额与扣除项目的比例＝(3 233÷4 792)×100％＝67.5％

该比例超过 50％,未超过 100％,故税率为 40％,速算扣除系数为 5％。

应纳税额＝3 233×40％－4 792×5％＝1 053.6(万元)

(2)会计处理

收入实现时:

借:银行存款　　　　　　　　　　　　　　　　　　　　　　　75 000 000

　　原材料　　　　　　　　　　　　　　　　　　　　　　　　 5 250 000

贷：主营业务收入	80 250 000

应缴土地增值税时：

借：营业税金及附加	10 536 000
贷：应交税费——应交土地增值税	10 536 000

缴纳税款时：

借：应交税费——应交土地增值税	10 536 000
贷：银行存款	10 536 000

2. 商品房预售

在商品房预售的情况下，商品房交付使用前采取一次性收款或分次收款的，收到购房款时，借记"银行存款"账户，贷记"预收账款"账户；按规定预交税款时，借记"应交税费——应交土地增值税"账户，贷记"银行存款"等账户；待该商品房交付使用后，开具发票结算账单交给买主时，收入实现，借记"应收账款"账户，贷记"主营业务收入"账户；同时将"预收账款"转入"应收账款"，并计算由实现的营业收入负担的土地增值税，借记"营业税金及附加"账户，贷记"应交税费——应交土地增值税"账户。按照税法的规定，待项目全部竣工，预决算后进行清算，企业收到退回多缴纳的土地增值税时，借记"银行存款"账户，贷记"应交税费——应交土地增值税"账户。补缴土地增值税时，则作相反的会计分录。

【做中学 9-8】　某房地产开发公司在某项目竣工前，预先售出部分房地产而取得收入 400 万元，假设应预缴土地增值税 20 万元；项目竣工后，工程全部收入 600 万元，按税法规定计算，该项目应缴纳土地增值税 90 万元。

(1)收到预售款

借：银行存款	4 000 000
贷：预收账款	4 000 000

(2)预缴土地增值税

借：应交税费——应交土地增值税	200 000
贷：银行存款	200 000

(3)实现收入并办理结算

借：预收账款	4 000 000
银行存款	2 000 000
贷：主营业务收入	6 000 000

(4)按土地增值税规定计算整个工程项目收入应缴纳土地增值税

借：营业税金及附加	900 000
贷：应交税费——应交土地增值税	900 000

(5)清缴土地增值税

借：应交税费——应交土地增值税	700 000
贷：银行存款	700 000

(二)兼营房地产业务企业的土地增值税会计处理

兼营房地产业务的企业，是指虽然经营房地产业务，但不是以此为主，而是兼营或附带经营房地产业务的企业。

兼营房地产业务的企业，转让房地产取得收入，计算应由当期营业收入负担的土地增值税时,应同营业税一样,计入"营业税金及附加"账户。企业按规定计算出应缴纳的土地增值税,借记"营业税金及附加"账户,贷记"应交税费——应交土地增值税"账户。企业实际缴纳土地增值税时,借记"应交税费——应交土地增值税"账户,贷记"银行存款"等账户。

【做中学 9-9】　兼营房地产业务的某金融公司按 5 000 元/平方米的价格购入一栋两层楼房,共计 2 000 平方米,支付价款 10 000 000 元,经过开发改造后,以 9 000 元/平方米的价格售出,取得转让收入 18 000 000 元,缴纳营业税等流转税 990 000 元。该公司不能按转让房地产项目计算分摊利息。土地增值税应纳税额计算及会计处理如下:

(1)应纳税额计算

扣除项目金额＝10 000 000×(1＋10％)＋990 000＝11 990 000(元)

土地增值额＝18 000 000－11 990 000＝6 010 000(元)

土地增值额占扣除项目金额的比例＝(6 010 000÷11 990 000)×100％＝50.125％

土地增值额占扣除项目金额的比例大于 50％,小于 100％,故税率为 40％,速算扣除系数为 5％。

应纳税额＝6 010 000×40％－11 990 000×5％＝1 804 500(元)

(2)会计处理

计提土地增值税时:

借:营业税金及附加　　　　　　　　　　　　　　　　1 804 500

　　贷:应交税费——应交土地增值税　　　　　　　　　　　　1 804 500

实际缴纳土地增值税时

借:应交税费——应交土地增值税　　　　　　　　　　1 804 500

　　贷:银行存款　　　　　　　　　　　　　　　　　　　　1 804 500

(三)销售旧房的土地增值税会计处理

旧房是企业已使用过的房屋,一般在"固定资产"账户中反映。销售旧房时,首先将旧房从"固定资产"账户转入"固定资产清理"账户,借记"固定资产清理"、"累计折旧"等账户,贷记"固定资产"账户。取得收入时,借记"银行存款"、"应收账款"等账户,贷记"固定资产清理"账户;应缴纳的土地增值税,借记"固定资产清理"账户,贷记"应交税费——应交土地增值税"账户。

【做中学 9-10】　某企业将旧车间出售,取得收入 80 万元,该车间账面原值 30 万元,已提折旧 14 万元,评估价值为 40 万元,缴纳营业税、城市维护建设税及教育费附加共44 000 元,发生其他清理费用 8 000 元。土地增值税应纳税额计算及会计处理如下:

(1)应纳税额计算

扣除项目金额＝400 000＋44 000＝444 000(元)

土地增值额＝800 000－444 000＝356 000(元)

土地增值额占扣除项目金额的比例＝(356 000÷444 000)×100％＝80.18％

应纳税额＝356 000×40％－444 000×5％＝120 200(元)

(2)会计处理

旧车间转入清理时:

借:固定资产清理　　　　　　　　　　　　　　　　　160 000

```
    累计折旧                              140 000
    贷:固定资产                                     300 000
取得转让收入时:
借:银行存款                              800 000
    贷:固定资产清理                                 800 000
计算营业税、土地增值税等税费时:
借:固定资产清理                          164 200
    贷:应交税费——应交土地增值税                     120 200
            ——应交营业税                            40 000
            ——应交城市维护建设税                      2 800
            ——应交教育费附加                          1 200
支付清理费用时:
借:固定资产清理                            8 000
    贷:银行存款                                       8 000
结转出售收益时:
借:固定资产清理                          467 800
    贷:营业外收入                                   467 800
```

四、土地增值税的申报缴纳

纳税人应当自转让房地产合同签订之日起 7 日内,向房地产所在地税务机关办理纳税申报。房地产的所在地是指房地产的坐落地。纳税人转让的房地产坐落在两个或两个以上地区的,应按房地产所在地分别申报缴纳土地增值税。

纳税人在申报纳税时,应如实填写土地增值税纳税申报表(表 9-4、表 9-5),并向税务机关提交房屋及建筑物产权证书、土地使用权证书、土地转让合同、房产买卖合同、房地产评估报告及其他与转让房地产有关的资料。

表 9-4　　　　　　　　　　土地增值税纳税申报表(一)

(从事房地产开发的纳税人适用)

纳税人识别号:□□□□□□□□□□□□□□□□□

纳税人名称:(公章)　　　　　　　　　　　　　金额单位:元(列至角分)

税款所属期限:自　年　月　日至　年　月　日　　　填表日期:　年　月　日

项目地址		项目名称		
项　目			行次	余　额
一、转让房地产收入总额 1＝2＋3			1	
其中	货币收入		2	
	实物收入及其他收入		3	
二、扣除项目金额合计 4＝5＋6＋13＋16＋20＋21			4	
1.取得土地使用权所支付的金额			5	

（续表）

2. 房地产开发成本 6＝7＋8＋9＋10＋11＋12		6	
其中	土地征用及拆迁补偿费	7	
	前期工程费	8	
	建筑安装工程费	9	
	基础设施费	10	
	公共配套设施费	11	
	开发间接费用	12	
3. 房地产开发费用 13＝14＋15		13	
其中	利息支出	14	
	其他房地产开发费用	15	
4. 与转让房地产有关的税金等 16＝17＋18＋19		16	
其中	营业税	17	
	城市维护建设税	18	
	教育费附加	19	
5. 财政部、省政府规定的其他扣除项目		20	
6. 加计扣除项目 21＝(5＋6)×20％		21	
三、土地增值额 22＝1－4		22	
四、土地增值额与扣除项目金额之比(％)23＝22÷4		23	
五、适用税率(预征率)(％)		24	
六、速算扣除系数(％)		25	
七、应缴土地增值税税额 26＝22×24－4×25(预缴土地增值税 26＝1×24)		26	
八、已缴(预缴)土地增值税税额		27	
九、应补(退)土地增值税税额 28＝26－27		28	

土地使用权取得时间	土地面积	土地坐落地点	证书编号	取得土地的方式

纳税人或代理人声明： 此纳税申报表是根据国家税收法律的规定填报的，我确信它是真实的、可靠的、完整的。	如纳税人填报，由纳税人填写以下各栏		
	经办人 (签章)	会计主管 (签章)	法定代表人 (签章)
	如委托代理人填报，由代理人填写以下各栏		
	代理人名称		代理人(公章)
	经办人(签章)		
	联系电话		

以下由税务机关填写

受理人		受理日期		受理税务机关 (签章)	

表 9-5   **土地增值税纳税申报表(二)**

(非从事房地产开发的纳税人适用)

纳税人识别号: □□□□□□□□□□□□□□□

纳税人名称:(公章)   金额单位:元(列至角分)

税款所属期限:自　年　月　日至　年　月　日   填表日期:　年　月　日

项目地址		项目名称	

项 目	行次	余 额
一、转让房地产收入总额 1=2+3	1	
其中　货币收入	2	
实物收入及其他收入	3	
二、扣除项目金额合计 4=5+6+9+15	4	
1.取得土地使用权所支付的金额	5	
2.旧房及建筑物的评估价格 6=7×8(或按购房发票所载金额计算的加计扣除额)	6	
其中　旧房及建筑物的重置成本价	7	
成新度折扣率	8	
3.与转让房地产有关的税金等 9=10+11+12+13+14	9	
其中　营业税	10	
城市维护建设税	11	
印花税	12	
教育费附加	13	
契税	14	
4.财政部、省政府规定的其他扣除项目	15	
三、土地增值额 16=1−4	16	
四、土地增值额与扣除项目金额之比(%)17=16÷4	17	
五、适用税率或核定征收率(%)	18	
六、速算扣除系数(%)	19	
七、应缴土地增值税税额 20=16×18−4×19	20	

纳税人或代理人声明:　此纳税申报表是根据国家税收法律的规定填报的,我确信它是真实的、可靠的、完整的。	如纳税人填报,由纳税人填写以下各栏		
	经办人(签章)	会计主管(签章)	法定代表人(签章)
	如委托代理人填报,由代理人填写以下各栏		
	代理人名称		代理人(公章)
	经办人(签章)		
	联系电话		

以下由税务机关填写

受理人		受理日期		受理税务机关(签章)	

任务实施

任务解析:

接到群众举报后,当地稽查局按照规定程序检查核实,该公司为建造这幢办公大楼共支付地价款 800 万元、房地产开发成本 1 200 万元,房地产开发费用由于未对具体楼盘进行明细核算,难以划分。

土地增值税是对有偿转让国有土地使用权及地上建筑物和其他附着物产权并取得增值收入的单位和个人征收的一种税。转让国有土地使用权、地上建筑物及其附着物并取得收入的单位和个人都是土地增值税的纳税人。该房地产开发公司的确偷漏缴纳了土地增值税。

稽查局按规定程序查补了土地增值税,并处以一倍的罚款,处理如下:

(1)取得土地使用权支付的地价款为 800 万元

(2)房地产开发成本为 1 200 万元

(3)允许扣除的税费为 220 万元

(4)房地产开发费用由于未对具体楼盘进行明细核算,难以划分,扣除 10%,同时,从事房地产开发的纳税人加计扣除 20%

允许扣除项目金额＝(800＋1 200)×[1＋(10%＋20%)]＋220＝2 820(万元)

(5)土地增值额＝4 000－2 820＝1180(万元)

(6)土地增值额占扣除项目金额的比例＝(1 180÷2 820)×100%＝41.84%

(7)应纳土地增值税税额＝1180×30%＝354(万元)

同时,按规定加收了滞纳金并处以一倍的罚款,移送公安部门追究相应法律责任。

从本案可以说明,作为房地产开发企业,必须高度重视土地增值税的缴纳,积极配合当地主管税务机关做好土地增值税的清算工作,如果处理不当,其后果是非常严重的。

任务三　城镇土地使用税核算与申报

任务描述

城镇土地使用税是以城镇土地为征税对象,以实际占用的土地面积为计税依据,按规定税额对拥有土地使用权的单位和个人征收的一种税。城镇土地使用税是资源税类,属地方性税种,由地方税务局征收,通常实行按年计算、分期缴纳的征收办法。预计应纳税额时,计入当期"长期待摊费用"或"管理费用"、"销售费用"等账户,待月终时结算。

任务导入

某县地方税务局稽查局于 2012 年 8 月对位于城郊的国有企业 A 公司的 2012 年 1～6 月纳税情况进行检查。在检查城镇土地使用税纳税情况时,检查人员发现 A 公司提供的政府部门核发的土地使用证书显示 A 公司实际占地面积 80 000 平方米,其中:

(1)企业内学校和医院共占地 2 000 平方米;

(2)厂区外公共绿化用地 5 000 平方米,厂区内生活小区的绿化用地 1 000 平方米;

(3)2012年1月1日,A公司将一块1 000平方米的土地对外出租给另一企业,用以生产经营;

(4)2012年3月1日,A公司将一块1 500平方米的土地无偿借给某国家机关作公务使用;

(5)A公司与某外商投资企业共同拥有一块面积为5 000平方米的土地,其中A公司实际占有面积为3 000平方米,其余归外商投资企业使用。

(6)除上述土地外,其余土地均为A公司生产经营用地(该公司所在地适用税额为1元/平方米)。

任务:请核查A公司应缴纳多少城镇土地使用税。

 # 知识链接

一、城镇土地使用税概述

(一)城镇土地使用税的征税范围

城镇土地使用税的征税范围包括城市、县城、建制镇和工矿区内的所有的土地。

城市是指国务院批准设立的市。县城是指县级人民政府所在地。建制镇是指经省、自治区、直辖市人民政府批准设立的建制镇。工矿区是指工商业比较发达,人口比较集中,符合国务院规定的建制镇标准,但尚未设立建制镇的大中型工矿企业所在地。工矿区须经省、自治区、直辖市人民政府批准。

从2007年7月1日起,外商投资企业、外国企业和在华机构的用地也要征收城镇土地使用税。自2009年1月1日起,公园、名胜古迹内的索道公司经营用地,应按规定缴纳城镇土地使用税。

(二)城镇土地使用税的纳税人

城镇土地使用税的纳税人是征税地域范围内使用土地的单位和个人。具体包括:

1.拥有土地使用权的单位和个人;

2.拥有土地使用权的单位和个人不在土地所在地的,以土地的实际使用人或代管人为纳税人;

3.土地使用权未确定或权属纠纷未解决的,以实际使用人为纳税人;

4.土地使用权共有的,由共有各方分别纳税。

单位,包括国有企业、集体企业、私营企业、股份制企业、外商投资企业、外国企业以及其他企业和事业单位、社会团体、国家机关、军队以及其他单位;个人,包括个体工商户以及其他个人。

(三)城镇土地使用税的计税依据

城镇土地使用税以纳税人实际占用的土地面积为计税依据,土地面积以平方米为计量标准。

纳税人实际占用的土地面积按下列办法确定:

1.凡由省、自治区、直辖市人民政府确定的部门组织测定土地面积的,以测定的面积为准;

2.尚未组织测量但纳税人持有政府部门核发的土地使用证书的,以证书确认的土地面积为准;

3.尚未核发土地使用证书的,应由纳税人据实申报土地面积,据以纳税,待核发土地使用证书后再作调整。

（四）城镇土地使用税的税率

城镇土地使用税采用定额税率。由于全国城镇经济发展水平千差万别,该税种又属于地方税,所以国家规定了幅度差别税额。具体规定如表9-6所示。

表9-6　　　　　　　　城镇土地使用税税率表

级　别	人　口	每平方米税额（元）
大城市	50万以上	1.5～30
中等城市	20万～50万	1.2～24
小城市	20万以下	0.9～18
县城、建制镇、工矿区	——	0.6～12

各省、自治区、直辖市人民政府可根据市政建设情况和经济繁荣程度在规定税额幅度内确定所辖地区的适用税额幅度。经济落后地区土地使用税的适用税额标准可适当降低,但降低额不得超过上述规定最低税额的30%。经济发达地区的适用税额标准可以适当提高,但须报财政部批准。

（五）城镇土地使用税的税收优惠

1.统一免税项目

(1)国家机关、人民团体、军队自用的土地。但如果是对外出租、经营用,则还是要缴纳城镇土地使用税。

(2)由国家财政部门拨付事业经费的单位自用的土地。

(3)宗教寺庙、公园、名胜古迹自用的土地。经营用地则不免。

(4)市政街道、广场、绿化地带等公共用地。

(5)直接用于农、林、牧、渔业的生产用地。

(6)经批准开山填海整治的土地和改造的废弃土地,从使用的月份起免缴城镇土地使用税5～10年。

(7)对非营利性医疗机构、疾病控制机构和妇幼保健机构等卫生机构自用的土地,免征城镇土地使用税。对营利性医疗机构自用的土地自2000年起免征城镇土地使用税3年。

(8)企业办的学校、医院、托儿所、幼儿园,其用地能与企业其他用地明确区分的,免征城镇土地使用税。

(9)免税单位无偿使用纳税单位的土地(如公安、海关等单位使用铁路、民航等单位的土地),免征城镇土地使用税。纳税单位无偿使用免税单位的土地,纳税单位应照章缴纳城镇土地使用税。纳税单位与免税单位共同使用、共有使用权的土地上的多层建筑,对纳税单位可按其占用的建筑面积占建筑总面积的比例计征城镇土地使用税。

(10)对行使国家行政管理职能的中国人民银行总行(含国家外汇管理局)所属分支机构自用的土地,免征城镇土地使用税。

2. 根据有关政策规定,具有下列情形的单位或个人减免土地使用税

(1)中国航空、航天、船舶工业总公司所属军工企业,其军品的科研生产专用的厂房、车间、仓库等建筑物用地和周围专属用地及其相应的供水、供电、供气、供暖、供煤、供油、专用公路、专用铁路等附属设施用地,免征城镇土地使用税,为满足军工产品性能实验所需的靶场、试验场、调试物、危险品销毁物等用地及安全要求所需的安全距离用地,免征土地使用税;

(2)对林业系统林区的有林道、运材道、防火设施用地,免征城镇土地使用税。

(3)对于各类危险品仓库、厂房所需的防火、防爆、防毒等安全防范用地,按有关规定的标准面积免征城镇土地使用税;

(4)交通部门的港口其码头(即泊位,包括岸边码头、伸入水中的浮码头、堤岩、堤坝、栈桥等)用地免征城镇土地使用税;

(5)对盐场的盐滩、盐矿的矿井用地,免征城镇土地使用税;

(6)司法部所属劳改劳教单位,其少年犯管教所的用地和由国家财政部门支付事业经费的劳改单位自用的土地,免征城镇土地使用税;其劳改单位及经费实行自收自支的劳教单位的工厂、农场等,凡属于管教或生活用地(包括周围用地),免征城镇土地使用税。对监狱关押犯人用地免征城镇土地使用税;

(7)煤炭企业的矸石山、排土场用地、防排水沟用地、矿区办公、生活区以外的公路、铁路专用线、轻便道和输变电路线路用地、火炸药库库房外安全用地、向社会开放的公园及公共绿化用地,免征城镇土地使用税,煤炭企业的塌陷地、荒地在未利用前,免征土地使用税;

(8)对矿山的采石场、排土场、尾矿库、炸药区的安全区,采区运矿及运岩公路、尾矿输送管道及回水系统用地,免征城镇土地使用税。对矿山企业采掘地下矿造成的塌陷地以及荒山占地,在未利用前,免征城镇土地使用税;

(9)对军队、武警部队工厂凡生产军品的用地,免征城镇土地使用税;从事武器修理的,其所需的靶场、试验场、危险品销毁场用地及周围的安全用地,免征城镇土地使用税;专为军人和军人家属服务的军人服务社用地免征城镇土地使用税;

(10)对兵工企业生产或储存火炸药、弹药、火工品的厂房、仓库之间由于防爆等安全要求所需的安全距离用地,为满足各种火炮、坦克、轻武器、枪炮弹、火炸药、火工品等军工产品性能实验所需的靶场、试验场、危险品销毁场用地,免征城镇土地使用税;

(11)对民航机场飞行区(包括跑道、滑行道、停机坪、安全带、夜航灯火区)用地,场内外通讯导航设施用地和飞机区四周排水防洪设施用地,免征城镇土地使用税;

(12)对核工业企业生产核系列产品的厂矿,除生活、办公区以外的土地,暂免征城镇土地使用税;对核电站应税土地在基建期内减半征收城镇土地使用税;

(13)对水利设施及其管护用地(如水库库区、大坝、堤防、灌渠、泵站等),免征城镇土地使用税;

(14)对火电厂厂区围墙外的灰场输灰管、输油(气)管道、铁路线用地,免征城镇土地使用税;对水电站除发电厂房、生产、办公、生活用地外的其他用地,免征城镇土地使用税;

(15)对民政福利企业安置残疾人员占生产人员总数35%(含35%)以上的企业用地,

免征城镇土地使用税。

(16)对企业厂区以外的公共绿化用地和向社会开放的公园用地,暂免征收城镇土地使用税。

3.由省、自治区、直辖市地方税务局确定的减免税项目

(1)个人所有的居住房屋及院落用地;

(2)房产管理部门在房租调整改革前承租的居民住房用地;

(3)免税单位职工家属的宿舍用地;

(4)民政部门举办的安置残疾人占一定比例的福利工厂用地;

(5)集体和个人办的各类学校、医院、托儿所、幼儿园用地;

(6)对向居民供热并向居民收取采暖费的供热企业暂免征收城镇土地使用税;

(7)其他规定减免税项目。

4.纳税人纳税有困难的,经申请定期减征或免征城镇土地使用税:

(1)遭受自然灾害纳税有困难的企业,需给予减免税照顾的,可写出书面报告送当地主管地方税务局审核;

(2)其他单位和个人按规定缴纳城镇土地使用税确有困难的,需给予减免税照顾的,可写出书面报告送当地主管地方税务局审核。

二、城镇土地使用税应纳税额的计算

城镇土地使用税按纳税人实际占用的土地面积和规定的税额按年计算,分期纳税。其计算公式为

$$年度应纳税额=应税土地实际占用面积×适用单位税额$$

$$月(或季、半年)度应纳税额=年度应纳税额÷12(或4、2)$$

【做中学 9-11】 某城市的一家公司实际占用的土地面积为 23 000 平方米,由于经营规模扩大,年初该公司又受让了一块尚未办理土地使用证的土地,面积为 3 000 平方米。公司按其当年开发使用的 2 000 平方米土地面积进行申报纳税,当地政府规定的城镇土地使用税适用税额标准为每平方米 2 元,该公司全年城镇土地使用税应纳税额计算如下:

应纳税额=(23 000+2 000)×2=50 000(元)

【做中学 9-12】 某公司与政府机关共同使用一栋共有土地使用权的建筑物,该建筑物占用土地面积 2 000 平方米,建筑物面积 10 000 平方米(公司与机关的占用比例为 4:1),当地政府规定的城镇土地使用税适用税额标准为每平方米 5 元,该公司全年城镇土地使用税应纳税额计算如下:

应纳税额=2 000×4÷5×5=8 000(元)

【做中学 9-13】 某供热企业占地面积 80 000 平方米,其中厂房 63 000 平方米(有一间 3 000 平方米的车间无偿提供给公安消防队使用),行政办公楼 5 000 平方米,厂办子弟学校 5 000 平方米,厂办招待所 2 000 平方米,厂办医院和幼儿园各 1 000 平方米,厂区内绿化用地 3 000 平方米;2012 年度该企业取得供热总收入 5 000 万元,其中 2 000 万元为向居民供热取得的收入。当地政府规定城镇土地使用税单位税额为每平方米 3 元,该企业 2012 年度城镇土地使用税应纳税额计算如下:

应纳税额=(80 000-3 000-5 000-1 000×2)×3×3 000/5 000=126 000(元)

三、城镇土地使用税的会计处理

缴纳城镇土地使用税的单位,应于会计年度终了时预计应纳税额,计入当期"长期待摊费用"或"管理费用"、"销售费用"等账户;月末,再与税务机关结算。

1.预计税额时:

借:长期待摊费用(或管理费用、销售费用)

　　贷:应交税费——应交土地使用税

2.上缴税款时:

借:应交税费——应交土地使用税

　　贷:银行存款

【做中学 9-14】　某工厂实际占用土地 20 000 平方米,其中厂办托儿所占地 500 平方米,该企业位于中等城市,当地人民政府核定该企业的城镇土地使用税单位税额为 8 元/平方米。计算该企业城镇土地使用税应纳税额,并作会计分录如下:

应纳税额=(20 000−500)×8=156 000(元)

借:管理费用　　　　　　　　　　　　　　　　　　　　156 000

　　贷:应交税费——应交土地使用税　　　　　　　　　　　156 000

借:应交税费——应交土地使用税　　　　　　　　　　　156 000

　　贷:银行存款　　　　　　　　　　　　　　　　　　　156 000

【做中学 9-15】　某商业企业占用土地 20 000 平方米,其中企业办的学校自用地为 3 000 平方米,当地政府核定的土地使用税税额为 3 元/平方米。计算该企业城镇土地使用税,并作会计分录如下:

应纳税额=(20 000−3 000)×3=51 000(元)

借:销售费用　　　　　　　　　　　　　　　　　　　　51 000

　　贷:应交税费——应交土地使用税　　　　　　　　　　　　51 000

借:应交税费——应交土地使用税　　　　　　　　　　　51 000

　　贷:银行存款　　　　　　　　　　　　　　　　　　　　5 1000

四、城镇土地使用税的申报缴纳

城镇土地使用税实行按年计算、分期缴纳的征收办法,具体纳税期限由省、自治区、直辖市人民政府确定。一般按月、季或半年征收一次。

新征用的耕地,自批准征用之日起满一年时开始申报缴纳城镇土地使用税(征用耕地第一年缴纳耕地占用税);新征用的土地属非耕地(即无需缴纳耕地占用税的),自批准征用次月起申报纳税。征用土地当年(或开始征收城镇土地使用税当年),不是 12 个月的,其应纳税额为按年应纳税额除以 12 乘以实际使用月数求得。

城镇土地使用税一般应当向土地所在地主管地方税务机关缴纳。纳税人使用的应税土地属于不同省(自治区、直辖市)管辖范围的,应分别按实际占用面积向土地所在地税务机关申报缴纳。在同一省(自治区、直辖市)管辖范围内,纳税人跨地区使用的土地,由省级税务机关确定纳税地点。

申报缴纳城镇土地使用税时,应如实填报城镇土地使用税纳税申报表(表 9-7)。

表 9-7   城镇土地使用税纳税申报表

纳税人识别号：

纳税人名称：（公章）   金额单位：元（列至角分）

税款所属期限：自　年　月　日至　年　月　日   填表日期：　年　月　日

土地等级	应税面积	单位税额	本期应纳税额	本期已缴税额	本期应补(退)税额
1	2	3	4	5	6=4-5
合　计		—			

纳税人或代理人声明： 此纳税申报表是根据国家税收法律的规定填报的，我确信它是真实的、可靠的、完整的。	如纳税人填报，由纳税人填写以下各栏		
	经办人 （签章）	会计主管 （签章）	法定代表人 （签章）
	如委托代理人填报，由代理人填写以下各栏		
	代理人名称		
	经办人（签章）		代理人（公章）
	联系电话		

以下由税务机关填写

受理人		受理日期		受理税务机关 （签章）	

填表说明：

一、本表适用于城镇土地使用税纳税人填报。

二、本表按照土地等级分别填报，各土地等级对应栏次根据附表"年初申报土地面积"和"年内增减占地面积"相同土地等级对应栏次的合计填写。

任务实施

任务解析：

城镇土地使用税是以城镇土地为征税对象，以实际占用的土地面积为计税依据，按规定税额对拥有土地使用权的单位和个人征收的一种税。征税范围包括城市、县城、建制镇和工矿区内的所有的土地。凡征税地域范围内使用土地的单位和个人都应缴纳城镇土地使用税。

所以，2012 年 1～6 月 A 公司缴纳城镇土地使用税情况如下：

（1）税法规定，企业办的学校、医院、托儿所、幼儿园，其用地能与企业其他用地明确区分的，免征城镇土地使用税。

（2）对企业厂区（包括生产、办公及生活区）以内的绿化用地，应按规定缴纳城镇土地使用税，厂区以外的公共绿化用地和向社会开放的公园用地，暂免征收城镇土地使用税。

因此,A公司厂区内生活小区的绿化用地1 000平方米需缴纳城镇土地使用税。

应纳税额=1000×1÷2=500(元)

（3）土地使用权出租的,由拥有土地使用权的企业缴纳城镇土地使用税,即应由出租方缴纳城镇土地使用税。

应纳税额=1 000×1÷2=500(元)

（4）税法规定,对免税单位无偿使用纳税单位土地的,免征城镇土地使用税;对纳税单位无偿使用免税单位的土地,纳税单位照章缴纳城镇土地使用税。本题中承租土地的国家机关免予缴纳城镇土地使用税,但A公司应缴纳2012年1～2月的城镇土地使用税。

应纳税额=1 500×1×2÷12=250(元)

（5）土地使用权共有的,由共有各方分别纳税。A公司与外商投资企业共有土地使用权,其实际占有的3 000平方米土地应缴纳城镇土地使用税。

应纳税额=3 000×1÷2=1 500(元)

（6）应纳税额=（80 000-2 000-5 000-1 000-1 000-1 500-3 000-2 000)×1÷2
＝32 250(元)

综上,该公司2012年1～6月合计应纳城镇土地使用税为:

应纳税额=500+500+250+1 500+32 250=35 000(元)

任务四　房产税核算与申报

◉任务描述

　　房产税是以房屋为征税对象,按照房屋的计税余值或出租房屋的租金收入向产权所有人征收的一种财产税。采用比例税率,分别按从价计征和从租计征设置了两种税率。房产税纳税人应设置"应交税费——应交房产税"账户进行会计核算。

任务导入

　　某企业2012年固定资产账簿上记载房屋原值为500万元,建筑面积为3 000平方米,1月1日,企业将办公楼的一部分出租给A企业,出租面积为600平方米,租金为20万元,租赁期限为一年,该企业于6月1日一次性取得全部租金;7月份又购入一处房屋用于办公,价值为100万元。

　　任务:请思考,房屋出租收入是否要申报房产税?如果要申报,该企业2012年应如何计缴房产税?

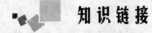

知识链接

一、房产税概述

（一）房产税的纳税人

房产税以房屋产权的所有人为纳税人。具体规定如下：产权属于国家所有的，由经营管理单位缴纳；产权属于集体和个人所有的，由集体单位和个人缴纳；产权出典的，由承典人缴纳；产权所有人、承典人不在房产所在地的，或者产权未确定及租典纠纷未解决的，由房产代管人或者使用人缴纳。无租使用其他房产的，由房产使用人纳税。自 2009 年 1 月 1 日起，外商投资企业、外国企业依照本条例缴纳房产税。

（二）房产税的征税对象及征税范围

房产税的征税对象是房产。房产是以房屋形态表现的财产，是指有屋面和围护结构（有墙或两边有柱），能遮风避雨，可供人们在其中生产、工作、学习、娱乐、居住或储藏物资的场所。与房屋不可分割的各种附属设施或不单独计价的配套设施（如室内游泳池），也属于房屋，应一并征收房产税。但独立于房屋的建筑物（如围墙、暖房、水塔、烟囱、室外游泳池等）不属于房产，不征收房产税。

由于房地产开发企业开发的商品房在出售前对房地产开发企业而言是一种产品，因此，对房地产开发企业建造的商品房，在售出前不征收房产税；但对售出前房地产开发企业已使用或出租、出借的商品房应按规定征收房产税。

房产税的征税范围是位于城市、县城、建制镇和工矿区的房屋，但不包括农村的房屋。其中：城市是指经国务院批准建立的市，包括市区和郊区；县城是指未设立建制镇的县人民政府所在地；建制镇是指省人民政府批准设立的建制镇，征税范围为镇人民政府所在地，不包括所辖的行政村；工矿区是指工商业比较发达，人口比较集中，符合国务院的建制镇标准但尚未设立建制镇的大中型工矿企业所在地。开征房产税的工矿区须经省、自治区、直辖市人民政府批准。

【技能训练 9-1】　房产税的征税对象是房产，那么工厂的围墙、变电塔、露天凉亭、仓库是房产税的征税对象吗？

（三）房产税的计税依据和税率

1. 房产税的计税依据

房产税的计税依据为房产的计税价值和租金收入。

（1）对于经营自用的房屋，以房产的余值为计税依据。房产余值是指房产原值一次减除 10%～30% 后的余值，具体减除幅度，由各省、自治区、直辖市人民政府确定。

房产的原值，是指纳税人按照会计制度规定，在账簿"固定资产"科目中记载的房屋原值。对纳税人未按会计制度规定记载的，在计征房产税时，应按照规定调整房产原值，对于没有房产原值或房产原值明显不合理的，由房产所在地的税务机关参照同类房屋核定其房产原值。纳税人对原有房屋进行改建、扩建的,要相应增加房屋的原值。

《财政部、国家税务总局关于安置残疾人就业单位城镇土地使用税等政策的通知》(财税[2010]121号)于2010年12月份颁布后,从价计征房产税的计税依据发生了重大变化,该文件第三条规定,对按照房产原值计税的房产,无论会计上如何核算,房产原值均应包含地价,包括为取得城镇土地使用权支付的价款、开发土地发生的成本费用等。宗地容积率低于0.5的,按房产建筑面积的2倍计算土地面积并据此确定计入房产原值的地价。这一变化,对于执行《企业会计制度》的纳税人来说没有影响;但对于执行《企业会计准则》的纳税人影响很大。从2011年开始,企业在账务处理上仍应按《企业会计准则》执行,将与房屋相关的城镇土地使用权价款在"无形资产"账户中核算,但是在申报房产税时必须将地价计入房产原值作为房产税的计税依据。

(2)对于出租的房屋,以房屋租金收入为房产税的计税依据。租金包括货币收入和实物收入。对以劳务或其他形式作为报酬抵付房租的,应根据当地房地产的租金水平,确定一个标准租金额计征。

2.房产税的税率

房产税采用比例税率,分别按从价计征和从租计征设置了两种税率:从价计征的,税率为1.2%;从租计征的,税率为12%。2008年3月1日起,对个人出租住房不区分用途,按4%的税率征收房产税。对企事业单位、社会团体以及其他组织按市场价格向个人出租用于居住的住房,减按4%的税率征收房产税。

(四)房产税的税收优惠

凡有以下情形之一的,减征或免征房产税:

1.国家机关、人民团体、军队自用的房产,即这些单位本身的办公用房和公务用房。

2.由国家财政部门拨付事业经费的单位自用的房产。

3.宗教寺庙、公园、名胜古迹自用的房产。

4.个人拥有的非营业用的房产。

5.对行使国家行政管理职能的中国人民银行总行所属分支机构自用的房产。

6.经财政部批准减免税的其他房产。具体包括:

(1)老年服务机构自用的房产免税。

(2)损坏不堪使用的房屋和危险房屋,经有关部门鉴定,在停止使用后可免征房产税。

(3)纳税人因房屋大修导致连续停用半年以上的,在房屋大修期间免征房产税,免征税额由纳税人在申报缴纳房产税时自行计算扣除,并在申报表附表或备注栏中作相应说明。

(4)在基建工地为基建工地服务的各种工棚、材料棚、休息棚和办公室、食堂、茶炉房、汽车房等临时性房屋,在施工期间,一律免征房产税。但工程结束后,施工企业将这种临时性房屋交还或估价转让给基建单位的,应从基建单位减收的次月起纳税。

(5)为鼓励地下人防设施,暂不对此征收房产税。

（6）从1988年1月1日起,对房管部门经租的居民住房,在房租调整改革之前收取租金偏低的,可暂缓征收房产税。对房管部门经租的其他非营业用房,是否给予照顾,由各省、自治区、直辖市根据当地具体情况按税收管理体制的规定办理。

（7）对高校后勤实体免征房产税。

（8）对非营利性的医疗机构、疾病控制机构和妇幼保健机构等卫生机构自用的房产,免征房产税。

（9）从2001年1月1日起,对按照政府规定价格出租的公有住房和廉租住房,包括企业和自收自支的事业单位向职工出租的单位自有住房,房管部门向居民出租的私有住房等,暂免征收房产税。

（10）对邮政部门坐落在城市、县城、建制镇、工矿区范围内的房产,应当依法征收房产税;对坐落在城市、县城、建制镇、工矿区范围以外的尚在县邮政局内核算的房产,在单位财务账中划分清楚的,从2001年1月1日起不再征收房产税。

（11）向居民供热并向居民收取采暖费的供热企业的生产用房,暂免征收房产税。这里的"供热企业"不包括从事热力生产但不直接向居民供热的企业。

（12）自2006年1月1日起至2008年12月31日,对为高校学生提供住宿服务并按高教系统收费标准收取租金的学生公寓,免征房产税。

对从原高校后勤管理部门剥离出来而成立的进行独立核算并有法人资格的高校后勤经济实体自用的房产,免征房产税。

二、房产税的计算

从价计征房产税应纳税额的计算公式为

$$应纳税额 = 房产余值 \times 1.2\%$$

$$房产余值 = 房产原值 \times (1 - 扣除比例) \times 1.2\%$$

从租计征房产税应纳税额的计算公式为

$$应纳税额 = 房产租金收入 \times 12\%$$

【做中学 9-16】　某企业2012年1月1日的房产原值为3 000万元,4月1日将其中价值1 000万元的临街房屋出租给某连锁商店,月租金5万元,其余房屋用于生产。房产原值一次扣除率为20%,计算该企业2012年房产税应纳税额。

经营自用房屋的房产税按房产余值从价计征,临街房4月1日才出租,1~3月仍从价计征,出租的房屋按本年租金从租计征。

$$自用房屋应纳税额 = (3\,000 - 1\,000) \times (1 - 20\%) \times 1.2\% + 1\,000 \times (1 - 20\%) \times$$
$$1.2\% \div 12 \times 3 = 19.2 + 2.4 = 21.6(万元)$$

$$出租房屋应纳税额 = 5 \times 9 \times 12\% = 5.4(万元)$$

三、房产税的会计处理

企业计算出应缴纳的房产税时,借记"管理费用"账户,贷记"应交税费——应交房产税"账户;缴纳税金时,借记"应交税费——应交房产税"账户,贷记"银行存款"账户。

【做中学 9-17】 企业拥有房屋原值 600 万元,将其中一部分房产出租,原值 100 万元,年租金收入 12 万元;另有一部分房产用于幼儿园使用,原值 50 万元。当地政府规定,按原值一次减除 25% 后的余值纳税。

从价计征年应纳税额＝(600－100)×(1－25%)×1.2%＝4.5(万元)

从租计征年应纳税额＝12×12%＝1.44(万元)

全年应纳税总额＝59 400(元)

企业季度应计提的房产税＝59 400÷4＝14 850(元)

借:管理费用	14 850	
贷:应交税费——应交房产税		14 850
借:应交税费——应交房产税	14 850	
贷:银行存款		14 850

四、房产税的申报缴纳

1. 纳税义务发生时间

(1)将原有房产用于生产经营的,从生产经营之月起,计征房产税;

(2)自建的房屋用于生产经营的,自建成之日的次月起,计征房产税;

(3)委托施工企业建设的房屋,从办理验收手续之日的次月起纳税。对纳税人在办理验收手续前已使用或出租、出借的新建房屋,应从使用或出租、出借的当月起按规定计征房产税;

(4)购置新建商品房,自房屋交付使用次月起计征房产税;

(5)购置存量房,自办理房屋权属转移、变更登记手续,房地产权属登记机关签发房屋权属证书之次月起计征房产税;

(6)出租、出借房产,自交付出租、出借房产之次月起计征房产税;

(7)房地产开发企业自用、出租、出借本企业建造的商品房,自房屋使用或交付之次月起计征房产税。

2. 纳税期限

房产税按年征收,分期缴纳,具体纳税期限,由各省、自治区、直辖市人民政府确定。各地一般按季或半年征收。

3. 纳税地点

房产税在房产所在地缴纳,房产不在同一地方的纳税人,应按房产的坐落地点分别向房产所在地的税务机关缴纳。

4. 房产税(城市房地产税)纳税申报表(表 9-8)

表 9-8　　　　　　　　　房产税(城市房地产税)纳税申报表

纳税人识别号：

纳税人名称：(公章)　　　　　　　　　　　　　　　　　金额单位：元(列至角分)

税款所属期限：自　年　月　日至　年　月　日　　　　　填表日期：　年　月　日

项　目	从价计税的房产原值	税　率	本期应纳税额	本期已缴税额	本期应补(退)税额
	1	2	3	4	5＝3－4
从价计税的房产					
小　计		—			

项　目	本期租金收入	税　率	本期应纳税额	本期已缴税额	本期应补(退)税额
	1	2	3＝1×2	4	5＝3－4
从租计税的房产					
小　计		—			
合　计	—	—			

纳税人或代理人声明：　此纳税申报表是根据国家税收法律的规定填报的,我确信它是真实的、可靠的、完整的。	如纳税人填报,由纳税人填写以下各栏		如委托代理人填报,由代理人填写以下各栏	
	经办人(签章)		代理人名称	代理人(公章)
	会计主管(签章)		经办人(签章)	
	法定代表人(签章)		联系电话	

以下由税务机关填写

受理人		受理日期		受理税务机关(签章)	

任务实施

任务解析：

假设该企业房产税依照房产原值一次减除 30% 后的余值计算缴纳,则

该企业出租部分房产税应纳税额＝20×12%＝2.4(万元)

自用部分房产税应纳税额＝500×(1－30%)×1.2%×(3 000－600)/3 000

　　　　　　　　　＝3.36(万元)

该企业购入房屋房产税应纳税额＝100×(1－30%)×1.2%×5/12＝0.35(万元)

2012 年全年房产税应纳税额＝2.4＋3.36＋0.35＝6.11(万元)

▌任务拓展

2011年1月28日,国务院同意在上海和重庆两个城市对个人住房征收房产税设立改革试点,具体征收办法由试点省、自治区、直辖市自行制定。

1. 上海模式

根据2011年1月27日上海市政府印发的房产税试点通知,上海模式的征收对象为本市居民家庭在本市新购且属于该居民家庭第二套及以上的住房和非本市居民家庭在本市新购的住房。

征收面积:上海市居民家庭新购且属于该居民家庭第二套及以上住房的,合并计算家庭的全部住房面积,对人均住房面积超过60平方米的部分,征收房产税;非上海市居民家庭购房,同样适用。

征收税率:以应税住房的市场交易价格作为计税依据,房产税暂按交易价格的70%计算缴纳,适用税率0.6%;如果应税住房的市场交易价格低于本市上年度新建商品住房平均销售价格两倍的,税率减为0.4%。(如:2010年上海全年新建商品住宅均价为22 261元/平方米,两倍均价约为45 000元/平方米。)

按此规定,上海应税住房每年房产税应纳税额的计算公式为

房产税应纳税额(元)＝新购住房应征税面积(平方米)×

新购住房市场交易价格(元/平方米)×70%×税率

2. 重庆模式

相比上海模式,重庆试行的房产税征收模式在征收对象、征收面积和税率核定方面更为复杂。

根据重庆市政府发布的相关规定,重庆房产税的征收对象为个人拥有的独栋商品住宅,个人新购的高档住房,在重庆市同时无户籍、无企业、无工作的个人新购的第二套(含)以上的普通住房。高档住房是指建筑面积交易单价达到上两年主城九区新建商品住房成交建筑面积均价2倍(含)以上的住房。

征收面积:与上海一样,重庆对征税住房也会扣除一定的免税面积。其中:在房产税试点改革施行前拥有的独栋商品住宅,免税面积为180平方米;新购的独栋商品住宅、高档住房,免税面积为100平方米;在重庆市同时无户籍、无企业、无工作的个人的应税住房没有免税面积。(免税面积以家庭为单位进行扣除,一个家庭只能对一套应税住房扣除免税面积。)

征收税率:以应税住房的市场交易价格作为计税依据。独栋商品住宅和高档住房建筑面积交易单价达到上两年主城九区新建商品住房成交建筑面积均价3倍以下的住房,税率为0.5%;3倍(含)至4倍的,税率为1%;4倍(含)以上的税率为1.2%;在重庆市同时无户籍、无企业、无工作的个人新购第二套(含)以上的普通住房,税率为0.5%。

按此规定,重庆应税住房每年房产税应纳税额的计算公式为

房产税应纳税额(元)＝应税建筑面积(平方米)×建筑面积交易单价(元/平方米)×税率

2011年10月1日起,重庆市还宣布对主城区内符合要求的存量独栋商品住宅征收个人住房房产税。也就是说,不管是新购还是已购,独栋商品住房都将被征收房产税;此外,根据重庆市国土资源和房屋管理局2011年年底公布的最新数据显示,主城九区2010年与2011年新建商品住房建筑面积均价的2倍为12 152元/平方米,即2012年高档住房应税价格标准提高至12152元/平方米。

任务五 印花税核算与申报

任务描述

印花税是对经济活动和经济交往中书立、领受各种应税凭证的行为征收的一种税。由于纳税人主要是通过在应税凭证上粘贴印花税票来完成纳税义务的,故称印花税。印花税征税范围广,税率低,税负轻,纳税人可以自行贴花完税,多缴不退不抵。印花税通常采用比例税率和定额税率两种税率形式计算税额。一般不需要通过"应交税费"账户核算,直接在"管理费用"账户中反映即可。

任务导入

某钢铁厂与机械进出口公司签订了购买价值2 000万元设备的购销合同,为购买此设备向商业银行签订借款2 000万元的借款合同。后因故购销合同作废,改签融资租赁合同,租赁费1 000万元。

任务:请思考,哪些合同需要缴纳印花税?作废合同的印花税还退还吗?该钢铁厂共需缴纳多少印花税?

知识链接

一、印花税概述

(一)印花税的纳税人

印花税的纳税人,是在我国境内书立、领受应税凭证的单位和个人。根据书立和领受应税凭证的不同情况,其纳税人可分为立合同人、立据人、立账簿人、领受人、使用人及各类电子应税凭证的签订人六种。

1.立合同人。列举征税的各种合同及合同性质的凭证,以立合同人为纳税人。

2.立据人。产权转移书据,以立据人为纳税人。

3.立账簿人。营业账簿,以立账簿人为纳税人。

4.领受人。权利、许可证照,以领受人为纳税人。

5.使用人。在国外书立、领受,但在国内使用的应税凭证,以使用人为纳税人。

6.各类电子应税凭证的签订人。对应税凭证,凡是由两方或两方以上当事人共同书立的,其当事人各方都是印花税的纳税人,各就其所持凭证的计税金额纳税。这里的当事人,是指对凭证有直接权利义务关系的单位和个人,但不包括合同的担保人、证人、鉴定人。当事人的代理人有代理纳税的义务。

以上所述单位,是指国内各类企业、事业、机关、团体、部队以及中外合资企业、中外合作企业、外资企业、外国公司企业、其他经济组织及其在华机构等单位;以上所述个人,是指中、外籍个人。

(二)印花税的征税范围

印花税的征税范围,只对《中华人民共和国印花税暂行条例》(以下简称《印花税暂行条例》)列举的各种凭证征税,没有列举的凭证不征税。印花税应税凭证的范围具体包括:

1.各类经济合同或具有合同性质的凭证,包括购销、加工承揽、建设工程勘察设计、建筑安装工程承包、财产租赁、货物运输、仓储保管、借款、财产保险、技术等合同或者具有合同性质的凭证。以上所说的合同,是根据《中华人民共和国经济合同法》《中华人民共和国涉外经济合同法》和其他有关合同法规订立的合同;具有合同性质的凭证,是指具有合同效力的协议、契约、合约、单据、确认书及其他各种名称的凭证。

2.产权转移书据,是指单位和个人产权的买卖、继承、赠与、交换、分割等所立的书据。包括财产所有权、版权、商标专用权、专利权、专有技术使用权等转移书据。其中,财产所有权转移书据是指经政府管理机关注册的动产、不动产所有权转移所立的书据以及企业股权转让所立的书据。

3.营业账簿,是指单位和个人记载生产经营活动的财务会计核算账簿。包括单位和个人从事生产经营活动所设立的各种账册。按照营业账簿反映内容的不同,可分为记载资金的账簿和其他营业账簿。

4.权利、许可证照,是指政府授予单位、个人某种法定权利和准予从事特定经济活动的各种证照的统称。包括房屋产权证、工商营业执照、商标注册证、专利证、土地使用证等。

5.经财政部确定征税的其他凭证。

【技能训练9-2】 买卖不动产是按照购销合同还是按照产权转移书据计算缴纳印花税?

(三)印花税的税目和税率

印花税根据各种应税凭证的性质和特点,采用列举凭证设置税目,共设置了13个税目,分别采用比例税率和定额税率两种税率形式。其税目税率见表9-9。

表 9-9   印花税税目税率表

税 目	范 围	税 率	纳税人	说 明
1. 购销合同	包括供应、预购、采购、购销结合及协作、调剂、补偿、易货等合同	按购销金额的 0.3‰贴花	立合同人	
2. 加工承揽合同	包括加工、定做、修缮、修理、印刷、广告、测绘、测试等合同	按加工或承揽收入的 0.5‰贴花	立合同人	
3. 建设工程勘察设计合同	包括勘察、设计合同	按收取费用的 0.5‰贴花	立合同人	
4. 建筑安装工程承包合同	包括建筑、安装工程承包合同	按承包金额的 0.3‰贴花	立合同人	
5. 财产租赁合同	包括租赁房屋、船舶、飞机、机动车辆、机械、器具、设备等合同	按租赁金额的 1‰贴花。税额不足 1 元按 1 元贴花	立合同人	
6. 货物运输合同	包括民用航空运输、铁路运输、海上运输、内河运输、公路运输和联运合同	按运输费用的 0.5‰贴花	立合同人	单据作为合同使用，按合同贴花
7. 仓储保管合同	包括仓储、保管合同	按仓储保管费用的 1‰贴花	立合同人	仓单或栈单作为合同使用的，按合同贴花
8. 借款合同	银行和其他金融组织与借款人(不包括银行同业拆借)所签订的借款合同	按借款金额的 0.05‰贴花	立合同人	单据作为合同使用的，按合同贴花
9. 财产保险合同	包括财产、责任、保证、信用等保险合同	按保费收入的 1‰贴花	立合同人	单据作为合同使用的，按合同贴花
10. 技术合同	包括技术开发、转让、咨询、服务等合同	按所载金额的 0.3‰贴花	立合同人	
11. 产权转移书据	包括财产所有权和版权、商标专用权、专利权、专有技术使用权等转移书据	按所载金额的 0.5‰贴花	立据人	
12. 营业账簿	生产经营用账册	记载资金的账簿按实收资本和资本公积的合计金额的 0.5‰贴花；其他账簿按件贴花 5 元	立账簿人	
13. 权利许可证照	包括政府部门发给的房屋产权证、工商营业执照、商标注册证、专利证、土地使用证	按件贴花 5 元	领受人	

    此外，根据国家税务总局的规定，股份制企业向社会公开发行的股票，因购买、继承、赠与所书立的股权转让书据，均依书立时证券市场当日实际成交价格计算的金额，从2007 年 5 月 30 日起，由立据双方当事人分别按 3‰的税率缴纳印花税(包括 A 股和 B股)。

    2008 年 4 月 23 日，财政部宣布证券交易印花税税率从 2008 年 4 月 24 日起由 3‰下调至 1‰。

    2008 年 9 月 19 日起，证券交易印花税实行单边征收，对受让方不再征收。

（四）印花税的税收优惠

根据《印花税暂行条例》及其实施细则和其他有关税法的规定，下列凭证免征印花税：

1.已缴纳印花税凭证的副本或者抄本。由于这种副本或者抄本属于备查性质，对外不发生效力，所以对其不征收印花税。但以副本或者抄本视同正本使用的，则应另贴印花。

2.财产所有人将财产赠给政府、社会福利单位、学校所立的书据。其中，社会福利单位是指扶养孤老伤残的社会福利单位。

3.国家指定的收购部门与村民委员会、农民个人书立的农副产品收购合同。

4.无息、贴息贷款合同。

5.外国政府或者国际金融组织向我国政府及国家金融机构提供优惠贷款所书立的合同。

6.房地产管理部门与个人签订的用于生活居住的租赁合同。

7.农牧业保险合同。

8.军事物资运输凭证、抢险救灾物资运输凭证以及新建铁路的工程临管线运输等的特殊货运凭证。

9.企业因改制签订的产权转移书据。

二、印花税的计算

（一）按照比例税率计算印花税应纳税额的方法

$$应纳税额＝计税金额×适用税率$$

（二）按照定额税率计算印花税应纳税额的方法

$$应纳税额＝计税凭证数量×单位税额$$

计算印花税应纳税额时应当注意以下几点：

1.按金额比例贴花的应税凭证，未标明金额的，应按照凭证所载数量及市场价格计算金额，依适用税率贴足印花。

2.应税凭证所载金额为外国货币的，按凭证书立当日的国家外汇管理局公布的外汇牌价折合人民币，计算应纳税额。

3.同一凭证有两个或两个以上经济事项而适用不同税率的，如分别载有金额，应分别计算应纳税额，相加后按合计税额贴花；如未分别记载金额，按税率高的计税贴花。

4.同一凭证有两方或两方以上当事人签订并各执一份的，应当由各方所执的一份全额贴花。

5.记载资金的账簿按实收资本和资本公积的合计金额贴花后，以后年度资金总额比已贴花资金总额增加的，只就增加部分按规定贴花。

6.按比例税率计算纳税而应纳税额又不足一角的，免纳印花税；应纳税额在一角以上的，其税额尾数不满五分的不计，满五分的按一角计算纳税。对财产租赁合同的应纳税额超过一角但不足一元的，按一元贴花。

【做中学 9-18】 某企业 2012 年 1 月开业，当年发生以下有关业务：领受房屋产权证、工商营业执照、土地使用证各一件；与某科研单位签订一份技术开发合同，合同所载金额 100 万元；与其他企业订立转让专有技术使用权书据 1 份，所载金额 200 万元；订立产品购销合同 1 份，所载金额为 200 万元；与市银行订立借款合同 1 份，所载金额为 500 万元；

企业记载资金的账簿,"实收资本"、"资本公积"为 1 000 万元;其他营业账簿 8 本。试计算该企业 2012 年应缴纳的印花税税额。

(1)企业领受权利、许可证照应纳税额＝3×5＝15(元)

(2)企业订立技术开发合同应纳税额＝1 000 000×0.3‰＝300(元)

(3)企业订立产权转移书据应纳税额＝2 000 000×0.5‰＝1 000(元)

(4)企业订立产品购销合同应纳税额＝2 000 000×0.3‰＝600(元)

(5)企业订立借款合同应纳税额＝5 000 000×0.05‰＝250(元)

(6)企业记载资金的账簿应纳税额＝10 000 000×0.5‰＝5000(元)

(7)企业其他营业账簿应纳税额＝8×5＝40(元)

(8)2012 年企业应纳印花税税额＝15＋1 000＋600＋250＋5 000＋300＋40
＝7 205(元)

三、印花税的会计处理

企业缴纳的印花税,不会发生应付未付税款的情况,不需要预计应纳税金额;同时,也不存在与税务机关结算或清算的问题。因此,企业缴纳的印花税不需要通过"应交税费"账户核算,应于购买印花税票时,直接借记"管理费用"账户,贷记"银行存款"账户。

四、印花税的申报缴纳

(一)纳税方法

1.自行贴花办法。这种办法一般适用于应税凭证较少或者贴花次数较少的纳税人。

2.汇贴或汇缴办法。这种办法一般适用于应纳税额较大或者贴花次数频繁的纳税人。

"汇贴",是指一份凭证应纳税额超过 500 元的,应向当地税务机关申请填写缴款书或者完税凭证,将其中一联粘贴在凭证上或者由税务机关在凭证上加注完税标记代替贴花。

"汇缴",是指同一种类应纳税凭证需频繁贴花的,应向当地税务机关申请按期汇总缴纳印花税。获准汇总缴纳印花税的纳税人,应持有税务机关发给的汇缴许可证。汇总缴纳的期限由当地税务机关确定,但最长期限不得超过 1 个月。

3. 委托代征办法。这一办法主要是通过税务机关的委托,经由发放或者办理应纳税凭证的单位代为征收印花税税款。税务机关应与代征单位签订代征委托书。所谓发放或者办理应纳税凭证的单位,是指发放权利、许可证照的单位和办理凭证的签证、公证其他有关事项的单位。如按照《印花税暂行条例》的规定,工商行政管理机关核发各类营业执照和商标注册证的同时负责代售印花税票,征收印花税税款,并监督领受单位或个人负责贴花。

(二)纳税环节和纳税地点

1.纳税环节。印花税应当在书立或领受时贴花,具体是指,在合同签订时、账簿启用时和证照领受时贴花。对已贴花的凭证,修改后所载的金额增加的,其增加的部分应当补贴印花税票。凡多贴印花税票者,不得申请退税或者抵用。

2.纳税地点。印花税一般实行就地纳税。

(三)对违反税法规定行为的处罚

自 2004 年 1 月 29 日起,印花税纳税人有下列行为之一的,由税务机关根据情节轻重予以处罚:

　　(1)在应纳税凭证上未贴或少贴印花税票的,或者已粘贴在应纳税凭证上的印花税票未注销或者未划销的,由税务机关追缴其不缴或少缴的税款、滞纳金,并处不缴或少缴的税款50%以上5倍以下的罚款。

　　(2)已贴用的印花税票揭下重用造成未缴或少缴印花税的,由税务机关追缴其不缴或者少缴的税款、滞纳金,并处不缴或少缴的税款50%以上5倍以下的罚款;构成犯罪的,依法追究刑事责任。

　　(3)伪造印花税票的,由税务机关责令改正,处以2 000元以上1万元以下的罚款;情节严重的,处以1万元以上5万元以下的罚款;构成犯罪的,依法追究刑事责任。

　　(4)按期汇总缴纳印花税的纳税人,超过税务机关核定的纳税期限,未缴或少缴印花税款的,由税务机关追缴其不缴或少缴的税款、滞纳金,并处不缴或少缴的税款50%以上5倍以下的罚款;情节严重的,同时撤销其汇缴许可证;构成犯罪的,依法追究刑事责任。

　　(5)纳税人违反以下规定的,由税务机关责令限期改正,可处以2 000元以下的罚款;情节严重的,处以2 000元以上1万元以下的罚款:

　　①凡汇总缴纳印花税的凭证,应加注税务机关指定的汇缴戳记,编号并装订成册后,将已贴印花或者缴款书的一联粘附册后,盖章注销,保存备查。

　　②纳税人对纳税凭证应妥善保存。凭证的保存期限,凡国家已有明确规定的,按规定办;没有明确规定的其余凭证,均应在履行完毕后保存1年。

　　(四)印花税纳税申报表(表9-10)

表 9-10　　　　　　　　　　　　　印花税纳税申报表

纳税人识别号:

纳税人名称:(公章)　　　　　　　　　　　　　　　　金额单位:元(列至角分)

税款所属期限:自　　年　　月　　日至　　　年　　月　　日　　　　填表日期:　　年　　月　　日

应税凭证	计税金额或件数	适用税率	核定征收		本期应纳税额	本期已缴税额	本期应补(退)税额
			核定依据	核定比例			
	1	2	3	4	$5=1\times2+2\times3\times4$	6	$7=5-6$
购销合同		0.3‰					
加工承揽合同		0.5‰					
建设工程勘察设计合同		0.5‰					
建筑安装工程承包合同		0.3‰					
财产租赁合同		1‰					
货物运输合同		0.5‰					
仓储保管合同		1‰					
借款合同		0.05‰					
财产保险合同		1‰					
技术合同		0.3‰					
产权转移书据		0.5‰					

（续表）

应税凭证	计税金额或件数	适用税率	核定征收		本期应纳税额	本期已缴税额	本期应补（退）税额
			核定依据	核定比例			
.	1	2	3	4	5＝1×2＋2×3×4	6	7＝5－6
营业账簿（记载资金的账簿）		0.5‰	—	—			
营业账簿（其他账簿）		5					
权利、许可证照		5					
合　计	—						

纳税人或代理人声明： 此纳税申报表是根据国家税收法律的规定填报的，我确信它是真实的、可靠的、完整的。	如纳税人填报，由纳税人填写以下各栏		
	经办人（签章）	会计主管（签章）	法定代表人（签章）
	如委托代理人填报，由代理人填写以下各栏		
	代理人名称		代理人（公章）
	经办人（签章）		
	联系电话		

以下由税务机关填写		
受理人	受理日期	受理税务机关（签章）

填表说明：

1. 本表适用于印花税（股票交易印花税除外）纳税人填报。

2. 纳税人识别号是办理税务登记时由税务机关确定的税务登记号。

3. 核定依据指采用核定方式征收印花税的应税凭证所对应的费用、收入金额。如购销合同对应采购金额、销售收入；加工承揽合同对应加工承揽金额；建筑安装承包合同对应承包金额等。

4. 对于购、销业务量较大的纳税人，在此申报表后须附《购、销合同编号目录》。

任务实施

任务解析：

印花税是对经济活动和经济交往中书立、领受各种应税凭证的行为征收的一种税。其征税范围包括各类经济合同或具有合同性质的凭证，产权转移书据，营业账簿，权利、许可证照和经财政部确定征税的其他凭证。所以该钢铁厂一共涉及三项印花税应税行为。

1. 购销合同应纳税额＝2 000×0.3‰＝0.6（万元）

产生纳税义务后合同作废不能免税和退税。

2. 借款合同应纳税额＝2 000×0.05‰＝0.1（万元）

3. 融资租赁合同属于借款合同，应纳税额＝1 000×0.05‰＝0.05（万元）

4. 该钢铁厂应纳印花税税额＝0.6＋0.1＋0.05＝0.75（万元）

任务六　车船税核算与申报

●任务描述

　　车船税课税历史悠久,主要是指对在我国境内车船管理部门登记的车辆、船舶,按照车船的种类和规定的税额计算征收的一种税。车船税实行从量定额计税办法,可以选择以辆、整备质量、净吨位和艇身长度作为计税标准,通常实行按年申报缴纳。纳税人应在会计核算上设置"应交税费——应交车船使用税"账户进行核算。

任务导入

　　某施工企业2012年8月5日购进大型客车两辆,中型客车两辆用于接送职工。该企业原有车辆情况如下:小型乘用车5辆、专用作业车10辆。

　　任务:请思考,企业车辆计税单位如何规定的?该施工企业当年应纳车船税税额是多少?

 知识链接

一、车船税概述

（一）车船税的征税对象及征税范围

　　车船税的征税对象是在我国境内行驶的车辆和船舶。其中的车辆和船舶是指:依法应当在车船登记管理部门登记的机动车辆和船舶;依法不需要在车船登记管理部门登记的在单位内部场所行驶或者作业的机动车辆和船舶。

（二）车船税的纳税人

　　车船税的纳税人是在中华人民共和国境内拥有或者管理车辆、船舶的单位和个人。车船的所有人或者管理人未缴纳车船税的,使用人应当代为缴纳车船税。在通常情况下,车船拥有人和使用人同属一人,纳税人既是车船使用人,又是车船的拥有人。如果有租赁关系,拥有人与使用人不一致时,车辆拥有人未缴纳车船税的,使用人应代为缴纳车船税。

　　从事机动车第三者责任强制保险业务的保险机构为机动车车船税的扣缴义务人,应当在收取保险费时依法代收车船税,并出具代收税款凭证。

（三）车船税的税率和计税标准

　　车船税采用定额税率,实行从量定额计税办法。车船税对车辆采用幅度定额税率,其中,乘用车税额改为按排气量计征,并依照排气量从小到大递增税额分为七档,具体税额由各省、自治区、直辖市人民政府在规定的幅度内确定本地区的适用税额;对船舶则规定采用统一的分级定额税率,增加了游艇税目。其税目税率见表9-11。

表 9-11　　　　　　　　　　　　　　　　车船税税目税额表

税　目	征税范围	计税单位	年基准税额	备　注
乘用车	汽缸容量(排气量,下同)在 1.0 升(含)以下的	每辆	60 元至 360 元	核定载客人数 9 人(含)以下
	汽缸容量 1.0 升以上至 1.6 升(含)的	每辆	300 元至 540 元	核定载客人数 9 人(含)以下
	汽缸容量 1.6 升以上至 2.0 升(含)的	每辆	360 元至 660 元	核定载客人数 9 人(含)以下
	汽缸容量 2.0 升以上至 2.5 升(含)的	每辆	660 元至 1 200 元	核定载客人数 9 人(含)以下
	汽缸容量 2.5 升以上至 3.0 升(含)的	每辆	1 200 元至 2 400 元	核定载客人数 9 人(含)以下
	汽缸容量 3.0 升以上至 4.0 升(含)的	每辆	2 400 元至 3 600 元	核定载客人数 9 人(含)以下
	汽缸容量 4.0 升以上	每辆	3600 元至 5400 元	核定载客人数 9 人(含)以下
商用车客车		每辆	480 元至 1440 元	核定载客人数 9 人以上,包括电车
商用车货车		整备质量每吨	16 元至 120 元	包括半挂牵引车、三轮汽车和低速载货汽车等
挂车		整备质量每吨	按照货车税额的 50% 计算	
其他车辆专用作业车		整备质量每吨	16 元至 120 元	不包括拖拉机
其他车辆轮式专用机械车		整备质量每吨	16 元至 120 元	不包括拖拉机
摩托车		每辆	36 元至 180 元	
船舶机动船舶		净吨位每吨	3 元至 6 元	拖船、非机动驳船分别按照机动船舶税额的 50% 计算
船舶游艇		艇身长度每米	600 元至 2 000 元	

表 9-11 车船税税目税额表中的车辆、船舶的含义如下:

乘用车,是指在设计和技术特性上主要用于载运乘客及随身行李,核定载客人数包括驾驶员在内不超过 9 人的汽车。

商用车,是指除乘用车外,在设计和技术特性上用于载运乘客、货物的汽车,划分为客车和货车。

半挂牵引车,是指装备有特殊装置用于牵引半挂车的商用车。

三轮汽车,是指最高设计车速不超过每小时 50 公里,具有三个车轮的货车。

低速载货汽车,是指以柴油机为动力,最高设计车速不超过每小时 70 公里,具有四个车轮的货车。

挂车,是指就其设计和技术特性需由汽车或者拖拉机牵引才能正常使用的一种无动力的道路车辆。

专用作业车,是指在其设计和技术特性上用于特殊工作的车辆。

轮式专用机械车,是指有特殊结构和专门功能,装有橡胶车轮可以自行行驶,最高设计车速大于每小时 20 公里的轮式工程机械车。

摩托车,是指无论采用何种驱动方式,最高设计车速大于每小时 50 公里,或者使用内燃机,其排量大于 50 毫升的两轮或者三轮车辆。

船舶,是指各类机动、非机动船舶以及其他水上移动装置,但是船舶上装备的救生艇筏和长度小于 5 米的艇筏除外。其中,机动船舶是指用机器推进的船舶;拖船是指专门用于拖(推)动运输船舶的专业作业船舶;非机动驳船,是指在船舶登记管理部门登记为驳船的非机动船舶;游艇是指具备内置机械推进动力装置,长度在 90 米以下,主要用于游览观光、休闲娱乐、水上体育运动等活动,并应当具有船舶检验证书和适航证书的船舶。

另外,各省、自治区、直辖市人民政府在根据车船税税目税额表确定车辆具体适用税额时,应当遵循以下原则:

1.乘用车依排气量从小到大递增税额;

2.客车按照核定载客人数 20 人以下和 20 人(含)以上两档划分,递增税额。

省、自治区、直辖市人民政府确定的车辆具体适用税额,应当报国务院备案。

机动船舶具体适用税额为:

1.净吨位不超过 200 吨的,每吨 3 元;

2.净吨位超过 200 吨但不超过 2 000 吨的,每吨 4 元;

3.净吨位超过 2 000 吨但不超过 10 000 吨的,每吨 5 元;

4.净吨位超过 10 000 吨的,每吨 6 元。

拖船按照发动机功率每 1 千瓦折合净吨位 0.67 吨计算征收车船税。

游艇具体适用税额为:

1.艇身长度不超过 10 米的,每米 600 元;

2.艇身长度超过 10 米但不超过 18 米的,每米 900 元;

3.艇身长度超过 18 米但不超过 30 米的,每米 1 300 元;

4.艇身长度超过 30 米的,每米 2 000 元;

5.辅助动力帆艇,每米 600 元。

(四)车船税的税收优惠

1.法定减免

(1)捕捞、养殖渔船,是指在渔业船舶登记管理部门登记为捕捞船或者养殖船的船舶;

(2)军队、武装警察部队专用的车船,是指按照规定在军队、武装警察部队车船登记管理部门登记,并领取军队、武警牌照的车船;

(3)警用车船,是指公安机关、国家安全机关、监狱、劳动教养管理机关和人民法院、人民检察院领取警用牌照的车辆和执行警务的专用船舶;

（4）依照法律规定应当予以免税的外国驻华使领馆、国际组织驻华代表机构及其有关人员的车船。

2. 特定减免

（1）节约能源、使用新能源的车船可以免征或者减半征收车船税；

（2）按照规定缴纳船舶吨税的机动船舶，自《中华人民共和国车船税法》（以下简称《车船税法》）实施之日起 5 年内免征车船税；

（3）依法不需要在车船登记管理部门登记的机场、港口、铁路站场内部行驶或者作业的车船，自《车船税法》实施之日起 5 年内免征车船税。

3. 授权省、自治区、直辖市人民政府规定的减免税项目

（1）省、自治区、直辖市人民政府根据当地实际情况，可以对公共交通车船，农村居民拥有并主要在农村地区使用的摩托车、三轮汽车和低速载货汽车定期减征或者免征车船税；

（2）对受地震、洪涝等严重自然灾害影响纳税困难以及其他特殊原因确需减免税的车船，可以在一定期限内减征或者免征车船税。

另外，对纯电动乘用车、燃料电池乘用车、非机动车船（不包括非机动驳船）、临时入境的外国车船和香港特别行政区、澳门特别行政区、台湾地区的车船，不征收车船税。

对尚未在车辆管理部门办理登记，属于应减免税的新购置车辆，车辆所有人或管理人可提出减免税申请，并提供机构或个人身份证明文件和车辆权属证明文件以及地方税务机关要求的其他相关资料，经税务机关审验符合车船税减免条件的，税务机关可为纳税人出具该纳税年度的减免税证明，以方便纳税人购买机动车交通事故责任强制保险。

新购置应予减免税的车辆所有人或管理人在购买机动车交通事故责任强制保险时已缴纳车船税的，在办理车辆登记手续后可向税务机关提出减免税申请，经税务机关审验符合车船税减免条件的，税务机关应退还纳税人多缴的税款。

二、车船税的计算

（一）车船税的计税依据

车船税根据车船的种类等情况，按辆、整备质量、净吨位和艇身长度从量定额计征。乘用车、客车和摩托车以每辆为计税依据；货车、挂车和其他车辆以整备质量为计税依据；机动船舶以净吨位为计税依据；游艇以艇身长度为计税单位。具体内容如下：

1. 车船税中所涉及的排气量、整备质量、核定载客人数、净吨位、千瓦、艇身长度，以车船登记管理部门核发的车船登记证书或者行驶证所载数据为准。

依法不需要办理登记的车船和依法应当登记而未办理登记或者不能提供车船登记证书、行驶证的车船，以车船出厂合格证明或者进口凭证标注的技术参数、数据为准；不能提供车船出厂合格证明或者进口凭证的，由主管税务机关参照国家相关标准核定，没有国家相关标准的参照同类车船核定。

2.车辆整备质量尾数在 0.5 吨以下(含 0.5 吨)的,按照 0.5 吨计算;超过 0.5 吨的,按照 1 吨计算。船舶净吨位尾数在 0.5 吨以下(含 0.5 吨)的,不予计算;超过 0.5 吨的,按照 1 吨计算。1 吨以下的小型船,一律按照 1 吨计算。

(二)车船税应纳税额的计算

1.乘用车、客车和摩托车

$$应纳税额=应税车辆数量×单位税额$$

2.货车、挂车和其他车辆

$$应纳税额=整备质量吨数×单位税额$$

3.机动船舶

$$应纳税额=船舶净吨位数量×单位税额$$

4.拖船和非机动驳船

$$应纳税额=船舶净吨位数量×单位税额×50\%$$

5.游艇

$$应纳税额=艇身长度×单位税额$$

【做中学 9-19】 某企业有货车 10 辆(每辆整备质量为 40 吨),客车 6 辆(载客人数 15 人)。该省规定车船税年税额为:货车每吨 60 元,客车年税额 600 元。计算该公司全年应纳的车船税税额。

货车全年应纳车船税税额=10×40×60=24 000(元)

客车全年应纳税车船税税额=6×600=3 600(元)

该企业全年应纳车船税税额=24 000+3 600=27 600(元)

三、车船税的会计处理

企业计算当期应纳车船税时,借记"管理费用"账户,贷记"应交税费——应交车船使用税"账户。当企业实际缴纳车船使用税时,应借记"应交税费——应交车船使用税"账户,贷记"银行存款"账户。

【做中学 9-20】 某企业有货车 10 辆(每辆整备质量为 60 吨),客车 6 辆。该省规定车船税年税额为:货车每吨 60 元,客车年税额 500 元。计算该公司全年应纳的车船税税额。

货车全年应纳车船税税额=10×60×60=36 000(元)

客车全年应纳车船税税额=6×500=3 000(元)

该企业全年应纳车船税税额=36 000+3 000=39 000(元)

应作如下会计处理:

借:管理费用　　　　　　　　　　　　　　　　　　　　　　39 000

　　贷:应交税费——应交车船税　　　　　　　　　　　　　　　　　39 000

四、车船税的申报缴纳

（一）车船税的纳税期限

车船税实行按年申报，分月计算，一次性缴纳。纳税年度为公历1月1日至12月31日。由扣缴义务人代收代缴车船税的，车船税的纳税期限为纳税人购买机动车交通事故责任强制保险的当日。具体申报纳税期限由各省、自治区、直辖市人民政府确定。

（二）车船税的纳税地点

车船税的纳税地点为车船的登记地或者车船税扣缴义务人所在地。依法不需要办理登记的车船，车船税的纳税地点为车船的所有人或者管理人所在地。

（三）车船税的纳税义务发生时间

车船税的纳税义务发生时间为为取得车船所有权或者管理权的当月，以购买车船的发票或者其他证明文件所载日期的当月为准。购置的新车船，购置当年的应纳税额自纳税义务发生的当月起按月计算，应纳税额为年应纳税额除以12再乘以应纳税月份数。对于没有依法登记的车船，以车船购置发票所载开具的时间的当月作为车船税的纳税义务发生时间。对未办理车船登记手续且无法提供车船购置发票的，由主管地方税务机关核定纳税义务发生时间。

在一个纳税年度内，已完税的车船被盗抢、报废、灭失的，纳税人可以凭有关管理机关出具的证明和完税凭证，向纳税所在地的主管税务机关申请退还自被盗抢、报废、灭失月份起至该纳税年度终了期间的税款。已办理退税的被盗抢车船失而复得的，纳税人应当从公安机关出具相关证明的当月起计算缴纳车船税。

已缴纳车船税的车船在同一纳税年度内办理转让过户的，不另纳税，也不退税。

（四）车船税的征管

车船税由地方税务机关负责征收。公安、交通运输、农业、渔业等车船登记管理部门、船舶检验机构和车船税扣缴义务人的行业主管部门应当在提供车船有关信息等方面，协助税务机关加强车船税的征收管理。

车辆所有人或者管理人在申请办理车辆相关登记、定期检验手续时，应当向公安机关交通管理部门提交依法纳税或者免税证明。公安机关交通管理部门核查后办理相关手续。

机动车车船税扣缴义务人在代收车船税时，应当在机动车交通事故责任强制保险的保险单以及保费发票上注明已收税款的信息，作为代收税款凭证。

已完税或者依法减免税的车辆，纳税人应当向扣缴义务人提供登记地的主管税务机关出具的完税凭证或者减免税证明。扣缴义务人已代收代缴车船税的，纳税人不再向车辆登记地的主管税务机关申报缴纳车船税。

没有扣缴义务人的，纳税人应当向主管税务机关自行申报缴纳车船税。

纳税人没有按照规定期限缴纳车船税的，扣缴义务人在代收代缴税款时，可以一并代收代缴欠缴税款的滞纳金。

纳税人对扣缴义务人代收代缴税款有异议的，可以向纳税所在地的主管地方税务机关提出。

纳税人申报缴纳车船税时，应如实填写车船税纳税申报表（表9-12）。

表 9-12   车船税纳税申报表

填报日期：　　年　月　日

纳税人税务登记号：□□□□□□□□□□　　　　　所属时期：　年　月　日至　年　月　日

纳税人电脑编码：□□□□□□□□□□　　　　　管理机关：

正常申报□ 自行补报□ 稽查自查申报□ 延期申报预缴□　　　　计算单位：元(列至角分)·吨

纳税人名称(盖章)		注册地址					注册类型	
开户银行		账号		联系电话			邮政编码	
车船牌照号码	税款所属期	车船类别	计税数量	单位税额	应纳税额	扣除税(费)额		实际应缴纳税额
						减免税额	抵缴税额	
合　计								

如纳税人填报,由纳税人填写以下各栏			如委托税务代理机构填报,由税务代理机构填写以下各栏		
纳税人声明:此纳税申报表是根据国家税收法律的规定填报的,我确定它是真实的、可靠的、完整的。			代理人声明:此纳税申报表是根据国家税收法律的规定填报的,我确定它是真实的、可靠的、完整的。		
主管会计		经办人	税务代理机构名称	税务代理机构地址	经办人
受理人	年 月 日	审核人	年 月 日	录入人	年 月 日

任务实施

任务解析：

车船税根据车船的种类情况,按辆、整备质量、净吨位和艇身长度从量定额计征。乘用车、客车和摩托车以每辆为计税依据；货车、挂车和其他车辆,以整备质量为计税依据；机动船舶以净吨位为计税依据；游艇以艇身长度为计税单位。

已知该施工企业 8 月购进的大型客车税额为 1 000 元/辆,中型客车税额为 800 元/辆；小型乘用车 5 辆,排气量 1.6 升,税额为 500 元/辆；专用作业车 10 辆,整备质量均为 5 吨,税额为 100 元/吨。因此该企业 2012 年应纳车船税情况如下：

1.大型客车应纳车船税税额＝1 000×2×5÷12＝833.33(元)

2.中型客车应纳车船税税额＝800×2×5÷12＝666.67(元)

3.小型乘用车应纳车船税税额＝500×5＝2 500(元)

4.专用作业车应纳车船税税额＝100×5×10＝5 000(元)

5.全年应纳车船税税额＝833.33＋666.67＋2 500＋5 000＝9 000(元)

任务拓展

新车船税区分了纳税人的税务负担,即对于大部分车主而言,新车船税有所降低或是增幅平稳。新车船税税目税额较原来的《中华人民共和国车船税暂行条例》更为明确。新车船税乘用车按照排气量分为 7 档,税额最低由排量小于或等于 1 升的 60~360 元,一直到最高的排量大于 4.0 升的 3 600~5 400 元。最高和最低税额差距加大,两者相差 90 倍。这是从考虑各地目前实际执行的税额标准以及不增加大多数乘用车所有人的税负的角度出发设计和制定的新车船税。新车船税对占比 87% 的 2.0 升(含)以下乘用车保持原有税额或适度降低,对占比约为 10% 的 2.0 升至 2.5 升(含)的乘用车税额幅度略有提高,由原来的 360~660 元提高到660~1 200元,对占比不到 3% 的 2.5 升以上乘用车税额幅度则有较大提高,由原来的最高 660 元提高到最高 5 400 元。

新车船税条例还规定,节约能源、使用新能源的车船可以免征或者减半征收车船税。恰逢 2011 年 11 月气候大会在南非德班召开,全球目光聚焦低碳环保,此条规定因而更具有特别的现实意义。据推测,2007~2030 年,交通需求将占全球初级石油消耗增长量的 97%,我国机动车数量预计将翻三番。当前我国正推动低碳节能汽车及配套设施建设,是加快实现绿色经济的关键时期。新车船税条例对节能和新能源汽车提出税收优惠,一方面引导汽车工业加大研发力度,尽快推进新能源车辆的市场化进程,同时积极鼓励和倡导公众选择绿色、低碳、环保生活方式。

任务七 契税核算与申报

任务描述

契税是一个古老的税种,是指在我国境内转移土地使用权、房屋所有权权属时,依当事人所订契约,向产权承受人征收的一种财产税。契税由产权承受人缴纳,实行幅度比例税率,计税依据按照转移土地、房屋权属的不同情况确定。会计上可以通过"应交税费——应交契税"账户核算,也可以直接贷记"银行存款"账户。

任务导入

李某有两套住房,将其中一套出售给同事王某,成交价格为 100 000 元,另一套住房与张某的住房进行交换,并支付了 50 000 元的差价,假定契税税率 5%。

任务:请思考,三人应该如何缴纳契税?

知识链接

一、契税概述

（一）契税的特点

契税与其他税种相比，具有如下特点：

1. 契税属于财产转移税。契税以发生转移的不动产即土地和房屋为征税对象，具有对财产转移课税的性质。

2. 契税由产权承受人缴纳。契税由土地、房屋的买方纳税。对买方征税的目的在于承认不动产转移生效，买方（即承受人）纳税后，其所拥有转移过来的土地或房屋的权属受到国家法律的保护。

（二）契税的纳税人

在我国境内转移土地、房屋权属，承受的单位和个人为契税的纳税人。单位包括内外资企业、事业单位、国家机关、军事单位和社会团体，个人包括中国公民和外籍人员。

（三）契税的征税对象与征税范围

契税的征税对象是发生土地使用权、房屋所有权权属转移的土地和房屋。

契税的征税范围包括单位和个人所有在我国境内转移土地、房屋权属的行为。具体有下列行为：

1. 国有土地使用权出让，是指土地使用者向国家支付土地使用权出让费用，国家将土地使用权在一定年限内让与土地使用者的行为。

2. 土地使用权转让，是指土地使用者以出售、赠与、交换或者其他方式将土地使用权转移给其他单位和个人的行为。

3. 房屋买卖，是指以货币为媒介，卖方向买方过渡房产所有权的交易行为。以下几种特殊情况视同买卖房屋：

（1）以房产抵债或实物交换房屋；

（2）以房产作投资或作股权转让；

（3）买房拆料或翻建新房。

4. 房屋赠与，是指房屋所有者将其房屋无偿转给受赠人的行为。

5. 房屋交换，是指房屋住户、用户、所有人为了生活工作方便，相互之间交换房屋的使用权或所有权的行为。

6. 承受国有土地使用权支付土地出让金，要计征契税，不得因减免土地出让金而减免契税。

7. 房屋附属设施有关契税政策。对于承受与房屋相关的附属设施（包括停车位、汽车库、自行车库、顶层阁楼以及储藏室）所有权或土地使用权的行为，按照契税法律、法规的规定征收契税；对于不涉及土地使用权和房屋所有权转移变动的，不征收契税。

随着经济形势的发展，有些特殊方式转移土地、房屋权属的，也将视同土地使用权转让、房屋买卖或者房屋赠与。一是以土地、房屋权属作价投资、入股；二是以土地、房屋权属抵债；三是以获奖方式承受土地、房屋权属；四是以预购方式或者预付集资建房款方式承受土地、房屋权属。

（四）契税的税率

契税实行幅度比例税率，税率为 3%～5%。各地具体的适用税率，由各省、自治区、直辖市人民政府在国家规定的幅度内按照本地区的实际情况确定。从 2008 年 11 月 1 日起，对个人首次购买 90 平方米以下（含 90 平方米）普通住房的，契税税率暂统一下调到 1%。

（五）契税的税收优惠

1. 契税减免的一般规定

（1）国家机关、事业单位、社会团体、军事单位承受土地、房屋用于办公、教学、医疗、科研和军事设施的，免征契税。

（2）凡全民、城镇所有制单位，有当地正式城镇户口的职工按省、自治区、直辖市人民政府批准的标准价格第一次购买本单位公有住房，在规定标准面积内的，免征契税。免税照顾每户只能享受一次。

（3）因不可抗力灭失住房而重新购买住房的，酌情准予减征或者免征。

（4）土地、房屋被县级以上人民政府批准征用或占用后重新承受土地、房屋权属的，由各省、自治区、直辖市人民政府确定是否予以减免契税。

（5）承受荒山、荒沟、荒丘、荒滩土地使用权用于农、林、牧、渔业生产的，免征契税。

（6）依照我国有关法律规定以及我国缔结或参加的双边和多边条约或协定的规定，应当予以免税的外国驻华使馆、领事馆、联合国驻华机构及其外交代表、领事官员和其他外交人员承受土地、房屋权属的，经外交部确认，可以免征契税。

2. 契税的其他征免规定

（1）企业改革中，有关契税政策如下：

①企业公司制改造。非公司制企业，按照《中华人民共和国公司法》的规定，整体改建为有限责任公司（含国有独资公司）或股份有限公司，或者有限责任公司整体改建为股份有限公司的，对改建后的公司承受原企业土地、房屋权属，免征契税。上述所称整体改建是指不改变原企业的投资主体，并承继原企业权利、义务的行为。

非公司制国有独资企业（公司），以其部分资产与他人组建新公司，且该国有独资企业（公司）在新设公司中所占股份超过 50% 的，对新设公司承受该国有独资企业（公司）的土地、房屋权属，免征契税。

国有控股公司以部分资产投资组建新公司，且该国有控股公司占新公司股份 85% 以上的，对新公司承受该国有控股公司土地、房屋权属，免征契税。上述所称国有控股公司，是指国家出资额占有限责任公司资本总额 50% 以上，或国有股份占股份有限公司股本总额 50% 以上的国有控股公司。

②企业股权转让。在股权转让中，单位、个人承受企业股权，企业土地、房屋权属不发生转移，不征收契税。

③企业合并。两个或两个以上的企业，依据法律规定、合同约定，合并改建为一个企业，且原投资主体存续的，对其合并后的企业承受原合并各方的土地、房屋权属，免征契税。

④企业分立。企业依照法律规定、合同约定分设为两个或两个以上投资主体相同的企业,对派生方、新设方承受原企业土地、房屋权属,不征收契税。

⑤企业出售。国有、集体企业出售,被出售企业法人予以注销,并且买受人按照《中华人民共和国劳动法》等国家有关法律法规政策妥善安置原企业全部职工,其中与原企业30%以上职工签订服务年限不少于三年的劳动用工合同的,对其承受所购企业的土地、房屋权属,减半征收契税;与原企业全部职工签订服务年限不少于三年的劳动用工合同的,免征契税。

⑥企业注销、破产。企业依照有关法律、法规的规定实施注销、破产后,债权人(包括注销、破产企业职工)承受注销、破产企业土地、房屋权属以抵偿债务的,免征契税;对非债权人承受注销、破产企业土地、房屋权属,凡按照《中华人民共和国劳动法》等国家有关法律法规政策妥善安置原企业全部职工,其中与原企业30%以上职工签订服务年限不少于三年的劳动用工合同的,对其承受所购企业的土地、房屋权属,减半征收契税;与原企业全部职工签订服务年限不少于三年的劳动用工合同的,免征契税。

⑦其他。经国务院批准实施债权转股权的企业,对债权转股权后新设立的公司承受原企业的土地、房屋权属,免征契税。

政府主管部门对国有资产进行行政性调整和划转过程中发生的土地、房屋权属转移,不征收契税。

企业改制重组过程中,同一投资主体内部所属企业之间土地、房屋权属的无偿划转,包括母公司与其全资子公司之间,同一公司所属全资子公司之间,同一自然人与其设立的个人独资企业、一人有限公司之间土地、房屋权属的无偿划转,不征收契税。

(2)对拆迁居民因拆迁重新购置住房的,对购房成交价格中相当于拆迁补偿款的部分免征契税,成交价格超过拆迁补偿款的,对超过部分征收契税。

(3)对廉租住房经营管理单位购买住房作为廉租住房、经济适用住房经营管理单位回购经济适用住房继续作为经济适用住房房源的,免征契税。对个人购买经济适用住房的,在法定税率基础上减半征收契税。

(4)已购公有住房经补缴土地出让金和其他出让费用成为完全产权住房的,免征土地权属转移的契税。

(5)根据《中华人民共和国婚姻法》的规定,夫妻共有房屋属共同共有财产。因夫妻财产分割而将原共有房屋产权归属一方,是房产共有权的变动,而不是现行契税政策规定征税的房屋产权转移行为。因此,对离婚后原共有房屋产权的归属人不征收契税。

(6)对于《中华人民共和国继承法》规定的法定继承人(包括配偶、子女、父母、兄弟姐妹、祖父母、外祖父母)继承土地、房屋权属,不征契税。

按照《中华人民共和国继承法》规定,非法定继承人根据遗嘱承受死者生前的土地、房屋权属,属于赠与行为,应征收契税。

二、契税的计算

(一)契税的计税依据

契税的计税依据按照转移土地、房屋权属的不同情况确定如下:

1.国有土地使用权出让、土地使用权出售和房屋买卖的计税依据为成交价格。成交价格,是指土地、房屋权属转移合同确定的价格,包括承受方交付的货币、实物、无形资产或者其他经济利益。

2.土地使用权赠与、房屋赠与的计税依据由征收机关参照土地使用权出售、房屋买卖的市场价格核定。

3.土地使用权交换、房屋交换的计税依据为所交换的土地使用权、房屋的价格差额。即交换价格相等时,免征契税;交换价格不等时,由多交付货币、实物、无形资产或者其他经济利益的一方缴纳税款。

4.以划拨方式取得土地使用权,经批准转让房地产时,由房地产转让方补缴契税。其计税依据为补缴的土地使用权出让费用或者土地收益。

此外,对于成交价格明显低于市场价格并无正当理由的,或者所交换土地使用权、房屋价格的差额明显不合理并且无正当理由的,由征收机关参照市场价格核定计税依据。

(二)契税应纳税额的计算

契税应纳税额按照规定的计税依据和税率计算,其计算公式为

$$应纳税额＝计税依据×税率$$

应纳税额以人民币计算。转移土地、房屋权属以外汇结算的,应当按照纳税义务发生之日中国人民银行公布的人民币市场汇率中间价折合成人民币计算。

【做中学 9-21】 某公司 2012 年发生两次互换房产业务,并已办理了相关手续。第一次换出的房产价值 300 万元,换进的房产价值 800 万元;第二次换出的房产价值 600 万元,换进的房产价值 400 万元。已知当地政府规定的契税税率为 3%,计算该公司应缴纳的契税。

应纳税额＝(800—300)×3%＝15(万元)

三、契税的会计处理

缴纳契税可通过"应交税费"账户核算,也可直接贷记"银行存款"账户。缴纳契税时,属于受让土地使用权时就应缴纳的契税,借记"在建工程"账户,贷记"银行存款"账户,属于购买房屋产权或受赠房屋等应缴纳的契税,借记"固定资产"账户,贷记"银行存款"账户。

【做中学 9-22】 某公司购买一栋写字楼,成交价格 8 000 000 元,契税税率为 3%,该公司应如何缴纳契税并作出会计处理?

应纳税额＝8 000 000×3%＝240 000(元)

借:固定资产　　　　　　　　　　　　　　　　　　　　240 000

　贷:应交税费——应交契税　　　　　　　　　　　　　　　240 000

四、契税的申报缴纳

1. 契税的纳税义务发生时间

契税的纳税义务发生时间，为纳税人签订土地、房屋权属转移合同的当天，或者纳税人取得其他具有土地、房屋权属转移合同性质凭证的当天。纳税人因改变土地、房屋的用途，应补缴已减免契税的，其纳税义务发生时间为实际改变土地、房屋用途的当天。

2. 契税的纳税期限和纳税地点

纳税人应当自纳税义务发生之日起 10 日内，向土地、房屋所在地的契税征收机关办理纳税申报，并在征收机关核定的期限内缴纳税款。

纳税人缴纳契税后，应当持契税完税凭证和其他规定的文件材料，依法向土地管理部门、房产管理部门办理有关土地、房屋权属变更登记手续。纳税人未出具契税完税凭证的，土地管理部门、房产管理部门不予办理有关土地、房屋权属变更登记手续。

3. 契税纳税申报表（表 9-13）

表 9-13　　　　　　　　　　　　契税纳税申报表

填表日期：　年　月　日　　　　　　　　　　　　　　　　　　　单位：元、平方米

承受方	名称		识别号	
	地址		联系电话	
转让方	名称		识别号	
	地址		联系电话	
土地、房屋权属转移	合同签订时间			
	土地、房屋地址			
	权属转移类别			
	权属转移面积	平方米		
	成交价格	元		
适用税率				
计征税额	元			
减免税额	元			
应纳税额	元			
纳税人员签章		经办人员签章		
（以下部分由征收机关负责填写）				
征收机关收到日期		接收人	审核日期	
审核记录				
审核人员签章		征收机关签章		

（本表 A4 竖式，一式两份：第一份为纳税人保存；第二份由主管征收机关留存。）

任务实施

任务解析：

契税是对在我国境内转移土地使用权、房屋所有权权属时，依当事人所订契约，向产

权承受方征收的一种财产税。房屋买卖与房屋交换都要缴纳契税。

房屋买卖的计税依据为成交价格。成交价格,是指土地、房屋权属转移合同确定的价格,包括承受方交付货币、实物、无形资产或者其他经济利益。房屋交换的计税依据为所交换的土地使用权、房屋的价格差额。即交换价格相等时,免征契税;交换价格不等时,由多交付的货币、实物、无形资产或者其他经济利益的一方缴纳税款。

根据案例描述,三人缴纳契税的情况如下:

1.李某交换住房支付 50 000 元差价,则

应纳契税＝50 000×5％＝2 500(元)

2.王某是从李某手中购买住房的产权承受方,应就成交价格缴纳契税。

应纳契税＝100 000×5％＝5 000(元)

3.张某不缴纳契税。

任务八　车辆购置税核算与申报

任务描述

车辆购置税是以在中国境内购置的规定车辆为课税对象、在特定的环节向车辆购置者征收的一种税。所称购置,包括购买、进口、自产、受赠、获奖或者以其他方式取得并自用应税车辆的行为。就其性质而言,属于直接税的范畴。车辆购置税于 2001 年 1 月 1 日开始在我国实施,是在原交通部门收取的车辆购置附加费的基础上,通过"费改税"方式演变而来的。

车辆购置税实行统一比例税率,税率为 10％。车辆购置税应当作为所购置车辆的成本计入"固定资产"账户。

任务导入

2012 年 11 月 8 日,张某在上海某汽车有限公司购买一辆轿车供自己使用,支付含增值税车价款 106 000 元,另支付代收临时牌照费 150 元,代收保险费 352 元,支付购买工具件和零配件价款 2 035 元,车辆装饰费 250 元。支付的各项价款均由该汽车有限公司开具机动车销售统一发票和有关票据。

任务:请思考,张某应纳车辆购置税为多少?

知识链接

一、车辆购置税概述

（一）车辆购置税的征税对象及征税范围

车辆购置税以列举的车辆作为征税对象，未列举的车辆不纳税。其征税范围包括汽车、摩托车、电车、挂车和农用运输车。

（二）车辆购置税的纳税人

车辆购置税的纳税人是指在我国境内购置应税车辆的单位和个人。其中，所称单位，包括国有企业、集体企业、私营企业、股份制企业、外商投资企业、外国企业以及其他企业和事业单位、社会团体、国家机关、部队以及其他单位；所称个人，包括个体工商户以及其他个人。

（三）车辆购置税的税率

车辆购置税实行统一比例税率，税率为 10％。车辆购置税税率的调整，由国务院决定并公布。

（四）车辆购置税的税收优惠

1. 减税免税的具体规定

（1）外国驻华使馆、领事馆和国际组织驻华机构及其外交人员自用的车辆免征车辆购置税；

（2）中国人民解放军和中国人民武装警察部队列入军队武器装备订货计划的车辆免征车辆购置税；

（3）设有固定装置的非运输车辆免征车辆购置税；

（4）防汛部门和森林消防等部门购置的由指定厂家生产的指定型号的用于指挥、检查、调度、报汛、联络的专用车辆，免征车辆购置税；

（5）回国服务的留学人员用现汇购买的 1 辆个人自用国产小汽车，免征车辆购置税；

（6）长期来华定居专家自用的 1 辆小汽车，免征车辆购置税；

（7）自 2004 年 10 月 1 日起，对三轮农用运输车免征车辆购置税；

（8）自 2009 年 1 月 20 日起，1.6 升排量的小轿车的车辆购置税税率减半征收。

（9）国务院规定的其他减免税项目。

另外，购买二手车时，购买者应当向原车主索要车辆购置税完税证明。购买已经办理车辆购置税免税手续的二手车，购买者应当到税务机关重新办理申报缴税或免税手续。未按规定办理的，按《中华人民共和国征管法》的规定处理。

2. 退税的具体规定

纳税人已经缴纳车辆购置税，但在办理车辆登记注册手续前因下列原因需要办理退

还车辆购置税的,由纳税人申请,征收机构审查后办理退还车辆购置税手续:

(1)公安机关车辆管理机构不予办理车辆登记注册手续的,凭公安机关车辆管理机构出具的证明办理退税手续。

(2)因质量等原因发生退回所购车辆的,凭经销商的退货证明办理退税手续。

二、车辆购置税的计算

(一)车辆购置税的计税依据

1.购买自用应税车辆计税依据的确定

纳税人购买自用应税车辆的计税依据为纳税人购买应税车辆而支付给销售方的全部价款和价外费用(不含增值税)。

2.进口自用应税车辆计税依据的确定

纳税人进口自用的应税车辆以组成计税价格为计税依据,组成计税价格为其关税完税价格、关税与消费税之和。

3.其他自用应税车辆计税依据的确定

现行政策规定,纳税人自产、受赠、获奖和以其他方式取得并自用的应税车辆的计税依据,凡不能提供或不能准确提供车辆价格的,由主管税务机关依国家税务总局核定的相应类型应税车辆的最低计税价格确定。

4.最低计税价格作为计税依据的确定

现行政策规定:"纳税人购买自用或者进口自用应税车辆,申报的计税价格低于同类型应税车辆的最低计税价格,又无正当理由的,按照最低计税价格征收车辆购置税。"也就是说,纳税人购买自用或进口自用的应税车辆,首先应分别按前述计税价格、组成计税价格来确定计税依据。当申报的计税价格偏低,又无正当理由的,应以最低计税价格作为计税依据。

最低计税价格由国家税务总局依据全国市场的平均销售价格制定。根据纳税人购置应税车辆的不同情况,国家税务总局对以下几种特殊情形应税车辆的最低计税价格规定如下:

(1)对已缴纳并办理了登记注册手续的车辆,如底盘和发动机同时发生更换,其最低计税价格按同类型新车最低计税价格的70%计算。

(2)免税、减税条件消失的车辆,其最低计税价格的计算与其使用年限有关。其中,使用年限的规定为:国产车辆按10年计算;进口车辆按15年计算。超过使用年限的车辆,不再征收车辆购置税。

(3)非贸易渠道进口车辆的最低计税价格为同类型新车最低计税价格。

车辆购置税的计税依据和应纳税额应使用统一货币单位计算。纳税人以外汇结算应税车辆价款的,按照申报纳税之日中国人民银行公布的人民币基准汇价折合成人民币计算应纳税额。

（二）车辆购置税应纳税额的计算与征收

车辆购置税实行从价定率的方法计算应纳税额，计算公式为

$$应纳税额＝计税依据×税率$$

由于应税车辆的来源、应税行为的发生以及计税依据的组成不同，因而，车辆购置税应纳税额的计算方法也有区别。

1. 购买自用应税车辆应纳税额的计算

在购买自用应税车辆应纳税额的计算当中，应注意以下费用的计税规定：

（1）购买者随购买车辆支付的工具件和零部件价款应作为购车价款的一部分并入计税依据中计税。

（2）支付的车辆装饰费应作为价外费用并入计税依据中计税。

（3）代收款项应区别征税。凡使用代收单位（受托方）票据收取的款项，应视作代收单位价外收费，购买者支付的价费款，应并入计税依据中一并征收；凡使用委托方票据收取，受托方只履行代收义务和收取代收手续费的款项，应按其他税收政策规定计税。

（4）销售单位开给购买者的各种发票金额中包含增值税税款，因此，计算车辆购置税时应换算为不含增值税的计税价格。

（5）购买者支付的控购费是政府部门的行政性收费，不属于销售者的价外费用范围，不应并入计税价格计税。

（6）销售单位开展优质销售活动所开票收取的有关费用应属于经营性收入。企业在代理过程中按规定支付给有关部门的费用，企业已作经营性支出列支核算，其收取的各项费用并在一张发票上难以划分的，应作为价外收入计税。

2. 进口自用应税车辆应纳税额的计算

纳税人进口自用应税车辆应纳税额的计算公式为

$$应纳税额＝（关税完税价格＋关税＋消费税）×税率$$

3. 其他自用应税车辆应纳税额的计算

纳税人自产自用、受赠使用、获奖使用和以其他方式取得并自用的应税车辆，凡不能取得该类型车辆的购置价格或者低于最低计税价格的，以国家税务总局核定的最低计税价格作为计税依据计算征收车辆购置税，计算公式为

$$应纳税额＝最低计税价格×税率$$

4. 特殊情形下自用应税车辆应纳税额的计算

（1）减税、免税条件消失的自用应税车辆应纳税额的计算

对减税、免税条件消失的自用应税车辆，纳税人应按现行规定，在办理车辆过户手续前或者办理变更车辆登记注册手续前向税务机关缴纳车辆购置税。计算公式为

$$应纳税额＝同类型新车最低计税价格×[1－（已使用年限÷规定使用年限）]×100\%×税率$$

其中,规定使用年限为:国产车辆按 10 年计算;进口车辆按 15 年计算。超过使用年限的车辆,不再征收车辆购置税。

(2)未按规定纳税车辆应补税额的计算

纳税人未按规定纳税的,应按现行政策规定的计税价格,区分情况分别确定征税。不能提供购车发票和有关购车证明资料的,检查地税务机关应按同类型应税车辆的最低计税价格征税;如果纳税人回户籍地后提供的购车发票金额与支付的价外费用之和高于核定的最低计税价格,户籍地主管税务机关还应对其差额计算补税。计算公式为

$$应纳税额=最低计税价格×税率$$

5. 退税款的计算

(1)因质量原因,车辆被退回的,自纳税人办理纳税申报之日起,按已缴纳税款每满 1 年扣减 10% 计算退税额;未满 1 年的按已缴纳税款退税。

(2)对公安机关车辆管理机构不予办理车辆登记注册手续的车辆,退还全部已缴纳税款。

【做中学 9-23】 某汽车制造厂 2012 年 9 月将自产轿车 10 辆向某汽车租赁公司进行投资,双方协议投资作价 120 000 元/辆。该汽车制造厂将自产轿车 3 辆转作本公司固定资产,将自产轿车 4 辆奖励给对公司发展有突出贡献的员工。该汽车制造厂生产的上述轿车售价为 180 000 元/辆(不含增值税),国家税务总局对同类轿车核定的最低计税价格为 150 000 元/辆。

自产轿车用作本公司固定资产应缴纳车辆购置税。由于轿车的销售价格高于最低计税价格,所以计税依据应是轿车的销售价格。

应纳车辆购置税=180 000×3×10%=54 000(元)

纳税人购置应税车辆,应当向车辆登记注册地的主管税务机关申报纳税;购置不需要办理车辆登记注册手续的应税车辆,应当向纳税人所在地的主管税务机关申报纳税。

纳税人购买自用应税车辆的,应当自购买之日起 60 日内申报纳税;进口自用应税车辆的,应当自进口之日起 60 日内申报纳税;自产、受赠、获奖或者以其他方式取得并自用应税车辆的,应当自取得之日起 60 日内申报纳税。车辆购置税税款应当一次缴清。

三、车辆购置税的会计处理

企业缴纳的车辆购置税应当作为所购置车辆的成本。由于车辆购置税是一次性缴纳,因此它可以不通过"应交税费"账户进行核算,在具体进行会计核算时,对于企业实际缴纳的车辆购置税,可以直接计入固定资产。在会计分录中应借记"固定资产"账户,贷记"银行存款"账户。

四、车辆购置税的申报缴纳表(表9-14)

表 9-14　　　　　　　　**车辆购置税纳税申报表**

填表日期：　年　月　日

行业代码：　　　　　　　　　　　　　　　　　　　注册类型代码：

纳税人名称：　　　　　　　　　　　　　　　　　　金额单位:元

纳税人证件名称			证件号码		
联系电话		邮政编码		地址	

车辆基本情况					
车辆类别		1.汽车　2.摩托车　3.电车　4.挂车　5.农用运输车			
生产企业名称		机动车销售统一发票(或有效凭证)价格			
厂牌型号		关税完税价格			
发动机号码		关税			
车辆识别代号(车架号码)		消费税			
购置日期		免(减)税条件			
申报计税价格	计税价格	税率	免税、减税额		应纳税额
1	2	3	4＝2×3		5＝1×3 或 2×3
		10%			

申报人声明	授权声明
此纳税申报表是根据《中华人民共和国车辆购置税暂行条例》的规定填报的,我相信它是真实的、可靠的、完整的。 　　　　　　　声明人签字:	如果你已委托代理人申报,请填写以下资料: 　　为代理一切税务事宜,现授权( ),地址( )为本纳税人的代理申报人,任何与本申报表有关的往来文件,都可寄予此人。 　　　　　　　授权人签字:

纳税人签名或盖章	如委托代理人的,代理人应填写以下各栏		
	代理人名称		
	地址		代理人(章)
	经办人		
	电话		

接收人：

接收日期：　　　　　　　　　　主管税务机关(章)：

任务实施

任务解析:

车辆购置税是以在中国境内购置的规定车辆为课税对象、在特定的环节向车辆购置者征收的一种税。征税范围包括汽车、摩托车、电车、挂车、农用运输车。税率采用统一税率10%。其中,纳税人购买自用应税车辆的计税依据为纳税人购买应税车辆而支付给销售方的全部价款和价外费用(不含增值税)。所以,所购车辆应纳车辆购置税为:

计税价格＝(106 000＋150＋352＋2 035＋250)÷(1＋17％)＝92 980.34(元)

应纳车辆购置税税额＝92 980.34×10％＝9 298.03(元)

任务九　耕地占用税核算与申报

● 任务描述

　　耕地占用税是对特定土地资源耕地开征的一个税种,是对占用耕地建房或从事其他非农业建设的单位和个人,就其实际占用的耕地面积征收的一种税。耕地占用税税率采用了地区差别定额税率。会计处理上可以不通过"应交税费"科目核算。

 任务导入

　　某学校占用耕地 20 亩,其中 5 亩为校办工厂用地,其余为教学楼、宿舍、操场等用地。

　　任务:请思考,学校需要缴纳耕地占用税吗? 如果需要,应该缴纳多少?

◆ 知识链接

一、耕地占用税概述

（一）耕地占用税的纳税人

耕地占用税的纳税人,是占用耕地建房或从事非农业建设的单位和个人。

单位,包括国有企业、集体企业、私营企业、股份制企业、外商投资企业、外国企业以及其他企业和事业单位、社会团体、国家机关、部队以及其他单位;个人,包括个体工商户以及其他个人。

（二）耕地占用税的征税范围

耕地占用税的征税范围包括纳税人为建房或从事其他非农业建设而占用的国家所有和集体所有的耕地。

（三）耕地占用税的税收优惠

1.免征耕地占用税的项目

(1)军事设施占用耕地。

(2)学校、幼儿园、养老院、医院占用耕地。

但是,学校内经营性场所和教职工住房占用耕地的以及医院内职工住房占用耕地的,按照当地适用税额缴纳耕地占用税。

2.减征耕地占用税的项目

(1)铁路线路、公路线路、飞机场跑道、停机坪、港口、航道占用耕地,减按每平方米 2 元的税额征收耕地占用税。

根据实际需要,国务院财政、税务主管部门商国务院有关部门并报国务院批准后,可以对前款规定的情形免征或者减征耕地占用税。

（2）农村居民占用耕地新建住宅，按照当地适用税额减半征收耕地占用税。

农村烈士家属、残疾军人、鳏寡孤独以及革命老根据地、少数民族聚居区和边远贫困山区生活困难的农村居民，在规定用地标准以内新建住宅缴纳耕地占用税确有困难的，经所在地乡（镇）人民政府审核，报经县级人民政府批准后，可以免征或者减征耕地占用税。

免征或者减征耕地占用税后，纳税人改变原占地用途，不再属于免征或者减征耕地占用税情形的，应当按照当地适用税额补缴耕地占用税。

（四）耕地占用税的税率

考虑到不同地区之间客观条件的差别以及与此相关的税收调节力度和纳税人负担能力方面的差别，耕地占用税在税率设计上采用了地区差别定额税率。税率规定如下：

（1）人均耕地不超过1亩的地区（以县级行政区域为单位，下同），每平方米为10～50元；

（2）人均耕地超过1亩但不超过2亩的地区，每平方米为8～40元；

（3）人均耕地超过2亩但不超过3亩的地区，每平方米为6～30元；

（4）人均耕地超过3亩以上的地区，每平方米为5～25元。

经济特区、经济技术开发区和经济发达、人均耕地特别少的地区，适用税额可以适当提高，但最多不得超过上述规定税额的50%。

二、耕地占用税的计算

（一）耕地占用税的计税依据

耕地占用税以纳税人占用耕地的面积为计税依据，以每平方米为计量单位。

（二）耕地占用税应纳税额的计算

耕地占用税按适用的定额税率计税。其计算公式为

$$应纳税额＝实际占用耕地面积（平方米）×适用定额税率$$

三、耕地占用税的会计处理

由于耕地占用税是在实际占用耕地之前一次性缴纳的，不存在与征税机关清算和结算的问题，因此，企业按规定缴纳的耕地占用税可以不通过"应交税费"科目核算。企业为购建固定资产而缴纳的耕地占用税，作为固定资产价值的组成部分，计入"在建工程"账户。

【做中学 9-24】　某高尔夫球俱乐部经批准占用耕地 50 公顷（500 000 平方米），用于建设高尔夫球场。当地政府规定的耕地占用税税额为 5 元/平方米，则

按照规定，占用耕地建高尔夫球场应按规定征收耕地占用税，其应纳税额为：

应纳税额＝500 000×5＝2 500 000（元）

企业实际应向征收机关缴纳耕地占用税 2 500 000 元。

高尔夫球俱乐部按规定向征收机关进行纳税申报，并开出支票，缴纳耕地占用税 2 500 000元。

根据实际缴纳的耕地占用税作如下会计分录：

借：在建工程　　　　　　　　　　　　　　　　　　　2 500 000
　　贷：银行存款　　　　　　　　　　　　　　　　　　　　　2 500 000

四、耕地占用税的申报缴纳

（一）纳税期限

1.经批准占用耕地的,耕地占用税纳税义务发生时间为纳税人收到土地管理部门办理占用农用地手续通知的当天。

2.未经批准占用耕地的,耕地占用税纳税义务发生时间为实际占用耕地的当天。

（二）征收管理

土地管理部门在通知单位或者个人办理占用耕地手续时,应当同时通知耕地所在地同级财政机关。获准占用耕地的单位或者个人应当在收到土地管理部门的通知之日起30日内缴纳耕地占用税,土地管理部门凭耕地占用税完税凭证或免税凭证以及其他有关文件发放建设用地批准书。耕地占用税的征收管理依照《中华人民共和国税收征收管理法》和《中华人民共和国耕地占用税暂行条例》的有关规定执行。

（三）耕地占用税纳税申报表（表9-15）

表 9-15　　　　　　　　　　耕地占用税纳税申报表

申报日期:　年　月　日　　　　　　　　　　　　　　　单位:元、平方米

用地单位（纳税人）	名称		联系人		联系电话	
	地址				税款所属日期	
	开户银行		银行账号		经济性质	
土地坐落						
批准征用土地面积			批准文号及日期			
建设项目名称						
占地规划用途						
计税面积			适用税额		计征税额	
批准减免面积			批准减免税额		批准减免类型	
应征税额	¥		大写:			
纳税人签章			经办人员签章			
（以下部分由征收机关负责填写）						
征收机关收到日期			接收人		审核日期	
审核记录						
审核人员签章			征收机关签章			

说明:

1.占地规划用途:交通基础设施建设,包括铁路线路(11)、公路线路(12)、飞机跑道(13)、停机坪(14)、港口(15)、航道(16);工业建设(20);商业建设(30);住宅建设(40);农村居民住房(50);其他(60)

2.批准减免类型:学校、幼儿园、医院、敬老院(10);农村居民住房(20);其他(30)

3.应征税额=计征税额-批准减免税额

（本表为A4竖式,一式二份:第一份为纳税人保存;第二份由主管征收机关留存。）

任务实施

任务解析：

根据《中华人民共和国耕地占用税暂行条例实施细则》中的免税规定,学校占用耕地免缴耕地占用税,但学校的校办工厂是不能免税的。即,学校需缴纳耕地占用税的实际面积为 5 亩,1 亩＝666.67 平方米,5 亩＝5×666.67＝3 333.35 平方米。

已知当地耕地占用税的税率为 10 元/平方米,则

学校应缴纳的耕地占用税税额＝3 333.35×10＝33 333.5(元)

技能训练

一、单项选择题

1. 下列资源产品中,不征收资源税的有(　　)。

A. 原煤　　　　　B. 盐　　　　　C. 原木　　　　　D. 原油

2. 城镇土地使用税是以城镇土地为征税对象,对拥有土地(　　)的单位和个人征收的一种税。

A. 所有权　　　B. 使用权　　　C. 占有权　　　D. 经营权

3. 城镇土地使用税的税率采用(　　)。

A. 有幅度差别的比例税率　　　　B. 有幅度差别的定额税率

C. 全国统一定额　　　　　　　　D. 税务机关确定的定额

4. 土地增值税的计税依据是(　　)。

A. 转让房地产取得的收入额　　　B. 房地产开发总投资额

C. 转让房地产取得的利润额　　　D. 转让房地产取得的增值额

5. 纳税人建造普通标准住宅出售,增值额未超过扣除项目金额(　　)的,免征土地增值税。

A. 10%　　　B. 20%　　　C. 30%　　　D. 40%

6. 纳税人将房产出租的,依照房产租金收入计征房产税,税率为(　　)。

A. 1.2%　　　B. 12%　　　C. 10%　　　D. 30%

7. 按《印花税暂行条例》的规定,一份凭证应纳税额超过(　　)元的,应向当地税务机关申请填写缴款书或者完税凭证,将其中一联粘贴在凭证上,或由税务机关在凭证上加注完税标记代替贴花。

A. 50　　　B. 500　　　C. 5 000　　　D. 50 000

8. 契税的纳税人是(　　)。

A. 出典人　　　B. 赠与人　　　C. 出卖人　　　D. 承受人

二、多项选择题

1. 根据《资源税暂行条例》的规定,对下列资源产品中不征收资源税的有(　　)。

A.天然气　　　　　B.天然矿泉水　　　C.盐　　　　　　　D.煤炭制品

2.根据《城镇土地使用税暂行条例》规定,下列地区中,开征土地使用税的有(　　)。

A.城市　　　　　B.县城、建制镇　　C.农村　　　　　D.工矿区

3.下列各项中,不属于土地增值税征税范围的有(　　)。

A.房地产评估增值　　　　　　B.房地产的出租

C.房地产的继承　　　　　　　D.企业兼并转让房地产

4.房产税的计税依据有(　　)。

A.房产原值　　　B.房产租金收入　C.房产售价　　　D.房产余值

5.下列各项中,属于车船税征税范围的包括(　　)。

A.汽车、无轨电车　　　　　　B.自行车

C.客轮、货船　　　　　　　　D.火车

6.下列应税凭证中应采用定额税率计算缴纳印花税的有(　　)。

A.产权转移书据　　　　　　　B.工商营业执照

C.商标注册证　　　　　　　　D.技术合同

7.下列应当征收契税的行为有(　　)。

A.房屋赠与　　　　　　　　　B.国有土地使用权出让

C.等价房屋交换　　　　　　　D.土地使用权出售

8.《资源税暂行条例》规定,纳税人开采或者生产应税产品销售的,以(　　)为课税数量。

A.销售数量　　　B.开采数量　　　C.销售额　　　　D.计划产量

三、判断题

1.资源税采取从量定额和从价定率的办法征收,实施"普遍征收,级差调节"的原则。
(　　)

2.资源税的征税范围仅限于在我国境内开采的应税矿产品和生产的盐,对进口的矿产品或盐不征资源税。(　　)

3.城镇土地使用税采取有幅度的差别税额,按大、中、小城市和县城、建制镇、工矿区分别确定每平方米土地使用税年应纳税额。(　　)

4.凡在中华人民共和国境内拥有土地使用权的单位和个人,均应依法缴纳城镇土地使用税。(　　)

5.土地增值税的纳税义务人是转让国有土地使用权、地上建筑物及其附着物并取得收入的所有单位和个人,包括各类企业、事业单位、国家机关、社会团体及其他组织、个体经营者及其他个人。(　　)

6.房产税是按房产租金征收的一种税。(　　)

7.宗教寺庙、公园和名胜古迹中附设的营业单位使用或出租的房产,应照章征收房产税。(　　)

8.车船税的纳税义务发生时间,为车船管理部门核发的车船登记证书或者行驶证书所记载日期的当月。(　　)

10. 契税的纳税义务人是我国境内转移土地、房屋权属的单位和个人。　　　（　　）

四、案例分析题

1. 某超市与某娱乐中心共同使用一块面积为 1 800 平方米的土地，其中超市实际使用的土地面积占这块土地总面积的 2/3，另外 1/3 归娱乐中心使用。当地每平方米土地使用税年税额为 5 元，税务机关每半年征收一次城镇土地使用税。计算该超市每季度应纳城镇土地使用税税额，并作出会计处理。

2. 企业拥有房屋原值 600 万元，将其中一部分房产出租，出租部分的房产原值 100 万元，年租金收入 12 万元；另有一部分房产用于幼儿园使用，原值 50 万元。当地政府规定，按原值一次减除 25% 后的余值纳税。计算该企业季度应纳房产税税额，并作出会计分录。

3. 某公司转让一栋 20 世纪 90 年代初期建造的砖混结构的楼房，转让收入 1 640 万元。该楼房原值为 1 000 万元，已提折旧 400 万元。经房地产评估机构评定，该楼重置成本价为 1 800 万元，成新度折扣率为 60%。计算该公司应纳土地增值税。

4. 某企业 2012 年度有关资料如下：实收资本比上年增长 100 万元；与银行签订一年期借款合同，借款金额 200 万元，年利率为 4%；与 A 企业签订购货合同，购入金额为 85 万元的货物；与 B 公司签订受托加工合同，B 公司提供价值 50 万元的原材料，本企业提供价值 10 万元的辅助材料并收取加工费 18 万元；与铁路部门签订运输合同，载明运输费及保险费共计 20 万元。计算该企业 2012 年应纳印花税税额。